WILL RANDALL

Unter Krokodilen

D1934669

Buch

Wer hat nicht schon einmal davon geträumt, mitten im weiten Pazifik auf einer einsamen Insel zu leben, fernab von jeglicher Zivilisation? Lange, weiße Strände locken, das klare Blau des Meeres leuchtet und eine leichte Brise sorgt für Kühlung. Beflügelt von dieser paradiesischen Vorstellung tauscht Will Randall sein staubiges Klassenzimmer in London mit einer sandigen Holzhütte auf den Salomon-Inseln – ein Archipel irgendwo hinter Australien, am Wendekreis des Steinbocks. Will soll einen kleinen Handel eröffnen, denn Zivilisation und Zeit haben selbst diese entlegenen Eilande nicht ganz vergessen. Auch wenn die Menschen dort die Zeit selbst ganz gerne vergessen: Salomonische Uhren, gäbe es welche, gingen anders; den Fünf-Uhr-Tee gibt es mal morgens, mal abends, jedoch niemals nachmittags um fünf. Das ist das Erste, was Will bei seiner Ankunft in Mendali lernt. Auch sollen auf manchen der Inseln noch Fälle von Kannibalismus vorkommen, und was sind dagegen schon die paar Krokodile, die vielen, vielen Haie und die Millionen von Moskitos, die dieses angebliche Paradies beheimatet? Da ist guter Rat teuer, doch Hilfe naht: Tassels, der Pirat, und Dudley Small Tome, Priester mit überdimensionaler Elvis-Tolle, werden zu Wills ständigen Begleitern. Mit ihnen und vielen anderen helfenden Händen, mit britischem Humor und salomonischer Gelassenheit überlebt Will nicht nur Schiffbruch und Hitzschlag, sondern zu guter Letzt gelingt ihm auch ein kleines Wunder …

Autor

Will Randall wurde 1966 in der Nähe von Hannover geboren, zog jedoch bereits als kleines Kind nach London. Er hat lange Jahre Sprachen unterrichtet, bevor er in den Südpazifik zog, um dort in das Hühnergeschäft einzusteigen. Zur Zeit bereist Will Randall den Norden Indiens und arbeitet dort an seinem nächsten Buch. Weitere Informationen unter: www.willrandall.co.uk

Will Randall

Unter Krokodilen

Ein Engländer auf den Salomon-Inseln

Aus dem Englischen
von Eva Kornbichler

GOLDMANN

Die Originalausgabe erschien 2002 unter dem Titel
»Solomon Time. Adventures in the South Pacific«
bei Abacus, a division of Little, Brown and Company, London

Umwelthinweis:
Alle bedruckten Materialien dieses Taschenbuches
sind chlorfrei und umweltschonend.

Deutsche Erstveröffentlichung Dezember 2002
Copyright © 2002 by William Randall
Copyright © 2002 der deutschsprachigen Ausgabe
by Wilhelm Goldmann Verlag, München,
in der Verlagsgruppe Random House GmbH
Copyright © 2002 der Zeichnungen by Tatyana Demidova
Umschlaggestaltung: Design Team München
Umschlagfoto: Mauritius/Age
Redaktion: Doris Bampi-Hautmann
Satz: Uhl + Massopust, Aalen
Druck: Elsnerdruck, Berlin
Verlagsnummer: 45312
KvD · Herstellung: Sebastian Strohmaier
Made in Germany
ISBN 3-442-45312-7
www.goldmann-verlag.de

1 3 5 7 9 10 8 6 4 2

Dieses Buch
richtet sich an jeden,
der glaubt, es sei Zeit
für eine Veränderung.

Inhalt

ÄQUATOR
PAPUA-
NEUGUINEA
KORALLEN-
SEE
SALOMON-
INSELN
AUSTRALIEN
NEU-
SEELAND
SALOMON-INSELN
Choiseul
New
Georgia
Santa Isabel
Munda
Roviana
Lagoon
Mendali
Rendova
Insel
Randuvu
Honiara
Malaita
Guadalcanal
Makira

Prolog

Ich öffnete vorsichtig ein Auge und klappte es vor dem weißen Flirren des Sandes rasch wieder zu. Ich versuchte es erneut. Ein kleiner Einsiedlerkrebs kletterte stetig und mit der Unverdrossenheit eines alten Bergwanderers den Strand hinauf. Dann hielt er an, drehte seine beiden Antennen mit den schwarzen, verdickten Enden mir zu und betrachtete mich verächtlich.

»Hast du kein Zuhause, wohin du gehen kannst?«, schien er zu fragen, bevor er sich in sein eigenes Haus zurückzog.

Beim Versuch, mich aufzusetzen, gelang mir nur, mich auf einen Ellbogen zu stützen, und zu meiner Überraschung fand ich mich an meine aufgeblasene, gelbe Schwimmweste gelehnt. Mit der freien Hand wischte ich mir den Sand von der Stirn, von Augen und Wangen, befreite Ohren und Nase von den feinen Körnern, die mir überall an der Haut klebten. Das Wasser, das sanft um meine Knöchel schwappte, war von einem ruhigen Blau, die leichte Morgenbrise kräuselte nur leicht seine Oberfläche. Die Sonne blinzelte noch milde durch die hoch über mir schwankenden Kokospalmenblätter, aber sie machte sich schon bereit für ihren tagtäglichen Angriff, und als eine Art Vorhut schoss wie aus der Mitte ihrer Glut eine Staffel farbenprächtiger Papageien heran. Mit furchterregendem Gekreisch setzten sie im Sturzflug zur Attacke auf mich an. Der Anführer zielte mit der Genauigkeit eines Pazifik-Bombers und traf mit seiner Ladung voll ins Ziel. Ein nasses Platschen landete auf meinem salzverkrusteten T-Shirt. Ich stöhnte, während der Vogel flügelschlagend davonflog. Gehorsam folgten ihm die anderen und bekundeten krächzend ihre Glückwünsche, während sie auf die schützenden Bäume zuflatterten.

Zu meinem nicht gerade geringen Unbehagen fühlte ich, dass meine Zunge während des Schlafens aus unerfindlichen Gründen am Gaumen festgeklebt war. Ich schob vorsichtig einen Finger zwischen meine rissigen Lippen und befreite sie sacht, und dabei überwältigte mich ein Durstgefühl, das mir den Schweiß in Strömen auf die Stirn trieb. Sämtliche Gelenke knackten, als ich mich in eine sitzende Stellung emporhievte und vergeblich versuchte, mir mit den Fingern durchs Haar zu fahren. Als ich es mit den Fingerspitzen betastete, so wie ein Blinder einen fremden Gegenstand prüft, erkannte ich, dass es vor Salz fest zusammengebacken war. Es teilte sich direkt über dem rechten Ohr und stand mir wie ein schräger Hahnenkamm seitlich vom Kopf ab.

Mühsam rappelte ich mich auf und taumelte auf nackten Füßen, tonlos den Radetzkymarsch vor mich hinpfeifend, den Strand hinab, bis ich knietief im Wasser watete. Der gelblichgraue Fleck auf meinem Bauch hatte sich wie bei einem gefährlichen wissenschaftlichen Experiment zu einem großen Kreis ausgedehnt. Nach einigen halbherzigen Versuchen, ihn auszuwaschen, indem ich das Hemd mit einer Hand abwärts zog und mit der anderen Wasser darüber spritzte, das zum größten Teil in meinem Gesicht landete, gab ich es auf, weil die Koordination der Bewegungen mich offensichtlich überforderte. Also zog ich mir das ekelerregende Stück sehr langsam und vorsichtig über den Kopf und warf es ins Wasser. Ich sah zu, wie es unter der Wasseroberfläche trieb wie eine riesige, amorphe, von einem Papagei beschissene Qualle.

Meine Augen mit beiden Händen beschattend und meine

Daumen fest gegen die Schläfen gepresst, spähte ich in beiden Richtungen die Küstenlinie entlang. Weißer Strand. Noch mehr weißer Strand. Ich drehte dem Meer den Rücken zu und blickte hinüber zu dem tiefgrünen, undurchdringlichen Dschungel. Er starrte unerbittlich zurück und knarzte.

Mühsam schleppte ich mich zur nächsten Landspitze und musterte von dort aus mit zusammengekniffenen Augen den weiteren Küstenverlauf der Insel.

Nichts. Keine blätterbedeckten Hütten, keine Kinder, die sich mit begeistertem Geschrei ins Wasser warfen – Gott sei Dank, denn in meinem Kopf dröhnte und pulsierte inzwischen ein komplettes Schlagzeug –, keine Rauchfahnen von Kochstellen, die Wasserkessel und Tee ankündigten, keine Fischer in hölzernen Kanus, die ihre Paddel grüßend schwenkten. Kein einziger vertrauter Anblick, keinerlei Geräusche des kleinen Dorfes, die sonst immer mein Erwachen begleitet hatten. Nichts, nur vollkommene Stille, das planlose, vom Zufall bestimmte Leben einer unbewohnten Insel.

An der Wasserkante lagen verstreut Überbleibsel: Muscheln, Blätter, Zweige, die von der Flut dort zurückgelassen worden waren, als die Ebbe einsetzte. Jetzt durchsuchten weißbeschopfte Seeschwalben, diese wachsamen, flinken Vögel, das Durcheinander nach nützlichen Dingen und Leckereien. Und zwischen all dem Treibgut war nirgends ein auf den Sand gezogenes Kanu oder auch nur ein Fußabdruck im feuchten Sand zu entdecken. Nein, absolut gar nichts außer meilenweitem Sand, einer riesigen Fläche Dschungel und endloser See.

Der Durst dörrte mir die Kehle aus. Am Rande des Buschwerks brach ich mir eine Kokosnuss ab und versuchte, den Kopf wie benommen, sie auf einer riesigen angeschwemmten Muschelschale entzwei zu schlagen. Hoffnungslos. Frustriert schleuderte ich sie ins Meer, wo sie entschieden höhnisch auf den Wellen auf und ab tanzte. Angewidert wandte ich mich ab und stapfte in den Schatten einiger kleiner Sago-Palmen.

Naja, noch lange kein Grund, sich Sorgen zu machen, Mann, sagte eine kleine, etwas hochgeschraubte Stimme in meinem Kopf, *irgendjemand muss hier ja vorbeikommen, du wirst schon sehen.* Schließlich war das nicht das erste Mal.

Jetzt warte mal, mischte sich eine andere, viel tiefere und düsterere Stimme ein, *sind da nicht noch ein paar Fragen offen? Du weißt schon, zum Beispiel... Wo bin ich? Wie komme ich hierher? Und wieso muss hier überhaupt jemand vorbeikommen?*

Ich rollte mich auf den Bauch und versuchte, mir ein paar zufrieden stellende Antworten einfallen zu lassen. Es mussten mehrere Stunden vergangen sein, denn als ich wieder erwachte, war die Sonne ein Stück weitergerückt und bestrahlte das untere Drittel meines linken Beines. Meine Wade und der Knöchel zeigten jetzt ein sanftes Rosa, eine Hautfarbe, die vielleicht nach einem langen, aufmunternden Spaziergang an einem kalten Morgen natürlich und gesund wirkte, in diesem Fall aber ein gehöriges Maß an Unbehagen und Schmerz verhieß.

Als ich es schließlich geschafft hatte, wieder eine sitzende Position einzunehmen, war ich über mehr als ein paar höchst unbefriedigende Schlussfolgerungen nicht hinausgekommen. Sosehr ich es auch versuchte, ich konnte mich nicht mehr an die Ereignisse erinnern, die mich an diesen mysteriösen Ort geführt hatten. Es gelang mir lediglich, aus einigen grundlegenden Faktoren ein paar Beinahe-Gewissheiten zu folgern. Erstens war ich mir auf Grund der mich umgebenden Natur ziemlich sicher, dass ich mich auf einer der Salomon-Inseln befand. Auf welcher, das musste ich noch ausdiskutieren – mit mir selbst. Denn zweitens ließ die Stille des Vormittags darauf schließen, dass ich derzeit der einzige Mensch auf dieser Insel war. Drittens deuteten alle klassischen Symptome zweifelsohne darauf hin, dass ich einen mordsmäßigen und vielleicht meinen allerletzten Kater hatte. Ach ja, und zu guter Letzt natürlich – dabei durchflutete mich ein schwaches Wohlgefühl, denn das wusste ich ganz sicher – war ich Chicken Willy.

Abenteuergeist

Ich kann meine große Klappe nicht halten – kriege kalte Füße – bekomme dank eines Überraschungsgeschenks wieder Auftrieb – und packe schließlich an und zusammen.

»Liebe Klasse, ich halte es für richtig, euch schon jetzt mitzuteilen, dass ihr mit Beginn des nächsten Schuljahres einen neuen Französischlehrer bekommen werdet«, verkündete ich und blickte dabei auf meine Hände hinab, die zwischen den verstaubten, unordentlichen Stapeln Papier auf meinem Schreibtisch ruhten.

»Ja, ich werde die Schule im Sommer, wenn dieses Schuljahr zu Ende ist, verlassen.« Verstohlen blickte ich auf in der Hoffnung, wenigstens ein leises Anzeichen von Enttäuschung zu entdecken, und sah mich einer Gesichterfront Vierzehn- und Fünfzehnjähriger gegenüber, die mich vor dem Hintergrund der mit verblichenen Zeichnungen bepflasterten Rückwand völlig ausdruckslos anblickten. Falls hinter diesen starren Masken kognitive Prozesse stattfanden, dann drehten sie sich, wie ich befürchtete, um weit wichtigere Dinge:

Ob Charlie sich wohl bis zum Spiel am Samstag von seiner Verletzung erholt haben würde; wie man dem alten Jerry wohl zum dritten Mal hintereinander die gleiche Hausarbeit unterjubeln konnte, ohne dass er es bemerkte; wieso Nat nur ein solcher Drecksack war, oder vielleicht auch ein Supertyp, und wie man diesen blöden Makel der Jungfräulichkeit wohl am besten los würde. Wetten, dass Scott das von sich und Danielle nur erfunden hatte – und schon gar nicht im Büro der Sekretärin.

Tapfer fuhr ich in meiner Erklärung fort.

»Ja, ich werde das Unterrichten aufgeben und in einem kleinen Dorf auf den Salomonen leben.«

Auch diese Enthüllung wurde mit beängstigender Gleichgültigkeit entgegengenommen.

Na, kommt schon! Das muss doch sicherlich interessant sein. Eine Bewegung in der vordersten Bank. Gut, der Klassenstreber. Robert war eine pausbäckige, eifrige, händeschnippsende Nervensäge und warf immer stolze Blicke nach links und rechts, wenn er wieder eine umfangreiche Hausaufgabe abgab oder eine korrigierte Hausarbeit zurückbekam. Niemand von uns konnte ihn ausstehen, aber jetzt würde er wahrscheinlich eine schlaue Frage stellen, mit deren Beantwortung die letzten fünf Minuten der Unterrichtsstunde totgeschlagen werden konnten.

»Ja, Robert, was ist?« Fast begeistert rief ich ihn auf. Alle anderen verdrehten stumm ihre Augen gen Himmel.

»Sir, ich wollte Sie nur daran erinnern, dass Sie uns noch keine Hausaufgabe aufgegeben haben, Sir«, sagte er mit einfältigem Lächeln. Seine Eltern arbeiteten beide im Finanzamt.

»Robert!«, riefen wir alle einstimmig. Ich suchte verzweifelt nach dem Textbuch und versuchte mich zu erinnern, welche Übungen wir schon erledigt hatten, während die Klasse grollend die Hefte hervorkramte und betete, dass es mir nicht mehr einfiele.

»Wo liegen denn diese Salmonellen?«

»Aah gut, Sonia, äh, Sarah. Nun ja, also die Salomonen, die Salomon-Inseln, Sarah, liegen im südwestlichen Pazifik, ungefähr viertausend Kilometer nordöstlich von Australien.«

So viel hatte ich in Erfahrung gebracht. Bei der Suche auf der

Weltkarte an der Wand in meinem Klassenzimmer hatte ich schließlich die mikroskopisch kleinen Pünktchen entdeckt. Es war kein verheißungsvoller Anfang gewesen. Sekunden später war der wackelige Holzstuhl, auf dem ich stand, um die Punkte besser sehen zu können, zusammengebrochen. Im Fallen hatte ich mir das Kinn an der Ecke des leeren Aktenschranks aufgeschlagen, der – Ironie des Schicksals – dort nur stand, um mir einen Anschein von Arbeitsamkeit zu geben. Dann lag ich auf dem Rücken, blutete meine Lieblingskrawatte voll und las blinzelnd ein schlau auf die Unterseite einer Schulbank geschriebenes Graffito, das lautete: »Randle ist doof!«

»Und was für Sachen kann man da so tun?«

»Sehr gute Frage, Ricky, ausgezeichnet. Äh, ja ...«, ich zupfte unsicher an dem Schorf auf meinem Kinn.

Erleichtert wie ein angeschlagener Boxer vernahm ich das Klingeln der Pausenglocke. Elf Uhr zehn – große Pause bis elf Uhr fünfunddreißig.

»Ich hab eine Idee: Wie wär's, wenn derjenige, der nächstes Mal am meisten über die Salomon-Inseln erzählen kann, einen Preis bekommt, na?«

»Aber was hat das denn mit Französisch zu tun, Sir?«

»Robert, warum hältst du nicht einfach deine Klappe und verpisst dich?« (In Wirklichkeit antwortete ich: »Robert, lass gut sein, ja? Wir wollen doch nicht unsere Pause versäumen, oder?«, aber das Gefühl, das darin zum Ausdruck kam, war das gleiche.)

Leider muss ich zugeben, dass ich wieder einmal kaum mehr Ahnung von der Sache hatte als meine Schüler. Ich hatte auf der symbolischen gepunkteten Linie unterzeichnet und mich einverstanden erklärt, irgendwo im hintersten Winkel von Gott weiß wo zu leben, dabei wusste ich so gut wie nichts über diese Gegend.

»Sei immer vorbereitet.« Ich war zwar nur kurze Zeit bei den Pfadfindern gewesen, aber dieses Motto hatte ich nie vergessen. Also schlüpfte ich in der einstündigen Mittagspause in die Schulbibliothek und zog mich sofort hastig wieder zurück, als ich in der Geographieabteilung auf die halbe Klasse stieß. Ich schnappte einen Fetzen ihrer Unterhaltung auf und zog eine Grimasse.

»Ich wette, das gibt wieder nur so'n vergammelten Mars-Riegel.«

»Ja, wie die anderen ›Preise‹, die er uns noch schuldet.«

Als ich hinausschlüpfte und die schwere Tür hinter mir schloss, hörte ich zu meiner Befriedigung gerade noch ein Plumpsen und einen Schrei von Robert, nachdem er geblökt hatte: »Und er hat uns wieder keine richtigen Hausaufgaben gegeben.«

An diesem Tag eilte ich nach dem Unterricht die Hauptstraße des kleinen Kreisstädtchens hinunter und an der Tür des Reisebüros vorbei, wobei ich dem Manager kurz zuwinkte. Bei meinem Anblick sprang er halb aus seinem Sessel auf, aber ich eilte weiter. Er wollte nur, dass ich das Flugticket bezahlte. Und so wenig Ahnung ich von den Salomon-Inseln hatte, das eine wusste ich: Sie gehörten nicht zu den billigen Urlaubszielen. Ich stieg die Granitstufen des Gemeindegebäudes aus dem achtzehnten Jahrhundert hinauf und strebte eifrig der öffentlichen Bibliothek zu.

»Ach ja!«, rief ich der stählernen Bibliothekarin, die hinter einer Theke stand und ihre Lesebrille an einer Halskette schwingen ließ, fröhlich zu.

»Ich werde sehr bald zu den Salomon-Inseln reisen und würde mich gern ein wenig informieren.« Ich gab ein Lachen der Art »Geht es uns nicht allen so?« von mir, doch offensichtlich traf das bei ihr nicht zu.

»Sind Sie Mitglied?«

»Äh … nein, ich glaube nicht.«

Energisch klemmte sie sich die Brille auf die Nase. Nach einigen Formalitäten und viel Geschnaube wurde mir mit der Spitze eines sorgfältig gespitzten Bleistifts die Richtung zur Reiseabteilung gewiesen. Nachdem ich mich kurz von einem dünnen, aber bebilderten Werk mit dem Titel *Bournemouth: Geschichtlicher Abriss über Sonne, See und Sex* hatte ablenken lassen, stellte ich hastig fest, dass es keine Bücher mit den Salomon-Inseln im Titel gab. Ich fand überhaupt gar nichts, das die Inseln in irgendeiner Form erwähnte. Bemüht, die Blicke zu ignorieren, die mir von allen Seiten zugeworfen wurden, wandte ich mich der Abteilung mit den Nachschlagewerken zu. Nervös zog ich einen verstaubten roten Enzyklopädie-Band zu »Rin – Sok« aus dem Regal. Suchend blätterte ich darin, und hinter *Sabazios; Sadismus* und *Sallet, Alfred von* (Numismatiker) (die alle, sofern ich nur die Zeit zum Lesen gehabt hätte, sicher höchst interessant gewesen wären), fand ich den folgenden Eintrag:

Salomon-Inseln, Salomonen, Inselstaat im südwestlichen Pazifik, erstrecken sich in südöstlicher Richtung von Papua-Neuguinea und Bougainville. – Tja, das wusste ich bereits. – *Früher Britisches Protektorat (Unabhängigkeit 1978), demokratisch regiert, Staatsoberhaupt: Queen Elizabeth II. 1587 vom spanischen Forschungsreisenden Don Alvaro de Mendana y Neyra entdeckt.* – Ah ja, si si, Don Alvaro! – *Ab Mitte des 19. Jh. Zentrum ausgedehnter missionarischer Tätigkeit, die jedoch auf Grund von Kopfjägerei und stark verwurzelten Aberglaubens der Eingeborenen nur langsam an Boden gewann.* – Hmm. – *Zentrum für den Sklavenhandel. Gewaltsamer Aufstand auf der Insel Malaita (1927), von den Briten mit großer Brutalität niedergeschlagen.* – Wunderbar. Sie würden mich alle lieben. – *Im 2. Weltkrieg Schauplatz kriegerischer Auseinandersetzungen zwischen Amerikanern und Japanern (Schlacht von Savo, August 1942). In jüngster Vergangenheit politische Unruhen und Kämpfe zwischen rivalisierenden Gruppen um Landrechte.* – Also nicht gerade eine Geschichte von tropischer Idylle. – *Hauptstadt Honiara.* – Nun ja, das klang eigentlich ganz hübsch. »Horniarra«, versuchte ich mich in meinem besten spanischen Akzent, mit einem raschen Fußaufstampfen und einem dezenten Schnipsen der Finger. – *Bevölkerung 360 000.* – Ungefähr so viel wie… äh.. Northamptonshire? Etwa? – *Gesamtfläche des Gebiets 1,35 Millionen km², 992 Inseln, ungefähr 350 davon besiedelt. Gesamtfläche des Landes 27,556 km².* – Also kleiner als Northamptonshire. – *Tropisches, heißes, feuchtes Klima. Flora und Fauna: jungfräuliche Regenwälder, sechs Arten von Ratten und zwei Arten von Krokodilen.* – Jungfräuliche Regenwälder, sechs Arten von Ratten … und zwei Arten von Krokodilen. Wunderbar. – *Malariagebiet.* – Natürlich. – *Die Bevölkerung ist in verschiedenen Glaubensrichtungen weitgehend christianisiert, doch existieren daneben noch animistische Glaubensvorstellungen* – … Animistisch … aha? … –, *und vermutlich wird in entlegenen Gebieten nach wie vor Kannibalismus praktiziert.* – Das heißt, die verspeisen dort noch Menschen. Großartig. – *Höchstens 3000 Besucher pro Jahr.*

Nun ja, das überraschte mich kaum. Ich fragte mich nur, wie viele von ihnen heil wieder nach Hause kamen.

»Die Hauptstadt heißt Oniara, Sir.«

»Gut. Wer weiß noch etwas? Ja, du da, ähm …«

»John, Sir. Es gibt massenhaft Ratten und Krokodile, Sir.«

»Du brauchst mir nichts zu erzählen, was ich nicht schon weiß, John«, erwiderte ich kryptisch und starrte dabei durch das Fenster auf den kleinen Schulhof hinter dem Schulgebäude. Ein ältlicher Hausmeister trimmte mit quietschender Rasenschere die Kanten einer kleinen Grasfläche.

»Und Haie, Sir.«

»Haie? Wer hat da was von Haien gesagt?« Ich drehte mich jäh um, als hätte mir ein Schüler – was nur sehr selten einmal vorkam – ein Papierkügelchen in den Rücken geschnippt.

»Meine Mum sagt, das klingt schrecklich, Sir.«

»Und meine Mum sagt, dass das nichts mit Französisch zu tun hat, Sir.«

»Ach Robert, halte einfach mal die Klappe, ja?« Mit einem Plumps sank ich auf den Stuhl hinter meinem Schreibtisch. Die

Gestalten vor mir verschwammen, und vor meinem inneren Auge tauchten grinsende Haie, Krokodile mit Tränen in den Augen und sechs Arten formationstanzender Ratten auf.

Mir war plötzlich sehr heiß und feucht – tat ich da wirklich das Richtige, wenn ich all das hier aufgab: die Ferien, das Haus, die Rostlaube von Auto? Der Lehrerberuf machte Spaß und hatte nicht allzu viele Nachteile, abgesehen vom Korrigieren. Selbst Robert war eigentlich doch ganz nett, vielleicht brauchte er einfach mehr Verständnis – von allen.

Seit zehn Jahren wurde mein Leben nun durch den tröstlichen Klang der Schulglocke gesteuert, die mit ihrem regelmäßigen Klingeln meinen Tagesablauf einteilte und die Ereignisse in eine Ordnung presste. Im Prinzip war mein Leben ohne große Aufregungen verlaufen, und ich hatte mir in dem Getriebe des neogotischen Steingebäudes ein gemütliches Nest geschaffen; so wie auch die Gebäude selbst sich gemütlich in die sanft geschwungenen Täler im Südwesten Englands kuschelten. Als ich den Blick über die Gesichter schweifen ließ, die von all dem Sich-auf-Fäuste-Stützen und herzzerreißendem Gähnen sicherlich irgendwann für immer gezeichnet sein würden, erkannte ich, dass mir mein Klassenzimmer sehr ans Herz gewachsen war; Kleidung, Bücher, das Durcheinander von Bildern und Sprüchen an der Wand, all das war Ausdruck und Zeugnis meiner Arbeit. Ich war daran gewöhnt, durch die mit Blei eingefassten Fensterscheiben zuzusehen, wie die Jahreszeiten kamen und gingen, wie sich in den Vierecken Blütenblätter oder Herbstlaub verfingen. Ich war auch daran gewöhnt, zu beobachten, wie die Kinder als strahlende, Schultüten schwingende, unschuldige Schulanfänger kamen und sich ein paar Jahre später mit einem lässigen »... und tschüs« wieder verabschiedeten und nie wieder auftauchten, außer vielleicht gelegentlich in einer Gerichtsreportage der lokalen Tageszeitung.

Mein Heim, das auf der anderen Seite der Steinbrücke hoch über dem Tal lag, dort wo die steile Straße die Kuppe des Hügels erklomm, beschenkte mich mit einer besonderen Aussicht. Immer grün, abgesehen von gelegentlichen Schneetagen, erstreckte sich die Landschaft von meinem Schlafzimmerfenster bis hinunter zur See. Mein Einkommen war fair, Roberts waren die Ausnahme, und das Pub lag auf meinem Heimweg.

Ich öffnete das Fenster des Klassenzimmers. Der Raum konnte an warmen Tagen unerträglich stickig sein und verlangte dringend nach frischer Luft, was gleichfalls auf meine Kollegen zutraf, und zwar fast das ganze Jahr über. Draußen trottete Colin, der fröhliche, kraushaarige Fahrer des Lieferwagens für die Toilettenhandtuchspender, auf seiner Montagmorgenrunde vorbei und salutierte mir spöttisch.

»Morgen, Will. Mussten Sie heute noch niemanden rauswerfen?«, fragte er mit leisem Kichern.

Damit spielte er unfreundlicherweise auf einen unglücklichen Zwischenfall an, der sich in diesem Schuljahr zugetragen hatte. Einer meiner Schutzbefohlenen hatte vollkommen freiwillig, allerdings vielleicht mit etwas Unterstützung seiner Freunde, seinen Kopf durch eines meiner Klassenzimmerfenster gestreckt. Das Fenster war nicht offen gewesen. Allzu viel Blut war dabei aber nicht geflossen, und ich hatte nicht das Gefühl, dass man mich dafür verantwortlich machen könnte, denn ich war in diesem Augenblick nicht einmal im Zimmer gewesen.

»Was macht Ihr Motto: ›Scherben bringen Glück‹?«, lachte er.

Ich winkte zurück und schloss das Fenster. Natürlich war das ein seltsames Missgeschick gewesen. Ich befühlte die weiche, neue Kittmasse um die Glasscheibe herum. Und es hatte auch – ich würde es nie vergessen – eine Inspektion der Schule gegeben. Ich schüttelte den Kopf, um die Erinnerung daran zu verscheuchen.

Trotzdem war ich alles in allem genommen, so weit man so etwas sagen konnte, zufrieden mit meinem Leben. Das alles für ein paar Malariaanfälle und einen abschließenden Starauftritt als Hauptgang bei einem sonntäglichen Insel-Barbecue aufzugeben, war die Tat eines Verrückten.

Ich würde absagen. Genau – ich würde einfach Nein sagen. Ich hatte noch einmal darüber nachgedacht, und angesichts meiner beruflichen Pläne – wie immer die auch aussahen – tat es mir schrecklich Leid, aber es war einfach nicht möglich. Ich konnte mir nicht vorstellen, dass sich irgendjemand besonders darüber ärgern würde – abgesehen von ein paar hungrigen Reptilien. Das war es dann also. Ganz einfach.

Leider schienen die Pläne für meine eigene Zukunft, wie schon so oft, bereits meiner Entscheidungsgewalt entrissen. Wieder einmal wurde ich in die Rolle des schüchternen Zuschauers gedrängt. Es stellte sich bald heraus, dass ich mit viel zu vielen Menschen über dieses Abenteuer gesprochen hatte. Es war zu einem *fait accompli*, einer vollendeten Tatsache, geworden.

»Du machst dich also bald zu neuen Weidegründen auf, Will? Oder sollte es heißen: zu neuen Dschungeln? Haha!«

Ha, ha, ha, sehr witzig. Außerdem war es jungfräulicher Regenwald.

»Naja, ich ... eigentlich dachte ich, dass ich vielleicht ...«

»Verdammt gute Idee. Mal was anderes tun. Sich frische Luft um die Nase wehen lassen, was?«

Nein, heiße Luft. Heiße Luft voller Krankheitserreger.

»Ich wünschte, ich hätte selbst auch irgendwas dergleichen getan, als ich noch jünger war. Jetzt ist's natürlich zu spät.« Mein ältlicher Schuldirektor schüttelte den Kopf und blickte verschnupft auf seine abgetragenen Ärmelaufschläge hinab.

»Aber«, fuhr er fröhlicher fort und sah mich wieder an, »wir akzeptieren natürlich Ihr Rücktrittsgesuch.«

»Ach, ja, nun ja, vielen Dank ...«, stotterte ich, »aber ich möchte niemanden im Stich lassen, wissen Sie, vielleicht sollte ich doch besser hier bleiben. Ich habe gehört, dass die Hockey-Mannschaft der U14 für nächste Saison noch einen Trainer braucht, und äh ...«

»Unsinn. Niemand ist unersetzlich. Sie am allerwenigsten, was? Ha ha!«

Im Nachhinein bin ich mir nicht sicher, was diese letzte Bemerkung zu bedeuten hatte, ich nehme aber an, dass es sich wohl um einen Scherz gehandelt haben musste.

»Ich dachte mir schon immer, dass Sie ein bisschen was von dem alten Abenteuergeist in sich haben.«

Abenteuergeist? Abenteuergeist! Das größte Abenteuer, in das ich mich in den letzten Jahren gestürzt hatte, war der Besuch des Vergnügungsparks in Torquay zusammen mit einer Wagenladung voller Schüler. Und mein größtes Wagnis dort hatte darin bestanden, mich von einem Elfjährigen im Auto-Scooter herumfahren zu lassen.

Als mein Chef sich auf den Hacken umdrehte und ruhig durch den mit Parkett belegten Flur davonschritt, dachte ich darüber nach, wie rasch mich doch die Ereignisse überrollten, wie hilflos ich ihrem Fortgang ausgeliefert war und wie außerordentlich schäbig und abgewetzt doch sein Hosenboden glänzte. Als ich dann in entgegengesetzter Richtung zur Nachmittags-Deutschstunde mit der neunten Klasse davonging, erkannte ich immerhin, dass mein Schicksal besiegelt war, weil meine Lippen nicht versiegelt gewesen waren.

Das Ende des Schuljahres kam in einem Taumel von Freundlichkeiten, die man mir sagte, und von denen wenigstens einige auch so gemeint waren. Am letzten Nachmittag saß ich in einem großen Zelt und lauschte geduldig endlosen Ansprachen voll der Selbstbeweihräucherung und des Lobes unserer guten, alten Schule und dass es immer ein England geben werde. Ich verzichtete jedoch auf die Tasse lauwarmen Tees und die Gespräche nach dem Motto »Er macht sich gut, wirklich gut, noch ein bisschen mehr Mühe geben, netter Junge, ich wünsche euch schöne Ferien«, die bei dieser allerletzten Gelegenheit, besonders nett zueinander zu sein, über den Rasen erschallten, untermalt vom Gezwitscher der Spatzen, die herumhüpften und Sandwichkrümel aufpickten.

Ich verdrückte mich und fand mich schließlich bedrückt, mürrisch und allein in meinem Klassenzimmer wieder. Nach einem halbherzigen Versuch, meine Sachen aufzuräumen, war ich bereit, aufzugeben. Ich redete mir selbst ein, dass mein Nachfolger im Job und damit in diesem Klassenzimmer die Stapel vergilbender Unterlagen von unschätzbarem Wert finden würde, und kritzelte abwesend auf der Tafel herum, wobei ich mich fragte, ob wohl das Pub schon geöffnet hatte. Da klopfte es an der Tür. Bevor ich antworten konnte, wurde sie aufgestoßen, und Tom und David platzten herein. Die beiden Schulabgänger trugen feine Anzüge und das breite Grinsen derjenigen im Gesicht, die die Freiheit winken sehen. Sie glühten vor Freude bei der Aussicht, die Schule verlassen zu dürfen, und glaubten fest daran, dass das Schlimmste nun vorüber sei und dass das Leben von nun an Spaß machen würde; zumindest würde sie nicht ihre eigene Unfähigkeit, eine klare Entscheidung zu treffen, auf die andere Seite der Welt verbannen und sie dort ihrem Schicksal überlassen.

»Wir wollen Ihnen nur ›Wiedersehn‹ sagen, Sir, also, Wiedersehn, Sir.« Sie stürmten hinaus, um gleich darauf erneut hereinzuplatzen.

»'tschuldigung, wir ha'm vergessen, wir ha'm ja'n Geschenk für Sie, was für Ihre Insel«, lachten sie.

David griff in seine Schultasche und zog ein Päckchen hervor, das er mir unter die Nase hielt. Es war kunstvoll mit einem rosa Bändchen verschnürt.

»Das hat meine Freundin eingepackt«, erklärte er, als er meinen überraschten Blick sah.

»Hoffentlich nützt es Ihnen was«, setzte Tom hinzu. »Na los, machen Sie's doch auf, Sir.«

Ich gehorchte und fand eine aufblasbare Schwimmweste, zusammengefaltet in ihrem eigenen Behälter. Eine Reißschnur baumelte von einem kleinen, messingfarbenen Gaskanister, bereit für den Notfall, in dem sie nur gezogen werden musste. Ich war gerührt. Ich war sogar sehr bewegt.

»Danke, vielen Dank«, stotterte ich, »Aber das muss doch ein Vermögen gekostet haben.«

»Eigentlich nicht. Hab's im Flugzeug mitgehen lassen, als wir letztes Jahr nach Amerika geflogen sind. Wusste nicht, was ich damit anfangen soll. Alles Gute dann, Sir.«

Und damit verschwanden sie endgültig durch die Tür in ihre Zukunft und überließen mich der meinen.

Es heißt, es sei nervlich ebenso belastend, sein Haus zu verkaufen, seine Sachen zu packen und fortzuziehen, wie sich scheiden zu lassen, zu heiraten oder ein Familienmitglied zu verlieren. Ich kann nicht verstehen, wie irgendjemand den Wunsch haben kann, sein Heim zu verlassen, geschweige denn seine Heimat, bei all dem Palaver, das man sich damit einhandelt. Wenn ich daran zurückdenke, war diese Zeit eigentlich viel bedeutsamer, als mir selbst damals inmitten all des Tohuwabohus bewusst war. In meinem Haus hatten sich im Laufe der Jahre nicht mehr Dinge angesammelt als bei anderen, aber bei meinen Besitztümern handelte es sich nicht einfach nur um materielle Dinge, die man ohne weiteres wegwerfen oder weggeben konnte, um sich eine neue Identität zu suchen. Manches ging mir besonders nahe…

Als ich mich dann schließlich halbwegs entschieden hatte, was ich behalten wollte, lief mir die Zeit davon. Jedem vorüberkommenden Einbrecher, der einen Blick durch die Rosenbüsche und die Fenster riskierte, musste sich der Eindruck aufdrängen, seine Kollegen wären ihm bereits zuvorgekommen, da ich alles, was ich in Torschlusspanik unbedingt retten wollte, in die unterschiedlichsten Behältnisse gestopft hatte. Schließlich aber war alles geschafft, Deckel zu, Affe tot.

Alle wollten mir Lebewohl sagen, entweder weil es ihnen wirklich Leid tat, dass ich fortging, oder weil sie sich nur vergewissern wollten, dass ich wirklich fortging. Meine Freunde hatten sich, als mein Vorhaben bekannt wurde, in zwei Lager gespalten: Die einen behaupteten, sie hielten mich für *solch* einen Glückspilz und wünschten sich *wirklich*, dass sie das Gleiche tun könnten, womit sie eindeutig nicht die Wahrheit sagten, und die anderen erklärten mich mit erschreckender Ehrlichkeit für total übergeschnappt. Ich war mir nicht sicher, mit welcher Fraktion ich mehr sympathisierte.

Der einzige Mensch, der kein Urteil fällte, war meine dreiundneunzigjährige Großtante, die alle großen Ereignisse des zwanzigsten Jahrhunderts miterlebt hatte und daher einen stärker entwickelten Sinn für das Lächerliche besaß als die meisten. Ich besuchte sie eines Nachmittags in ihrer winzigen, mit Büchern vollgestopften Behausung in West-London, um mich zu verabschieden und natürlich eine Tasse Tee mit ihr zu trinken.

»Ich bin sicher, du wirst dort eine wunderschöne Zeit verleben, mein Lieber. Aber du wirst etwas zu lesen brauchen, deswegen habe ich dir hier etwas zusammengepackt.«

Unter ihrem veloursbezogenen, spitzenbedeckten Lehnstuhl zog sie ein in braunes Packpapier eingeschlagenes, mit einer weißen Schnur umwickeltes Päckchen hervor und nahm mir das Versprechen ab, dass ich es erst nach der Ankunft öffnen würde.

»Dann macht es mehr Spaß«, erklärte sie.

Wie sich zeigte, konnte ich es sowieso nur noch rasch oben in meinem Rucksack verstauen und all die komplizierten Reiß- und Haftverschlüsse und Zugleinen verschließen, dann musste ich aufbrechen. Die Zeit lief davon, und in wieder erwachter jungenhafter Scheu musste ich mich zwingen, Schritt mit ihr zu halten. Das Auto war verkauft und hatte damit gerade noch ein paar in letzter Minute eintrudelnde Strafzettel für falsches Parken abgedeckt. Meine Möbel und sonstigen Besitztümer waren gleichmäßig auf undankbare Freunde und Verwandte aufgeteilt. Und schließlich holte mich das Datum meines endlich doch noch bezahlten Flugtickets ein und schleppte mich wie im Klammergriff davon, dem Südpazifik entgegen.

Willkommen auf den Salomon-Inseln

*Ich mache zu guter Letzt die Fliege –
die traurigen Umstände, die zu meinem
Exil führen, werden etwas deutlicher –
nicht aber, was ich tun kann, um die Situation
zu retten – und beim Abflug von Australien
fühle ich Schmetterlinge im Bauch.*

Die undurchdringliche Wolkendecke über uns erstickte fast das Gedröhn der Flugzeuge, die pausenlos von Heathrow aus starteten. Der graue, nasse Himmel erinnerte mich an jenen Nachmittag im November; an jenen Tag, als der Ball mit der komischen Form, der meinen Namen trug, mir mit einem einzigen, wohlgezielten Tritt aus den Händen geschossen wurde.

Durch Pfützen platschend und schlitternd war ich zur Seitenlinie des morastartigen Rugbyfeldes gelangt und hatte mich darauf vorbereitet, den ruhmreichen Fünfzehn von der Vierten als ihr widerwilliger Trainer dabei zuzusehen, wie sie zum x-ten Mal in dieser Spielsaison brutal in den rötlichen Schlammboden gestampft wurden. In einiger Entfernung hatte ich meine Nachbarn am Spielfeldrand stehen sehen und war zu ihnen hinübergewatet. In wärmende Schals gewickelt und die behandschuhten Hände aneinander schlagend, trippelten sie hin und wieder auf der Stelle, um sich die Füße zu wärmen. Sie warteten auf das große Spiel des Tages, in dem ihr Jüngster später an diesem frostigen Nachmittag als Star auflaufen sollte, und bis dahin wollten sie dem unwilligen Junior-Trainer moralische Unterstützung bringen. Das heiterte mich ein wenig auf – wenigstens konnte ich das Elend der vernichtenden Niederlage mit jemandem teilen.

»Na, und wie sehen Sie diese Woche Ihre Chancen?«, fragte Charles mich kameradschaftlich.

Ich zog eine Grimasse, als ich den »Schlachtkessel«, den Eimer mit Wasser, mit dem eventuell blutende Wunden der Spieler ausgewaschen wurden, neben der Eckfahne niedersetzte. »Meine« Mannschaft hatte sich unter den Torpfosten zusammengedrängt, wahrscheinlich mehr wegen der Wärme als aus Kameradschaft, denn der leichte, eisige Wind riss ihnen weiße Atemfahnen von den Mündern.

Die meisten Spieler kamen aus dem Ausland, aus Ländern, in denen Rugby nur als schmutzige Bezeichnung für besondere Barbarei galt. Dabei hatten sie keine Ahnung, wie schmutzig es wirklich werden würde, bis sie hier ankamen und die Schlammwüsten zu sehen bekamen. Ein extrem übergewichtiger Russe war mit einem undeutbaren Grunzen in die vorderste Linie geschoben worden. Ein ziemlich pedantischer Deutscher mit dem Namen Heini, der »einn Meterr drreiundneunzick« maß, hatte sichtlich peinlich berührt die Instruktion für seine neue Rolle in der zweiten Linie entgegengenommen, die ihn anwies, mit der Hand zwischen die Beine des zuvor genannten Moskauers zu fassen und festzuhalten, was immer er dort zu greifen bekam. Dennoch war er entschlossen, seine »Flicht fürr die Mannschaftt« zu tun. Zu Beginn jedes Spiels überreichte er mir stets mit einem kurzen Nicken und einem heftigen Zusammenschlagen der Hacken seiner neuen Turnschuhe feierlich seine Brille. Ich gab das Kompliment dann mit einem feucht quietschenden Schlappgeräusch meiner Gummistiefel zurück. Ich habe nie herausgefunden, ob wir es ernst meinten.

Ein angstgepeinigter Tischtennis-Meister aus Korea hingegen hatte nicht die leiseste Absicht, sich auf irgendeine Weise zu beteiligen, und rannte einfach ziellos um das Spielfeld herum, wobei er jämmerlich zu schreien begann, sobald irgendein Spieler der beiden Mannschaften auch nur in seine Nähe kam. Keiner von ihnen hatte seine Heimat freiwillig verlassen, um England kennen zu lernen, und Nachmittage wie dieser mussten ihren düstersten Verdacht bestätigen, dass ihre Eltern sie nicht nur nicht liebten, sondern geradezu einen Groll gegen sie zu hegen schienen.

»Ach Will, komm schon, wo bleibt Ihr Teamgeist?«, lachte Juliet, Charles' heiligmäßige Frau. Leider hatte ich mein letztes Quäntchen Teamgeist schon lange vor der Halbzeit ausgehaucht. Jetzt war es nur noch eine Frage der Schadensbegrenzung.

»Will, kennen Sie den Commander schon? Commander Soundso Dingsbums-Dingsbums, Will Randall.«

»Entschuldigung, nein… Wie bitte?« In Gedanken hatte ich mich in diesem Augenblick gerade gefragt, womit man wohl die gegnerische Mannschaft gefüttert hatte, die jetzt in Sicht kam.

Ich wendete mich um und begegnete dem scharfen Blick steinharter, blauer Augen in einem alten Gesicht. Die wettergegerbte Haut beider Wangen war von Äderchen durchzogen; ein dünner, grauer Schnurrbart hing unter der entschlossen wirkenden Nase. Eingehüllt in einen mitgenommenen, steifen gummierten Regenmantel, der aussah, als könnte er einer Musketenkugel widerstehen, gar nicht zu reden von jedwedem Regen, blickte ein kleiner Mann mit unnachgiebiger Miene zu mir auf. Auf seinem Kopf saß ein Jägerhut von unergründlichem Alter. Ich blickte von meiner vorteilhaften Höhe hinab und suchte nach Zeichen von Leben.

»Will Randall, Commander Soundso Irgendwie-Irgendwas.«

Trotz Charles' formvollendeter Vorstellung hatte ich seinen Namen nicht mitbekommen. Egal. Es war höllisch kalt, und je schneller das ganze Fiasko vorüber war und wir alle nach Hause gehen konnten, umso besser.

»Guten Tag, wie geht's?«, erkundigte ich mich höflich, immer noch abwesend, und streckte die Hand aus.

»Sterbe jeden Tag ein bisschen mehr«, antwortete er und hielt meine Hand wie in einem Schraubstock fest. Mir verschwamm alles vor den Augen.

»Ach ja, wie schön, großartig …«

Ein Kollege, der flecken- und makellos wie aus einer Waschmittelreklame entsprungen auf dem Spielfeld erschienen war, ließ die beiden Mannschaftskapitäne einander die Hände schütteln. Der Anpfiff erscholl, und meine Kohorten wühlten sich langsam durch den Schlamm vorwärts. Ich schloss die Augen, als das erste halberstickte »Achh Gottt!« irgendwo unter einem Haufen von Körpern aus einer Lunge gequetscht wurde.

Der Commander hielt sein Wort. Sechs Monate nach unserer Begegnung war er tot. Die Jahreszeiten hatten einander abgelöst, und mitten an einem ungewöhnlich warmen Tag im Mai berichtete Charles mir am Rande eines Kricket-Spielfelds von seinem Ableben.

»War natürlich nicht mehr der Jüngste. Wurde heuer vierundachtzig. Außergewöhnlicher Mann. Haben wir Ihnen schon mal von ihm erzählt? Unglaublicher Bursche, der Commander.«

»Nein, ich glaube nicht.« Schallender Applaus kam von den Klappstühlen, die hinter dem weißen Absperrseil aufgestellt waren. Ich klatschte mit allen anderen und fragte mich, was wohl auf dem Feld geschehen sein mochte, das eine solche Begeisterung verdiente.

»Hat natürlich im Krieg eine außerordentliche Karriere gemacht.«

»Ah, ja … in welcher Abteilung war er?«

»In der Marine.«

»Ach ja, natürlich.« Ich Idiot.

»Aber das Unglaublichste war, dass er, als alles vorbei war, wegging und eine Plantage im Südpazifik kaufte. Auf den Salomon-Inseln. Na ja, und da blieb er und betrieb sie ungefähr dreißig Jahre lang: Kokosnüsse und Kakao. Er verkaufte sie dann an die Regierung, aber inzwischen ist sie ziemlich verfallen. Kam dann in den frühen achtziger Jahren wieder nach England zurück, um hier seinen Ruhestand zu verbringen.«

»Ah ja… Ruhestand, ach wirklich? Interessant.« Ich sah, wie sich eine ganz besonders schwatzhafte Mutter näherte.

»Tja, und zufällig bin ich sein Testamentsvollstrecker… er war mit meinen Eltern befreundet, hat im Krieg zusammen mit meinem Vater gedient. Das wäre was für Sie, Will. Er hat etwas Geld zum Wohle der Inselbewohner hinterlassen, die für ihn gearbeitet haben und die dort noch leben. Habe gerade einen Brief von ihnen bekommen, in dem sie sich sehr traurig darüber zeigen, dass er gestorben ist. Sie standen ihm sehr nahe, und er ihnen natürlich auch.«

»Natürlich.« Ich sah die Mutter noch immer auf den Schlusspfiff warten, um auf mich zuzueilen.

»Ja, wissen Sie, er ist tatsächlich über all diese Jahre hinweg in Kontakt mit ihnen geblieben. Hat nie vergessen, zu Weihnachten oder zu einem Geburtstag eine Karte zu schicken. Er war ein zäher, alter Bursche, aber es ging ihm immer sehr zu Herzen, wenn er erfuhr, dass einer seiner alten Arbeiter gestorben war. Er hat nie geheiratet, deswegen waren sie so etwas wie eine Familie für ihn. Hat es wahrscheinlich auch in mancherlei Hinsicht bedauert, dass er sie wieder verlassen hat. Nun ja, also er hat dieses Geld hinterlassen – nicht sehr viel –, um sie aus der Armut von ihnen herauszuholen und für ihre Ausbildung zu sorgen, so etwas in der Art. Wir suchen jetzt nach jemandem, der dort hingeht und etwas auf die Beine stellt. Ich habe mich mit meinem Vater unterhalten, denn er ist auch einer der Testamentsvollstrecker, und wir dachten, dass Sie vielleicht interessiert wären.«

»Ich?«

»Genau das Richtige für Sie – 'n kleiner Tapetenwechsel.«

»Für mich? Nein, nein, nicht für mich.« Ich lachte. Lächerlich.

»Warum nicht? Ist 'ne gute Gelegenheit, von all diesen schrecklichen Kindern fortzukommen.«

Der Schlusspfiff ertönte. Vom Spielfeld war erschöpftes Schlurfen zu hören.

»Nein, nein, auf gar keinen Fall. Ha, du meine Güte, nein. Guten Tag, Mrs. Edmunds. Na ja, egal, hören Sie, ich muss noch eine Masse Arbeiten korrigieren. Muss bis morgen fertig damit sein. Tut mir Leid. Dann auf Wiedersehn.« Ich warf einen bedeutungsvollen Blick auf meine Uhr und zog mich nicht sehr höflich zurück.

König Salomons Insel? Wer würde denn dort schon hingehen wollen, um Himmels willen? Ich hatte bisher noch nicht einmal den Namen gehört.

Ich hätte natürlich gleich erkennen sollen, dass ich keine Chance haben würde, das Schifflein meines Lebens, das einem unvorhersehbaren Schicksal entgegentrudelte, mit eigenen Händen zu steuern. Unterwegs machte es kurz bei Charles und Juliet zum Abendessen Halt:

»Natürlich habe ich schon ein paar Reisen gemacht. In den Schulferien und so, wissen Sie …«

Zugegeben, ein vorweihnachtlicher Kurztrip nach Dünkirchen oder eine zweiwöchige Klassenfahrt zu den Petrochemie-Anlagen bei Le Havre mit siebzig Zwölfjährigen und einer Katastrophe von begleitenden Kollegen brachte mich nicht auf eine Ebene mit Dr. Livingstone, Reinhold Messner, Amundsen oder Scott. Andererseits konnte man die Dinge ein wenig dehnen, wenn man damit die entzückende tschechoslowakische Medizinstudentin beeindrucken wollte, die neben mir saß und gerade die Schale ihrer Kartoffel einschnitt und ein mikroskopisch kleines Stückchen Butter hineindrückte.

»Warrum fahrren Sie dann nichd zu die Salomon-Inseln, um da zu helfen? Das ist doch ein sehrr wichtigerr Job, nichd wahrr nichd?«

Nicht schon wieder. Das war wirklich das Letzte, über was ich mich unterhalten wollte, auch wenn ihr rollendes R wirklich reizend war.

»Nun ja, äh, ja, das ist es sicherlich.« Ich nahm einen großen Schluck Wein. »Vielleicht könnten wir gemeinsam hinfahren?«, setzte ich in einem Anfall von verdrehter Inspiration und mit einem zum Weinen peinlichen Augenzwinkern fort.

»Natürrlich ist das nichd möglich, denn ich muss studierren.«

Natürrlich.

»Aber Sie müssen fahrren. ›Abwechslung ist doch die Würrze des Lebens‹«, zitierte sie energisch, während sie sich daran machte, ihre Forelle kunstvoll zu sezieren.

»Na ja, hm, ich könnte natürlich können …«, murmelte ich brummig in mein Glas.

»Haben Sie gesagt, Sie können fahren, Will? Das ist ja großartig. Schatz, Will sagt, er fährt. Schatz …?« Juliet, die zu meiner Rechten saß, wandte sich von mir ab, um Charles' Aufmerksamkeit auf sich zu ziehen.

»Na ja, äh, einen Augenblick, ich habe doch nur …«

Zu spät.

Wenige Tage später, an einem Sonntagmorgen, klingelte auf meinem Nachttischchen schrill das Telefon und zerriss einen Traum. In diesem Traum musste ich in meiner eigenen Rugby-Mannschaft mitspielen, weil der Koreaner und einige ähnlich gesinnte Spieler desertiert waren, und daher war ich zunächst ganz froh, durch das Klingeln gerettet zu werden. Die tschechoslowakische Medizinstudentin, in nichts als einen langen Schal gekleidet und aggressiv eine Holzrassel schwingend, hatte die gegnerische Mannschaft angefeuert, und um meinen Leidensbecher voll zu machen, hatten zwei Polizisten mich auf einer Bahre in die Krankenabteilung getragen und der Gewalt der erbarmungslosen Schul-Krankenschwester ausgeliefert.

»Hallo, Will… hab ich Sie aufgeweckt? Tut mir Leid. Passen

Sie auf, ich kann jetzt nicht lange reden. Hab mit den anderen Treuhändern gesprochen, und die sind einverstanden, dass Sie fahren.« Charles klang überaus liebenswert – und durch und durch geschäftsmäßig. Ich musste dem sofort einen Riegel vorschieben.

»Nein, hören Sie, ich fürchte, dass ich neulich Abend, Sie wissen schon, vielleicht ein paar Gläschen zu viel …«

»Ach, machen Sie sich darüber nur keine Sorgen, das ist so gut wie vergessen. Sie fährt sowieso nächste Woche wieder nach Hause zurück«, lachte er.

Ich richtete mich auf und versuchte, die Nebel zu durchdringen.

»Kommen Sie nächste Woche mal im Büro vorbei, vielleicht Mittwochnachmittag. Dann besprechen wir die Termine und alles. Das muss gut geplant werden. Wir fahren jetzt zum Mittagessen … also dann bis Mittwoch. Wiedersehen.«

»Charles … ich … hören Sie.«

Aber als dann der Mittwoch kam, dachte ich ganz anders darüber. In wenigen Tagen kann schrecklich viel passieren, und in diesem Falle war dem so, vielleicht war es Zufall, vielleicht auch nicht.

»Ganz scharf darauf zu fahren?« Charles blickte überrascht von seinem Terminkalender hoch. Er setzte seine Brille auf und beugte sich in seinem abgewetzten Ledersessel vor, um diesen Meinungsumschwung besser zu verstehen. »Aber ich dachte …«

»Solch eine fantastische Herausforderung. Ja, ich freue mich sehr über diese Gelegenheit. Sehr nett von Ihnen, an mich zu denken. Jaja, bin absolut begeistert.«

»Aha, verstehe. Wissen Sie denn schon ein wenig über die Salomon-Inseln? Was Sie da zu erwarten haben?«

»Tja, die Salomon-Inseln. Naja, Südpazifik.« Ich wedelte mit einer Hand einem unbestimmten Punkt auf einer imaginären Weltkarte zu, die in der Luft zwischen uns hing.

»Ach, na das ist ja großartig. Dann haben Sie sich schon etwas kundig gemacht? Sie wissen, worum es geht, oder?«

»Sicher, sicher. Ein bisschen Hilfe leisten, mich nützlich machen?«, wagte ich mich vor.

»Richtig. Genauer gesagt hoffen wir, dass es Ihnen gelingt, mit der erwähnten Geldsumme vor Ort irgendein Projekt auf die Beine zu stellen, das der Gemeinde Verbesserungen bringt und den Dorfbewohnern ein Einkommen verschafft.«

»Klar, hört sich gut an, wirklich gut. Wann möchten Sie denn, dass ich aufbreche?«

»Na ja, das wollte ich eigentlich Sie fragen, Will. Ich meine, Sie müssen ja hier irgendwie offiziell aufhören, oder?«

»Ja, ich denke doch. Am Ende eines Halbjahres, denke ich.« In einer Woche war das Winterhalbjahr zu Ende. Bis dahin würde ich sicher eine offizielle Kündigung schreiben können.

Wir besiegelten unsere Abmachung mit Handschlag. Als ich ging, blickte Charles leicht verwirrt drein. Ich musste noch zur Reinigung und erzählte dort die Neuigkeit.

Was Charles nicht wusste: In den wenigen Tagen zwischen unserem Telefongespräch und meinem Besuch in seinem Büro war einiges geschehen, das man als triftigen Grund für diesen Stimmungsumschwung bezeichnen konnte.

Ob nun Zufall oder Schicksal, jedenfalls waren einige Dinge zusammen gekommen, die mich besorgt, verunsichert und traurig machten. Es war mir plötzlich klar geworden, dass ich etwas unternehmen musste, um mich aus diesem Dickicht zu befreien, sonst würde es mich ersticken.

Montagmorgen hatte ich in einem verzweifelten Versuch, nicht zu spät zur Schulversammlung zu kommen, um ein Haar Jim, den Postboten, überfahren.

»Morgen, Jim, alles okay?«, grüßte ich ihn. »Morgen, Will. Bist wohl mal wieder besonders in Eile?« Mit einem Lächeln zog er meine Post unter einem Gummiband hervor und reichte sie mir aus dem Straßengraben.

Ich dankte ihm und drückte wieder aufs Gas, wobei die Reifen auf dem schlammigen Weg leicht durchdrehten. Ich winkte in meinen Rückspiegel und glaubte, Jims ebenfalls zu einem Winken erhobene Hand zu sehen. Während ich durch die dampfende Stadt fuhr, kämpfte ich, um den obersten Knopf meines Hemdes zu schließen und meine Krawatte zu binden, und riss dann die drei Briefumschläge mit meinen Zähnen auf. Nicht eine, nicht zwei, sondern drei Hochzeitseinladungen von Freunden für diesen Sommer. Normalerweise wäre ich gerne hingegangen, um ihnen für ihre Zukunft alles Gute zu wünschen und sie mit dem obligatorischen Glas Sekt in die Flitterwochen zu schicken. Da aber meine eigenen Aussichten in Liebesdingen in Gestalt von *la belle* Sophie mit dem Flugzeug nach Toulouse verschwunden waren, empfand ich nur dreifache Frustration.

Sie hatte gesagt, sie hätte *finalement piquée une crise de nerfs*. Aus der Art zu schließen, wie sie einige der zerbrechlicheren Gegenstände im Haus behandelt hatte, bedeutete das wohl, dass sie auf extrem gallische Weise endgültig die Nase voll hatte. Zweifellos gab es eine endlose Liste guter Gründe, warum sie so wütend auf mich war. Leider habe ich sie nie herausgefunden, denn wenn sie so schnell sprach und so laut schrie, verstand ich kaum mehr, was sie sagte.

Es war eine Affäre gewesen, die wie viele andere mit einer Art Blitzschlag begann, dann aber langsam in eine Beziehung abflachte, die mein Leben nur dahingehend veränderte, dass ich jeden Morgen darauf warten musste, das Badezimmer benutzen zu können. Ohne jeden Zweifel, das gab ich sofort zu, hatte ich ihr nicht genügend Aufmerksamkeit geschenkt. Ich war zu sehr in dem straffen Stundenplan des Schullebens gefangen, um zu bemerken, dass sie meine Begeisterung nicht teilte. Sie hatte genug von meinen abendlichen Proben für die Theateraufführung, und sicher war sie zu Tode gelangweilt von meinen endlosen Geschichten über das »Geheimnis der gestohlenen Fußballstiefel« oder das neue Menü, das Barry sich für unsere

Schulkantine ausgedacht hatte. (Obwohl man wirklich zugeben musste, dass Barry ein Großküchenchef von begnadetem Talent war.)

Sophie war eine Studentin, die nach England gekommen war, um an der Universität Englisch zu studieren, und sie fand noch immer viele englische Gewohnheiten faszinierend, erfrischend und amüsant und wollte sie hautnah miterleben und genau erforschen. Für mich waren sie einfach Normalität. Abends nach der Schule oder an den Wochenenden hatte ich das starke Bedürfnis auszuspannen, am liebsten im Bett. Ich hatte keine Lust, Ausflüge zu machen, um »etwas anzusehen«, was, wie ich entdeckte, meistens bedeutete, etwas zu kaufen. Ich hatte kein Bedürfnis, andere Leute zu besuchen, da ich sowieso in jeder Sekunde meines Arbeitslebens von ihnen umringt war. Ich hielt faules Daheimhocken fälschlich für eine gesunde Beziehung, Herumliegen für Liebe und mangelnde Kommunikation für beiderseitige Zufriedenheit.

Tapfer versuchte Sophie, mich in eine Welt außerhalb des Klassenzimmers zu locken. Sie nahm mich mit zu gesellschaftlichen Ereignissen, bei denen sie mich vorführte und ich mich aus der Affäre ziehen konnte, indem ich in den richtigen Momenten lachte. Wenn es sich nicht mehr vermeiden ließ, konnte ich auch Anekdoten erzählen, die in die gesellschaftliche Landschaft passten und sogar ein kleines Lächeln hervorriefen. Mit der Zeit wurde ich aber immer fauler in meinen Bemühungen, anderen zu gefallen, und Sophie, die ob meiner Trägheit verzweifelte, versuchte es zuerst mit gutem Zureden und dann mit Zwang, mich in Schwung zu bringen. Schließlich begann sie, mir zu sagen, was ich tun sollte. Das hatte aber leider gar nicht die gewünschte Wirkung, denn ich vergrub daraufhin nur meinen Kopf in den Kissen. Als ich wieder auftauchte, war sie fort.

Nein, ich verstand durchaus, warum sie mich verlassen hatte, und ich tröstete mich damit, dass es für uns beide besser war, wenn sich die Dinge lieber früher als später klärten. Nachdem

Sophie die letzte Tür hinter sich zugeknallt hatte, sagte ich mir selbst, dass ich viel aus dieser Erfahrung gelernt hatte, dass ich dadurch reifer geworden war und dass beim nächsten Mal alles anders würde. Leider hatte sich nun schon eine ganze Weile lang keine Gelegenheit ergeben, diese Theorie zu testen.

Wenn sich meine natürliche Spannkraft in den frühen Stunden eines einsamen Morgens dann gelegentlich dem Nullpunkt näherte, fiel mir eine tränenüberströmte, volltrunkene junge Frau ein, die ich einst auf einer Hochzeitsfeier kennen gelernt hatte. Spät am Abend hatte sie ihre Theorie in meine Schulter gemurmelt, dass man, wenn man mit zweiunddreißig Jahren immer noch nicht verheiratet war, sich genauso gut den ersten Besten grapschen konnte, dem man begegnete – in ihrem Fall schien das ich zu sein. Andernfalls, erklärte sie, könnte man es auch aufgeben und auswandern. Ich hatte meinen Auswanderungstermin jetzt bereits seit achtzehn Monaten überschritten.

Dienstagmorgen hatte Jim eine weitere Hochzeitseinladung bei mir abgeliefert. Ich umklammerte sie noch immer, als ich das Büro des Schuldirektors betrat. Die Atmosphäre akademischen Geistes und strenger Selbstdisziplin machte mich immer etwas nervös, ganz wie früher, wenn ich als Schüler in eine solche Situation kam. Wie damals warf ich auch jetzt einen prüfenden Blick auf meine Schuhe, ob sie sauber waren.

»Ah, Will. Tut mir Leid, dass ich Sie so zu mir zitieren muss, Sie haben sicher viel zu tun. Es ist nur … es handelt sich um eine etwas anstößige Sache …« Meine Zehen krümmten sich in meinem keineswegs makellosen Schuhwerk. Rasch ging ich meine geistige Schublade mit dem Etikett »schuldig« durch und fand sie beruhigend leer. »Es ist nur, der Hausmeister fand am Samstag das hier neben Ihrem Rugbyfeld. Und korrekterweise hat er es zu mir gebracht.«

Er öffnete eine Schublade seines kolossalen Eichenholzschreibtischs und nahm mit wohlabgezirkelter Bewegung ein Tablett heraus. Darauf lagen die abgenagten Überreste von fünf oder sechs Orangenschalen aus der Halbzeitpause. Ich unterdrückte mein starkes Bedürfnis, in Gelächter auszubrechen, und zwang meinem Gesicht einen Ausdruck tragischer Erschütterung auf, der dem seinen ähnelte.

»Abfall.« In dem einen Wort, das er ausstieß, lag sein ganzer Abscheu, eine wahrhaft schreckliche Vision, die den Untergang des Abendlandes ankündigte.

»Mir fehlen die Worte, Herr Direktor, welch entsetzliche Unachtsamkeit. Machen Sie sich bitte keine Sorgen. Ich werde den Fall beim nächsten Training vollkommen aufklären.«

»Wenn Sie so gut wären, und berichten Sie mir hinterher. Es geht ums Prinzip, Will, ums Prinzip. Das wäre alles. Danke, Sie können dann gehen.«

Aber nein, Herr Schuldirektor, ich habe Ihnen zu danken.

Zum Glück war ich zu schnell wieder draußen und hatte die Tür zwischen ihm und mir geschlossen, um ihn noch mit einem Vorschlag zu beglücken, was er mit den bösen Orangenschalen tun könnte.

Mein Gott, diese verdammten Dinger zersetzen sich doch verdammt noch mal biologisch, dachte ich, während ich den Flur hinunter stampfte und dabei grimmig die Porträts zahlloser weiterer pompöser Idioten anstarrte, wer immer sie auch waren. Er hätte ja auch mal erwähnen können, dass wir nur ganz knapp verloren hatten.

»Guten Morgen, Sir«, ertönte hinter mir eine süßlich flötende Stimme. Ich warf einen Blick über die Schulter. Oh, nein.

»Morgen, Robert«, brummte ich und eilte weiter. »Hast du den Hausmeister gesehen?«

»Nein, Sir, aber ...*Siir*!« Er hüpfte, um mit mir Schritt zu halten. »Meine Mutter möchte gern wissen, wann wir unsere Übungshefte zurückbekommen?«

»Du kannst deiner lieben Frau Mutter sagen« – ekelhafte, neurotische, alte Ziege, die sie war –, »du kannst ihr sagen, dass ihr sie zurückkriegt, sobald ich die Orangen abgezählt habe.«

»Sir?«

Die Tür des Lehrerzimmers krachte zu meiner Befriedigung hinter mir ins Schloss.

Jetzt erkenne ich, dass meine Abreise vielleicht kein solch spontanes Ereignis war, wie ich ursprünglich angenommen hatte. In Wirklichkeit wurde mein Leben damals wie heute bestimmt durch ein verwirrendes, zufälliges Zusammentreffen verschiedenster Dinge und einer mir bis dahin unbekannten Fähigkeit meinerseits, bemerkenswert übel auf Verhaltensmaßregeln zu reagieren. Wie auch immer, es war höchste Zeit, die Schule zu verlassen.

In dem warmen Mief des Lehrerzimmers, den Rücken an die Tür gelehnt, erinnerte ich mich mit einem Grinsen an eine Unterrichtsstunde, die ich wenige Jahre zuvor gehalten hatte. Das Thema des Französischunterrichts mit einer Horde begeisterter Elfjähriger hatte gelautet: »Was würdest du gern werden, wenn du erwachsen wirst?« *Qu'est-ce que*-dies-oder-das. Ich hatte so viele Fragen wie möglich beantwortet.

»Wie heißt Börsenspekulant auf Französisch, Sir?«

»Äh ... ich würde nicht ... äh ... mach dir darum keine Gedanken ... äh ... sag einfach, du möchtest Bäcker werden. *Je veux être boulanger.*«

»Und wie heißt denn Mechaniker?«

»Äh ... fast das gleiche Wort, und mit einem Akzent. *Mécanique*? So. Gut. Hat noch jemand eine Frage, bevor wir weitermachen? Ja, Samantha?«

»Sir, Sir ...«

Sommersprossen und atemloses Fingerschnipsen in der zweiten Bank.

»Sir, Sir, Sir, was würden ... Sir ... was würden Sie denn gern werden, wenn *Sie* erwachsen werden?«

Darauf hatte ich damals keine Antwort. Vielleicht hatte ich jetzt eine.

Meine Einführung erhielt ich in dem behaglichen Wohnzimmer von Charles und Juliet, deren Haus von meinem nur wenige hundert Meter das Sträßchen hinunter entfernt lag.

Zum Glück war Charles ein sehr methodischer Mensch, was einen Ausgleich zu meiner etwas unsystematischen, chaotischen Art darstellte. Nun versorgte er mich ausführlich und umfassend mit wichtigen Hintergrundinformationen. Der Vorfall mit den Orangenschalen wirkte zwar noch in mir nach, doch bemühte ich mich, so viel wie möglich in meinem Gedächtnis zu speichern, und versuchte, stets an den richtigen Stellen zu nicken und zuzustimmen.

Anscheinend war dieser Commander tatsächlich ein interessanter Mensch gewesen. Nicht nur, dass er der deutschen Kriegsgefangenschaft entkommen war, indem er sich durch die Bodenbretter eines Viehtransporters auf die Schienen hatte fallen lassen, nein, er hatte dann auch noch eine Saison mit Skifahren in der Schweiz verbracht, bevor er sich wieder auf den Rückweg zu seinem Schiff machte. Für mich wäre das alleine schon Grund genug gewesen, mich um eine vorzeitige Pensionierung zu bemühen, er aber charterte, kaum dass das Kämpfen ein Ende hatte, eine Jacht. Damit segelte er in den Südpazifik, wo er auf einem kleinen Inselchen seine Plantage erwarb.

»Solche wie ihn gibt's nicht oft, was?«, kommentierte ich ziemlich fantasielos.

»Tja. Hiermit können Sie sich eine ganz gute Vorstellung machen, wie die Insel aussieht.«

Charles breitete auf dem Boden eine Karte aus und beide beugten wir uns auf allen vieren darüber. Zu meiner Überraschung zeigte diese Karte statt der Adern und Venen, die ich von meinem großen Reader's-Digest-Straßenatlas Deluxe für Großbritannien gewöhnt war, nur konzentrische Höhenlinien.

»So, da ist sie: Randuvu. Befindet sich in einem Gebiet, das New Georgia genannt wird. Gehört zur westlichen Provinz. Größe ungefähr vierzig auf zwanzig, grob geschätzt.«

»Was, Meter?«, stieß ich alarmiert hervor.

»Nein, Will, Meilen.«

O Gott! Wie peinlich!

»Und hier in der Mitte liegt der Vulkan – natürlich erloschen.«

»Aha, das ist gut...«

Ich spähte genauer hin und versuchte, mir Strände und Hotels, Bars und Restaurants vorzustellen. Charles deutete auf ein Kreuz, das auf der Karte eingezeichnet worden war.

»Genau hier: das Dorf Mendali, ganz im Nordwesten, ungefähr zehn Meilen auf dem Wasserweg, dauert mit dem Außenborder ungefähr eine Stunde von Munda aus. Das ist das kleine Städtchen mit dem Einkaufsladen.«

Mit dem Einkaufsladen. DEM Laden? Ein einziger Laden?

»Ach ja, und ein Gasthaus gibt es.«

Naja, wenigstens etwas.

»Wissen Sie sonst noch etwas .. na ja... über Randuvu?« Ich hob fragend meine Augenbrauen, als wollte ich sein Erinnerungsvermögen ankurbeln.

»Ja, da sind noch ein paar Dörfer, alle ziemlich gleich. Gibt nicht viel dort – ein paar Hütten, ein paar Gärten.«

Hoffnungsvoll stellte ich mir Rosen und Gänseblümchen, Gartenzwerge und Sonnenuhren vor – und Gartenpartys.

»Die Dorfbewohner bauen ein bisschen Gemüse an und betreiben Fischerei. Gerade genug zum Überleben. Wirklich sehr ärmlich. Das Problem ist, dass sie viel höhere Ausgaben haben als früher. Zum Beispiel Benzin für die Außenborder. Sie wollen ihre Kirche instand halten und wenn möglich für eine richtige Wasserleitung im Dorf sparen. Eines Tages könnte es sich vielleicht sogar lohnen, einen elektrischen Stromanschluss für die Straßenbeleuchtung zu legen.«

Im Geiste packte ich meinen elektrischen Rasierer wieder aus.

»Natürlich wird der Fonds nicht ewig reichen. Das Beste wäre es also, ein Projekt, das Geld einbringt, auf die Beine zu stellen und zum Laufen zu bringen, um dann mit dem Profit die Modernisierungen zu bezahlen.«

»Aha, fantastisch, danke, sehr gut«, murmelte ich schwach.

»An was für eine Art Projekt hätten Sie denn gedacht, das Sie dort vielleicht aufziehen wollen?«, fragte Juliet, während sie unsere Teetassen wieder füllte.

»Nun ja, ich glaube, es ist vielleicht besser, wenn ich mir das Ganze erst einmal ansehe und mir dann etwas Passendes überlege, meinen Sie nicht?«, antwortete ich ziemlich unsicher.

Meine Nachbarn nickten zustimmend. Ja, sich da draußen etwas Passendes überlegen.

»Da draußen« schien plötzlich bedeutend näher gerückt zu sein, als ich mich durch eine Menge lebhaft durcheinander schwirrender Urlaubsreisender in Terminal Eins drängte. Ihre Kleidung vermischte sich in meinen Augen zu einem Gewirr unzusammenpassender, greller Farben, hie und da hing an einem Kragen noch ein Preisschild. Lässige Sonnenbrillen, Kamera- und Kopfhörerstrippen um Hälse geschlungen, wurde in riesigen Handtaschen nach Flugtickets und Reisepässen gewühlt. Schließlich reihte ich mich am Ende der Warteschlange für den Check-in ein. In Plastik eingewickelter Tee und Marmite-Brotaufstrich wurden ostentativ hervorgezogen und als absolute Notwendigkeit verteidigt, ohne die das Leben in der Wildnis eines Campingplatzes in Europa einfach nicht vorstellbar war. Mit zusammengekniffenen Lippen und einem für solche Gelegenheiten reservierten Ausmaß an Duldsamkeit warteten wir in der typisch englischen Schlange und sonnten uns in der Gewissheit, dass Geduld eine Tugend sei.

»Nur noch fünfhundert Tage bis zum Millennium!«, flimmerte es aufgeregt über einen Fernsehbildschirm, als ich schließlich zum Abflug hastete. »Wo werden Sie dann sein?« Gute Frage. Mein »Vertrag« war zeitlich nicht begrenzt. Ich hatte keine Ahnung, wie lange ich fort sein würde. Wie lang war ein Stück Schnur? Vielleicht konnte ich es mit meinem neuen Taschenmesser ein Stückchen verkürzen, falls sich die Angelegenheit nicht so gut entwickelte. Ich reichte dem Beamten am Schalter meinen Reisepass, bekam ihn gelangweilt zurückgereicht und schritt über die Schwelle.

Was gibt es von einem Flug ins Ausland schon Bemerkenswertes zu erzählen? Wäre ich Captain Biggles, Amelia Erhardt oder Charles Lindberg, dann wäre das etwas anderes, so aber war ich einfach der Passagier auf Platz 27C in der zweiten Klasse. Am Ziehharmonika-Eingang in das weiß-blaue, unglaublich dickbäuchige Flugzeug begrüßte mich eine Stewardess mit einem strahlenden Lächeln, das mit jedem Abreißen der perforierten Bordkarte verblasste und dann wieder neu aufblitzte. Ich kämpfte mich durch den schmalen Gang zu meinem Platz durch und beantwortete jedes ärgerliche Stirnrunzeln oder unterdrückte Aufstöhnen mit einem entschuldigenden »Tut mir Leid« oder einem halb lachenden, verlegenen »War ich das?«. Der Sieben-Uhr-dreißig-Flug hob mit wenigen Minuten Verspätung ab.

Ich lehnte mich entspannt in meinem Sitz zurück und verbrachte ein kleines Stück meines Lebens damit, von der Sonne weg und einem neuen, zweifellos äußerst symbolischen Sonnenaufgang über einer anonymen Wolkenlandschaft entgegenzufliegen. Ich verschlief fast die gesamte Reise, wurde nur gelegentlich durch einen Stoß an den Kopf geweckt, den mir der ekelhaft riechende Bordwagen der jetzt gar nicht mehr lächelnden Stewardess versetzte.

Leicht gerädert betrat ich schließlich australischen Boden. Nach einer charakterstärkenden Nacht auf dem Flughafen Brisbane ging ich als Letzter an Bord der Maschine, die einmal wöchentlich die Salomon-Inseln anflog. Ein paar frisch rasierte Geschäftsleute saßen bequem in ihren riesigen Sitzen, starrten blind auf die langweiligen Seiten der Tageszeitung und rissen den Mund immer wieder zu einem Scheunentorgähnen auf. Die Sitze hinter ihnen waren alle leer, wie ich bemerkte, als ich einsam den Gang hinunterwandelte.

Sobald ich in Oniara (ich hatte die Schülerstimme noch im

Ohr) ankäme, sollte ich einen Inlandsflug direkt zu dem Städtchen Munda in New Georgia, westliche Provinz, nehmen. Dort würde ein von einem gewissen Gerry gemietetes Kanu auf mich warten, das mich zu dem Dörfchen Mendali auf der Insel Randuvu bringen sollte. Die Dorfbewohner würden schon auf mich warten. Nur keine Sorge, wie es immer so schön und wenig überzeugend heißt. Ich fühlte, wie ich langsam nervös wurde.

Das Sonnenlicht blitzte auf der rechten Tragfläche, als wir eine Kurve flogen und die Nordostküste Australiens überquerten. Dann lag er vor uns, der endlose, in der Sonne glitzernde Pazifik.

Nach einem ereignislosen, zweieinhalbstündigen Flug setzte das Flugzeug zur Landung an.

Wieder bewegte ich mich langsam in einer Schlange vorwärts, schob mit dem Fuß meine Reisetasche Stück für Stück voran und versuchte, das Ankunftsformular auszufüllen. Ich entschied mich dagegen, die streng dreinblickende Lady vor mir zu fragen, ob ich ihre Schulter zum Schreiben benutzen dürfte. Stattdessen versuchte ich es auf meiner Handfläche. Ein rascher geistiger Check, ob ich auch nicht versehentlich irgendwelche Pornographie, Feuerwaffen oder Sprengkörper im Gepäck hatte, bestätigte mir mein blütenreines Gewissen. Ich kreuzte das letzte Nein-Kästchen an, stieß meine Reisetasche nochmals voran und befand mich direkt vor dem Schalter mit dem großgewachsenen, uniformierten Zollbeamten.

»Willkommen auf den Salomon-Inseln«, strahlte er mich an und drückte einen Stempel in meinen Reisepass.

Eine erste Nase voll Inselluft

Ich sauge den Himmel in mich ein
wie ein Ziegelstein das Wasser –
werfe aus sicherer Entfernung einen ersten Blick
auf die Inseln – entdecke die Kunst des
Kamikaze, um zu fühlen, dass ich lebe –
und werde herzlich empfangen.

»Ja, vielen Dank«, antwortete ich murmelnd. Kein Irrtum also. Ich war wirklich auf den Salomon-Inseln. Ich stellte mir die Weltkarte an der Wand des Klassenzimmers vor. Verflucht noch eins. »Ich meine, äh, vielen Dank. Können Sie mir bitte sagen, wie ich zum Inlands-Terminal komme?«

Wieder lächelte er. »Durch die Türen dort – da steht der Minibus, der Sie hinbringt.«

»Vielen Dank, ja, also, auf Wiedersehen und vielen Dank.«

Als ich auf die Türen zuging, die ins Freie führten, musste ich den Drang unterdrücken, den Hut vor ihm zu ziehen. Vollkommen absurd, ich weiß. Ich trug gar keinen Hut.

Die Geschäftsleute, ihre Aktenmappen unter den Arm geklemmt, verschwanden vor mir in einer staubigen Wolke grüner und weißer Taxis. Und da, wenige Meter weiter, stand ein schlammbrauner Bus mit weit geöffneter Seitentür. Jemand hatte in großen Buchstaben den Slogan »Wasc mic bite« in die Schmutzschicht geschrieben – was immer das auch bedeutete.

Ich war durch die Ankunft und durch den Druck, meinen Anschluss nicht zu verpassen, wie betäubt, sodass ich die neue Umgebung kaum in mich aufnehmen konnte. Erst als ein zweiter Mann auf mich zukam, mich anstrahlte und mir half, mein Gepäck in das abgetakelte Fahrzeug zu laden, wurde ich mir der sengenden Hitze bewusst. Ich hätte der Umgebung vielleicht ein wenig romantische Gerechtigkeit angedeihen lassen sollen, aber es war einfach zu heiß. Heiß und feucht – genau wie in dem Buch beschrieben. Als ich den Rucksack von meinem Rücken schwang und in den Bus hineinreichte, brach mir der Schweiß aus allen Poren, und dunkle Flecken erschienen auf meinem Hemd.

»Alles einsteigen, bitte.«

Zu meinem leisen Schrecken schien ich der einzige Mensch zu sein, der zum Inlandsflughafen wollte. Ich kletterte in den Bus. Im hinteren Teil des Minibus standen einige Klappstühle aus Rohrgestell und Tuchbespannung frei und unsystematisch herum. Ich nahm mir einen, stellte ihn auf dem gewellten Boden in eine einigermaßen sichere Position, setzte mich und benützte zwei weitere als behelfsmäßige Skistöcke. Dann ging es los. Als wir um eine besonders scharfe Ecke der Staubstraße kurvten und an einem langen Gebäude, einer Werkstatt oder etwas ähnlichem, entlangratterten, wurde der Minibus unter allgemeinem Klappern der Campingstühle plötzlich angehalten.

»Inlands-Terminal, hier.«

Der Fahrer kletterte hinaus, und als wir beide erkannten, dass der innere Türgriff der Seitentür gerade nicht zu finden war, öffnete er die Schiebetür von außen. Auch ich kletterte hinaus und zog mein Gepäck an den Riemen hinter mir her. Er strahlte, ich strahlte zurück. Er fuhr davon. Die Salomon-Inselbewohner schienen meistens zu lächeln, wie mir schien. Und das steckte an.

Das hölzerne, alte Gebäude wirkte leicht windschief, und als ich näher kam, erkannte ich, dass es nahezu bebte vor Aktivität. Mühsam warf ich mir meinen Rucksack auf den Rücken, stolperte durch die Doppeltüren ins Innere und fand mich einer Menge schwarzer Gesichter gegenüber, die eifrig zur Hinterseite des Raums drängten. Ich näherte mich langsam und sah, dass uniformierte Angestellte hinter einem breiten Schalter eifrig damit beschäftigt waren, die verschiedensten Gegenstände auf riesige Waagen zu werfen. Behälter mit Eiern, Gemüse aller Art, Maschinenteile, sogar komplette, tiefgefrorene Fische, die sorgfältig in chinesisches oder möglicherweise japanisches Zeitungspapier eingewickelt waren, alles wurde gewogen. Männer, Frauen und Kinder kletterten mitsamt Säcken voll Mehl und Reis und mit ihren eigenen Taschen und Besitztümern hinauf. Sobald sie saßen, reichten Verwandte oder Freunde noch weitere Dinge hinauf, bis sie nichts mehr festhalten konnten. Die Kinder als die Leichtesten wurden besonders schwer beladen – die Kleinsten verschwanden fast unter einem Berg von Paketen. Anscheinend wollte jeder das Maximum des erlaubten Gewichts an Gütern mitnehmen, das in der Hauptstadt gekauft wurde, weil es zu Hause nicht zu bekommen war. Ich fragte mich müßig, was wohl geschehen würde, wenn sie zu viel auf die Waage brachten. Auf welche Dinge würden sie verzichten? Ein Wagenrad hier, einen Thunfisch dort?

Schließlich war ich an der Reihe und kletterte unsicher auf die Waage. Mein Gesamtgewicht samt Rucksack auf dem Rücken wurde auf einem kleinen rosafarbenen Formular vermerkt. Wenn ich weniger als das zulässige Maximalgewicht wog, würde man mir dann zusätzliche Dinge zu tragen geben? Aber es schien alles in Ordnung, also ging ich, wie angewiesen, zu der Tür, auf der geschrieben stand: »Abflug-Warteraum«, und eine Horde Mitreisender folgte mir.

Ich drückte die Klinke, aber die Tür schien verschlossen.

»Äh, Entschuldigung, diese Tür geht nicht auf.«

»Das kommt, weil sie zugesperrt ist«, erklärte der Angestellte.

»Ah, ja, ich verstehe«, erwiderte ich etwas verwirrt und machte einen neunmalklugen Schritt zurück auf den Fuß eines kleinen Kindes hinter mir, das natürlich anfing zu weinen. Um weiteres Unheil zu vermeiden, das mein Rucksack vielleicht anrichten könnte, drehte ich mich mit kleinen, roboterartigen Schrittchen um, um mich zu entschuldigen, aber als ich gerade dazu ansetzte, wurde die Tür geöffnet. Schwankend vollendete ich meinen Kreis, während ich durch die Tür ins Freie und auf die Rollbahn gedrängt wurde.

Am Rande der Start- und Landebahn, neben einem Büro mit Glasfront, befand sich ein kleiner Unterstand, ein Schutz vor der flirrenden Hitze der Sonne. Vorsichtig ließ ich meinen Rucksack zu Boden sinken und sah mich nach einer Sitzgelegenheit um. In einer Ecke stand ein verrosteter Rollstuhl aus Chrom mit verblichener, kakifarbener Tuchbespannung. Es hing ein Hinweis daran, der lautete: »Nicht für Sie zum Hinsetzen und Ausruhen, sondern für Kranke und Krankenschwestern«. Nicht gleichzeitig, vermutete ich.

Ich blinzelte hinüber zu den im Dunst verschwimmenden Hügeln jenseits der Start- und Landebahn. An ihrem Fuße stand ein Helikopter, aber sein geschwärztes, verbogenes Heck und die krummen Rotorblätter deuteten darauf hin, dass er nicht wie vorgeschrieben gelandet war. Ich räusperte mich und warf einen Blick auf meine Uhr. Zehn Uhr vierzig. Perfekt. Das Flugzeug sollte um elf Uhr abfliegen.

Als es drei Uhr vorbei war, warteten wir noch immer. Mir war schwindelig, ich fühlte ein Zucken in den Beinen und bedauerte allmählich, dass ich nicht wenigstens ein kleines Leiden oder eine Berufsausbildung zum Pfleger hatte. Ich fragte den Mann neben mir, ob er wüsste, warum es diese Verspätung gab. War das Flugzeug zusammengebrochen? Vielleicht ein technisches Problem? Nein, nein, alles in Ordnung, versicherte er mir.

Aber dann, warum ... na ja, hm, warum haben wir dann schon vier Stunden Verspätung?

»Ach«, erwiderte er, »die Salomon-Zeit.«

Alle lachten.

»Aha, die Salomon-Zeit!«, stimmte ich etwas perplex in den Chor mit ein.

Die Salomon-Zeit, die Salomon-Zeit – ich hatte damals noch keine Ahnung, wie sehr sie die kommenden Ereignisse bestimmen sollte. Sie fließt, eine Flüssigkeit, die nicht festgehalten werden kann, die keinen Meister kennt, die vorwärts und rückwärts und sogar von einer Seite zur anderen schwappt. Da gibt es weder Symmetrie noch eine Reihenfolge. Salomon-Zeit hält sich an keine Regel, und doch diktiert sie vage, dass irgendetwas vielleicht ein wenig später oder früher oder auch Tage später oder Tage früher geschehen kann – vielleicht ist es auch schon geschehen oder wird nie geschehen. Zeitpläne verlieren ihre Bedeutung, Vereinbarungen, Treffen, Termine werden obsolet.

Die Salomon-Zeit tröpfelt durch jeden Strom in jedem Wald und pumpt durch die Venen jedes Mannes und jeder Frau, die auf den Salomon-Inseln geboren sind. Uhren hören auf zu ticken, Armbanduhren verkommen zur bloßen Verzierung. Die Zeit wird von Sonne und Mond regiert, vom Licht und vom Dunkel. Die Monate verstreichen ununterscheidbar, der Dezember so heiß wie der Mai, der November so nass wie der Juni. Der Tagesablauf sieht, abgesehen von den beiden Fixpunkten des Morgengebets und des Abendgebets, so bunt gemischt aus wie die Spielkiste eines Kleinkindes. Die Mahlzeiten werden zu Festlichkeiten ohne festen Zeitplan. Arbeit, Ausruhen und Spiel fließen ineinander wie Eiscreme in der Tropensonne.

Die Tage, Wochen und Jahre vergehen natürlich ebenso wie in jedem anderen Winkel der Erde, aber die Inselbewohner schenken dem umgedrehten Stundenglas nicht die geringste Beachtung. Sie sind so sehr mit dem Leben beschäftigt, dass sie keine Zeit für die Zeit haben. Die Salomon-Zeit kann auch magisch wirken: Sie kann alles verwischen, verdrehen, verzerren; sie kann Sie in einen fast ätherischen Zustand der inneren Ruhe und Zufriedenheit versetzen – aber dann kann sie natürlich auch wieder verdammt lästig sein.

Ich hockte mich auf den Beton und lehnte mich mit dem Rücken gegen die ausgebleichten Bretter der Wetterseite. Wie auf ein Stichwort rollte ein Flugzeug heran, und heraus sprang ein weißer Mann mit einer schwarz-goldenen Sonnenbrille, die zu seinen Epauletten passte und ihm das Aussehen einer zornigen Wespe verlieh.

»Munda, Munda.«

Noch nie in meinem ganzen Leben hatte ich ein solch kleines Flugzeug gesehen; es wirkte wie ein Modellflugzeug. Teils erwartungsvoll, teils überrascht rappelte ich mich auf. Wenn die ungefähr hundert Menschen, die hier warteten, alle in dieses Flugzeug passen sollten, wäre das so etwas wie das achte Weltwunder. Mir blieb keine Zeit, diesem Gedanken länger nachzuhängen, denn der Pilot, ein Australier von der Sorte, die ein Lächeln nicht zur Kenntnis nehmen, geschweige denn es erwidern, war in Eile.

»Alles einsteigen. Wir sind etwas spät dran«, wies er uns an, während er eine quadratische Klappe im Heck der Maschine öffnete und sieben von uns Wartenden hinüberhasteten. Wir warfen unser Gepäck in den kleinen Laderaum. Unter seinen wachsamen Blicken verteilten wir uns dann in dem Flugzeug. Munda war wohl keines der begehrteren Reiseziele, dachte ich, als ich mich zusammengekrümmt die zwei Meter Mittelgang entlangdrückte.

Ich fand noch einen Sitzplatz direkt hinter der rechten Schulter des Piloten, und die anderen sechs Passagiere saßen paarweise hinter mir. Ich spähte zum Armaturenbrett. Da gab es bei weitem nicht genügend Instrumente. Unser Flugkapitän klappte ein paar Leuchtschalter um, und mit reichlich Geblubber und schwarzem Rauch sprangen die Propellertriebwerke an. Mir fiel auf, dass einige der wenigen Anzeigen, die sich vor dem Pilotensitz befanden, gar nicht zu funktionieren schienen. Andere flackerten eine Weile und beruhigten sich dann.

Trotzdem war ich sicher, dass alles gut gehen würde, und zog die Instruktionen für den Notfall hervor. Das Papier, auf das sie gedruckt waren, wirkte abgegriffen und die Anweisungen wurden durch Zeichnungen veranschaulicht. Alle Männer auf den Bildern waren weiß, trugen Anzüge und rauchten Pfeife. Alle Frauen trugen Hüte, und ihre behandschuhten Hände hantierten nervös an ihren Handtaschen. Wir rollten an der Glasfront des Terminal vorbei, und als ich durch mein Fenster blickte, das sich zu meiner Überraschung zu öffnen schien – wohl zur Belüftung –, erhaschte ich das Spiegelbild des Flugzeugs in all seiner Pracht: die Farben der Nationalflagge, Grün und Königsblau, geteilt durch einen gelben Streifen, der Sand zwischen dem Meer und dem Wald. Über dem Flügel spiegelte sich das bleiche Oval meines durch das Fenster spähenden Gesichts.

Vielleicht hatte auch der Commander in diesem gleichen Flugzeug, genau auf diesem Platz, gesessen und aus dem gleichen Fenster geblickt? Beide, der Mann wie auch die Maschine, schienen aus einer Zeit zu stammen, in der so etwas wie ein Düsenantrieb noch unbekannt war. In wenigen Sekunden würde ich die gleiche Aussicht genießen wie er – aus einer Höhe von Gott weiß wie vielen hundert Metern. Ich hatte durchaus große Chancen, ihm näher zu kommen als je zuvor.

Und plötzlich waren wir in der Luft. Mühelos zog der Pilot seinen Steuerknüppel zurück und drehte dabei einen Knopf an der Seite seines grauen Kopfhörers. Ich konnte gerade noch die blecherne Popmusik über dem Gebrüll der Motoren hören, als wir in die Luft stiegen und unseren Schatten unten zurückließen, der sich seinen eigenen Weg über die Landschaft suchte.

Ich prüfte, ob mein Sicherheitsgurt auch wirklich sicher geschlossen war und warf dann einen Blick über die Schulter zurück, um zu sehen, wie die anderen Passagiere den Start überstanden hatten. Alle sechs Gesichter zeigten bereits die unterschiedlichsten Mienen reglosen, tiefsten Schlummers.

Einen Moment lang sah man durch die Windschutzscheibe noch die große Hecke und den windschiefen Hangar, im nächsten Augenblick war nur noch makellos blauer Himmel zu sehen, so blau, dass man ihn fast greifen, dass man ihn fast schmecken konnte. Nach steilem Steigflug erreichte die Maschine ihre endgültige Flughöhe. Meine Ohren begannen, sich an den Lärm zu gewöhnen, und ich entdeckte, dass ich durch die um die Tür herum klaffenden Risse sehen konnte. Langsam fand ich Vergnügen an dem Abenteuer.

»Die Salomon-Inseln oder ›Die Glücklichen Inseln‹, wie sie auch genannt werden, sind ein wunderschönes Land, das aus sechs Hauptinseln besteht«, verkündete das auf Glanzpapier gedruckte Bordmagazin, das sich stolz als die einzige derartige Illustrierte des Landes bezeichnete. Und auf einer Karte waren alle Inseln zu sehen: Guadalcanal, Makira, Malaita, Santa Isabel, Choiseul und zu guter Letzt New Georgia. In diesem Augenblick schoss mir der Gedanke durch den Kopf, dass es sich hier womöglich nur um einen unglaublich ausgeklügelten Scherz handelte und mein Ziel in Wirklichkeit gar nicht existierte.

Die Aussicht durch das Fenster bestätigte beruhigend meine eigenen Erwartungen. Kleine Inselchen drängten sich um die größeren herum wie kleine Landeinsprengsel mitten in dem weiten, tiefen Blau des Pazifik. Die vom Meeresgrund aufsteigenden äußeren Atolle schützten die innen liegenden Inseln, indem sie sie mit ihren langen, bleichen, behütenden Armen zusammenhängender Korallenriffe umgaben. Innerhalb der Riffe lagen die Lagunen, die unsichtbaren Wasserstraßen, in denen die Salomon-Inseln ihre Reichtümer beschützten und versteckten. Nur von der Luft aus konnte man in diese versteckte Welt hineinsehen, die Erfüllung aller Kinderträume: einsame Inseln, Kokospalmen, die sich über das in allen Schattierungen von Grün und Türkis leuchtende Wasser neigten, unzugängliche Buchten, kleine Flüsschen und hohe Klippen, die wie die Wälle alter Festungen senkrecht ins Meer abfielen, Berghänge, die sich sanft bis zu kleinen, sonnengebleichten Sandstränden oder in das dunkle Gewirr von Mangrovensümpfen absenkten.

Hin und wieder, nur sehr selten, entdeckte ich Anzeichen von Behausungen. Die Quadrate und Rechtecke von blättergedeckten Pfahlhäusern, die sich an der Wasserlinie zusammendrängten; die langen, dünnen Bleistiftformen von Kanus, die auf dem Strand lagen. Manchmal verrieten auch Buschdörfchen, die vor Blicken verborgen im Dschungel und den Hügeln fern der Küste versteckt lagen, ihr Vorhandensein: Es stiegen dünne, gerade Rauchsäulen von Feuerstellen auf.

Wenn ich mich verrenkte, konnte ich über die Kante des vibrierenden Flügels direkt hinunterblicken. Diese unnatürliche Haltung wirkte sich zwar sehr unangenehm auf mein Genick und meine Augäpfel aus, aber sie war der Mühe wert. Eine weite Fläche offenen Wassers breitete sich unter uns aus, die Unendlichkeit des Ozeans, dessen Oberfläche gekräuselt war wie Farbe, die im Wind trocknet.

Plötzlich explodierte die ruhige Oberfläche in einem wilden, schäumenden Wirbel. Es schien, als habe jemand auf dem Meeresgrund einen gigantischen Korken gezogen und damit einen gewaltigen und unglaublich machtvollen Luftstrahl entfesselt. Mächtige Wellen breiteten sich schäumend vom Epizentrum aus und schleuderten Gischt hoch in die Luft.

»Äh, haben Sie das gesehen?«, schrie ich dem Hinterkopf des Piloten zu.

»Unterwasservulkan«, bellte er zurück.

»Aha, Unterwasservulkan, aha.«

Etwas, was ich in ein paar Wochen sicherlich als ganz alltäglich empfinden würde. Ich blickte wieder hinab. Dunkle Gegenstände waren weit über die Wasseroberfläche geschleudert worden und fielen donnernd wieder in den Schaum zurück: Felsen und Erdklumpen aus der Tiefe. Halb erwartete ich, dass irgendein grässliches Seeungeheuer aus dem Ozean auftauchte und mit mächtiger, wassersprühender Pranke nach unserem dahinsummenden Flugzeug schlug. Was uns zum Glück und zu meiner großen Erleichterung erspart blieb.

In den endlosen Weiten des Wassers wirken selbst die größten Landmassen unseres Planeten bedeutungslos, riesige Kontinente winzig. Wie eine Sternkonstellation im Nachthimmel schimmerten die Salomon-Inseln in dem weiten Pazifik, und als ich unseren Schatten beobachtete, der uns getreulich folgte, fühlte ich mich plötzlich wie verzaubert, betört, aufgeregt bei der Aussicht, all das neu zu entdecken, was sich mir da nach und nach enthüllte. Natürlich wurde ich allmählich auch ziemlich nervös. Wir waren fast angekommen, fast am Ziel.

»Munda direkt vor uns, Kumpel.«

O Gott. Wieder spähte ich ihm über die Schulter, als die Nase des Flugzeugs sich senkte, sich etwas stärker senkte und sich dann stark senkte. Ich hatte den Eindruck, dass wir mehr oder weniger senkrecht auf den schmutzigbraunen Landestreifen herabfielen. Das kleine Flugzeug begann zu kreischen wie in alten Kriegsfilmen, und ich erwartete, dass der Pilot gleich durch das Dach verschwinden und an einem Fallschirm herabgleiten würde. Ich hatte das Gefühl, unter meinem Sitz zu hängen, und drehte mich halb um, um nachzusehen, wie die anderen reagierten. Ein Kinn war herabgesackt und eine Nase wurde unbequem gegen die Fensterscheibe gequetscht, wo sie die Vibrationen des Motors mitmachte. Ansonsten gab niemand Zeichen von Unruhe von sich. Ich wandte mich wieder nach vorn und starrte hinab.

Beinahe hätte ich den Piloten schon besorgt an den Schultern gerüttelt, als er lässig den Steuerknüppel zurückzog und das Flugzeug wieder in die Horizontale brachte, bis wir dicht über den Boden dahinschwebten. Mit einem winzigen Bums setzte es auf und kam nach ein paar sanften, kleinen Sprüngen elegant zum Stillstand.

Ich dankte dem Flugkapitän aus ganzem Herzen und machte ihm ein großes Kompliment über seine Flugkünste, während ich auf die Landebahn hinauskletterte. Auf seinem Gesicht zeigte sich noch immer kein Lächeln. Schläfrig taumelten die anderen Passagiere ins Freie. Sie hatten nichts von alledem mitbekommen. Ich sammelte mein Gepäck ein, richtete mich auf und tat einige tiefe Atemzüge.

Das Flugzeug schien mitten in einem kleinen Städtchen gelandet zu sein. Zu meiner Linken sah ich ein kleines Postbüro mit verrosteten Eisenstangen davor, die braunen Holzläden dahinter waren geschlossen. Zu meiner Rechten stand eine modern wirkende Bank, die ebenfalls für heute schon geschlossen hatte. Außerdem entdeckte ich zu meiner Erleichterung einige Gemischtwarenläden, und durch die geöffneten Türen der größeren konnte ich Regale mit Dosen und Päckchen, Kleidung, Werkzeugen, Kochgeschirr und allem möglichen Krimskrams sehen, alles fein säuberlich gestapelt. Direkt gegenüber lag der Flughafen-Terminal – ein niedriges, baufälliges Gebäude. Es wirkte, als sei es kürzlich Ziel eines Bombenangriffs geworden. Zerfetzte, ausgeblichene Vorhänge flatterten in der Brise, die durch den türlosen Eingang wehte. Durch ein zerbrochenes Fenster lehnte sich ein Mann in einer schmucken, blauen Uniform und hielt über ein Funkgerät, das von einer Autobatterie versorgt wurde, ein angeregtes Schwätzchen. Zwischen den verschiedenen Gebäuden wucherte struppiges Gras, in dem orangefarbene und weiße Wildblumen blühten. Schmale Trampelpfade führten in Zickzacklinien von einer Tür zur nächsten. Das Ganze wirkte an diesem Spätnachmittag gemütlich und nett.

Die Sonne neigte sich allmählich dem Horizont zu, und ich wanderte den Hügel hinunter und machte mich auf die Suche nach dem Gasthaus, in dem ich meinen Kanu-Verbindungsmann treffen sollte. Ein ledriger alter Mann, barfuß und in kurzen Hosen, stieg langsam den flachen Hang vom Meer hoch in Richtung »Stadtzentrum«. Auf seinem Rücken hing ein glänzendes Fischernetz, das er mit einem Seil an sich festgebunden hatte. Damit und mit einem langen Stab in der Hand, der sich beim Näherkommen als Speer erwies, wirkte er wie Neptun, der aus den Tiefen des Wassers emporsteigt, um seinen wöchentlichen Einkauf zu erledigen. Ich hielt ihn an und fragte ihn nach dem Weg.

»Hem lang da.« Er wies zum Meer. »Hem no lang Weh' da'in.«

»Wie bitte? Würden Sie das bitte noch einmal sagen?«

Er wiederholte es.

»Vielleicht noch einmal, bitte?«

Der Mann lachte. »Du nix Pidschn spech-spech? Du kein Pidschn spech'n?«, übersetzte er.

Pidschn? Pidgin-Englisch? »Nein, ich fürchte, nicht. Ich kenne hier niemand. Wissen Sie, ich bin neu hier. Ich suche nur einen gewissen Gerry.«

»Dassis da drübn, ga nich weit. Das rote Tor. Du einfach gerade gehst. Gerry da drin.«

Ich hielt mich an diese Anweisungen und ging schließlich einen sauberen, korallenroten Pfad entlang, der von dicken Büscheln hellroter Blumen gesäumt war, und kam an einer Veranda mit drei Zimmertüren mit Nummern daran vorbei. Die in einem weichen Blau gestrichenen Türen mit Rahmen in Gelb leuchteten hübsch in dem nachlassenden Tageslicht. Durch das Moskitonetz eines der scheibenlosen Fenster sah ich einen Deckenventilator, der sich schwankend drehte.

Ich streckte meinen Kopf durch einen offenen Eingang am Ende des Gebäudes und erblickte ein kleines Büro, in dem ein schwarzhaariger Weißer in mittlerem Alter barfüßig an einem Schreibtisch saß und ziemlich verwirrt auf einen Taschenrechner blickte, der vor ihm lag. Als ich hereinkam, hob er den Kopf und sah mich mit irischen Augen an. Lächelnd stand er auf und streckte mir die Hand entgegen.

»Sie müssen Will sein.«

Ich nickte.

»Tja, heute können Sie nicht mehr nach Randuvu hinüber, denn für den Fahrer wird es sonst zu dunkel, um zurückzukommen. Sie werden heute Nacht hier bleiben müssen. Kommen Sie lieber mit und trinken Sie ein Bier mit. Ich bin übrigens Gerry«, sagte er mit leicht irischem Akzent.

Ich folgte ihm eine Art enge Schiffstreppe hinab in einen großen Raum mit Holzwänden, der an einer Seite zur See hin offen war. Dort befand sich eine kleine Bar, an beiden Enden jeweils von einer enormen, aus Holz geschnitzten Figur bewacht – einem kriegerischen Mann und einer ebenso wild dreinblickenden Frau. Mit dem Rücken an den kräftigen Oberschenkel dieser Amazone gelehnt, saß ein weiterer weißer Mann, ungefähr im gleichen Alter wie Gerry, mit dichten, blonden Locken und großen, blauen Augen, die ein freundliches Willkommen blinzelten, auf einem Barhocker.

»Hi, ich bin Geoff. Wie geht's? Gute Reise gehabt?«

»Oh ... jaja, sehr gut, großartig, wirklich sehr schön, hat mir gefallen. Null Problemo.«

Dieser letzte, in Australien aufgeschnappte Happen gab mir das Flair eines Weitgereisten, fand ich, als meine Stimme in diesem schuppenartigen Raum widerhallte.

»Mir gehört der Tauchladen hier. Tauchen Sie?«, fuhr er fröhlich und gleichzeitig geschäftsmäßig fort.

»Nein, nein, eigentlich nicht.« Ich schütte nicht gern das Kind mit dem Bade aus. Plötzlich fühlte ich mich verwirrt und etwas müde. So etwas hatte ich nicht erwartet. Es schien mir alles so normal.

»Na, Randuvu wird Ihnen ein bisschen anders vorkommen, Mann«, grinste Geoff, der offensichtlich Gedanken lesen konnte, im sanft vibrierenden Dialekt der Ostküste Englands. Marlene (am Ende wie »ah« ausgesprochen), seine Frau, eine eindrucksvolle, kraftvolle, freundliche Amazone, die sich zu uns gesellt hatte, lächelte zustimmend.

»Aber hübsch«, setzte sie hinzu, als sie einen besorgten Ausdruck auf meinem Gesicht entdeckte. Ich ging zu der luftigen Schranke des offenen Raums, lehnte mich gegen einen der rund gedrechselten Pfosten und ließ meinen Blick über die Lagune schweifen. Wie in einem Traumbild brüllte der Vulkan aus dem Wasser empor, und zwei oder drei seiner Geschosse schienen die feste, reglose Wolke zu durchbohren, die über der Insel hing. Randuvu wirkte weder finster noch einladend, weder willkommen heißend noch abweisend. Die Insel schien einfach nicht wirklich zu sein.

Ich wandte mich wieder meinen neuen Bekannten zu. Sie lebten hier schon seit zehn Jahren und stellten ein wenig »Tourismus« für die Hand voll Urlauber auf die Beine, die es hierher verschlug. Gerry hatte ein Mädchen von den Salomon-Inseln geheiratet, und keiner von ihnen hatte die Absicht, jemals von hier fortzugehen.

»Sehr friedlich hier, werden Sie noch merken. Sehr ruhig. Würde nie in die Ellenbogengesellschaft zurückkehren wollen. Hier gibt's so was wie Konkurrenz praktisch nicht. Das ist das wirklich Schöne.«

Allerdings auch keine Kundschaft, dachte ich und blickte mich im leer stehenden Hotel um.

An diesem Abend unterhielten wir uns über unser Zuhause, über Dinge, die wir gemeinsam hatten, und die Unterschiede. Wir erzählten uns Wirtshausgeschichten und lachten über alte Witze, ich fühlte mich wohl in dieser Gesellschaft von meinesgleichen und keineswegs wie im Südpazifik. Meine drei neuen Bekannten brachte ich auf den neuesten Stand, was die letzten Ereignisse und das Wetter im guten alten England betraf. Angesichts von Politik, Gesellschaftsklatsch und Kricket schien die Helligkeit der Glühwürmchen, die über der Mole ihre leuchtenden Bahnen zogen, fast zu verblassen. Das Gelächter über die Geschichte von dem Engländer, dem Iren und dem Schotten, die in Amsterdam ein Wochenende mit einer aufblasbaren Frau verbringen, übertönte sogar das Brummen der riesigen Motten, die das Licht der an den Pfeilern des großen Blatthauses aufgehängten Muschelschalen-Lampen umschwirrten. Zum Abendessen bestellte ich mir mein traditionelles Fisch und Chips.

Später am Abend, als ich etwas unsicher meinem karg ausgestatteten aber sauberen Zimmer im Gasthaus entgegenschwankte, stellte Gerry mir eine äußerst interessante Frage.

»Was genau wollen Sie eigentlich da drüben auf der Insel anfangen?«

»Na ja. Vielleicht für den Anfang erst mal improvisieren, und dann mal sehen, wie es läuft...«

»Also wissen Sie es eigentlich noch nicht?«

»Nein.«

»Na gut. Gute Nacht. Dann bis morgen. Wir brechen wahrscheinlich irgendwann am Vormittag auf.«

Salomon-Zeit.

Mr. Will, nehme ich an?

Ich schippere über das Wasser –
meine Gastgeber tauchen auf – ich mache
die große Besichtigungstour – bewundere meine
neuen Häuser, groß und klein – schwimme
in einem Fluss – koste die lokale Küche –
und werde durch die kunstvolle Anwendung
von Sonnenschutzmittel gerettet.

Am nächsten Morgen Punkt zehn Uhr vierzig wanderte ich durch das rote Tor wieder hinaus und kletterte in ein schmales, flottes Glasfiberboot mit Außenbordmotor, dessen munter dreinblickender Bootsführer Reuben hieß. Ich winkte Gerry, Geoff und Marlene zum Abschied zu und bedankte mich innerlich bei ihnen für alles, einschließlich leichter Kopfschmerzen.

Dann legten wir ab – für zehn Meilen über das Wasser brauchten wir mit dem flachen »Kanu« etwa vierzig Minuten. Es war die längste Reise, die ich je erlebt hatte. Als die sprudelnde Kielwasserspur hinter unserem Heck länger und länger wurde und kleine Schwärme glitzernder, fliegender Fische wie eine Sondereskorte vor unserem Bug dahinsprangen, versank meine Vergangenheit hinter mir. Wir umrundeten die erste Insel und gelangten in eine breite Wasserstraße. Ohne Vorwarnung ging das flache Riff in eine senkrecht abfallende Wand über, und wie ein Segelgleiter, der über eine Klippenkante hinausschwebt, glitten wir in dem weiten Blau über unendlicher Tiefe dahin. Als ich hinabblickte, sah ich verschwommene dunkle Formen, die sich vor der Korallenwand bewegten. Am nördlichen Ende von Randuvu ragten himmelhoch die Spitzen eines Berges vor uns auf, und plötzlich wurde all das, was so lange eine ferne Zukunft gewesen war, zur unabweisbaren und unmittelbaren Gegenwart.

Wir ritten auf der leichten Dünung, die gemächlich von der offenen See hereinrollte, und in einem Reflex des Sonnenlichts sah ich plötzlich hinter mir die Umrisse einer steif aufgerichtet dasitzenden Gestalt. Ich erhaschte nur einen kurzen Blick auf den pelzigen, grünen Hut und die schmutzigweißen Falten eines kugelsicheren Regenmantels, dann erlosch der Lichtreflex und der Commander verschwand. Kurze Kontrolle, ob ich nicht noch im letzten Augenblick kniff.

Die Gischt, die beiderseits des Bugs aufsprühte, benetzte meine Lippen, und ich schmeckte Salz. Nein, ich war hier, ganz eindeutig hier. Wie ich das alles hatte geschehen lassen, das wiederum war eine ganz andere Frage.

Zwanzig Minuten später hob Reuben, der wortlos, das eine Bein über das andere geschlagen, an der Pinne gesessen hatte, seinen Arm und deutete schräg voraus.

»Mendali!«, schrie er über den Motorenlärm. Ich spähte über den Bug hinweg und konnte rechts davon allmählich die Umrisse von Häusern, eine Lichtung und eine kleine Anlegestelle aus Korallen ausmachen. Dann kreuzten wir innerhalb des Riffs zurück, und das Wasser verfärbte sich wieder zu einem tiefen Türkis, durch das die grünen Schatten der Wolken glitten, die über uns hinwegtrieben. Neugierig blickten sie auf den bereits dünner werdenden Haarschopf des bleichen Neuankömmlings herab.

Das Bild wurde unmerklich größer und deutlicher, ein Erdrutsch kam in Sicht, und schließlich konnte ich in kaum mehr als hundert Metern Entfernung das Dorf in allen seinen Einzelheiten erkennen. Jedes Fenster und jede Tür und jeder Baum waren scharf umrissen, und unter den Bäumen konnte ich ein paar Hühner picken sehen, sie sogar zählen. Seltsamerweise war, abgesehen von dem Federvieh, kein Zeichen von Leben zu erkennen.

Reuben schaltete den Motor in den Rückwärtsgang, um das Boot entlang des kleinen Anlegestegs abzubremsen, und schlang dann fachmännisch ein Seil mehrfach um einen der Holzpfähle, die als Fender dienten, um das Boot von den scharfen Korallen fern zu halten. Ungeschickt kletterte ich hinaus und packte meine Taschen, die Reuben neben mir auf den Steg gewuchtet hatte. Suchend blickte ich mich um. Noch immer niemand. Dann tauchte aus dem Schatten eines niedrigen Gebäudes in vorsichtigem Wackelgang ein kleiner, splitternackter Junge von etwa zwei oder drei Jahren auf. Er näherte sich, einen Finger im Mundwinkel, und starrte dann mit großen, runden, braunen Augen zu mir auf.

»Hallo«, sagte ich lächelnd zu ihm. Er sah mich nur weiter unverwandt an.

Nach und nach erschienen weitere Gestalten. Sie kamen hinter Bäumen und Häusern hervor, manche zeigten sich an Fenstern und in offenen Türen. Ein kleines Mädchen tauchte aus einem Busch auf, in ihrem dichten Haarschopf steckten noch die Blätter. Es schien, als wollten alle erst einmal aus einem sicheren Versteck heraus sehen, wie dieser fremde Mann war, bevor sie sich selbst zeigten. Ich lächelte, vor allem, weil ich nicht wusste, was ich sonst tun sollte, und bewegte mich nicht. Hinter mir hörte ich das Boot davontuckern. Ich blieb abwartend stehen und fühlte, wie mir das Blut im Reggae-Rhythmus in den Schläfen pochte und die Zunge am Gaumen klebte. Nach einigen Minuten hatte sich vor mir eine Gruppe von etwa hundert oder hundertfünfzig ausgesprochen gespannt-neugierigen Menschen versammelt. Mein Lächeln wurde allmählich schmerzhaft. Verstohlen wischte ich mir den Schweiß von der Stirn und verlagerte mein Gewicht von einem Fuß auf den anderen.

Da teilte sich die Menge auf einen undeutlichen, gemurmelten Befehl hin, und aus der Mitte heraus trat mir ein schmaler, aber drahtiger Mann entgegen. Er trug kurze Hosen und ein T-Shirt. Sein krauses Haar war kurz geschnitten, und sein Gesicht schien auf beiden Wangen tätowiert oder zeigte vielmehr ein verworrenes Muster tiefer Furchen. Er räusperte sich und sagte in ruhigem, erstaunlich gutem Englisch:

»Mr. Will, nehme ich an?«

Dabei starrte er unverwandt auf den Boden direkt neben meinem rechten Schuh. Ich missverstand diesen Blick und dachte, er habe etwas entdeckt, das ich beim Aussteigen fallen gelassen hätte. Ich schüttelte ihm die Hand und blickte ebenfalls suchend auf die gleiche Stelle, aber da wurde mir klar, dass er nur dorthin sah, weil er entweder aus Scheu oder aus Gewohnheit meinem Blick nicht begegnen wollte. Als ich aber auf den Boden hinunterblickte, dachten alle anderen, dass ich selbst etwas höchst Wichtiges dort entdeckt hätte, und plötzlich drängte sich die versammelte Menge leicht vorwärts, und alle beugten sich vor, um sich dieses geheimnisvolle Etwas dort ebenfalls anzusehen. Zum Glück wurde diese absurde Situation aufgelöst, indem der Mann sanft zu mir sagte: »Ich heiße Luta. Du bist ein Freund vom Commander, einer von seinen Freunden in England, und wir sind sehr glücklich, dass du den weiten Weg zu uns gekommen bist. Jetzt ist der Commander selbstverständlich tot, Gott sei Dank.«

Es gelang mir, das Gelächter, das diese unglücklich gewählte, seltsame Ausdrucksweise unwillkürlich in mir hervorrief, bis auf ein kurzes Schnauben zu unterdrücken, und schämte mich sofort für meine kindische Reaktion, als ich in das offene Gesicht des Mannes blickte, in dem sich aufrichtige Gefühle spiegelten.

Er fuhr fort: »Aber du bist hier in unserem Dorf willkommen. Jetzt muss jeder mit Mr. Will die Hand schütteln.«

Und das taten dann auch alle, nachdem diese Anweisung in einer mir unverständlichen Sprache wiederholt worden war. Eifrige Hände, feste Hände, alte Hände, scheu zögernde Hände, und sogar vollkommen weiche Babyhände, die mir von den Müttern entgegengestreckt wurden, was meist Schreckensgeschrei auslöste.

»Kleiner Piccaninni noch nie gesehen weißen Mann«, erklärte Luta dann sachlich. Schließlich schlug er mir vor: »Und jetzt du kommst mit und siehst dir unser Dorf an.«

Er drehte sich um und ging barfüßig die Korallenmole entlang dem Dorf zu. Ich folgte ihm, und alle anderen folgten mir, und so wanderten wir alle ruhig um die kleine Ansiedlung herum.

Die Häuser waren auf einer schmalen, sandigen Stelle erbaut, die etwa dreißig Meter breit und hundert Meter lang war. Sie waren alle ziemlich nach dem gleichen Muster errichtet und standen auf gut ein Meter hohen Pfählen, wobei die vordersten Pfähle schon leicht vom Wasser der Lagune umspült waren. Das Baumaterial der Häuser waren Blätter. Das heißt, große Blätter wurden geschnitten und über einem langen, flachen Stock umgebogen, verflochten und dann mit der Rinde, die von diesem Stock abgeschält worden war, fixiert. So entstanden etwa drei Meter lange Wände, die anschließend am hölzernen Rahmen des Hauses und ebenso auf dem Dach wieder mit Rinde so befestigt wurden, dass sie sich überlappten. Die meisten Häuser schienen in zwei oder drei Räume unterteilt und beherbergten große Familien, nach der Zahl der herumtobenden Kinder zu schließen. Vor jeder Behausung stand ein Küchenhaus, das mit dem gleichen Material erbaut war. Auf dem Erdboden befand sich eine offene Feuerstelle, die mit Steinen umgrenzt war.

In der Mitte des Dorfes gab es einen freien Platz, der für Versammlungen, Festlichkeiten und besondere Ereignisse diente.

An normalen Tagen, erklärte mir jemand, spielten die Kinder dort mit einem Fußball, wenn sie einen hatten. Sonst musste eines der kleineren Kinder dafür herhalten.

Wir stellten uns in die Mitte und blickten uns um. Die Kirche hatte einen Sonderplatz etwas abseits, um den rings herum Gras wuchs. Von da an würde ich jeden Freitag die Frauen sehen, wie sie andächtig die Fläche um die Kirche herum pflegten. Den Oberkörper gebeugt und einen Arm hinter dem Rücken, schwangen sie den anderen mit einem Buschmesser in der Hand und arbeiteten sich in einer Linie von der Kirche bis zum Friedhof vor, bis alles wieder sauber und kurz geschnitten war. Den Friedhof umschloss ein niedriger Bambusrohrzaun. In einer Ecke zeugten kleine, runde Grabhügel von jenen, die im Dorf geboren waren und nun auf Ewigkeit Kinder blieben. Einige der neueren Gräber trugen Anzeichen noch frischer Trauer – geflochtene Matten, ein Häufchen hübscher Muschelschalen, ein Strauß welkender Blumen auf dem Weiß der Korallen, die jedes Grab bedeckten. Die Kirche selbst bestand aus gesägten Brettern und runden Baumstämmen, mit einem Dach aus Eisenblech, das in der salzigen Seeluft braunen und beigen Rost angesetzt hatte. Innen waren die Wände in einem langsam abblätternden, ausbleichenden Hellblau gestrichen und mit Schnitzereien verziert, die Boote und Fische darstellten und rot und weiß bemalt waren.

Luta und ich hatten die Kirche alleine betreten, alle anderen warteten schweigend draußen. Ich begann, mich unwohl zu fühlen, wie ein Würdenträger auf Besuch. Unbewusst begann ich, mich entsprechend zu bewegen. Ich schritt würdevoll langsam vorwärts und faltete meine Hände vor dem Bauch.

»Commander diese Kirche für uns gebaut. Vorher wir haben keinen Ort für Gottesdienst, aber 1956 wir weihen diesen Platz, und jetzt wir kommen jeden Morgen und jeden Abend hierher. Sehr schön zum Beten.«

Zweimal täglich … Nun ja, das würde mir gut tun.

Im Inneren war es kühl und ziemlich dunkel. Sorgfältig gereinigter Sand bedeckte den Boden, und beiderseits des Mittelgangs standen Bankreihen aus roh behauenem Holz, die im Laufe der Zeit durch unzählige Hosenböden glatt und glänzend geschliffen worden waren. Im Kielwasser meines Gastgebers gelang mir ein verlegenes Nicken hin zum Altar, als wir uns ihm näherten. Er war einfach und bescheiden – ein Tisch, bedeckt mit einem weißen Tuch, das mit einem roten Kreuz in Handstickerei geschmückt war. Darauf standen zwei Kerzenhalter aus Holz und neben ihnen zwei hohe, glänzend polierte Messingbehälter, die sich bei genauerem Hinsehen als stabile Munitionskanister erwiesen. Sie dienten als Vasen für langstielige, federige, gelbe und hellrote Blätter.

»Japaner vergessen, sie wieder nach Hause mitnehmen«, grinste Luta und hielt eine Vase in die Höhe, sodass sie das Licht glitzernd reflektierte. Ich vermutete, dass er vom Krieg sprach, aber ich war mir nicht ganz sicher und lächelte daher nur wortlos, nickte und schüttelte den Kopf. Erst später erfuhr ich Näheres über die kurze, aber blutige Rolle, die diese Inseln im Verlauf der Weltgeschichte gespielt hatten. Wir wandten uns wieder dem Ausgang zu und erst jetzt bemerkte ich neben der Tür auf einem hölzernen Gestell in Hüfthöhe eine gigantische Muschelhälfte von mehr als einem halben Meter Durchmesser, die mit der offenen Seite nach oben lag. Ich blickte hinein und sah, dass sie halb mit Wasser gefüllt war – das Taufbecken.

Wir traten wieder ins Freie und zurück in die aggressive Hitze. Alle lächelten, und wir setzten unseren Rundgang fort.

»Jetz wir zeigen dir Haus zum Ruhen, aber erst ›Kleinhaus‹ für dich. Er Nummer eins, ganz wichtig.«

Ich wurde durch eine abschirmende Reihe blühender Büsche geleitet und stand vor etwas, das wie ein Baumhaus für Kinder aussah. Wenig vertrauenserweckend auf den unteren Ästen eines großen Baumes errichtet, der aus dem Wasser herauswuchs, verfügte meine Toilette über ein steiles Zinndach und eine grüne

Segeltuchtür. Man konnte sie nur über eine sich in Serpentinen emporwindende Wurzel erreichen, deren Besteigung selbst bei Tageslicht nahezu akrobatische Künste verlangte. Ich wurde gedrängt, mir die Örtlichkeit genau anzusehen, und so kletterte ich wackelig bis zur Schwelle empor und schob den Vorhang beiseite. Drinnen bildeten rohe Bretter, in die jemand ein sauberes Loch gesägt hatte, den Fußboden. Ich spähte hindurch.

Ich hatte nur einmal in meinem Leben in einen Behälter mit tropischen Fischen gepinkelt, und das war ziemlich spät nachts auf einer Party. Das war damals ein Fehler gewesen, und ich konnte mich genau daran erinnern, dass ich mich damit bei dem Besitzer – und sicher auch bei den Fischen – nicht sehr beliebt gemacht hatte. Hier aber gab es eine eindeutige Aufforderung dazu. Ich fühlte mich sehr erleichtert. Rückwärts schob ich mich wieder hinaus auf die Wurzel.

»Und jetz Mr. Will macht schöne Ansprache.«

Ansprache!

Ich blickte hinab auf die versammelte Menge und sah, dass die Blicke aller freundlich und geduldig wartend auf mir ruhten. Zu meiner Überraschung entdeckte ich mehrere blaue Augenpaare und eine Menge dichtes blondes Haar, das sich besonders gegen die dunkle und kupferfarbene Haut abhob. Später erklärte man mir, dass es sich dabei um ein Vermächtnis holländischer Seeleute handelte, die hier vorbeigekommen waren. Vielleicht war es auch nur eine Anomalie in der Vererbung – auf alle Fälle waren es auffallend schöne Menschen. Die Männer und Jungen trugen nur kurze Hosen, während die Frauen in lange, wild gemusterte Röcke gekleidet waren. Viele der jüngeren Frauen und Mädchen hatten die elastischen Bänder, die die Röcke auf ihren Hüften hielten, über ihre Brüste in die Höhe gezogen und damit reizende Minikleider geschaffen.

»Äh, nun ja, sehr schön …«, stotterte ich. »Ich bin sehr glücklich, dass ich bei euch sein darf, und bringe euch Grüße von euren Freunden in England.«

Innerlich krümmte ich mich angesichts dieses leeren Bombasts. Mit weit ausgestreckten Armen plapperte ich weiter. »Der Commander hätte sich sehr gefreut, euch noch einmal so zu sehen, aber er kann nicht, denn er ist äh.. na ja.. ähm, er ist tot.«

Schweigen senkte sich über die versammelte Gesellschaft, und ich bemerkte, dass sie alle die Blicke auf den Boden gesenkt hatten.

Mist.

»Na ja, egal, dies hier ist ein wirklich ganz besonders schöner Bau ...«

Ich drehte leicht meinen Kopf, machte eine langsame Geste mit dem Daumen, rutschte seitlich ab und verschwand in einem Busch. Zu meiner Erleichterung erklang allgemein gutmütiges Gelächter, und unter höflichem Applaus half man mir wieder auf die Beine.

Drei kleine Stufen führten hinauf zu einer kleinen Lattentür, die mein »Haus zum Ruhen« verschloss. Unter allgemeiner Aufregung wurde mein Gepäck hinauf- und hineingezerrt, dann wurde ich allein gelassen, um auszupacken und mich einzurichten. Es war wunderbar, etwas zu besitzen, das in Hochglanz-Zeitschriften wohl als eine fantastische Heimstatt direkt am Wasser bezeichnet würde. Und tatsächlich lag es so dicht am Wasser, dass die Flut ihre Spuren an den beiden vorderen Pfählen hinterlassen hatte. Von einem vorne gelegenen Wohnzimmer aus konnte man über die Lagune bis hinüber zur Insel New Georgia blicken, und in der Ferne sah man den wolkenumkrönten, kegelförmigen Berg Kolombangara. Direkt vor dem Fenster, zwischen meinem Haus und den anderen Hütten, standen ein Tisch und zwei Bänke im Schatten eines angebauten, schrägen Dachs.

Im Inneren gab es einen zerbrechlichen Stuhl vor einem niedrigen Schreibtisch, über dem ein kurzes Brett an die Wand genagelt war – ein Bücherbrett. Ich holte das verschnürte Päckchen in braunem Packpapier aus meinem Rucksack – drei hübsch gebundene Bücher, die den Anfang meiner Bibliothek darstellten. Ich sah mir jedes der Bücher näher an; es musste doch wohl einiges Nachdenken zu dieser Auswahl geführt haben. *In der Südsee* von Robert Louis Stevenson erzählte die Geschichten seiner Reisen in den Pazifik, der in dem Umschlagtext, wie ich stirnrunzelnd feststellte, auch als »seine letzte Ruhestätte« bezeichnet wurde. Wenigstens war er so korrekt gewesen, auf der ersten Seite zu erklären, dass er »seinen allerletzten Lebensabschnitt erreicht hatte und nur noch eine Krankenschwester und den Totengräber zu erwarten hatte«.

Robinson Crusoe würde eine gute, lange Lektüre abgeben – nun ja, zumindest eine lange, dachte ich nervös, als ich kurz durch Seiten mit altertümlicher Sprache blätterte. Zum Glück enthielt das Buch auch viele Illustrationen.

Das dritte Buch, das sich zu meiner Verlegenheit als »für Kinder adaptiert« herausstellte, trug den Titel *Insel der Geister* und war von einem Mann geschrieben, der den unwahrscheinlichen Namen Arthur Grimble hatte. Obwohl das weitaus eher nach einem spätviktorianischen Komödianten klang, hatte er tatsächlich den größten Teil seines Lebens als Distriktbeauftragter auf den Gilbert- und Ellice-Inseln verbracht, die anscheinend noch tiefer im Pazifik versteckt lagen als die Salomon-Inseln. Ich ließ mich auf dem wackeligen Holzstuhl nieder und blätterte in allen drei Büchern herum und versuchte herauszufinden, welches die erste Reaktion ihrer Erzähler auf das Leben auf den Inseln gewesen war.

Robinson Crusoe verfügte, wie ich bald entdeckte, über die besondere Fähigkeit, Bemerkungen über das vollkommen Offensichtliche zu machen, und stellte diese beeindruckend selbstzufrieden und unbekümmert unter Beweis. Sein Kommentar über seine Landung auf der unbewohnten Insel ist ein Paradebeispiel für seine Art:

»... ich betrachtete meine Lage mit dem größten Bedauern. Ich hatte niemanden, mit dem ich sprechen konnte; jede geringste

Arbeit musste ich mit meinen eigenen Händen vollbringen; und ich sagte mir beständig: Ich lebte genau wie ein Mann, der auf irgendeiner einsamen Insel ausgesetzt wurde.«

Beunruhigt stellte ich fest, dass sich sowohl Robert Louis Stevenson als auch Grimble mit Besorgnis über dieses Inselleben äußerten. Grimble meinte, es würde eine Weile dauern, bis man sich daran gewöhne. Er hatte kurz nach seiner Landung entdeckt, dass ihm eine riesige Küchenschabe praktisch eine seiner Fußsohlen abgenagt hatte, während er schlief. Ein erfahrener Freund hatte ihn dann getröstet: »Nimm's nicht so schwer, mein Junge. Nur die ersten zehn Jahre auf einer Insel sind die Hölle.«

Aber auch danach glaubte Robert Louis Stevenson, dass es kein Entrinnen gab: »Die wenigsten Männer, die auf Inseln landen, verlassen sie wieder. Sie werden dort alt und grau. Die Palmen spenden ihnen Schatten und der Seewind umschmeichelt sie, bis sie sterben, und vielleicht tragen sie für immer die Sehnsucht nach einem Besuch der Heimat auf den Lippen, was aber selten geschieht und noch seltener wiederholt wird.«

Ich schloss das Buch mit einem Knall und stellte es mit den beiden anderen auf das Bücherbrett. Tja, na ja, gut, kein Grund, sich darüber Sorgen zu machen. Lieber sich erst einmal ein wenig mehr umsehen. Das war ja alles schon viele Jahre her. Das musste jetzt alles ganz anders sein, ganz anders.

Ich begann, mein Haus weiter zu erforschen. Hinter einer Öffnung in der rückwärtigen Wand des Wohnraums lag eine Schlafkammer mit einem alten, lackierten Tisch und einem schmalen Bett aus Holz. Auf dem Bett befand sich eine mattenartige Matratze, die dünnste, die ich je gesehen, geschweige denn, auf der ich je geschlafen hatte. Ich testete sie, indem ich mich darauf plumpsen ließ. Nun ja, ich würde mich sicherlich daran gewöhnen – nach geraumer Zeit zumindest. Ich entfaltete mein Moskitonetz – eine rechteckige Konstruktion, die »für den Busch-Profi« gedacht war. Das war ich. Nachdem ich die vier

Ecken nach einem System, das dem in der Gebrauchsanweisung nicht besonders ähnelte, an verschiedenen Dachstreben festgebunden hatte, testete ich es auch. Ich kroch darunter, legte mich flach auf den Rücken und blickte mich um. In diesem weißen Kasten hatte man das seltsame, leicht unangenehme Gefühl, irgendwie beerdigt zu sein. Allerdings konnte es nicht so besonders unangenehm gewesen sein, denn ich schlief prompt ein.

Erschrocken fuhr ich später auf, wie man es manchmal tut, wenn man an einem ungewohnten Ort aufwacht, zum Beispiel im Krankenhaus oder in einer Polizeistation, und kroch aus dem Bett. Ich warf einen Blick durchs Fenster und konnte es kaum glauben – wie ein riesiger, roter Ball hing die Sonne tief über dem Horizont, und die Abendschatten kamen über die Dorflichtung gekrochen. Plötzlich rief eine Kinderstimme: »Mr. Will jetz Schwimmen gehen!«

Zum Schwimmen gehen – jetzt? Nun ja, ich hatte es nicht vorgehabt, aber warum eigentlich nicht? Außerdem schien es sowieso mehr ein Befehl als eine Frage. Ich ging zum Eingang und rieb mir dabei mein Gesicht, das sich wie Gummi anfühlte, in der Hoffnung, meinen Gedankenwust zu entwirren. Draußen vor den Stufen stand ein kleiner Junge von sechs oder sieben Jahren, der eine Aluminiumkasserolle und ein kleines Stück Seife in den Händen hielt.

»Komm«, sagte er.

Ich verstand gar nichts, aber ich griff mir schnell ein Handtuch und folgte ihm. Wir gingen einen Pfad entlang, der zwischen den Bäumen verschwand. Auf dem Pfad kamen uns beständig tropfnasse Dorfbewohner entgegen, und die Wassertropfen glitzerten in ihrem Haar. Viele von ihnen balancierten einen großen Stapel Wäsche auf dem Kopf, und alle trugen eine Aluminiumkasserolle und ein Stück Seife in den Händen. Ich lächelte sie an, aber sie senkten dann jedes Mal den Blick und gingen ohne ein Wort an mir vorbei.

»Du weißer Mann«, meinte der kleine Junge, als erkläre das

alles. Wir wanderten etwa zehn Minuten lang zwischen turmhohen Bäumen dahin, in denen Papageien krächzten, bis wir eine Lichtung erreichten – eigentlich fast ein schmales Tal, in dem sich sorgfältig angelegte und gepflegte Gärten mit einer solchen Vielfalt von Pflanzen befanden, wie ich sie noch nie gesehen hatte. Viele hatten riesige, grün glänzende Blätter. Zwischen Zeigefinger und Daumen zerrieb ich eines.

»Taro«, erklärte der kleine Junge, der Stanley hieß, wie sich herausstellte. Natürlich wusste ich mit diesem Pflanzennamen nichts anzufangen. Am anderen Ende des Gartens wand sich ein heller Fluss zwischen den Baumwurzeln durch und reflektierte mit seiner Oberfläche warm die letzten Strahlen der Abendsonne. Eine schöne, junge Frau in einem Lava-Lava, einem hellroten und blauen Tuch, das sie um die Hüften gewunden hatte, stand knietief im Wasser. Mit geschlossenen Augen goss sie sich mit ihrer Kasserolle Wasser über den Kopf. Leider bemerkte sie, dass jemand gekommen war. Sie öffnete ein Auge und blickte sich um. Als sie mich sah, sprang sie aus dem Fluss und rannte über den schlüpfrigen Trampelpfad davon, so schnell ihre nassen Füße sie trugen. Stanley kicherte und deutete dann auf das Wasser.

»Du schwimmen.«

Gehorsam zog ich mein T-Shirt aus und stieg in kurzen Hosen in das Wasser. Es war nicht warm. Manche Leute betonen gerne, wie wundervoll und erfrischend und belebend kaltes Wasser ist. Ich nicht. Ich kippte mir nach der allgemein bewährten Methode Wasser über den Kopf und schrubbte mich mit der Seife gründlich ab. Ein Fisch schoss futtersuchend zwischen meinen Beinen herum und spuckte die Brühe wieder aus, als ich die Seife abspülte. Daran sollte ich mich besser gewöhnen, dachte ich und kletterte dann wieder aus dem Wasser. Während ich mich abtrocknete, rauschte ein Schwarm großer, dunkler Körper über uns hinweg, und ich zitterte in der Dämmerung des Waldes. Das Wasser war wirklich sehr frisch gewesen.

Als wir das Dorf wieder erreicht hatten, war es fast dunkel. Auf dem Tisch vor meinem Haus brannte hell eine blaue Kerosin-Sturmlampe. Ich dankte Stanley und stieg über die Stufen in mein Haus, um mich umzuziehen. Als ich wieder herauskam, hatte jemand eine Schüssel und einen Löffel auf den Tisch gelegt. Es war niemand zu sehen, deswegen trat ich vorsichtig näher. Ich blickte in die Schüssel – ein Fisch und eine Kartoffel, oder zumindest die vordere Hälfte eines Fischs und eine Kartoffel, und um ganz genau zu sein: die vordere Hälfte von etwas, das eindeutig wie ein großer Goldfisch aussah, und eine Kartoffel. Ich ignorierte den starren, etwas vorwurfsvollen Blick der Augen und ergriff den Löffel. Ich hatte den ganzen Tag noch nichts gegessen, hatte aber erstaunlich wenig Appetit. Der Fisch schmeckte gut, wenn man die Lampe etwas beiseite rückte. Die Kartoffel schmeckte süß und hatte eine Konsistenz von Maurermörtel.

Ich mampfte gerade mit vollen Backen, als eine Gruppe Frauen und Kinder aus dem Dunkel in den Lichtkreis der Laterne hüpfte. Sie stellten sich um den Tisch herum auf.

»Wir sind eine große, glückliche Familie«, sangen sie. »Du bist mein Bruder«, deuteten sie auf mich. Ich lächelte und bedankte mich bei ihnen. Ohne ein weiteres Wort verschwanden sie wieder in der Nacht.

»Abend, Mr. Will. Alles gut?«, fragte Luta, während er sich auf die Bank mir gegenüber schob.

»Alles sehr, sehr gut, vielen Dank, aber bitte sage doch Will zu mir.«

»Schau, ich habe etwas für dich gebracht zum Ansehen.«

Er zog unter seinem Arm einen großen Bilderrahmen hervor, stellte ihn auf den Tisch und drehte ihn zu mir um. Es war eine wasserbefleckte Schwarzweißfotografie von einer Gruppe Kinder, die denen ähnelten, die ich heute hier gesehen hatte. In ihrer Mitte stand ein weißer Mann. Statt des Jägerhuts, des Regenmantels und der behaarten Nase sah man einen Sonnenhut, adrette kurze Hosen und ein insgesamt jugendlicheres Äußeres, aber es war ganz eindeutig der Commander, der entspannt lächelte.

»Dieser kleine Junge – ich.« Luta wies auf eine Gestalt unten links, die sich an die Schulter eines Freundes lehnte. »Und das hier Commander, bester Mann. Mit ihm wir arbeiten viele Jahre. Immer gut, und schöne Zeit. Aber dann er alt und muss zurück nach England.«

In Erinnerungen verloren, tippte er dem Commander auf die Brust.

»Zwanzig Jahre jetzt, er uns verlassen, und dann wir hören in Brief von Charles, dass er gestorben. Wir alle sehr traurig, aber jetzt du kommst uns besuchen, und wir alle sehr froh. Er auch wäre froh, dass du hier bist.«

Damit rutschte er wieder von der Bank, als habe er für den Augenblick genug gesagt, wünschte mir eine gute Nacht und verschwand in der Dunkelheit.

Was für ein wunderbares Fleckchen Erde, dachte ich, als ich mich mit der Sturmlampe in der Hand auf den Weg in mein Schlafzimmer machte. Wer würde da schon anderswo leben wollen? Natürlich musste ich mir noch etwas »Nützliches« einfallen lassen, was ich hier tun konnte, aber schließlich war heute mein allererster Tag. Es war sicherlich besser, erst ein Gefühl für alles zu bekommen, bevor ich irgendwelche Entscheidungen traf.

Trotz meiner Siesta war ich müde. Ich steckte meine Taschenlampe (»sei auf alles vorbereitet«) unter das Kopfkissen, schlüpfte unter das Netz, blies die Kerosinlampe aus und schloss die Augen. Es war vollkommen ruhig im Dorf, und ich konnte hören, wie die Wellen leicht an den Strand schlugen. Durch das Fenster wehte eine leichte Brise herein und lüftete die dünnen Vorhänge, sodass ein wenig gedämpftes Mondlicht eindrang. Ein wunderbares Fleckchen Erde. Mit einem Seufzer schloss ich die Augen.

Dann hörte ich es.

Noch einmal.

Ein schlurfendes Geräusch, und es war im Zimmer. Ich war ganz sicher. Ja, da war es wieder. Eine der sechs Arten. Ich starrte in die Dunkelheit. Nein, nein, wahrscheinlich hatte ich es mir nur eingebildet. Ich lauschte. Nichts. Ehrlich, du Trottel.

Mit einer Art Trampolinsprung landete etwas oben auf meinem Moskitonetz, und es war eindeutig etwas Lebendiges.

Nur die Ruhe …

Also, was tun Sie, wenn ein nichtidentifiziertes lebendes Objekt mitten in der Nacht auf Ihrem Moskitonetz landet? Ich hatte keine Ahnung. Ich hatte noch nie vorher ein Moskitonetz besessen. Langsam fasste ich unter mein Kopfkissen, zog die Taschenlampe hervor, zielte damit und feuerte. Schnurrbarthaare, zwei Nagezähne und eine schwarze, hin- und herbebende Nase, das war das Vorderteil der größten Ratte, die ich je gesehen hatte. Ich schoss aus dem Bett und landete auf allen vieren auf dem Boden.

Ach komm schon, ist doch nur eine Ratte.

Nur eine Ratte! Was soll das heißen, nur eine Ratte?

Ich sprang auf und schwenkte den Lichtstrahl meiner Taschenlampe wie ein wildgewordener Duellant. Die Ratte bewegte sich nicht, starrte mich nur an und zuckte drohend mit den Schnurrbarthaaren.

Ich ergriff das Erstbeste – eine Flasche Sonnenschutzmilch, Faktor acht – und warf damit. Natürlich warf ich daneben, die Flasche flog an die Wand, der Verschluss flog davon und ein starker Strahl weißer Flüssigkeit traf Frau Ratte voll ins Ohr. Diesmal rührte sie sich und verschwand durch ein Loch zwischen Dach und Wand. Mit einem letzten Winken des widerlichen nackten, rosa Schwanzes war sie fort.

Nach einer ganzen Weile, als meine Ohren vom angestrengten Lauschen schon schmerzten, kletterte ich zurück unter mein Netz. Ich stopfte die Ränder sorgfältig unter meiner brotscheibendünnen Matratze fest, zog die Bettdecke bis zu meinem Kinn hoch und zwang mich, die Augen wieder zu schließen.

Das war alles nur ein schrecklicher Irrtum.

Schrecklich.

Schöne neue Welt

Ich gebe eine Lesung zum Besten – komme in den Genuss eines Vortrags – lerne meine Nachbarn kennen – besuche das Haus eines Herrschers – erfahre mehr über den üblichen Tagesablauf des Commanders – die Attraktionen des Fischens entziehen sich mir – ich bekomme Katzendienste angeboten – und entdecke, dass das Leben für Small Tome nichts mit Gewinnen, sondern mit Geben zu tun hat.

Das Tageslicht stellte mein inneres Gleichgewicht einigermaßen wieder her, und mit wieder erwachendem Enthusiasmus blickte ich zu dem wärmer werdenden Himmel auf, als ich mich über einem Eimer rasierte, den Stanley wankend und mit einem fröhlichen »Moang!« gebracht hatte.

Mit einer winzigen Anwandlung narzisstischen Vergnügens versuchte ich, mein Gesicht in dem kalten Wasser zu erkennen, aber jedes Mal, wenn ich meinen Kopf darüberbeugte, tropfte von meinem Kinn etwas hinein und verzerrte das Spiegelbild.

Ich schabte und kratzte den zähen, weißen Schlamm meiner Rasiercreme herunter, die sich geweigert hatte zu schäumen, und schüttelte meinen Kopf vor Staunen über diese neue Wirklichkeit; ein scharfer Schmerz an meinem Ohrläppchen und ein Tröpfchen Blut, das den Wassereimer rosa zu färben begann, bestätigte mir aber, dass ich nicht träumte. Abwesend schüttelte ich den Plastikrasierer aus, von dem ein paar Spritzer auf einer indignierten Eidechse landeten, die eilig unter das Haus huschte, um sich zu putzen. Nun ja, jetzt war ich hier, und wie Grimble zweifellos gesagt hätte, würde ich nun etwas daraus machen müssen.

Außergewöhnlich früh am Morgen hatte die Glocke der kleinen Kirche begonnen zu läuten. Ich war aufgeschreckt, und nach siegreich bestandenem Kampf mit dem Moskitonetz hatte ich draußen auf der Bank Luta sitzen gesehen. Ich war mit einer Geschwindigkeit in meine Kleidung gefahren, die ich in den vielen Jahren des Wettrennens gegen die Schulglocke entwickelt hatte, und war dann die wenigen Stufen hinuntergetaumelt, um ihn so strahlend zu begrüßen, wie ich nur konnte.

»Gottesdienst jetzt, wenn du willst – in die Kirche?«

»Ja, wunderbar. Gottesdienst, gut!« Ich wankte hinter ihm her.

Zu meiner allergrößten Verlegenheit hatte ich beim Betreten der Kirche bemerkt, dass vor den Bankreihen auf der rechten Seite ein einzelner Stuhl aufgestellt worden war. Und zu meinem Kummer wurde mir, als ich mich unwillig dorthin hatte führen lassen, eine muffige, schimmelige Bibel auf den Schoß gelegt. Mit einer rostigen Büroklammer war ein Zettel an die geöffnete Seite geheftet. Darauf wurde ich angewiesen, die erste Lesung vorzutragen, als die gesamte Versammlung sich erhob. Wie kaum anders zu erwarten, enthielt die Passage eine Liste von absolut unaussprechlichen Namen. Wer um Himmels willen, der noch bei Verstand war, würde denn seine Kinder Zurishaddei, Amminanadab oder Kohathites nennen?

Auf das Nicken eines lächelnden Priesters hin, der den Gottesdienst mit einer für diese frühe Stunde bewundernswerten Begeisterung leitete, hatte ich mich durch die Liste gestammelt und gemurmelt. Vielleicht hätte ich nicht so peinlich berührt sein müssen, denn als ich aufblickte und das Buch schloss, hatte sich eine Atmosphäre der Versunkenheit über die Versammlung gelegt. Die meisten Frauen auf der linken Seite des Mittelgangs und fast alle Männer auf der rechten Seite hatten, anscheinend tief in Gedanken, ihre Stirn auf ihre Arme gelegt, die auf der Banklehne vor ihnen ruhten. Der Ablauf des kurzen Gottesdienstes kam mir vertraut vor, und obwohl ich die meisten Worte nicht verstand, wusste ich, als der Priester sich laut geräuspert und kräftig aus dem Fenster gespuckt hatte und dann nach einigen Zeilen Predigt das Kreuzzeichen machte, dass die Prozedur zu Ende war. Wir hatten alle die Kirche verlassen, und ich wollte mich gerade auf den Weg zu meinem Haus zurück machen, da kam der Priester in seiner Robe hinter mir her geeilt.

»Mr. Will, glaube ich?«

»Will, ja, einfach nur Will. Hallo.«

»Ich heiße Dudley Small Tome. Sehr nett, Sie kennen zu lernen«, keuchte er.

Small Tome war, wie man erwarten konnte, schmächtig, aber sein Haar, das vorne zu einer beeindruckenden Rock'n'Roll-Haartolle aufgetürmt war, machte ihn bedeutend größer. Mit seiner unbezwingbaren Begeisterung, seinem ansteckenden Grinsen und Kichern verlieh er noch der banalsten Tätigkeit eine zusätzliche Dimension. In Abwesenheit des offiziellen Vikars, der nur einmal pro Monat kam, um die Kommunion zu feiern und den Kindern den Kopf zu tätscheln, organisierte und leitete er als selbst eingesetzter Kaplan die Gottesdienste. Er bezeichnete sich als Laienpriester oder Katechist und führte seine Pflichten mit einer solchen Lebensfreude aus, dass der sonntägliche Gottesdienst mit Small Tome mehr war als einfach nur ein »Kirchgang«. Er verwandelte die Predigt in ein theatralisches Erlebnis, in ein mitreißendes Schauspiel. Sein schwungvoller Singsang, sein »Lasset uns beten!« im Stil der Soul Singers und sein anscheinend unerschöpflicher Vorrat an leuchtenden Kirchenroben, die von seiner Frau fantasievoll bestickt worden waren, würden noch die elendste Kirche, den trostlosesten Tag aufgehellt haben.

Wir waren gemeinsam zurück ins Dorf gewandert, und er hatte mich gefragt, ob mir der Gottesdienst gefallen habe. Ja ja, hatte ich ihm versichert. Tatsächlich glaubte ich, dass ich vieles wieder erkannt hatte.

»O ja. Wahr, sehr wahr. Unsere Kirche ist Kirche von Melanesia, gehört zur Anglikanischen Kirche. Deine Kirche, ich glaube, Mr. Will? Kirche von England?«

Ich nickte zustimmend.

»Bischof Patteson kommt 1866 und bringt uns Gott, aber ein paar Salomon-Männer ihn getötet. Tut mir wirklich sehr Leid um den«, meinte er bedauernd. »Zeit vorher, viele Leute essen gern Mensch. Sehr schlecht.«

Er blickte mit gerunzelter Stirn zu mir auf. Ja, hatte ich von ganzem Herzen zugestimmt, sehr schlecht.

»Schwarze Mann ihm schlechter Mann.«

»Ach, nein, wirklich… Nein, nein, Sie sind doch nicht, ich meine…«

Es fiel mir nichts ein, was ich auf seine Behauptung antworten konnte, aber ich erkannte plötzlich, dass einige meiner intimsten Überzeugungen auf den Prüfstand kamen. Zum Glück war Dudley Small Tome bereits in vollem Schwunge, mir einen geschichtlichen Abriss der Kirche von Melanesia zu geben.

Ab Mitte des neunzehnten Jahrhunderts waren hier massenhaft Missionare aller Spielarten der christlichen Kirche erschienen, voller Eifer, die Heiden zu bekehren. Die Insulaner hatten bereits Bekanntschaft mit der Gewalttätigkeit der Weißen gemacht, die einige Jahre zuvor als Sklavenhändler bei ihnen aufgetaucht waren. Diese hatten die Männer des Dorfes betrunken gemacht und mit Tand und »Zauberspiegeln« an Bord ihrer Schiffe gelockt. Dann hatten sie sie dort eingesperrt und zu den Zuckerrohrfeldern Nord-Australiens transportiert. Nach diesen

Erfahrungen hatten die Insulaner ihre Dörfer und ihre Art zu leben hartnäckig gegen alle Fremden verteidigt, auch gegen die Männer mit den Kreuzen. Meistens töteten sie sie einfach und aßen sie. Das hatte sich über viele Jahre hinweg als eine äußerst wirksame Methode erwiesen, Eindringlinge abzuschrecken, und unter denjenigen, die das Wort Gottes über den pazifischen Raum verbreiteten, war man sich allgemein einig, dass die Salomon-Insulaner von allen die härteste zu knackende Nuss seien.

Schließlich aber wurden auch sie »geknackt«, und es war eigentlich ein unglücklicher Zufall, dass Bischof Patteson, gerade als er auch den letzten wilden Stamm gezähmt und auf den rechten Weg zu Gott gebracht hatte, durch einen verirrten Speer getötet wurde. Ob er danach verspeist wurde, ging aus der Erzählung nicht hervor, und ich hielt es nicht für diplomatisch, danach zu fragen. Er war jedoch nicht umsonst gestorben, denn auf den Salomon-Inseln hielt man fortan höchst entschlossen am Christentum fest.

In diesem Augenblick war Stanley, der sich als Small Tomes Sohn herausstellte, mit dem Rasierwassereimer erschienen, und sein Vater hatte etwas von Essen gemurmelt und war davongegangen.

Gerade als ich all die stehen gebliebenen Bartstoppeln ertastete, kam er in Begleitung einer Frau mit sorgfältig geflochtenen Haaren zurück, deren Gesicht und Brüste spiralförmig tätowiert waren. Sie trug einen Teller und eine Schüssel und stellte sie vor mich auf den Tisch.

»Iich Ellen«, flüsterte sie, ihren Blick zu Boden gesenkt.

»Gute Frau für mich!«, erklärte Dudley Small Tome stolz. »Gute Frau kocht Essen für Mr. William!«

Da ich selbst keine Küche hatte, bot sie mir als meine unmittelbare Nachbarin an, für mich zu kochen, wenn ich ihr einige englische Kochrezepte beibrachte, die ich in einem »Überlebens-Kochkurs« während meines Studiums gelernt hatte.

Unglücklicherweise war ich damals weniger an der Beherrschung der Kochkunst als an meiner Zimmernachbarin im Studentenheim interessiert, die eine beeindruckende Reihe trotteliger Anbeter und einen Sextrieb wie ein Ferrari besaß, wie ich durch die dünne Gipswand hören konnte. Kläglicherweise bestanden die meisten Meisterwerke, die wir (ohne besondere weiterführende Vorkommnisse) gemeinsam fabrizierten, in der Hauptsache aus Spaghetti Bolognese aus der Dose.

Viele glückliche Stunden jedoch sollte ich von nun an in Ellens rauchgeschwärzter Küche verbringen, wo wir über einem offenen Feuer schufteten, das von einem der Kinder zwischen unseren Beinen hindurch geschürt und genährt wurde. Und sobald wir »typisch englischen« Süßkartoffel- und Papageifisch-Eintopf oder gebackene Kalamari (die köstlich schmeckten) tischfertig hatten, hielt Ellen Vorübergehende auf dem Pfad hinter dem Haus an und flößte ihnen wie eine Albert-Schweitzerische Krankenschwester ein paar Löffelvoll ein. Wenn diese gezwungenermaßen die Kostproben hinunterschluckten, beobachtete sie aufmerksam ihre Mienen, damit ihr keinerlei Reaktion entging. Meist zeigten sie sich angenehm überrascht.

Ellen war eine attraktive Frau, und sie legte großen Wert auf ihre Erscheinung und die ihrer acht, neun oder möglicherweise zehn Kinder, mit denen sie oft schimpfte, wenn sie gute Kleider zerrissen, mit schmutzigen Gesichtern oder mit einem lebendigen Fisch im Arm nach Hause kamen oder sonst eine der üblichen kleinen Missetaten begangen hatten. Ich nehme an, das ist wohl bei allen guten Müttern auf der Welt der Fall.

Hinter ihrer oft sehr strengen Art verbarg sich jedoch ein ausgeprägter Sinn für Humor, und es machte ihr großen Spaß, mich scheinbar ernsthaft wegen einer Vergesslichkeit oder Dummheit zu schelten. Sie warf dann dramatisch die Hände in die Luft und erklärte, das Abendessen sei gestrichen und es gäbe eine Woche lang kein warmes Wasser. Und erst wenn sie dann gegangen war und auf den Stufen ihres eigenen Hauses saß, blubberte das Gelächter in ihr hoch und sprudelte hervor, und sie krümmte sich, schlang die Arme um die Beine und beugte ihr Gesicht in den Schoß vor Begeisterung über mein gespieltes Entsetzen.

Ellen sah interessiert zu, wenn ich aß, und Small Tome bombardierte mich mit Fragen über das Leben in Europa, die von einem »Und was genau ist eine Eisenbahn?« bis zu einem kuriosen »Hattest du irgendwelche Probleme mit wilden Löwen in deinem Garten?« reichten. Was Letzteres anbetraf, konnte ich ihn rasch beruhigen, obwohl ich bei unserem heimischen Wetter eigentlich nur selten aus dem Haus gekommen war.

»Manche Leute sagen, bei Dosenfleisch ist auch ein bisschen Menschenfleisch dabei. Is das wahr, Mr. Will?«, fragte Small Tome mich neugierig.

Darüber hatte ich in Werbespots eigentlich nie direkt etwas gehört, aber in einer Welt, die von riesigen Lebensmittelherstellern beherrscht wurde, würde mich gar nichts wundern. Ich antwortete, dass ich mir da nicht sicher sei. Small Tome nickte auf unergründliche Weise.

Später, als Ellen die Überreste eines weiteren Goldfischs mit Süßkartoffel beiseite räumte, kam eine Gestalt um die Hausecke, die in meinem neuen Leben noch eine große Rolle spielen sollte.

Als er so auf uns zutrottete, bot er einen erstaunlichen Anblick: Seine mächtige Afrofrisur bewegte sich, als gehöre sie nicht zu ihm, als sei sie ein eigenes Wesen, das über ihm schwebte, und von seinem Hinterkopf hingen mehrere sauber geflochtene Zöpfe herab. Es überraschte mich daher nicht, als ich entdeckte, dass sein Spitzname »Haare und Quasten« bedeutete, nämlich »Tassels«. (Erst mehrere Monate später erfuhr ich, dass sein wirklicher Name Edward war, den er aber nur bei offiziellen Anlässen benützte, die es im Dorf so gut wie gar nicht gab.)

Sein schaukelnder, krummbeiniger Gang, die starken Tätowierungen um seine Augen herum und die dicken Muschel-Ohrringe, die seine Ohrläppchen in die Länge gezogen hatten, verliehen ihm ein Furcht erregendes, fast kriegerisches Aussehen – als wäre er direkt aus einem Piratenfilm entsprungen. Er entblößte beim Lächeln viele Zahnlücken, und die ihm noch verbliebenen Zähne waren fleckige, krumme Ruinen. Wenn sich sein Mund jedoch zu einem rauchig-rauen Lachen öffnete und seine Augen vor Vergnügen funkelten, war leicht zu verstehen, warum er meist von einem Schwarm hüpfender »Piccaninnies« verfolgt wurde – Kinder, die rennen mussten, um mit den bunten Bändern, die von seinen Zöpfen herabhingen, Schritt zu halten.

Wann immer Tassels seinen Namen hörte, rief er aus: »Ja, bitte!« Wann immer ein Plan für den nächsten Tag vorgeschlagen wurde, lautete seine Antwort automatisch: »Warum nicht?« In seinem Leben gab es keine Hindernisse, keine Notlagen und keine Sorgen. Gemüse und Früchte waren immer reichlich vorhanden, und er war ein solch ausgezeichneter Fischer, dass er über seine eigene Verpflegung hinaus genügend fing, um nach Munda zu paddeln und dafür Tabak und Tee einzutauschen, zwei Genussmittel, die er mit der tiefen Befriedigung des wahren Kenners konsumierte.

Er verkörperte in vielerlei Hinsicht die typische Einstellung der Insulaner gegenüber dem Leben: Er lebte sein Leben von einem Tag auf den nächsten in der Sicherheit, dass immer genügend vorhanden war, um Körper und Seele zusammenzuhalten, dass ihn das Meer, sein Land und die Dorfgemeinschaft immer gut versorgen würden. Es gab keine Notwendigkeit, die Zukunft zu planen, und so war die dahineilende Zeit für ihn bedeutungslos. Und abgesehen von westlich-moderner Kleidung, die in Form von haufenweise T-Shirts und kurzen Hosen aus irgendwelchen Kleidersammlungen Eingang gefunden hatte, und einigen Tellern und Schüsseln, die in dem Gemischtwarenladen von Munda erworben worden waren, blieb das Leben, wie es schon vor Jahrhunderten gewesen war. Tassels und die anderen Salomon-Insulaner lebten ihr Leben unberührt von der hochentwickelten Welt des Konsums in einem Rhythmus, der aus jener Zeit stammte, in der man noch kein Geschichtsbewusstsein entwickelt hatte.

Einige Zeit später, als wir Freunde geworden waren, fuhren wir eines Tages direkt vom Dorfstrand aus zum Fischen, und in unserem müßigen Schwatz fragte ich Tassels, wie alt er war. In nachdenklichem Schweigen starrte er lange ins Wasser und wartete, dass etwas an seinem Köder anbiss, dann antwortete er über die Schulter: »Fünfunddreißig …«

Es folgte eine weitere längere Pause, während der er seine Angelschnur auf und ab bewegte.

»Vielleicht auch fünfundvierzig.«

Er sagte das nicht mit gespielter Bescheidenheit oder einem koketten Zwinkern, sondern brachte damit einfach zum Ausdruck, dass es ihm gar nicht so wichtig erschien. Er hätte sein Alter nicht genauer angeben können, auch wenn er gewollt hätte. Die Salomon-Zeit hatte ihren langen Schatten über die Erinnerungen geworfen, hatte den Ablauf der Jahre durcheinander gebracht und bewirkte, dass die Menschen ihr eigenes Alter vergaßen, wenn sie es denn jemals gewusst hatten.

»Wie alt bist du?«, fragte er zurück.

»Dreiunddreißig.« Und sechs Monate und drei Wochen. In meinen Augen fing die Zeit schon an zu rasen.

Tassels, das schwarze Schaf, der Nichtsnutz, hatte nie geheiratet, aber es ging das Gerücht, dass er über die Inseln verstreut eine Reihe Freundinnen hatte. Er spielte gern auf seiner alten, abgenutzten Gitarre oder tauchte nach Fischen, wenn ihn die Lust dazu überkam, und gemäß seinem sorgfältig aufgebauten Image wollte er nichts zu hastig tun. Als Luta jetzt vorschlug, er sollte mich auf eine Besichtigungstour im Kanu mitnehmen, rekrutierte Tassels daher sofort zwei Jungen als meine Führer. Er würde dann zur Stelle sein, versicherte er mir, wenn ich zurück war.

Es stellte sich heraus, dass einer der Jungen Stanley war, der für mich ein allgegenwärtiger, treuer Begleiter werden sollte, und sein Freund Dudley Small Small Tome – nicht Dudley Small Tome, sondern Dudley Small Small Tome.

Es zeigte sich, dass die Salomon-Insulaner eine seltsame Angewohnheit hatten, nicht nur Vornamen und Familiennamen von Generation zu Generation weiterzugeben, wie es auch in Amerika Sitte ist (John Ross Schauffelburger der Dritte etc.), sondern ganze Namen auch an unterschiedliche Familien zu vererben. So gab es in Mendali vier George Lutas in verschiedensten Altersstufen und Familienverbänden. Damit war natürlich der allgemeinen Verwirrung Tür und Tor geöffnet, und um die einzelnen Personen voneinander zu unterscheiden, fügte man ein Adjektiv hinzu: der Große George oder der Alte George. Leider gab es im Dorf bereits einen kleinen Dudley Tome, deswegen wurde die jüngere Ausgabe, die über keine anderen besonderen Kennzeichen verfügte als seine Kleinheit, zu Dudley Small Small Tome.

Leider wusste er selbst davon nichts, denn er war taubstumm. Doch hatte er trotz dieser Behinderung ein herrliches Leben. Seine Wangen – in die seine liebenden Eltern mit den scharfen Spitzen eines Kokosblattes immer wieder das Motiv der aufgehenden Sonne eingeritzt hatten, als er noch ein Baby war – rundeten sich zu einem Lächeln, wenn er mich erblickte. Er hopste dann an mir hoch, um mir die Hand zu schütteln, und quietschte einen unartikulierten, unverständlichen Gruß hervor.

Nach einer oder zwei Stunden der »Vorbereitung«, die mehr oder weniger darin bestand, sich an ihr Kanu aus Holz zu lehnen, es zu bewundern und mit der Hand darüber zu streichen, brachen wir drei zu meiner Besichtigungsfahrt auf, wobei Stanley als Übersetzer und verantwortlicher Gruppenleiter fungierte.

Ich bestieg das Kanu, kroch bis in die Mitte und wedelte dann gedankenverloren mit dem Paddel, als die beiden Jungen das Kanu durch die stille Lagune schießen ließen.

Wir fuhren vom Dorf aus quer über die Bucht, umrundeten die nächste Landzunge, bewegten uns dann durch einen Vorhang zarter Blätter, die weit über das klare, durchsichtige Wasser hingen, und glitten lautlos in einen kleinen, versteckten Fluss hinein. Er wimmelte von großen Fischen, deren stumm nach Insekten schnappende Mäuler links und rechts mit hängenden Barthaaren gesäumt waren. Außerdem gab es riesige, träge Krebse, die sich in bewährter Manier seitwärts bewegten, gelegentlich an die Wasseroberfläche kamen und mit ihren fingerlangen Scheren spielerisch nach uns schnappten und schließlich wieder auf den Grund zurückkehrten, wo sie auf der Suche nach einem Frühstück den Boden umgruben.

Dann zogen wir den Bug des Kanus auf den fruchtbaren, dunklen Humus des Ufers hinauf und suchten uns durch die dichten Vorhänge von Schlingpflanzen, die vom Himmel herabzuhängen schienen, einen Weg tiefer in den Busch hinein. Ich unterdrückte einen plötzlichen Drang, eine der starken Lianen zu ergreifen, mich daran über den nahe gelegenen Wassertümpel zu schwingen und wie Tarzan loszuschreien. Danach wäre ich wohl mit entsetzlichem Krachen und Splittern und einem letzten Plumps im Unterholz verschwunden. Wir setzten unseren Weg fort.

Langsam wurde mir klarer, welche unglaublichen Ereignisse vor einem halben Jahrhundert in diesem Dschungel stattgefunden hatten. Dieser ruhige Erdwinkel war einst Schauplatz einer der heftigsten Schlachten des Zweiten Weltkriegs gewesen. Zuerst die Japaner und dann die Amerikaner waren hier durchgezogen und hatten alles darangesetzt, einander zu vernichten. Die Natur, die in den vierziger Jahren des zwanzigsten Jahrhunderts so rücksichtslos von Stiefeln aus den Militärfabriken von Arkansas und Okinawa zertrampelt worden war, hatte erst jetzt wieder zu ihrem normalen Rhythmus von Absterben und neuem Sprießen zurückgefunden. Hin und wieder machten wir Halt und untersuchten die Überreste eines alten Panzers, Lastwagens oder Jeeps. Einer der Jungen sprang dann meist auf das Metallskelett des Fahrersitzes und drehte wild am Steuerrad, während der andere in den Eingeweiden verschwand und aus dem Geschützturm oder hinter einem moosbewachsenen, verrosteten Maschinengewehr wieder auftauchte. Schlingpflanzen krochen jetzt durch die Fenster, und Orchideen wucherten graziös aus Kühlergrillen. Alle Gummiteile waren zu schwarzem Staub verrottet, Getriebe und Motorblöcke waren durchgerostet und hatten ihre Eingeweide auf die Erde verstreut. Wie ein seltsamer metallener Totempfahl ragte der hintere Teil eines Flugzeugrumpfs in einer kleinen Lichtung von Teakbäumen senkrecht in die Höhe. Abgeplatzte Blasen grauer Farbe lagen zwischen verrottenden Blättern, aber es war keine Bezeichnung zu sehen, die verriet, wer hier sein katastrophales Ende gefunden hatte. Und seltsamerweise war nirgends eine Spur des Vorderteils zu sehen.

Die Amerikaner, die all ihre Energie daran gesetzt hatten, die Japaner von Munda zu verjagen und in nördlicher Richtung nach Japan zurückzudrängen, hatten eine unglaubliche Menge Abfall oder vielmehr Müll hinterlassen. Wasserbehälter aus Blech, manche mit schrecklichen Einschusslöchern, und Helme, manche mit tödlichen Einschusslöchern, ganze Haufen grüner Munition und leerer Coca-Cola-Flaschen lagen im Dschungel verstreut. Egal, welche der Salomon-Inseln ich auch besuchte, immer wieder stolperte ich über diese Überbleibsel einer Schlacht, die mehr als jede andere die endgültige Entscheidung des Kriegs im Osten herbeigeführt hatte.

Als wir wieder im Kanu saßen, schipperten wir, gejagt von den Strahlen der gnadenlosen Sonne, von einem der kleinen Inselchen, die wie ein Riff um Randuvu herum verstreut lagen, zum nächsten. Bei einem davon legten wir an und gingen an Land, und stolz führten mich die Jungen zwischen rostenden Ölkanistern, die mit bröckelndem Beton gefüllt waren, zu den Überresten einer alten Latrine. Tropische Regenfälle und Wirbelstürme hatten von den Wänden nichts übrig gelassen als ein paar verrostete Stangen, die nun den wechselnden Naturgewalten schutzlos ausgesetzt waren. Die Fußabdrücke im Zement aber blieben für die Nachwelt in dem Korallenboden verewigt. Small Small Tome nahm eine Stellung ein, die mich einen Augenblick befürchten ließ, er wolle mir eine praktische Demonstration liefern.

»Merika bigman hemi sizn hia hia, kinidi, kinidi«, erklärte Stanley mit Nachdruck, begleitet von einem kräftigen Nicken des quakenden Tome. Ich nickte verwirrt. Erst später verstand ich, dass hier auf diesem Inselchen Lumbaria tatsächlich die »Kriegstoilette« von John Fitzgerald Kennedy gewesen war, und bekam die ganze Geschichte seiner Mission zu hören, die sein Leben beinahe noch früher beendet hätte, als es dann tatsächlich der Fall war.

Als wir wieder nach Randuvu zurückgekehrt waren, führten Stanley und Small Small Tome mich tief in den vor Leben vibrierenden Dschungel, wo sie Dämme und Geheimverstecke gebaut hatten. Sie zeigten mir Honigwaben von Termiten und wie man sie aß, ohne selbst gefressen zu werden. Sie knackten weiche Ngali-Nüsse und zerschmetterten fachmännisch die Schalen harter Paranüsse. Mit Ranken banden sie ihre Knöchel locker zusammen, um an den Baumstämmen einen besseren Halt zu haben, kletterten dann wie die Äffchen die Kokospalmen hoch und schlugen mit der Machete oder dem Buschmesser die Früchte ab, die mir dann vor die Füße purzelten. Später hielten diese beiden kleinen Jungen die Nüsse in einer Hand und halbierten sie mit erschreckender Zielgenauigkeit und einem einzigen Schlag der wirbelnden Klinge. Wir saßen unter den größten Bäumen der Welt, blickten auf zu den entfernten Flecken hellen Tageslichts und benützten Spachtel, die aus weichen grünen Schalen geschnitten waren, um das süße, cremige Fruchtfleisch auszulöffeln.

Erst als wir zum Dorf zurückkehrten, wurde mir klar, dass die Jungen eigentlich in der Schule hätten sein sollen.

Sie schlüpften aus ihrem Kanu und verschwanden hinter den Häusern, und ich blieb alleine zurück und winkte verlegen der strengen Gestalt von Ellens Schwester Ethel zu, der Kindergarten-Lehrerin, die auf der Türschwelle des Schulzimmers stand.

Da kam Luta mir zu Hilfe. »Komm, ich zeige dir die Plantage. Wo wir früher arbeiten.«

Und so gingen wir einen Pfad entlang, der über den Badefluss hinwegführte und für meinen Führer eine Reise in die Vergangenheit bedeutete. Bald wanderten wir zwischen schnurgerade ausgerichteten Reihen von Kokospalmen dahin, unter denen einst Gras »wie ein englischer Rasen« kultiviert worden war. Jetzt wucherte dort eine übermannshohe, undurchdringliche Masse Unterholz, die unseren Pfad auf beiden Seiten säumte. In Bodenhöhe konnte ich zwischen der wilden Vegetation die braunen Formen verrottender Kokosnüsse ausmachen, von denen einige gesprossen waren und Wurzeln geschlagen hatten. Die Sämlinge erkämpften sich nun ihren Weg zum Licht.

»Das hier«, deutete Luta traurig auf den schmalen Pfad, dem wir folgten, »das war Hauptstraße. Commanders Traktor fährt auf dieser Straße.«

Ich starrte in das Grün und versuchte mir vorzustellen, wie sich wohl ein Wagen durch dieses Dickicht kämpfen würde. Nach etwa hundertfünfzig Metern erreichten wir eine leichte Anhöhe.

»Haus von altem Mann.«

Als wir durch die Bäume, die am Flussufer entlang wuchsen, näher herankamen, konnte ich die exakten Ecken einer von Menschenhand errichteten Konstruktion erkennen, den Holzrahmen eines Hauses. Es war in bemitleidenswertem Zustand, seiner Außenhülle beraubt; das Dach war eingebrochen. In Gedanken wischte ich das Blätterwerk beiseite und stellte mir einen Bungalow aus weiß geschrubbten Brettern vor, die private Anlegestelle ganz in der Nähe, der mitten in einem Garten und von einer Hecke aus Hibiskus und Bougainvillea umgeben lag.

In dem Garten wuchsen Mangobäume und Bananenpalmen, die das niedrige Dach beschatteten, und um einen einst sauber gepflegten Rasen herum wechselten sich Büsche und Blumenbeete ab und bildeten einen starken Kontrast zu dem grünen Gewirr des Dschungels, der hinter dem Haus den Hügel hinaufwucherte. Dies also war nahezu dreißig Jahre lang die Heimat des Commanders gewesen.

Wir traten durch den Eingang und lehnten uns auf den abgenutzten Fensterrahmen, von dem aus man über das flache Meer blicken konnte, wo ein ältlicher Mann reglos in einem Kanu saß und eine Angelschnur in der Hand hielt, die senkrecht im Wasser verschwand. Ruhig und liebevoll beschrieb Luta die »Zeit früher«, eine Welt wie aus dem Geschichtsbuch, die Stoff für Abenteuergeschichten bot: die Zeit, als der Commander hier lebte.

Er hatte die Plantage, etwa zweitausend Morgen Land mit Kokospalmen und Kakaobüschen, von den Gebrüdern Lever gekauft, den Seifen-Magnaten. Sie hatten die Plantage verlassen müssen, als die Kämpfe begannen, und wollten danach nicht mehr zurückkehren.

Der Besitz war in beklagenswertem Zustand gewesen, als der Commander ankam, aber er hatte sich an der Stelle seines späteren Hauses ein Zelt errichtet, und mit nichts als einem Kistchen Bücher und einer Kiste Gin als Trost war er darangegangen, alles wieder instand zu setzen. Er hatte sich bald Arbeitskräfte von allen ringsum verstreuten Inseln angeworben, und bis in die frühen sechziger Jahre bereits sein eigenes privates Königreich erschaffen, das während der folgenden zwanzig Jahre blühen und gedeihen sollte. Die Aktivitäten liefen nach einem festen Tagesplan ab, der vielleicht unflexibel, dafür aber effektiv war und für eine feste Ordnung sorgte. Es gab mehrere Arbeitsgruppen, die sich um die jeweils zugeteilten Aufgaben kümmerten: die Bäume pflegen, die Früchte sammeln, Kerne und Bohnen trocknen, in Säcke verpacken und diese in den kleinen, flachkieligen Dampfer verladen, der am Anlegeplatz in der Nähe des Dorfes vertäut lag. Einmal pro Woche segelte das Boot nach Gizo, der Provinzhauptstadt, wo die Ladung an weiße Händler verkauft wurde. Sie transportierten dann alles nach Europa, wo die Kokosnüsse zermalmt wurden, um Kochöl und Seife daraus herzustellen, und die Kakaobohnen zur Freude von Schulkindern und Zahnärzten zu Schokoladetafeln weiterverarbeitet wurden.

Der Commander überwachte den reibungslosen Gang dieser Prozeduren von seinem Büro aus, das neben seinem Haus lag, und hier zahlte er auch seinen Arbeitern wöchentlich den Lohn aus. Jeden Freitagabend bildeten die Insulaner eine Schlange, um ihren Lohn in Empfang zu nehmen, und für diejenigen, die einen Teil ihres Verdienstes beiseite legen wollten, richtete der Commander eine »Bank« ein, die auch bescheidene Zinsen anbot. Mit einem Teil des Profits legte er die Grundlage für Renten und sorgte für den Erhalt der Kirche, einer kleinen Erste-Hilfe-Station und einer Schule. Diese wurde von Mr. Thomas geführt, dem es tatsächlich gelang, zwei Schulklassen mit vierzig Kindern gleichzeitig zu unterrichten.

Der Commander entwickelte einen starken Beschützerinstinkt für seine kleine Welt und verhielt sich gegenüber allen Besuchern, die unangekündigt erschienen, höchst unfreundlich. Es war bald allgemein bekannt, dass jeder, der in Mendali Geschäfte machen wollte, gut beraten war, vorher einen Termin zu vereinbaren. Andernfalls riskierte man einen Warnschuss aus der großen Kanone, die vor dem Schlafzimmer des Commanders stand und aufs Meer hinaus zielte, und die er ohne Skrupel benützte. Luta lachte, als er sich an den hastigen Rückzug eines amerikanischen »Luutenant« erinnerte, der sich auf der Suche nach einem sicheren Ankerplatz unvorsichtigerweise in die Bucht gewagt hatte. Morsezeichen und Flaggensignale zeigten keine besänftigende Wirkung auf die Salven, die über das glitzernde Wasser heranheulten, daher brachte sich das Wachboot eilig in Sicherheit – mit voller Kraft rückwärts. Als der junge Offizier dann schließlich in einem Ruderboot an Land kam, erhielt er eine knappe Lektion darin, wie man korrekt grüßte, und wurde auf sein Schiff zurückgeschickt, um sich eine Krawatte umzubinden. Woraufhin er beschloss, sich einen anderen Platz zum Übernachten zu suchen.

»Commander nicht freundlich zu Amerikaner und australischen Leuten«, grinste Luta.

Stattdessen hatte sich der Commander auf seine eigene, private Welt und auf die Menschen, die er in seiner exzentrischen Art als seine Familie ansah, konzentriert. Er lebte zwar etwas abseits vom Dorf, doch waren es über die Bucht hinweg nur ungefähr hundert Meter. Er nahm sonntags stets am Gottesdienst teil, an Taufen und Beerdigungen, und er hielt dabei ein wachsames Auge auf die ausgelassenen Kleinen und ein sorgendes Auge auf das Wohlergehen der Älteren. Er konnte harsche Töne anschlagen, wenn es darum ging, Faulheit oder Unachtsamkeit zu geißeln, aber er geizte nicht mit Lob für diejenigen, die etwas leisteten, und er machte ihnen kleine Geschenke oder belohnte sie mit Preisen. Luta war unglaublich stolz auf die geschnitzte Uhr, die er über der Tür seiner Hütte hängen hatte, auch wenn sie nicht mehr tickte.

Der Commander schien in seiner abgelegenen, versteckten Welt vollkommen glücklich und in ihr aufgegangen zu sein. Trotzdem leugnete auch er nicht, dass einige Grundpfeiler eines zivilisierten Lebens nur in London zu finden waren. In Abständen von drei Monaten kam in Gizo eine Reihe von Holzkisten an, die dann nach Randuvu weitertransportiert wurden, wo sie im Wohnzimmer des Commanders unter großer Aufregung ausgepackt wurden. Die Insulaner staunten über die Paare glänzender, schweinslederner fester Schuhe von Loak's, die Flaschen Brandy von Harrods, Kistchen mit Zigarren von Dunhill und Gläser mit Oxford-Orangen-Marmelade – fein geschnitten. Gelegentlich, aber wirklich nur sehr selten, kehrte er in sein Geburtsland zurück, vermutlich, um seine Bankangelegenheiten zu ordnen. Ich musste plötzlich an Stevenson und »Die Sehnsucht nach einem Besuch zu Hause« denken. Für den Commander zumindest schien das mehr eine Notwendigkeit als ein Vergnügen gewesen zu sein.

Als er einmal von Gizo zurückkam, wo er seine letzte Englandlieferung abgeholt hatte, gab es konsternierte Blicke im Dorf, als unter einem Sonnenschirm, den der Commander selbst galant hielt, eine junge weiße Frau aus dem Dampfer stieg. Miss Elizabeth war gekommen, um hier zu leben, und es musste gut für sie gesorgt werden.

Und während vier Pilzköpfe aus Liverpool die Welt an acht Tagen in der Woche in Taumel versetzten und der Mann, der einst auf dem schmalen Inselstreifen jenseits der Bucht stationiert war, sich nun auf den Weg ins Weiße Haus machte, erschien auf der Landzunge von Mendali jeden Morgen Miss Elizabeth durch eine der beiden Türen, die vom Haus des alten Mannes auf den Rasen führten. Sie setzte sich an einen Gartentisch, nahm ihren Nähkorb auf und begann ruhig, an irgendeinem Kleidungsstück für einen der Neugeborenen im Dorf zu stricken oder zu nähen. Etwas später kam dann der Commander aus der anderen Tür, um seine Morgenzigarre zu rauchen. Sie war sehr hübsch gewesen. Wie lange war sie dort geblieben?, fragte ich, erstaunt über diese Enthüllungen. Oh … Luta dachte lange nach, vielleicht ein paar Wochen oder Monate, vielleicht auch ein Jahr. Die genaue Art ihrer Beziehung blieb hinter dem Moskitonetz des weißen Hauses und der natürlichen Diskretion jener Generation verborgen.

»Dann will sie wieder nach England zurückgehen. Sie sagt, er muss sich entscheiden zwischen ihr und Salomon-Inseln. Er hier bei uns geblieben …« Lutas Stimme verklang, und er runzelte verwirrt die Stirn.

Nachdem Miss Elizabeth fortgegangen war, kehrte das Leben in seine gewohnten Bahnen zurück, und die Plantage blühte und gedieh weiterhin. Natürlich hatte es auch schwierige und manchmal gefährliche Zeiten gegeben. Einmal war das Transportschiff, nachdem es die Vonavona-Lagune von Munda verlassen und sich auf den Rückweg nach Randuvu gemacht hatte, in einen schlimmen, unverhofft hereinbrechenden Sturm geraten. Es wurde auf die Riffe getrieben, wo die scharfen Korallen seinen Boden aufrissen, und es sank. Die Mannschaft hatte sich auf eine Insel retten können, aber das Schiff war verloren. Zum Glück hatte es keine Ladung aus England an Bord. Es dauerte Monate, bis man endlich Ersatz fand.

»Lange Zeit paddeln«, kommentierte Luta, und seine Stimme klang noch in der Erinnerung daran erschöpft.

Eines Nachts war der Commander vom dumpfen Dröhnen der Trommeln im Dorf aufgewacht – Trommelrhythmen, vermischt mit den Schreien von Frauen und dem wütenden Gebrüll von Männern, die normalerweise ein ruhiges, ausgeglichenes Temperament hatten. Er kleidete sich hastig an, griff nach einer Taschenlampe und seinem alten Dienstrevolver und rannte den Pfad hinunter, um den Grund für dieses Tohuwabohu zu erfahren. Da kam ihm plötzlich Jack, sein Vormann, entgegen und zerrte und schleifte einen in Panik vor sich hin brabbelnden, blutbesudelten Insulaner hinter sich her. Wie Jack erklärte, war der Mann von Bewohnern eines anderen Dorfes mit einem Bannspruch belegt worden, und in seiner Angst hatte er geglaubt, er könne sich nur von den Dämonen befreien, indem er irgendjemand tötete. Er wollte die ganze schreckliche Angelegenheit so rasch wie möglich hinter sich bringen, hatte sich sein Buschmesser geschnappt und war auf den Dorfplatz getaumelt. Dort hatte er die junge Tochter seines Nachbarn getroffen, hatte sie mit einer kurzen Entschuldigung am Haar gepackt und ihr den Kopf abgeschnitten. Das erklärte sein grässliches Aussehen und die nur allzu verständliche Reaktion seiner Nachbarn.

In diesem Augenblick waren mehrere Kanus mit einem hohl klingenden Stoß am Anlegesteg gelandet. Mit Hilfe seines

Schießeisens hatte der Commander die kriegerisch gestimmten Männer, die den kurzen Weg über die Bucht gepaddelt waren, dazu überreden können, in ihren Booten sitzen zu bleiben, und schließlich vereinbarte man, dass der Mann den Behörden in Munda übergeben werden sollte. Drei Tage lang warteten die Dorfbewohner neben dem Anlegesteg, und der Commander lief wie ein Tiger in seinem Haus umher. Der verfluchte Mann kauerte halb tot vor Angst in einer Ecke und war überzeugt, dass er jeden Augenblick umgebracht würde.

Schließlich kam die Polizei an, und der Mann wurde für zwanzig Jahre ins Gefängnis gesteckt. Vernünftigerweise kehrte er nie zurück.

Diese Art alptraumhafter Vorkommnisse stellte jedoch eine seltene Ausnahme dar, und das Leben hätte vielleicht für immer in den gleichen Bahnen verlaufen können. Doch dann erhielten die Salomon-Inseln 1978 im Gefolge der meisten früheren Kolonien und Protektorate der britischen Krone die Unabhängigkeit. Der Commander war nicht die Sorte von Mann, der von irgendjemand Befehle entgegengenommen hätte, und nach längeren Auseinandersetzungen mit der neuen Regierung fand er, dass es an der Zeit war zu gehen.

Er hatte die Plantage wie ein absolutistischer Herrscher geleitet, dessen Wort Gesetz war, doch die Entscheidung, all das zu verlassen, war die schwerste Entscheidung seines Lebens. Schließlich brachte er es nicht über sich, sich von »seinen Leuten« zu verabschieden, und so stand er am 1. April 1981 vor Sonnenaufgang auf, befahl seinem Bootsmann, den neuen Dampfer abfahrtbereit zu machen, und stahl sich dann über die Lagune davon. Er vermochte es nicht, einen Blick zurückzuwerfen.

Es herrschte beklemmende Stille, als Luta sich an diese letzte Abreise erinnerte. Während ich ihn beobachtete, wurde mir plötzlich zu meinem Erstaunen klar, dass diese kleine Szene auf Randuvu sich zu einer Zeit ereignet hatte, als Margaret Thatcher gerade dabei war, sich in England nach oben durchzuboxen, meine Eltern sich von ihrem Entsetzen über die Sex Pistols erholten und ich meine ersten Zigaretten rauchte und mich fragte, ob ich jemals in den Stimmbruch kommen würde. (Was dann glücklicherweise doch noch geschah.)

»Ja, jeder Tag strenge Routine, aber schöne Zeit.«

»Aber Luta, was ist denn dann geschehen? Warum wurde die Plantage geschlossen? Was passierte, als er fort war? Hat sie denn niemand übernommen?«

»Regierung kauft Plantage, aber als Commander fort war, niemand kommt. Nichts geschieht. Fast zwanzig Jahre lang jetzt nichts geschehen auf der Plantage.«

»Also seid ihr alle wieder zu eurem ursprünglichen Leben zurückgekehrt«, sagte ich lächelnd. In England taten das viele Leute.

»Ja, aber Zeit nicht mehr wie früher. Leute wollen andere Sachen. Kerosin, Benzin, Seife, Öl zum Kochen, und jetzt die Kirche ist halb kaputt. Manchmal in der Trockenzeit Wasser im Tank ist zu Ende, und wir fahren in Kanus um Insel herum bis zu Fluss an der Küste. Wir wollen Sachen besser machen, aber ist sehr schwer.«

Selbst, wenn die Insulaner scheinbar noch in einer utopischen Idylle lebten, so hatte die moderne Außenwelt sie inzwischen doch entdeckt. Und natürlich entwickelten die Insulaner dabei, so schmerzlich der Gedanke auch schien, den Wunsch, die neue materielle Welt zu entdecken. Und wenn sie ihr Geld unvernünftig ausgaben, für lauter »Schund« »verschwendeten«, dann war das ihre eigene Sache. Von meinem eigenen Geld war schließlich auch genug »in Rauch aufgegangen« oder in Pubs in die Kanalisation gespült worden.

Die Bevormundung durch die englische Krone hatte, trotz all ihrer Unzulänglichkeiten, wenigstens eine rechtliche und politische Infrastruktur hinterlassen, die einen gewissen Schutz vor skrupelloser Fremdeinmischung bieten würde. Jetzt aber war es Zeit, dass der Westen seine alles bestimmenden Hände abzog und, abgesehen von der Bereitschaft zu helfen, die Insulaner ihre eigenen Entscheidungen treffen ließ, selbst wenn sie aus erfahrenerer Perspektive unklug erscheinen mochten, und dabei war ich mit Sicherheit kein Commander.

Viel später wurde mir die Geschichte eines Stammeshäuptlings aus der Nachbarschaft erzählt, der jahrelang das Geld, das er mit dem Verkauf von Muscheln und geschnitzten Schalen einnahm, gespart hatte und dann nach Honiara geflogen war. Er kam mit einem Generator, einem Fernseher, einem Videorekorder und einer ganzen Anzahl der schlimmsten amerikanischen und japanischen Gewalt-Videofilme zurück. Plötzlich war er der meistbesuchte Mann auf Randuvu, und auf dem Strand vor seinem Haus lagen reihenweise Kanus. Doch seine Beliebtheit hielt nicht an. Wenige Monate später gab es mit dem Generator Probleme und die Videobänder setzten in der feuchten, tropischen Hitze eine dicke, grüne, stinkende Schimmelschicht an. Schließlich gab der Generator vollkommen seinen Geist auf, und seine schwereren Teile wurden ausgebaut und als Anker für Kanus verwendet. Der Fernseher wurde in einen Tisch umgewandelt, und auch die Bänder erwiesen sich noch als nützlich, indem sie an großen Stöcken, die in die Gärten gesteckt wurden, im Wind flatterten und damit die Vögel verscheuchten.

Er wäre zweifellos sehr wütend geworden, wenn er diese Geschichte gehört hätte, ich aber war ganz sicher kein Commander, der irgendjemandem sagen könnte, was er zu tun hätte. Aber eine Reparatur der Kirche und eine Wasserversorgungsleitung, ein Ausbau der Schule und vielleicht eine Stromversorgung, um die in den Tropen früh einsetzenden Abende zu erhellen, schienen mir vernünftige Vorhaben. Ich war entschlossen, etwas in die Wege zu leiten.

»Ja, wir werden versuchen, irgendwelche einträglichen Projekte auf die Beine zu stellen. Wir müssen es einfach versuchen. Aber ich frage mich, was da wohl das Beste wäre …?«, fragte ich vorsichtig.

Luta zuckte nur die Achseln, als wir uns auf den Rückweg nach Mendali machten. Schweigend gingen wir zurück, und plötzlich spürte ich die Last der Verantwortung auf meinen Schultern.

Draußen vor dem Kindergarten stand, wahrscheinlich als Strafmaßnahme, der nicht besonders bestraft wirkende Stanley. Er winkte uns fröhlich zu, als er uns aus dem Dschungel kommen sah. Small Small Tome war es anscheinend gelungen, sich zu verdrücken. Das Schulhaus, das zwischen der Kirche und dem Versammlungsort stand, hatte niedrige Wände, die oben offen waren, um eine leichte Brise hineinzulassen, und unten mit Blätterwerk verschlossen waren, um jegliche Fluchtversuche zu unterbinden. Auf einer Staffelei hatte Ethel eine schwarze Tafel stehen, auf der geschrieben werden konnte und auf die sie mit ihrem Zeigestock klopfte, wenn sie die Kinder zur Ordnung rufen wollte. Der Stock diente zum Zeigen und Unterstreichen, niemals aber zur Züchtigung.

Dabei hatte Ethel die undankbare Aufgabe, wie schon Mr. Thomas vor ihr, zwei Klassen zugleich zu unterrichten. Die Älteren saßen im vorderen Teil des Raums auf dem feinen Sandboden und schrieben mit kleinen weißen Korallenstückchen Zahlen und Buchstaben auf ihre Schiefertafeln. Danach sagten sie das Alphabet und Zeitpläne auf. Die Jüngeren hockten inzwischen ungeordnet im hinteren Teil und bewarfen sich gegenseitig und jeden ahnungslos Vorübergehenden mit roh aus Holz geschnitzten Baukastenklötzchen. Es verging kaum eine Woche ohne eine hässliche Schnittwunde oder einen in allen Farben schillernden Bluterguss. Um elf Uhr war die Schule »aus«. Sie sangen alle zusammen zum Schluss eine erhebende Version von »Old McDonald had a Farm«, die ihnen irgendein umherreisender Musiker beigebracht haben musste, wobei sie nur die zwei Strophen über die Kuh und das Schaf ausließen, zwei Tiere, die sie noch nie gesehen, geschweige denn gehört hatten. Und dann rannten sie wie alle Kinder auf der Welt kreischend vor Erleichterung durch die »Schultore« ins Freie. Diese Kinder, die keinen Spielplatz, keinen Süßigkeitenladen oder Fernseher, kein Karussell, keinen Hamburger und kein elektronisches Beruhigungsmittel kannten, kletterten wie der Blitz die größten Bäume hoch oder rissen sich im Laufen die Kleider vom Körper, um sich in das warme Wasser der Lagune zu stürzen, wo sie dann stundenlang spielten.

Als ich ihnen zusah, wie sie glücklich herumplantschten, erschien Tassels demonstrativ gähnend aus dem Schatten einiger Palmen.

»Jetzt tu ich fischen gehen und fangen Korb voll schön Fische.«

Nachdem er das mit aller Entschiedenheit geäußert hatte, verschwand er, um seine Angelschnur zu holen, und überließ mich meiner Bewunderung für sein Einbaum-Kanu.

Einbaum-Kanus sind Furcht erregende Gebilde, die mit dem Handbeil nach Augenmaß ausgehöhlt und zurechtgeschnitzt werden. Aus einem einzigen Baum entsteht allein mit einem Beil und enormer Kunstfertigkeit ein perfekt geformtes und bearbeitetes Kanu, je nach Größe des Baums ein Einsitzer oder Mehrsitzer mit bis zu vierzig Plätzen. Das bedeutet natürlich nicht, dass sie nicht schwanken – aber nach nur einem einzigen unfreiwilligen Bad saß ich viel entspannter darin und fühlte mich schon viel sicherer. Ich musste mich nur noch selten an den glänzenden, abgerundeten Seitenwänden festhalten und hatte nur hin und wieder den Eindruck, dass wir kentern würden. Ich war sicher, dass ich unsere Kanufahrt zum Fischen ziemlich entspannt genießen würde, wenn ich nur ganz still saß.

Das Fischen ist auf den Salomon-Inseln so sehr ein Teil des Lebensgefühls wie das Im-Stau-Stehen in den Industrienationen. Man wächst damit auf, und es bildet einen festen Bestandteil des tagtäglichen Lebens. Das Meer birgt eine erstaunliche Vielfalt von Lebewesen in einem vollständigen Spektrum von wunderschön bis monströs, und jeder männliche Dorfbewohner, der das Krabbelalter überwunden hatte, war im Ködern der Meerestiere äußerst geschickt.

Ich war Feuer und Flamme und schnell bereit, das Fischen der langen Liste an Freizeitaktivitäten hinzuzufügen, an denen ich mich versucht hatte. Aber im Unterschied zu dem trägen, faulen Dahinschwinden meines Interesses, das bei vielen meiner Zeitvertreibe schließlich darin gipfelte, dass eine fast neue Ausrüstung schließlich traurig auf dem Dachboden verstaubte, kam meine Fischerkarriere zu einem abrupten, endgültigen Ende, noch bevor sie richtig begonnen hatte – ich ließ sie fallen wie eine heiße Kartoffel.

Direkt vor der Landspitze der rechtwinkeligen Insel Pao, dort wo das Korallenriff den Weg in den tiefen Ozean freigab, wickelte ich mit der Freude eines begeisterten Amateurs unter den wachsamen Augen von Tassels meine Angelschnur von einem glatten, hölzernen Stab ab, bis sie etwa dreißig Meter weit senkrecht ins Wasser hing. Ich starrte in das blendende Blau des Wassers hinunter und versuchte mir vorzustellen, mit welchem Interesse die weißen Stückchen Tintenfisch, die an dem großen Angelhaken befestigt waren, wohl dort unten beäugt wurden – und von wem.

Es wehte eine leichte Brise, und ich entspannte mich und ließ meine Blicke gedankenvoll über die kleinen Vorinselchen schweifen, die entlang der Küste von Randuvu verstreut lagen.

Es geschah nichts.

Wir schwatzten eine Weile, um uns die Zeit zu vertreiben, bis der wahrhaft vergnügliche Teil des Ausflugs begann. Tassels fragte mich, ob die Königin wohlauf sei. Da erinnerte ich mich wieder, dass sie hier noch immer Staatsoberhaupt war, obwohl dies jetzt ein unabhängiges Land war. Sie hatte die Inseln besucht, als er, Tassels, noch ein kleiner Junge war. Der Commander hatte Old Laki, seinen Bootsmann, nach Gizo geschickt, wo ihr großes Schiff vor Anker lag, um ein Grußschreiben zu überbringen. Doch als er es einem Mannschaftsmitglied, das das Fallreep hinuntergekommen war, um es entgegenzunehmen, hinüberreichte, fiel es ins Wasser. Old Laki sprang sofort hinterher und rettete es, doch als er es schließlich übergab, tropfte die Tinte in hellblauen Tropfen herab. Er hatte nie gewagt, es dem alten Mann zu erzählen, aber sie hatten sich oft gefragt, ob die Königin es wohl noch hatte lesen können.

»Hast du sie gesehen letzte Zeit?«

»Nur im Fernsehen«, erwiderte ich.

»Hmm, Fernsehen sehr nett, glaube ich?«

»Nun ja…«

»Ah, jetzt einer«, kündigte er plötzlich an, während er sich eine Selbstgedrehte anzündete. Woher er das wusste, da er doch selbst keine Angelschnur hielt und mit geschlossenen Augen auf dem Rücken lag, war mir schleierhaft. Trotzdem hielt ich mich bereit. Erwartungsvoll leckte ich mir über die Lippen und schmeckte etwas Sonnenschutzcreme auf der Zunge. Vorsichtig rückte ich ein wenig zur Seite, um sie diskret über Bord auszuspucken, und in diesem Augenblick gab es an meiner Angelschnur einen Ruck wie von einem Bulldozer. Ich schwankte wie ein unerfahrener Wasserskifahrer und kämpfte, um nicht aus dem Boot zu fallen.

»Tassels, Tassels, schnell, schnell! Herrgott, der muss riesig sein!«

Zweifellos hatte ich da unten einen Mordsbrocken an der Schnur. Ich stemmte mich mit beiden Füßen gegen die massive Holzwand und bereitete mich auf den Kampf vor.

Das Ungetüm unter mir demonstrierte seine Überlegenheit, indem es sich wie ein Schwergewichtsringer in die Angelschnur warf. Die Schnur schnitt tief in meinen Finger. Zum Glück machte sie vor dem Knochen Halt, aber ich hatte absolut keine Lust darauf, zuzusehen, wie meine Finger einer nach dem anderen davonflogen, deswegen ließ ich los. Ich versuchte, mir nicht vorzustellen, wie sie langsam tiefer sanken und dabei anklagend auf mich wiesen, bevor sie von verschiedenen grotesken Kreaturen wie Partyhäppchen verschlungen wurden. Schaudernd schob ich meinen verletzten Zeigefinger in den Mund, um ihn mit exotisch schmeckender Creme zu salben.

Ich war viel zu sehr um meine Wunde besorgt, um an mein Angelgerät zu denken. Zum Glück hatte Tassels sich rasch aufgesetzt, wirbelte herum und ergriff den sich drehenden Stock, bevor er ins Meer fiel. Stehend hievte und wickelte er, hievte und wickelte, während das Kanu bockte und Gischt hereinschwappte. Sehr vorsichtig hielt ich mich an harten Seitenteilen fest und duckte mich tief ins Boot, damit Tassels die Schnur besser sehen konnte, die jetzt über das Heck lief. Ich drehte mich auf dem engen Raum lieber nicht um und spähte stattdessen zu Tassels grinsendem Gesicht hoch. Die strubbeligen Stoppeln an seinem Kinn schienen sich vor Erregung zu sträuben und bildeten eine Silhouette gegen die Sonne.

»Oh, ein netter, Mr. Will, ein sehr netter Großer.« Wieder hievte er, aber dann verschwand plötzlich die Begeisterung aus seinem Gesicht, als die vibrierende Angelschnur schlaff wurde. Nach zehn oder fünfzehn weiteren Drehungen des Holzes platschte etwas über die Wasseroberfläche und flog dann ins Kanu. Ich starrte auf einen großen, sauber abgetrennten Kopf eines verwirrt dreinschauenden Thunfischs. Mindestens ebenso verwirrt blickte ich Tassels an.

»Und wo ist der Rest?«, fragte ich.

»Oh, Pech, großes Pech. Teufel kommt und holt ihn«, seufzte er mit überraschend ernstem Gesicht. »Teufel da.«

»Teufel?« Die Sonne schien um einige Schattierungen weniger hell zu strahlen. »Was für ein ... äh ... was für ein Teufel soll denn das sein?«

Tassels setzte sich niedergeschlagen mit dem Rücken zu mir nieder.

»Sharki, großer, glaube ich.«

»Sharki, wo? Hier, Haie?« Ich beugte mich vor und zog hastig meine Ellbogen ins Boot.

»Hafin hia.«

Hafin? Haufen – viele?

In diesem Augenblick fühlte ich einen mächtigen Wirbel unter uns, und dröhnend schlug das Wasser gegen das Kanu.

»Was war das?«

Diese Frage stellte sich als überflüssig heraus, denn mit einem Zischen teilte sich die Wasseroberfläche und die Antwort zeigte sich in aller Deutlichkeit. Eine Haifischflosse, eine wirkliche, genau wie in den Filmen, hob sich etwa dreißig Zentimeter aus dem Wasser. Mit beeindruckender Geschwindigkeit fuhr sie längs des Bootes vorbei. Das Kanu ragte so wenig aus dem Wasser, dass meine Oberarme nass gespritzt wurden und wir gewaltig ins Schaukeln gerieten, als das Untier vor unserem Bug verschwand. Dann tauchte es wieder auf und fuhr auf der anderen Seite am Boot entlang, und wider Willen erkannte ich deutlich seine drohenden Umrisse in dem klaren Wasser. Der Hai war mit fünf bis sechs Metern Länge ein ganzes Stück größer als unser Kanu. Plötzlich drehte er lautlos ab und war verschwunden. Für den Augenblick.

Wir erreichten das Dorf in Rekordzeit. Vollkommen erschöpft kroch ich an Land und stampfte einige Male mit den Füßen auf den Boden, um wieder Gefühl in meine tauben Beine zu bekommen.

»Ach, was Pech!«, rief Small Tome aus, als er unseren Fang sah. Diese Deutung erstaunte mich sehr. Ich hatte eher den Eindruck, dass wir noch einmal großes Glück gehabt hatten.

Selbstverständlich war auch Grimble Haien begegnet. Beim Blättern in seinem Buch schien es jedes Mal, als hätte er stets ein etwas besseres, aufregenderes oder gefährlicheres Abenteuer bestanden als jeder andere. Manches davon war ganz offensichtlich erfunden. Aber die Haie hatten auch ihm nicht besonders gefallen. Schlimmer noch: Als er ihnen einmal ähnlich glücklich entkommen war wie ich, war der Insulaner, der ihn begleitete, tatsächlich ins Wasser gesprungen – armer Irrer.

»Er [der Insulaner] glitt über die Bordwand ins Wasser, planschte und wartete, dass er bemerkt wurde …« *Wartete, dass er bemerkt wurde*! »… und das geschah auch bald. Die Rückenflosse umkreiste ihn und schoss dann pfeilschnell vorwärts; Kopf und Seitenflosse der Bestie durchbrachen die Wasseroberfläche, als sie sich zuschnappend herumwälzte. Mein Freund schnellte im letzten Augenblick zur Seite und stieß sein Messer tief in den sichtbar werdenden Bauch. Ich sah, wie dieser in der Vorwärtsbewegung aufgetrennt wurde wie mit einem Reißverschluss, und es quollen Blut und Eingeweide hervor. Der Tiger (Tigerhai!) verschwand für eine Weile und wurde dann etwa dreißig Meter weiter tot an die Oberfläche getrieben. Diese Art Zweikampf fand ziemlich häufig statt. Den Sieg schien man wie einen geschickten 50er-Treffer beim Kricket in England anzusehen; die Dorfbewohner applaudierten, machten jedoch kein größeres Aufhebens davon.«

Grimble musste zweifellos in einem Dorf für kriminell Verrückte gelebt haben. Ich für meinen Teil hatte nicht die Absicht, mich in nächster Zeit wieder auf das Wasser zu begeben, geschweige denn hinein.

In meiner Hütte angekommen brach ich auf meinem Bett zusammen und empfand das überwältigende Bedürfnis nach Ruhe und ein paar steifen Whiskys (die ich nicht hatte). Leider schien es aber wieder Zeit für eine Lektion. Imp, ein ernster, aber freundlicher Mann, den der Commander einst zur Ausbildung in eine römisch-katholische Schule auf einer Insel nördlich von Randuvu geschickt hatte und der im Dorf als Weiser galt, war zudem ein furchtloser Erzieher. Als ich noch ganz bleich in meinem Haus saß und mir mit dem Robinson Crusoe Luft zufächelte, kam er und erklärte mir, er habe entschieden, dass ich von diesem Tage an Unterweisung darin erhalten sollte, wie man »spech-spech Pidschn«.

Jeden Tag sollte ich zwischen Gebet und Abendessen eine Stunde lang diese seltsame, verballhornte Form der englischen

Sprache sprechen lernen. Sie war ursprünglich den Sandelholzhändlern und Walfängern abgelauscht worden, die im späten 18. Jahrhundert in diese Gefilde vorgedrungen waren, und nun war sie in diesem weitläufigen Gewirr von Inseln so etwas wie das allgemeine Verständigungsmittel für die hundert Stämme mit ihren mehr als achtzig verschiedenen Sprachen.

Mir lag viel daran, sie zu lernen, schließlich war das Grimble ebenfalls gelungen – obwohl er anscheinend am Ende jedes Satzes unbedingt ein »Old Man« oder »Alter Junge« anhängen musste. R.L. Stevenson, der wohl ein besonders helles Licht gewesen war, hatte tatsächlich eine der hiesigen Stammessprachen erlernt, aber meiner Ansicht nach war es nützlicher, Pidgin-Englisch zu lernen, da ich mich dann mit jedem verständigen konnte, egal, welchem Stamm er angehörte. Robinson Crusoe hingegen musste offensichtlich gar keine Sprache lernen.

Zuerst kam mir alles sehr einfach vor. Ich musste nur die scheinbar unverständlichen Wörter, die Imp in seiner wunderschönen Handschrift für mich niederschrieb, laut lesen, und nach einigen Versuchen kamen dann Wörter und Sätze wie durch Magie in einer wundervoll anachronistischen, verworrenen Version des Englischen hervor. Wie bei vielen Dingen im Leben war nur der Anfang leicht. Alles Weitere gestaltete sich alles andere als einfach, und je mehr ich lernte, desto schwieriger wurde es.

Immerhin führten wir beide von jenem Tag an jeden Abend imaginäre Gespräche, für die Imp aus dem Stegreif die Drehbücher schrieb:

»Helo Froind Moang du. Du okee?« – Guten Morgen. Geht es dir gut?

»Iich okee.« – Sehr gut, danke.

»Wasn Tag vonsu Woche ihm jetz hoit?« – Welcher Wochentag ist heute?

»Iich nix ideen. Station blong Polis hemi woo?« – Ich weiß es wirklich nicht. Aber wo ist denn die Polizeistation?

»Du wolln gelden demann [dem Mann] kikeroki?« – Möchtest du dieses Huhn kaufen?

»Komm anderas mia guggin. Iich niich magn Swein-swein.« – Vielleicht könntest du mir ein anderes zeigen. Ich mag Schweinefleisch nicht besonders.

»Oh sori, ihm suvil alt.« – Tut mir Leid, aber es ist schon sehr alt.

(Wie sich herausstellte, bedeutete »suvil« hinterlistigerweise nicht »zu viel«, sondern »sehr«. Der Satz »Commander ihm lang surük England. Ihm suvil alt« bedeutete, dass der Commander, als er nach England zurückkehrte, zwar schon ein fortgeschrittenes Alter hatte, aber noch nicht jenseits von Gut und Böse war.)

»Oh sori, iich habin Bauchlauft.« – Es tut mir sehr Leid, aber ich habe Durchfall.

»Son okee. V'leicht mia lein Masine blong du?« – Schon gut. Könnte ich mir wohl deine Maschine leihen?

»Oh sori, si kaputtputt Ende.« – Tut mir Leid, ich fürchte, die ist endgültig zusammengebrochen.

So wurden unsere Gespräche immer surrealer und dehnten sich zur allgemeinen Verwirrung immer mehr in die Abendessenszeit aus.

Während der ersten Wochen meines Aufenthalts machte ich beständig Fortschritte, und mein Lehrer schien zufrieden mit seinem Schüler, der diese Tatsache neu und erfreulich fand. Also entschloss ich mich schließlich, meine Ausbildung mit ein paar Lektionen bei Stanley und seinen Freunden abzurunden. Sie waren außer sich vor Freude über diese Gelegenheit, mir einige ihrer großen Geheimnisse enthüllen zu können.

Wir hockten in einer Reihe im Schatten der auf den Sand gezogenen Kanus, bequem mit dem Rücken an sie gelehnt, und die kleinen Jungen und Mädchen verrieten mir feierlich eine mysteriöse, aber unbezahlbare Information, die sie von einem »Mann fransifransi blong Seglbot« – einem Franzosen auf einer

Segelyacht – aufgeschnappt hatten. Benutzte man kein »plastik blong bumbum«, ein Kondom, was immer das war, dann wäre das unvermeidliche Resultat aus irgendeinem Grund eine »dikdik Mary« – eine schwangere Frau. Die Umstände, unter denen man diese Vorsichtsmaßnahme ergreifen sollte, waren leider unklar, aber ich bedankte mich trotzdem recht herzlich bei ihnen. In der Tat eine nützliche Information.

Ich fragte mich, ob wohl Grimble von »plastik blong bumbum« gehört hatte, und bezweifelte es. Robert Louis seinerseits war viel zu schwächlich gewesen, um an irgendetwas dermaßen Energiegeladenes zu denken, und für Robinson C. gab es keinen Anlass, sich darüber groß Gedanken zu machen.

Nachdem ich Imp für meine erste Lektion in Pidgin-Englisch gedankt hatte und er mir noch einmal nachdrücklich eingeschärft hatte, wie wichtig es sei, zu üben und die Hausaufgaben zu machen, die er mir aufgegeben hatte, erschien Small Tome völlig aufgeregt, einen Jutesack umklammernd.

»Nett Geschenk für Mr. Will!«, rief er und hüpfte von einem Fuß auf den anderen. Dann griff er in den Sack und zog langsam und vorsichtig eine rotbraun glänzende, unheilvoll dreinblickende Katze hervor. »Sehr nett gegin Ratti!«

»Fantastisch, vielen Dank.« Mein Dank kam aus tiefstem Herzen. »Wie ist sein … ihr Name?«

»Name?«

»Na ja, in England geben wir unseren Tieren Namen.«

»Warum?«

»Na ja … es ist einfach .. äh …«

»Was Name dann?«, fragte Small Tome neugierig.

»Na ja …« Ich bemerkte ein paar Mangos, die eines der Kinder auf meinen Tisch gelegt hatte. »Ich nenne sie ›Chutney‹.«

»Sutni?« Small Tome stolperte über das Wort, zuckte aber nur die Achseln und sprudelte seine nächste großartige Idee heraus. »Jetz, ich habe nettes was für dich heut Abend, Mr. Will. Wir spielin Kartin und ich dich in mein Tiim will!«

Ich fühlte mich geschmeichelt und sagte sofort zu, machte ihm aber klar, dass ich kein besonders guter Kartenspieler war.

»Kein Problimblim«, beruhigte er mich mit unerschütterlicher Gutmütigkeit. »Du mir nachmachin.«

Zu spät erst erkannte ich, dass Dudley Small Tome, mein neuer Partner, ein unheilbar und bodenlos schlechter Spieler war.

Dennoch trafen wir uns an diesem Abend und dann fast an jedem Abend nach dem Essen zu sechst an dem Tisch vor meinem Haus, und um uns herum drängten sich Zuschauer und Gruppen von Beratern und Fans. Gestärkt durch Becher mit dampfendem, süßem Schwarztee, von dem schier unerschöpfliche Mengen über Ellens ewigem Feuer brodelten, spielten wir eine exzentrische Version von Whist, deren geheimnisvolle und anscheinend sehr flexible Regeln mich immer wieder verwirrten und Small Tome ständig scheitern ließen. Unsere zwei Gegenspieler-Paare bestanden aus George Luta und Tassels sowie aus Imp, dem Dorf-Zimmermann, und Henry Fatty (der vielleicht einst ein pummeliges Kind gewesen sein mochte, jetzt aber ein heiterer, freundlicher Schrank von einem Mann war).

Das Spiel lief in blitzartigem Tempo ab. Mit enormem Gusto und in bester Laune wurden die Karten mit solcher Wucht auf den Tisch geknallt, dass die kleinen »Piccaninnis«, die unter dem Tisch auf dem Boden saßen und ihr eigenes Spiel mit imaginären Karten spielten, vor Aufregung schrien und die Teekanne aus Zinn klapperte.

Imp notierte auf einem schmutzigen, grauen Stück Papier die Punkte und addierte sie, und Luta rollte endlos Zigaretten aus fettigen Stückchen schwarzen Tabaks und Streifen meines allseits bewunderten Luftpost-Briefpapiers. Wir spielten bis spät in die Nacht, und wenn dann immer weniger gesprochen, aber immer mehr gegähnt wurde und Small Tome und ich restlos besiegt waren, stapelte Luta die abgegriffenen Karten und schob sie wieder in ihre Hülle.

»*Rodo diana*. Gute Nacht!«

Die Gruppe löste sich auf, und alle verschwanden den Pfad hinunter, während ich die Stufen zu meinem Bett hinaufstieg, verwirrt, in bester Stimmung und todmüde nach meinem ersten vollen Tag in Mendali. Chutneys Augen glühten mir wie Scheinwerfer vom Dachgiebel entgegen, und ich musste lächeln, als ich meinen Partner hörte, der sich ernst mit Ellen unterhielt. Er konnte einfach nicht verstehen, wie wir dieses letzte Spiel verlieren konnten. Und all die anderen Spiele, Small Tome?

Schmunzelnd kletterte ich mit Arthur Grimble ins Bett.

Eine unschuldige Versammlung

Ich entschließe mich, etwas zu unternehmen –
stürze mich in den Kampf –
ein kleines Kind nimmt die Dinge in die Hand –
und ich ziehe mich in Schmerz zurück.

Vorsichtig wie ein ängstlicher Schwimmer, der sich nervös rückwärts die Leiter hinab in einen Swimmingpool tastet, hatte ich etwas verzagt dem Dorfleben entgegengesehen. Es schien jedoch, dass in Mendali, auch im übertragenen Sinn, ein warmes, heiteres Klima herrschte und die Ankunft dieses Fremden, dieses »Waesmann«, die Wellen nicht höher schlagen ließ.

Schnell, sehr viel schneller, als ich erwartet hatte, wurde mir mein Tagesablauf in Mendali zur Normalität. Das Erklettern meines »Kleinhauses« über die gewundene Baumwurzel, der Versuch, mein Spiegelbild in dem Wassereimer auszumachen, das Auseinanderfalten eines Bananenblattes, in dem ein ganzer gebratener Fisch eingewickelt war, den ich dann mit den Fingern aß, oder das Waschen in einem Fluss mittels einer Aluminium-Kasserolle und einem kleinen Stückchen Seife, all das erschien mir bald nicht mehr außergewöhnlich.

Es war ein glückliches, sanftes Dahinleben, aber ich muss hier gestehen, dass der Eindruck einer vollkommen perfekten Welt durch eines gestört wurde, und das war die Ernährung: Sie war schrecklich.

Diese Inselwelt breitet sich lässig über den Wendekreis des Steinbocks aus, nur wenige Längengrade südlich des Äquators. Die Temperatur bleibt das ganze Jahr über gleich, es regnet mit erfrischender Zuverlässigkeit, und die Jahreszeiten spielen in dem Plan eines Gärtners keine Rolle. Was immer man säte, konnte man unter diesen Bedingungen schon nach kurzer Zeit ernten. Gemüse gab es allerdings nur in sehr begrenzter Auswahl – in enttäuschend begrenzter Auswahl –, denn hier wurden die Speisen, was eigentlich ganz korrekt war, nicht als ein Vehikel verstanden, um die eigene finanzielle oder intellektuelle Überlegenheit zur Schau zu stellen (»Ist sie nicht eine fantastische Köchin? Was sie alles mit Gänseleberpastete zaubert ... Ich lasse es mir in der *Säsong* einfliegen, *wu saweeh*...«), sondern einfach als Brennstoff für den Körper. Diese Gemüsesorten und Früchte hatten die Insulaner und ihre Vorfahren Hunderte – wahrscheinlich Tausende – von Jahren am Leben erhalten. Wobei natürlich Quantität das Wichtigste war. Abwechslung hingegen war unwichtig, und der Speiseplan auf den Inseln wurde bald deprimierend vorhersehbar, denn er beschränkte sich auf höchstens drei oder vier ununterscheidbare Wurzelgemüse, die man nur nach langem, anstrengendem Kauen und mit reichlich Wasser zum Nachspülen hinunterbekam – als wollte man ein Stück Seife essen, nur dass deren Aroma und Schaumbildung fehlten.

Ich war seit langem daran gewöhnt, die Kochkunst aller Herren Länder zu genießen, wann immer ich wollte (oder zumindest deren englische Imitation, wie man sie in der Grafschaft Middlesex pflegte), weshalb nun meine Geschmacksnerven zu streiken begannen. Sie hatten bisher mit höchster Vorfreude die fünfzehn Regalreihen des riesigen Supermarkts draußen vor der Stadt durchkämmt, sich an der Delikatessen-Ecke geweidet und kluge Fragen nach den neuesten Käsesorten gestellt. Jetzt versteckten sie angebissene Stücke unter dem Löffel, ließen sie unbemerkt fallen oder schoben heimlich größere Stücke der Katze oder vorbeikommenden »Piccaninnies« zu oder fütterten damit die tropischen Fische. Zweimal hatten sie stur die Arme vor der Brust verschränkt und ganz offen das Essen verweigert, selbst wenn das bedeutete, den ganzen Abend vor dem Teller sitzenbleiben zu müssen.

Meine schlauen Bücher verrieten mir, dass ich mit meiner Enttäuschung über die hiesige Küche nicht alleine dastand. Auch Grimble war mit den allgegenwärtigen Knollengewächsen konfrontiert gewesen, »denen die unheilige steife Stärke durch keine Behandlung unter Gottes Himmel ausgetrieben werden konnte«. Zu seinem Glück empfing er gelegentlich Lieferungen von Konservendosen. Was allerdings nicht unbedingt einen Grund zur Begeisterung darstellte.

»Mit der ehrenvollen Ausnahme von Spargel und Rote Bete, die noch immer schwache Erinnerungen an ihr eigentliches Selbst weckten, schienen die Gemüse, die 1916 eingedost wurden, ihre eisernen Gefängniszellen mit der ebenso eisernen Entschlossenheit betreten zu haben, jegliche Süße ihrer ursprünglichen Verheißung strikt zu verleugnen. Wenn sie wieder zum Vorschein kamen, wagte das Auge kaum, auf ihrer leblosen Erscheinung zu verweilen, und der Geschmack von allem und jedem – ob Sellerie oder Zwiebel, Erbsen, Kohl, Blumenkohl, Bohnen oder Kartoffeln – hatte sich in den Geschmack von in Abwaschwasser gekochten Eisenspänen verwandelt.«

Selbst der leidensfähige R.L. Stevenson merkte an, dass »eine Zwiebel, eine irische Kartoffel oder ein Rindersteak dem Reich der Träume und Sehnsüchte angehörte«.

Crusoe gelang es natürlich problemlos, einen perfekten Nutzgarten anzulegen, zu pflegen, die hochwertige Ernte einzubringen und kultiviert zu verspeisen, und alles quasi mit der linken Hand. Seine Insel war »zu meinem großen Glück ein angenehmes, schönes, fruchtbares Stückchen Erde«, und zu meinem großen Verdruss betrachtete er »den Früchtereichtum dieses Tales und die angenehmen Seiten dieser Situation mit großer Freude«. Nun, wenn er sich so verdammt großartig vorkam, dann würden Randuvu und ich es ihm schon zeigen, dass wir so etwas auch auf die Beine stellen konnten. Meine gärtnerischen Kenntnisse gingen zwar nicht über das hinaus, was man mit Bohnen und Löschpapier in der Grundschule lernte, aber das Grollen in meinen Eingeweiden war Ansporn genug, und ich war entschlossen, einen »Garten blong William« zu erschaffen.

In dem kleinen Laden in Munda hatte ich schon zuvor ein paar verstaubte Packungen mit Samen entdeckt, und so legte ich damit in einer Ecke der Dorfgärten für mich selbst einen kleinen Fleck an. Schon bald sprossen dank des warmen, feuchten Klimas grüne Reihen von Sämlingen – Tomaten, Auberginen, Pfeffer und Kohl – aus der weichen, braunen Erde, und jeden Tag nach der Kirche bereitete es mir Vergnügen, nachzusehen, wie mein Gärtlein wuchs.

Als ich eines Tages mit Stanley, meinem Assistenten, von der morgendlichen Inspektion zurückwanderte, zeigte er auf einen Baum.

»Marmalada Obst. Sehr nett.«

Die süßen, dunkelrot leuchtenden Früchte sahen aus wie Kirschen, hatten aber statt des Steins kleine Kerne, und ich konnte mir vorstellen, dass sie eine köstliche Marmelade ergeben würden. Sie erinnerten mich auch an Weintrauben, also sammelte ich so viele wie möglich in meinem hochgeschürzten T-Shirt und kippte sie, in meinem Haus angekommen, in meinen großen Trinkbecher aus Plastik. Mit dem Griff meiner Zahnbürste zerdrückte ich die Früchte zu Brei, fügte etwas Zucker hinzu, den ich mir von Ellen borgte, und füllte dann mit Wasser auf. Ich schloss den Deckel fest und verstöpselte das Loch für den Strohhalm. Als ich am Abend wieder danach sah, war der Stöpsel weggeflogen, und aus dem Becher drang ein deutlich hörbares Prickeln. Der Gärgeruch, der von dem Gebräu aufstieg, erinnerte zwar nicht gerade an große Weinjahrgänge, aber er bewies zweifelsfrei, dass die Natur hier ihren gewünschten Lauf nahm. Wenige Wochen später hatte ich mir einen großen Plastikeimer mit Deckel besorgt und verfügte damit über alles, was ich für einen eigenen Weinkeller brauchte.

Mein neues Leben kam mir nicht mehr fremd vor, nur anders, und ich war eigentlich nur überrascht, als mir auffiel, wie schnell ich mich angepasst hatte und wie wenig ich dabei vermisste. Ich griff nicht mehr automatisch nach dem Lichtschalter oder nach dem Wasserhahn, ich empfand kein unwiderstehliches Bedürfnis mehr nach gekühlten Drinks, die Tatsache, dass ich die Nachrichten im Fernsehen nicht mehr sehen konnte, schien meinen Einfluss auf die Weltpolitik nicht besonders beeinträchtigt zu haben, und seit ich hier angekommen war, hatte ich mir nicht ein einziges neues Gerät gekauft. Abgesehen natürlich von dem mittelgroßen Buschmesser, das ich überall mit mir herumtrug, allerdings wohl mehr, weil es mir gefiel, als dass ich es für irgendetwas Nützliches gebraucht hätte.

Robinson Crusoe hatte sich in puncto der ihm eigenen, arg pompösen Art mühelos selbst übertroffen, als auch er Betrachtungen darüber anstellte, was er durch seine erzwungene Einsamkeit gewonnen hatte:

»Erst jetzt begann ich, wahrhaft zu empfinden, um wie viel glücklicher dieses Leben, das ich jetzt führte, trotz all der elenden Umstände war im Vergleich zu dem verfluchten Leben voller Gemeinheit und Falschheit, das ich in all meinen vergangenen Tagen geführt hatte …«

Ich teilte zwar nicht seine Bedenken, was meinen früheren Lebensstil anging, doch erkannte ich schnell die Annehmlichkeiten einer Lebensart, bei der keinerlei Alltagsroutine befolgt werden musste, kein täglicher Zeitplan festgelegt war, dem ich mich unterordnen musste, um allgemeinen Anforderungen zu entsprechen: keine Erwartungen, keine Verurteilung. Es war ganz in Ordnung, wenn ich nichts tat, sondern einfach nur die natürliche Schönheit der Welt um mich herum und die ehrliche, vorurteilsfreie Freundschaft der absolut gutmütigen Dorfbewohner genoss.

Und ich konnte mich tatsächlich über nichts beschweren, über absolut gar nichts, und das machte es noch schwieriger, mir darüber klar zu werden, was ich hier tun könnte, um zu »helfen«. Aber Lutas Worte klangen noch in mir nach, und ich glaubte, wenn wir mit Hilfe des verfügbaren Fonds eine Einkommensquelle schaffen würden, von der die Gemeinschaft als Ganzes profitieren könnte, dann hätten wir damit die Wünsche des Commanders erfüllt. Ich jedenfalls stand in den Startlöchern, bereit, ein Geschäft auf die Beine zu stellen. Nur – wie sollte diese wunderbare Einkommensquelle aussehen? Ich hatte nach wie vor keinen blassen Schimmer.

»Berufe eine Versammlung ein«, schlug Geoff vor.

Er und Gerry waren insgeheim zu meinen Ratgebern auf der anderen Seite der Lagune geworden. Unter dem Vorwand, einen Brief zur Post zu bringen, stahl ich mich heimlich davon, um sie zu besuchen, wann immer ich eine Erklärung oder einen Rat brauchte.

»Die Salomon-Insulaner lieben Versammlungen«, stimmte Gerry zu.

Das erwies sich als nur zu wahr. Eines Abends, nachdem Small Tome und ich wieder einmal eine vernichtende Niederlage am Kartentisch erlitten hatten und Imp ihm zum x-ten Male eine der komplizierteren Regeln erklärte, schlug ich Luta vor, wir sollten alle zu einem Treffen zusammentrommeln und darüber diskutieren, was wir unternehmen könnten. Er war sofort Feuer und Flamme, nickte begeistert und erbot sich, Ort und Zeit zu organisieren. Es würden alle kommen, da war er ganz sicher.

Und so fanden wir uns eines Sonntagmorgens nach dem Gottesdienst im Schatten des alten Ngali-Nussbaums am Rande der Lichtung ein. Und es kamen alle, nur nicht alle zur gleichen Zeit. Als wir nach etwa einer Stunde dann so weit waren, erhob ich mich von meinem Platz auf einem Bündel alter Säcke, wo ich bequem an den Baumstamm gelehnt gesessen hatte, um die Versammlung zu eröffnen. Die Zuhörer ließen sich nieder und blickten erwartungsvoll auf, als befänden sie sich in einem Kinosaal, in dem sich gerade die Lichter zur Hauptvorstellung verdunkelten.

Die Männer drehten sich Zigaretten, entzündeten sie an einem glühenden Stück Holz, das in einer halben Kokosnuss-Schale vor sich hinglimmte, und kauten zufrieden die leicht berauschenden, aber unglaublich bitteren Betelnüsse und -blätter, die sich in ihren Mündern in einen roten Brei verwandelten, den sie ungeniert auf den Boden spuckten. Das dritte Genussmittel – zerstoßene Limetten – wurde in einem Topf von einem zum anderen weitergereicht.

Vielleicht etwas zurückhaltender, aber ebenfalls neugierig, saßen die Frauen ein wenig abseits, einige stillten ihre Babys, andere streichelten mit der Hand den Kopf ihrer kleinen, nackten Kinder, die ihrerseits magere, halb verhungerte Katzen zausten, die sie fest am Schwanz gepackt hielten. Manche der Frauen bildeten Vierergruppen: Eine Tochter lag mit dem Kopf im Schoß ihrer Mutter, während eine Schwester hinter ihr kniete und eine weitere Schwester hinter dieser stand. Während sie alle zuhörten, suchten sie sich langsam und methodisch nach den kleinen, schwarzen Käfern ab, die in ihrem dicken Haar krabbelten, und zerknackten sie dann fein säuberlich zwischen den Zähnen.

Obwohl diese versammelte Zuhörerschaft viel mehr Interesse an dem zeigte, was ich zu sagen hatte, und mich gewiss viel gutmütiger aussprechen ließ als irgendeine der Schulklassen, die ich in meinem bisherigen Leben unterrichtet hatte, fühlte ich mich dennoch etwas verzagt, denn ich wusste, dass ich wieder einmal schlecht vorbereitet war. Ich hatte zuvor versucht, ein paar Punkte auf einem Blatt Papier zu notieren, und hatte sogar beabsichtigt, damit herumzuwedeln, um meiner Ansprache Nachdruck zu verleihen. Dann aber ließ ich den Gedanken wieder fallen, denn eigentlich fielen mir gar keine Argumente ein, die ich vorbringen konnte. Ein wenig unsicher begann ich zu sprechen, aber Crusoe wäre stolz auf mich gewesen, was den pompösen Stil anging, den ich anschlug.

»Eure guten Freunde in England würden euch gerne beim Aufbau irgendeines einträglichen und unkomplizierten Unternehmens unterstützen.«

Das klang doch ganz wie ein vernünftiger, fast profihafter Beginn.

»Deswegen haben wir uns heute hier versammelt, um über Pläne für die Zukunft zu sprechen.«

Den ausdruckslosen Mienen meiner Zuhörer nach schloss ich, dass dies für sie ein vollkommen neuer Gedanke war.

»Mit ›unkompliziert‹ meine ich Projekte ohne komplizierte und teure Maschinerie, die immer wieder repariert werden müsste. Projekte, mit denen man schnell Umsatz erzielt und die einen hohen Ertrag abwerfen …«

Allmählich kam ich in Schwung.

In diesem Augenblick wackelte ein zwei- oder dreijähriger Junge in die Szene. Er hieß Innocent – »Unschuld« –, und nie hat jemand einen passenderen Namen besessen. Seine großen, nussbraunen Augen blickten unter seinen Locken mit den hellblonden Spitzen voller Erstaunen in diese seltsame Welt, und sein Mund stand ihm halb offen angesichts all der erstaunlichen Dinge, die es im tagtäglichen Leben zu sehen und zu hören gab. Er war der entzückendste Knirps, den man sich vorstellen konnte, und bei jeder anderen Gelegenheit hätte ich mich wohl eine halbe Stunde lang mit ihm beschäftigt und wäre dabei unversehens wieder in die Babysprache zurückgefallen, wie es viele Erwachsene tun, wenn sie mit sehr kleinen Kindern sprechen. In diesem Augenblick aber hatte diese lebenswichtige Versammlung, in der Dinge besprochen werden sollten, die vielleicht die Zukunft der Dorfbewohner einschneidend ändern konnten, eindeutig Vorrang. In dieser hochwichtigen Angelegenheit konnte und wollte ich mich nicht ablenken lassen. Innocent hingegen war vollkommen fasziniert vom seltsamen Anblick von zwei dünnen, weißen Beinen, auf denen dünne, blonde Haare wuchsen und die aus einer voluminösen Shorts aus Armeebeständen herausragten. Ich fühlte plötzlich eine kitzelnde Berührung an meinem Schienbein und dann ein leichtes Streicheln an meiner Kniescheibe.

»Wir hoffen, dass wir euch helfen können, etwas von dauerhaftem Wert für eure Gemeinde aufzubauen.« Ich machte eine kleine, ruckhafte Bewegung in der Hoffnung, das sich vortastende Händchen abzuschütteln, aber Innocent war nicht so leicht davon abzubringen, seine faszinierende Entdeckung weiter zu erforschen.

»Lasst uns versuchen, gemeinsam etwas aufzubauen, das euch ein regelmäßiges Einkommen verschafft und das all euren zukünftigen gemeinsamen Projekten zugute kommt.« Zu meiner Erleichterung wackelte Innocent davon, eine Hand auf seinem nackten Bauch. Aus den Augenwinkeln beobachtete ich, wie er sich schwankend hinhockte, die Hände ausstreckte und einen Stock vom Boden aufhob, den er dann mit geübtem Schwung nach einem seiner Geschwister warf. Als das Geschrei schließlich abebbte, fuhr ich fort.

»Wir hoffen, dass Vorschläge von euch kommen und dass wir in der Lage sind, sie bald in die Tat umzusetzen.« Ein sanftes Streicheln verriet Innocents Rückkehr. Ich streckte meine Hand nach unten aus und machte eine leichte verscheuchende Geste. Die Augen aller waren nun auf meine Knie gerichtet.

»Nun, hat irgendjemand irgendwelche Vorschläge zu machen?«

Alle starrten wie gebannt. Ein leichtes Ziehen hätte mich warnen sollen.

»Vielleicht hat jemand irgendeine Idee? Scheut euch bitte nicht zu sagen, was ihr ... auu! Auu! Autsch! Auuaa!«

Innocent hatte so viele Haare gepackt, wie er mit seinen kleinen Händchen zu fassen bekam, und unter Aufbietung all seiner Kräfte daran gerissen. Verwundert, ja fast enttäuscht stellte er fest, dass er nur wenige Haare hatte ausreißen können. Auf den scharfen Schmerz hin machte ich einen Schritt rückwärts, blieb mit der Ferse an einer Wurzel hängen und stürzte verzweifelt mit den Armen rudernd nach hinten. Und als ich auf einigen Säcken landete, verriet mein Schrei nur allzu deutlich, dass irgendetwas Spitzes durch diese Säcke hindurch piekste.

Das alles war für meine Zuhörer einfach zu viel. Sie hatten bis zu diesem Augenblick mit äußerster Mühe halbwegs ernste Mienen bewahrt, nun aber kugelten sie sich geradezu vor Lachen, während ich mir jammernd mein Bein rieb. Na ja, sicher war das irgendwie lustig, aber so lustig nun auch wieder nicht.

Das Gelächter verebbte erst lange, nachdem ich mir nonchalant eine Zigarette angezündet hatte. Small Tome riss sich gerade mal lange genug zusammen, um japsend hervorzustoßen: »Wir glauben, du lieber selbst entscheiden, und dann wir dir helfen.«

Großartig.

Die Worin-Insel

Geoff kommt mir zu Hilfe – ich erkenne,
dass ich nicht vollkommen ratlos bin –
und schlittere um Haaresbreite an der Lösung
meines Dilemmas vorbei.

»Krraaackks! Knirrrrsch!«, machte die Yacht, als sie quälend langsam Zentimeter für Zentimeter rückwärts von dem scharfgezackten Riff weggeschleppt wurde. Das Wasser sprudelte unter dem Doppel-Außenborder von Geoffs gelb und blau gestrichener Tauchschul-Barkasse, und die Abschlepptaue knarzten und stöhnten, doch langsam kam die Yacht von dem Korallenriff klar und schwamm schließlich wieder frei. Der Skipper hockte neben dem Mast, den Kopf in den Händen vergraben, und wagte nicht, unter Deck zu gehen und zu begutachten, wie schlimm seine Bugkajüte überflutet war.

Vom Anlegesteg des Gästehauses aus hatten wir zugesehen, wie draußen in der Lagune ein Schoner, wie Geoff das Schiff bezeichnet hatte, seinen Weg durch die enge Durchfahrt zwischen Hopei und Hombupeka zu finden versucht hatte. Mit rostfarbenen Segeln über dem sauberen, weißen Schiffsrumpf mit Teakholzschmuck hatte er gegen die verschiedenen Blau- und

Grünschattierungen der See wunderschön ausgesehen und kam gerade nahe genug heran, dass wir das Glitzern der Morgensonne auf dem polierten Messing der Bullaugen erkennen konnten und wie sich der ängstliche Skipper über sein Steuer beugte.

Sein Vorankommen wurde durch Dutzende von Kindern behindert, die mit ihren Kanus um das Schiff herumpaddelten, ihm Aufmunterungen zuriefen und Bananenstauden schwenkten.

»Ea okee, ea okee! Kein Problimblim, kein Problimblim! Du wollen gelden Banana? Banana blong iich suvil nett.«

Dann bemerkten wir, dass er verzweifelt mit seinen Instrumenten hantierte und immer wieder Blicke über das Wasser warf, um zu sehen, wann er wohl auf Grund laufen würde. Wie immer auch seine Berechnungen ausgefallen sein mochten, es dauerte nicht lange, bis das kleine Schiff mit einem dröhnenden »Wumm« und einem durchdringenden Klirren, das aus der Kabine drang und den Eindruck vermittelte, als enthielte sie einen Schrank voll Porzellangeschirr und Glaswaren, zu einem abrupten Halt kam.

»Ooh, sorri aber, sorri aber. Das da ea bösa Felsn, ooh, böse. Du Pechmann!«

Noch bevor die Kollision stattfand, hatte Geoff bereits seine Außenborder angeworfen, und in Windeseile brausten wir hinaus, um Hilfe zu leisten.

Als das Schiff nun klar vom Riff war, lösten wir die Abschleppleinen und fuhren in einem Bogen zu seinem Bug, um es nach New Georgia zu schleppen. Als der nächste geeignete Strand in Sicht kam, zog Geoff sein Boot mit beachtlicher Geschicklichkeit in einer Kurve nach links und warf die Leinen auf das beschädigte Schiff, um es seiner eigenen Trägheit zu überlassen, die es zum Strand driften ließ. Dort kam es mit einem sanften Schaben auf dem Sand zu einem Halt.

»Das wär's, Kumpel!«, rief er fröhlich hinüber, als wir im

Leerlauf ins etwas tiefere Wasser zurücktrieben. »Warten Sie bis zur Ebbe, dann können Sie Ihren Schaden begutachten. Hey, haben Sie 'n Wulstkiel oder 'n Kimmkiel? – Aha, na, dann müssen Sie's abstützen. Viel Glück!«

»Blöder Hund! Der hätte hier ohne 'n Lotsen nie reinfahren dürfen«, murmelte Geoff mir zu, als er sein Boot im Bogen davonschießen ließ. Wir überließen den Segler sich selbst, der noch überlegte, wie er mit dieser Situation zurechtkommen sollte, während er gleichzeitig alle Hände voll zu tun hatte, um die erstaunlichen Preisangebote abzuwehren, mit denen ihn die hartnäckigen Bananenverkäufer nun bestürmten. Bald hüpfte unser Boot über die leichten, kurzen Wellen in Richtung Munda.

»Wie ist denn deine Versammlung gelaufen, Will?«

Von tröstlichem Selbstmitleid erfüllt, erzählte ich kurz, was passiert war und mit welch klugen Worten Small Tome den Misserfolg besiegelt hatte.

»Und das ist mir wirklich keine große Hilfe. Garantiert brüte ich jetzt irgendeinen hirnverbrannten Plan aus, der niemandem etwas nützt.«

Geoff war sichtlich nicht gewillt, mir zu widersprechen, machte dann aber einen Vorschlag.

»Vielleicht solltest du versuchen, etwas einzuführen, das es hier noch nicht gibt?« Er schaltete die Motoren aus, und wir schaukelten sanft gegen den schwimmenden Anlegesteg.

»Und was würdest du da vorschlagen?«, fragte ich verzagt, während ich das Tau am Poller festmachte. Wir eilten in den Schatten des Blattwerkhauses.

»Ach, ich weiß nicht. Da muss es doch einen Haufen Dinge geben.« Er verstummte.

»Was denn für Dinge?«, bohrte ich weiter.

Geoff stöhnte und rollte mit den Augen. Er war ein ausgesprochen praktisch veranlagter Mensch, den meine naiven Fragen sicherlich an den Rand der Verzweiflung brachten, aber gleichzeitig war er auch gutmütig und äußerst hilfsbereit. Ich war ihm sehr dankbar und werde es immer bleiben.

Draußen vor den drei Zimmern des Gästehauses stolzierte ein Zwerghuhn-Paar herum, wie zwei Knirpse in ihrem prächtigen, aber etwas zerschlissenen Sonntagsstaat. Sie putzten sich das Gefieder, und bevor sie in Richtung Markt verschwanden, blickten sie sich noch einmal selbstbewusst um, ob jemand den aufgewirbelten Staub bemerkt hatte.

»Hör mal, wie wär's denn mit Hühnern? Warum machst du nicht eine Hühnerfarm auf? Das wäre eine gute Sache. Hier bekommt man nie anständiges, zartes Hühnerfleisch. Immer nur diese lausigen, zähen alten Biester aus den Dörfern. Die würdest du verkauft haben, bevor du dich umsiehst.«

»Hühner? Ich hab keinen blassen Schimmer von Hühnern.«

»Gut, dann erzähle mir doch mal, wovon du einen Schimmer hast, dann können wir darüber reden.« Geoff grinste breit.

»Tja, ich verstehe ja, was du meinst... Was ist nun mit diesen Hühnern? Was muss man da tun?«

Geoff blickte zum Himmel auf, holte tief Luft und stieß sie dann zischend durch die Zähne wieder aus.

»Ach, zum ... Sieh mal, du suchst doch nach etwas relativ Einfachem, das einen schnellen Umsatz hat, etwas, das dich und deine Leute nicht so schnell langweilt, das ein relativ geringes Risiko birgt und einen guten Profit abwirft. Wahrscheinlich sollte es auch etwas sein, was deine Leute ohne große Probleme weiterführen können, wenn du von hier wieder weggehen willst. Stimmt's?«

»Stimmt.«

»Na gut. Also ich glaube, am besten solltest du mal meinen Freund Warren drüben in Gizo besuchen. Der hat dort eine Hühnerfarm. Macht ein Vermögen damit. Ich sag ihm, dass du rüberkommst. Pass auf, ich muss jetzt gehen und mich ums Aufräumen kümmern.« Er stand auf und marschierte den Pfad hinunter.

»Wie finde ich denn deinen Freund?«, rief ich hinter ihm her, aber er hörte es nicht mehr.

Hühner! Na, das war etwas, woran ich überhaupt nicht gedacht hatte. Hühner.

Das farbenprächtige Pärchen kehrte pickend zurück, wobei der Hahn alle paar Meter auf seine Gemahlin wartete, damit sie wieder zu ihm aufschloss.

»Komm schon, Teuerste. Versuche, noch ein bisschen durchzuhalten. Es ist jetzt nicht mehr weit.«

»Ja, ja, es tut mir Leid, mein Lieber.« Ihre roten Backen schwabbelten vor Anstrengung.

»Oh, mein armes Herz. Ich komme ja schon, mein Lieber! Schnauf, schnauf.«

Sie watschelte ein wenig schneller, wie eine fette Frau in Leggings, die versucht, den Bus noch zu erwischen, und verschwand hinter ihm um die Hausecke.

Tja, wenn man »in Hühnern machen« wollte, was genau hatte man da zu »machen«?

Drei Tage später flog ich mit dem Insel-Hopper in die Provinzhauptstadt Gizo. Zu meinem Erstaunen lag der Flughafen nicht in Gizo, sondern auf einer Nachbarinsel. An einem Steg neben der Landebahn lag ein schnelles Aluminiumboot für den Transfer vertäut, und sobald alle Passagiere samt ihren unglaublichen Massen an Handgepäck an Bord gegangen waren, fuhr der Bootsmann mit einem Drehen des Steuers in einem eleganten Bogen los. Er machte die Drosselklappen der zwei starken Außenbordmotoren komplett auf, ließ die pinkfarbene Sonnenbrille von seiner Stirn auf die Nase herabfallen, und schon donnerten wir auf die Stadt zu. Ich kämpfte mich nach vorne durch, stieg dazu über Körbe mit Früchten und Gemüse, eine Schachtel mit einem schweizer Fondue-Set und die unvermeidlichen Yamswurzelbündel und klammerte mich immer wieder haltsuchend ans Knie, bis ich schließlich die kurze Relingstange neben dem Steuerruder erreichte. Während wir von

Welle zu Welle tanzten, fragte ich den Bootsführer, ob er Warren kannte. Es gab so wenige Weiße auf den Inseln, dass sie alle mit ihrem Namen und ihrem Beruf bekannt waren. Geoff war »Jef, Mann blong Tauchin«, Gerry war »Jeri, Mann blong Bot«, und Warren war natürlich:

»Worin, Mann blong Kikerikii?« Der Mann nickte, während ich einen Mundvoll salzige Gischt abbekam. »Zeit duich ankommen, ich dia zeigen Laden blong Worin.«

Gut, das würde mir ein wenig Zeit ersparen. Es schien ihn nicht weiter zu kümmern, dass ich mitten in seinem Boot würgte.

»Worin da lang.« Nachdem wir an Land gegangen waren, wedelte er großzügig mit dem Arm in Richtung des Städtchens zu unserer Rechten. »Ea nix vil lang Weg. Laden blong ea hat Name ›Santo‹.«

Das stellte sich als vollkommen richtig, wenn auch nicht absolut genau beschrieben heraus: Der Laden »Santo« lag tatsächlich nicht weit entfernt, nur etwa hundert Meter weiter in einer engen Seitengasse der Hauptstraße mit ihrem klebrigen Teerbelag. Etwa eine halbe Stunde später, nachdem ich drei sich widersprechenden Wegbeschreibungen gefolgt war, stand ich vor einer Art Bude. Die Vorderseite aus Holz schien von dünnen Blechbändern zusammengehalten zu werden, die flickwerkartig über grob behauene Bretter genagelt worden waren. Ein staubiges Ladenschild mit dem Bild eines jämmerlichen Vogels hing schief neben der geschlossenen Vordertür. Ich klopfte, und sofort erschien ein Augenpaar an einer der Ritzen.

»Ah ja. Ähm … ich will …äh, Sache mit Warren. Er … äh … jetzt hier?«

Zwinkernd zerrte die Gestalt an der Tür, und mit einem unterstützenden Schieben meiner Schulter öffnete sie sich, wobei sie über den unebenen Betonboden schabte. In dem muffigen Raum saß ein magerer Mann in einem Stuhl zurückgelehnt, mit einem Haufen dreieckiger Pappkartonstücke auf dem Boden neben seinen Füßen.

»Worin, ea is' wieda surück in Haus blong ihm.«

»Wo ist sein Haus? Ich meine ... ähm ... Haus blong ihm?«

Der Mann kam zur Vorderseite des Ladens und deutete die Gasse hinab und über die Lagune auf eine entfernte Insel.

»Ea is' da lang drüben.«

Ich dankte ihm und machte mich auf die Suche nach einem Taxi.

»Hey, Mista«, winkte er mich mit einem seiner Dreiecke zurück. »Du wolln 'n bisschen was Flosse blong Hai gelden? Das sehr nett für Suppe.«

Er wedelte mir damit unter der Nase herum und ich roch den Ekel erregenden Gestank von altem, totem Fisch. Höflich lehnte ich ab.

Unten an dem öligen Dock fand ich einen Krabbenfischer, der einverstanden war, mich zu der Insel hinüberzubringen und dort zu warten, während ich mich von »Worin« in die Geheimnisse des Hühnergeschäfts einführen ließ. Wir glitten über das verdreckte, stinkende Wasser des Hafens wieder zurück in die wogende See.

Als wir in den Schutz der Insel »Worin-Eilan« kamen, tippte mir der Fischer, der seit Beginn unserer Fahrt einen begeisterten Monolog geführt hatte, auf die Schulter. Er deutete auf eine flache Insel, kaum mehr als eine Sandbank, die nur ein paar Kokospalmen in ihrer Mitte trug und knapp hundert Meter entfernt zu unserer Linken lag.

»Insel, die da, du sehn? Du sehn?«

Ich versicherte ihm, dass ich sie sah.

»Kinidi, Kinidi – groß Mann von Merika, ea war auf dea da.«

Genau hier, fuhr er in dem leicht herablassenden Ton eines Fremdenführers fort, genau hier auf genau diesem Riff, man stelle sich das nur vor, am 2. August 1943, mitten im Krieg, da geschah es, dass »Kinidi fallen in Meer hinein«.

Um halb drei Uhr morgens war Lieutenant John F. Kennedy am Steuer seines Patrouillenboots gestanden, während die Mannschaft zum größten Teil unter Deck schlief. Die Nacht war wolkenverhangen schwarz, als sie nach Beendigung einer Aufklärungsfahrt zwischen den nördlichen Inseln durch die Lagunen zu ihrer Basis auf Lumbaria, die vor Randuvu lag, zurückfuhren.

Sie waren direkt nach Sonnenuntergang von der übrigen Flotille getrennt worden, aber der junge Offizier war trotz der geringen Sicht zuversichtlich, dass er durch Navigieren den Rückweg finden würde. Die kraftvollen Maschinen brummten sanft unter ihm, während er sein erstes Kommando durch das Gewirr der Wasserwege steuerte und hellauf begeistert war bei dem Gedanken, endlich »auch in Aktion treten« zu können.

Weniger Begeisterung empfand er wahrscheinlich, als plötzlich wie ein Phantombild der Schatten des gigantischen japanischen Zerstörers *Amagiri* ohne jede Vorwarnung aus dem nebeligen Dunkel auftauchte und nun über ihm aufragte. Unerbittlich donnerte er in das winzige amerikanische Kriegsschiff und schnitt es glatt entzwei.

»So also ist es, wenn man stirbt«, schilderte J.F. Kennedy später seine Gedanken – und das Gleiche dachten wohl zwei andere Marineleute, die tatsächlich dabei ihr Leben verloren.

Das mächtige Schiff pflügte weiter durch die Nacht, und sein Kapitän hatte keine Ahnung, wie nahe er daran gewesen war, den Lauf der amerikanischen Geschichte zu ändern. Die überlebenden Seeleute im Wasser klammerten sich für den Rest der Nacht an das Wrack ihres Schiffes. Im Morgengrauen erspähten sie die Insel, an der wir gerade vorüberfuhren. J.F. Kennedy zog in angemessen heldenhafter Art einen der Verwundeten mit einem Seil, das er zwischen den Zähnen hielt, an Land.

Zwei Tage später entdeckten einige vorbeipaddelnde Insulaner die Überlebenden. Sie waren sich nicht sicher, ob das elende Häufchen Freund oder Feind war, aber nach dem improvisierten Hissen des amerikanischen Sternenbanners, komplett mit Salutschüssen und Strammstehen und zweifellos einer Träne im Auge, erklärten sich die Insulaner einverstanden, eine Botschaft zur amerikanischen Basis zu bringen. Mit Hilfe des angebotenen Schreibmaterials – der Innenseite einer Kokosnuss und einer spitzen Koralle – schrieb Kennedy die Nachricht, die in die Geschichte einging: »Eingeborener kennt Position, kann führen, 11 Überlebende, brauche kleines Boot, Kennedy.«

Die Insulaner nahmen feierlich die Nussschale entgegen und paddelten davon. Vier Tage später wurde die Mannschaft gerettet und kehrte nach Lumbaria zu wohlverdienter Ruhe und Genesung und dem Luxus der privaten Toilette zurück, die Small Small Tome mir auf unserer ersten Besichtigungstour gezeigt hatte.

»Du sehn?«

Ja, ich sah es – die Insel Kennedy.

Wir legten an dem sauberen, hölzernen Anlegesteg der größeren Insel an, und ich überließ den noch immer vor sich hin murmelnden selbst ernannten Fremdenführer sich selbst und kletterte einen in steilem Zickzack ansteigenden Pfad hinauf, der von vielen Füßen in eine kleine Kalksteinklippe verwandelt worden war. Als ich meinen Kopf in den Nacken legte, konnte ich das Dach eines geräumigen und geschickt platzierten Blattwerkhauses sehen, das über einen fantastischen Panoramablick über die Korallensee bis nach Gizo hinüber verfügte. Ich erreichte die Anhöhe, auf der das Haus stand, und kam näher heran. Alles wirkte ruhig, deswegen rief ich versuchsweise: »Hallo, ist da irgendjemand? Hallo? Ich möchte mir gerne Ihre Hühner ansehen.«

Lächerlich. Ich betrat eine breite Veranda und rief erneut.

»Nur immer herein, Junge. Mach's dir bequem«, ertönte die Antwort in eindeutig australischem Tonfall. »Nur'n Augenblickchen, muss nur in meine Hufe kommen, dann bin ich da. Tja, sorry, Junge. Der gute Geoff hat mich angefunkt, sagte, du kämst vielleicht hierher. Du musst der Junge sein, der was mit Federvieh anfangen will.«

»Nun ja, das stimmt, aber ich bin nicht sicher, ob ich weiß, wie ich das anstellen soll«, erwiderte ich in Richtung einer der Wände des Korridors, der über die Breite des Hauses führte.

»Klar, Geoff hat mir gesagt, dass du nicht viel Ahnung hast. Aba 's is' pisseinfach, Mann, pisseinfach.« Warren kam um die Ecke und schloss dabei seinen Hosenlatz. »Tut mir Leid, dasses so lang gedauert hat. Hab grad 'ne kleine Nummer mit der Gattin geschoben.«

Von drinnen hörte ich ein Gähnen.

»Oh, ach, kein Problem, kein Problem. Ich hätte auch, ich meine, ja, ich hätte ja auch warten können, bis … äh … na ja …«

Warren war von untersetzter Statur und sicherlich der haarigste Mann, den ich je zu Gesicht bekommen hatte. Büschel von schwarzen Locken sprießten in alle Richtungen. Der »Unschuldige« hätte sich hier wahrhaft austoben können. Abgesehen von seinem glatten, bläulichen Kinn und einem dünnen Streifen Stirn unter einem Teppich aus lockigem, dunklem Haar und über seinen außergewöhnlichen Augenbrauen, die einen einzigen, durchgehenden Bogen bildeten, war jeder Quadratzentimeter seines Körpers mit einer dichten Matte bedeckt.

»Also, was willst du wissen, Freund?« Unnötigerweise zog er sich ein Hemd über den Kopf. Unbezähmbar lugte Haar aus Kragen und Ärmeln, als er sich bückte, um in ein Paar zerknautschter Stiefel zu schlüpfen.

»Ach, ich fürchte, einfach alles.«

»In Ordnung, Kumpel, dann lass uns von vorn anfangen.« Er zog zwei Stühle in die Ecke des Balkons, und wir setzten uns, von dem überhängenden Dach vor der gnadenlosen Sonne geschützt, und blickten über die Lagune. Von diesem erhöhten Platz aus konnte ich den Strand der Insel Kennedy erkennen, der sich weit hinter der Brandung im tiefen Meer verlor.

»Gut, Regel Nummer eins. Was war zuerst da, die Henne oder das Ei? Keins von beiden, Freund. Das Hühnerfutter. Ganz schlecht, 'ne Ladung Küken zu kaufen, wenn man nichts zum Futtern für sie hat. Klar?«

Ich nickte zustimmend. Er reckte den Hals und inspizierte das Notizbuch, das ich aufgeschlagen hatte wie eine eifrige Sekretärin. Er schien zufrieden, dass ich seine erste Lektion über diese hoch entwickelte Kunst sicher notiert hatte, und dozierte weiter, während ich wie wild Seite um Seite vollschrieb. Plötzlich hielt er inne.

»So, du kommst lieber mal mit und siehst dir die kleinen Scheißer an.«

Wir kletterten hinter dem Haus einen Hügel hinunter. Auf einer Lichtung standen drei gedrungene Häuser, mit Blattwerk gedeckt und mit Seitenwänden aus feinmaschigem Maschendraht. Im schattigen Inneren fand eine dermaßen eifrige Fressorgie statt, dass kaum ein Flattern oder ein Gackern zu hören war.

»In jedem vierhundert Stück. Das macht zwölfhundert von den kleinen Scheißern.« »Kleine Scheißer« war ganz offensichtlich eine Liebkosung. »Hab die Häuser hier unten gebaut, damit wir oben im Haus nicht zu viel Gestank haben. Wenn der Wind dreht und wir 'ne frische Brise Scheiße in die Nase kriegen, denk ich mir aber jedes Mal, ›Warren, das is der Geruch von Geld‹, Kumpel.«

Ich marschierte den ganzen Nachmittag hinter ihm her, mein Schulheft in der Hand, und erfuhr alles Wissenswerte über einen solchen Betrieb – »Vom Brüten bis zum Braten«, wie er es bezeichnete. Eigentlich musste ich mir über das Brüten keine Gedanken machen, denn laut Warren sollte ich frisch geschlüpfte Küken direkt aus Australien kaufen; sie würden nach Honiara und dann direkt weiter nach Munda geflogen. Das klang alles ziemlich einfach.

Und weiter ging's mit der Lektion: Ich lernte, wo ich am besten das Haus baute, damit es kühl genug blieb. Ich erfuhr, wie wichtig es war, jeden Tag für frisches Wasser zu sorgen und regelmäßige Fütterungszeiten einzuhalten. Warren hielt mir einen Vortrag über die Nettigkeiten des Schlachtens, des

Verkaufs und den Zustand des Absatzmarktes. Seine selbstsichere Art erfüllte mich mit Zuversicht. Es sah wirklich so aus, als sei es »pisseinfach«. Bei einer großen Trommel aus Metall blieben wir stehen. Sie war voller pinkfarbener, hervorstehender Gummifinger.

»Wenn du wirklich ins Geschäft kommst«, erläuterte er und klopfte mir kumpelhaft auf den Rücken, »dann kannst du dir auch so was anschaffen.«

Er machte eine weit ausholende Armbewegung wie ein Zirkusdirektor.

»Eine Rupfmaschine!«

Ich blickte angemessen beeindruckt drein.

»Und es ist auch ein tolles Sex-Spielzeug!«

Ich bückte mich und betrachtete es von unten, um besser sehen zu können, wie das wohl funktionierte.

Auf dem Pfad zurück zum Meer blickten wir über die Lagune, die vom Sonnenuntergang in tiefes Pink und Orange getaucht worden war. Es war ein atemberaubender Anblick, der Tatendurst und Begeisterung über das neue Projekt in mir weckte. Ja, auch ich würde mir Zutritt in das Reich der wenigen Privilegierten verschaffen, zusammen würden wir die »Salomon-Inseln-Geflügelaufzucht-Assoziation« (SIGA) gründen. Unsere Zukunft war gut gefedert.

Kräftig schüttelte ich Warrens Hand.

»Vielen Dank, Warren, dass du mir alles gezeigt hast.«

»Kein Problem, Freund, kein Problem. Viel Glück.« Er zwinkerte freundlich.

Dann wackelte er am großen Zeh meines Bootsmannes, der auf dem Boden seines Bootes eingeschlafen war, und half uns beim Ablegen. Ich kletterte an Bord und drehte mich um, um ihm noch einmal zuzuwinken, während wir rückwärts vom Landesteg wegfuhren. »Oh! Eins habe ich noch vergessen, dir zu sagen, Kumpel.«

»Was denn?«, fragte ich und ging im Boot nach vorne, um

seine letzte wertvolle Information besser verstehen zu können.

»Du wirst keine Küken kriegen, es werden keine auf die Salomon-Inseln geliefert! Keine einzige beschissene Feder!«

»Soso, aha! Und warum nicht?« Ich versuchte, mein Erschrecken zu verbergen.

»Das Flugzeug in Brisbane is' kaputt gegangen, und die Gesellschaft sagt, sie haben kein Geld, um's reparieren zu lassen! Also keine Lieferungen mehr!«

Er drehte sich auf den Hacken um und stapfte den Pfad wieder hinauf, wobei er murmelte: »Keine einzige beschissene Feder!«

Während wir davonfuhren, packte mich die Enttäuschung. Ich ließ mich auf die Sitzbank des Kanus sinken und schloss die Augen. In meiner Fantasie hatte ich schon vor mir gesehen, wie ein hundertfaches fröhliches »Piep-Piep« die Insulaner weckte. Lächelnde Dorfbewohner in gestreiften Schürzen und Strohhüten, Pfleger von Qualitätsgeflügel. Ich hatte unter dem Ngali-Nussbaum bereits den Profit des ersten Jahres verkündet. Ich kratzte mir die Knie. Expansion, Kühlung, Exporte, Container-Schiffe, Firmennamen, Logos, »besondere Angebote für Großabnehmer...«.

Ich senkte meinen Kopf ein wenig. Das alles war möglich.

Und der Speisezettel ... o Gott, dieser Speisezettel! Mein Fantasie-Esszimmer war bereits Schauplatz eines gastronomischen Traums geworden, der serviert und verspeist worden war; mein Tisch ächzte unter der Last der Braten, Eintöpfe, Suppen und Frikassées, unter Salbeihuhn, Coq au Vin, Hühnerfleisch süß-sauer, Hühnerleber-Risotto, Chili-Chicken, Pollo tropical und Chicken Maryland – was immer das auch war. Eine endlose Auswahl. Und jetzt sollte das alles mit einem einzigen Satz zunichte gemacht werden? Keine Lieferungen mehr. Auf sämtlichen Inseln keine Küken mehr zu bekommen... nicht eine einzige verdammte Feder.

»Das ist eine großartige Idee«, meinte ich, als ich am nächsten Abend den anderen Spielern am Kartentisch die Situation erklärte. »Angenehm und leicht zu versorgen, und wir könnten sie ganz leicht auf dem Markt in Munda und an das Gästehaus verkaufen. Man muss sie nur sechs Wochen lang aufziehen und dann schlachten und rupfen. Wir können uns das Futter mit dem Schiff nach Munda liefern lassen und es von dort mit den Kanus und ›Bob's dein Onkel‹ abholen.«

Henry und Tome sahen ein wenig verdattert drein.

Abgesehen davon, dass der Aufbau einer Hühnerfarm meinen eigenen Speiseplan aufpeppen würde, war es wirklich ein vernünftiger Plan, und das nicht zuletzt, weil uns ein solches Projekt tatsächlich gelingen und es in jeder beliebigen Größe realisiert werden konnte. Mit Hunderten, Tausenden oder gar mit Zehntausenden von Hühnern …

»Das einzige Problem«, schloss ich düster, »ist, dass wir keine frisch geschlüpften Küken bekommen können.«

»Na ja, vielleicht wir können kriegen die kleinen Hühnchen von jemand anders«, meinte Tassels optimistisch.

»Jede Kokosnuss fällt einmal runter«, setzte Luta weise hinzu. »Du bist dran.«

Seufzend gab ich die Karten aus. Ein ganzes Land ohne Hühner. Ich schüttelte den Kopf. Unglaublich. Irgendwo musste es doch welche geben.

Später, als sich unser Spiel wieder einmal einem traurigen Ende zuneigte, sahen wir Gordon, die »rechte Hand« von Imp, dem Zimmermann, wie er durch das ruhige Wasser vor meinem Haus paddelte. Seine Gestalt wurde gespenstisch von einer Kerosinlampe im Bug des Kanus beleuchtet, und er befand sich offensichtlich auf dem Heimweg vom Krebsfischen. Er und sein Freund Moses tauchten wie die Verrückten in dem dunklen Wasser. Sie hatten nur die Lampe, die von oben herab leuchtete, und zogen die scheuen Krustentiere aus ihren Verstecken unter Pflanzen und Felsen hervor.

»Glück gehabt?«, rief ich ihm zu.

»Ooh, heut' ganz viel Netter.«

Aus der Dunkelheit kam etwas geflogen, landete mit einem Krachen auf dem Tisch und rutschte noch ein Stück weiter. Es war ein schönes, etwa dreißig Zentimeter langes Exemplar von Krebs, dunkelblau und braun gestreift, mit einem anmutig gefächerten Schwanz. Er hockte da wie perplex über diese unwürdige Behandlung und als warte er nur darauf, welche Frechheit ihm als Nächstes wohl widerfahren würde. Lange musste er nicht warten, denn bevor er sich zu irgendetwas entschließen konnte, sprang Small Tome auf, packte ihn und verschwand in Richtung Ellens Küche.

Einige Minuten später kehrte Small Tome mit dem schönen Tier zurück, das nun dunkelrot und gelb gestreift war. Schweigend und in uns gekehrt aßen wir ihn, und ich grübelte wieder über das Hühner-Problem nach. Vielleicht könnten wir ein paar Eier kaufen und sie selbst ausbrüten? Ich wusste nicht, ob so etwas möglich war. Ich würde Worin fragen müssen. Er war wirklich der am außergewöhnlichsten behaarte Mensch.

In der hochentwickelten, automatisierten, von Kommunikationswegen durchzogenen westlichen Welt hätte die Durchführung eines solch kleinen Projekts kaum Komplikationen mit sich gebracht. Ja, es wäre wahrscheinlich kaum der Erwähnung wert. Es hätte dazu keines größeren Aufwands bedurft als einmal zu telefonieren, eine Kreditkarte vorzuweisen, einen Blick in den Taschenkalender zu werfen, um sich dann zurückzulehnen und zuzusehen, wie das Geschäft aufblühte. Zumindest stellte ich es mir so vor, denn ich hatte noch nie irgendetwas Vergleichbares unternommen. Hier aber, in der Isolation des weiten Südpazifiks, in einem Land, das nur über die allereinfachste Infrastruktur verfügte und in dem selbst ein simples Unternehmen jeden Augenblick in ein wildes Abenteuer ausarten konnte, hatte ich mir definitiv eine Aufgabe gestellt, die eine Herausforderung darstellte. In diesem Augenblick, als ich eine weitere Krebsschere knackte und sie geräuschvoll schlürfte, hatte ich keine Ahnung, dass es eine Aufgabe von olympischen Ausmaßen werden sollte.

Wani und die Wantoks

Stanleys Angeln ist für die Katz' – Chutney übertreibt ein wenig – Tassels nützt alte Kommunikationswege – und wir bereiten uns auf eine wilde Hühnerjagd vor.

Beim Gottesdienst am nächsten Morgen schien es, als habe man einigen meiner Probleme besondere Aufmerksamkeit gewidmet. Ich besuchte diese Gottesdienste nun regelmäßig, gescheucht von Stanley, dessen Sorge um mein Seelenheil ich rührend, wenn auch etwas übertrieben fand. Später saß ich dann an meinem Tisch im Freien und verzehrte mein Frühstück, das aus Pfannkuchen bestand. Das Rezept hatte ich von Marlene bekommen und an Ellen weitergegeben, die es abgewandelt hatte. (Leider mussten wir ohne Butter, Milch, Eier und Backpulver auskommen. Die Folge war, dass diese Pfannkuchen einen mit Gewissheit für den ganzen Tag und oft auch noch für die nächsten Tage abfüllten.) Ich spülte sie mit tintenschwarzem Papua-Neuguinea-Tee hinunter und sah währenddessen Stanley beim Angeln von Köderfischen zu.

Am Ende des Landungsstegs wimmelte es tagein, tagaus von Schwärmen winziger, durchsichtiger Fischlein, die sich an den Abfällen schadlos hielten, die regelmäßig durch Ellens Küchenfenster ins Wasser geflogen kamen. Stanley warf einen Dreifachhaken an einer Schnur in die Mitte der seichten Stelle, ließ ihn kurze Zeit absinken und zog ihn dann mit einigen scharfen

Rucken wieder ein. Wenn er Glück hatte und der Fisch nicht, hing an einer der drei scharfen, gekrümmten Spitzen ein zappelndes Fischlein. Er löste es dann und warf es in einen alten, verbeulten, mit Wasser gefüllten Eimer, der hinter ihm stand; solche lebenden Appetithappen, die am Ende einer Angelschnur zappelten, lockten größere Fische natürlich viel stärker an. Leider aber schoss, von Stanley unbemerkt, jedes Mal, wenn er ein Fischlein in dem Eimer deponiert hatte und sich wieder seiner Angelschnur zuwandte, Chutney aus meinem Haus und fischte es sich mit einer Pfote heraus. Sie packte es mit dem Maul und flitzte zurück ins Haus, um es dort, unter meinem Schreibtisch vor Blicken verborgen, genüsslich zu verspeisen. Etwa eine Stunde später wollte Stanley zum Fischen aufbrechen und nahm seinen Ködereimer auf. Konsterniert entdeckte er dann, dass dieser, abgesehen von ein paar Zentimetern Wasser, leer war und keineswegs erwartungsgemäß eine Menge wild durcheinander wimmelnder kleiner Fischlein enthielt. Misstrauisch blickte er sich nach einem Schuldigen um, sah aber nur Chutney, die sich, Inbegriff der Unschuld, in der Sonne räkelte, und mich, der ich als unfreiwilliger Komplize an meinem Tisch saß und schuldbewusst auf meine Pfannkuchen starrte. Stanley schüttelte ungläubig den Kopf und machte sich von neuem an die Arbeit. Chutney öffnete ein Auge.

Über Stanleys Schulter hinweg konnte ich am anderen Ende der Bucht Tassels' unverwechselbare Gestalt erkennen. Er paddelte in meine Richtung, und dabei schwankte sein Haar von einer Seite zur anderen wie ein kleiner Busch im Sturm. Tassels war ein Experte in der Technik des »automatischen Ausschöpfens«, vielleicht hatte er sie sogar selbst erfunden. Die älteren Kanus wiesen nämlich meistens vom Austrocknen in der gnadenlosen Sonne der Länge nach Risse auf, wenn sie zu lange auf dem Strand gelegen hatten. Manche wurden ohne großen Erfolg mit alten Stofffetzen verstopft, meist aber sickerte das Wasser einfach langsam ins Boot. Tassels, der im Schneidersitz im Heck seines Einmann-Kanus saß, schaffte es, das Wasser rhythmisch im Takt mit seiner Paddelbewegung mit seiner Fußsohle über die Seitenwand zu schaufeln. Er legte seitlich am Steg an und sprang mit überraschender Agilität aus dem Boot. Dann griff er ins Kanu hinunter und zog einen fast einen Meter langen Fisch heraus. Zwei blutbesudelte Finger hatte er durch die Kiemen gesteckt, die nun makaber aus dem scharf gezahnten Maul herausragten.

»Königfisch für William. Ea Numma eins gut.« Tassels ließ den glänzenden, geschmeidigen Körper mit solcher Wucht neben den Pfannkuchen auf den Tisch sausen, dass mein Papua-Neuguinea-Tee nach allen Seiten spritzte.

»Suvil nett.« Wirklich sehr nett, stimmte ich von ganzem Herzen zu und bewunderte das unendlich vielfältige, metallisch glänzende Farbspektrum. In den Gewässern der Salomon-Inseln gab es manche Fische, die köstlich schmeckten, die meisten schmeckten annehmbar, manche bestanden fast nur aus Gräten, und eine ganze Reihe von Fischen war einfach ungenießbar – so ungefähr als versuchte man, das eigene Hemd zu essen. Seit ich hier war, hatten die meisten davon ihren Weg schon auf meinen Teller gefunden. Der Königsfisch, auch Königsmakrele genannt, hatte festes, weißes Fleisch, bemerkenswert wenig Gräten und war gewöhnlich groß genug, dass man sich nicht um ihn streiten musste.

»Vielleicht bereitet Ellen ihn uns zum Mittagessen?« Sie hatte kürzlich ein neues Rezept mit Limetten und Ingwer ausprobiert, da beides im Dschungel üppig wucherte; das Gericht hatte fantastisch geschmeckt. »Möchtest du mit mir zu Mittag essen, Tassels?«

»Warum nicht? Iich hab eine suvil nette Geschichti, aba erst Zeit muss ruhin.«

Es war Zeit für sein obligatorisches Vormittags-Nickerchen; ich würde mich gedulden müssen, um seine aufregenden Neuigkeiten zu erfahren.

Tassels hielt sein Nickerchen vor dem Haus auf einer der schmalen Bänke, auf der er sich ausstreckte, wobei sein Haar als weiches Kissen für seinen Kopf diente. Bald begann er, leise zu schnarchen, ohne sich von einer Horde Jungen stören zu lassen, die inzwischen aufgetaucht waren. Sie kletterten um ihn herum und auf den Tisch, um vollkommen gebannt zuzusehen, wie meine Füllfeder die unbeholfenen Worte für einen Brief nach Hause formten. Sie hatten einander die Arme um die Schultern gelegt und warfen sich gegenseitig erstaunte und höchst faszinierte Blicke ob meiner Schreiberei zu. Gelegentlich versuchte der eine oder andere, seinen eigenen Brief an einen weit entfernt lebenden Fantasiefreund zu schreiben, indem er scheu mit dem Finger Formen und Zeichen auf den Tisch malte.

Erst als wir später mit großem Genuss die saftigen Filets der Königsmakrele verdrückten, ungestört durch eine schmeichelnde Chutney (sie hatte sich vollkommen überfressen und lag zusammengerollt auf meinem Bett), gab Tassels seine »suvil nette Geschichti« zum Besten, und sie war tatsächlich sehr nett.

Er war an diesem Morgen jenseits der Landzunge von Kukurana hinter Pao zum Fischen gefahren.

»Iich fischin bisschen, iich fangin diesn da Königfisch. Dann iich sehn Wantok blong mii.«

»Won Tuck? Was ist denn ein Won Tuck?«

Tassels seufzte bei dieser Unterbrechung, und Ellen lächelte nachsichtig, als er begann, mir diese ursprünglichste aller Institutionen der Salomon-Inseln begreiflich zu machen. Er hielt immer wieder inne, und der ernsthafte Ausdruck seines tätowierten Gesichts zeigte, wie wichtig es ihm war, dass ich alles richtig verstand. Er hatte ganz Recht mit der Annahme, dass dies für mich schwierig zu begreifen sein würde. Ein »Wantok« bezeichnete im verzerrten Pidgin-Englisch jemanden, der die gleiche Sprache sprach (»one talk«). Da auf den Salomon-Inseln mehr als hundert verschiedene Sprachen und Dialekte gesprochen wurden – allein auf Randuvu waren es etwa ein halbes

Dutzend –, war ein »Wantok« ein echter Sprachverwandter, auch wenn er oder sie vielleicht in einem anderen Teil der Inselwelt lebte. Das war an sich vielleicht gar nicht so ungewöhnlich, schließlich geht es vielen so, dass sie, wenn sie in der Fremde auf die eigene Sprache oder den eigenen Dialekt treffen, automatisch und oft vollkommen unbegründet kameradschaftliche Gefühle entwickeln. Wirklich überraschend war jedoch die Tatsache, welche Rechte diese »Wantok«-Verwandtschaft dem jeweils anderen verschaffte. Vereinfacht ausgedrückt, konnte der »Wantok«, auf Sitte und Gewohnheit gestützt, alles benützen, was der andere an Habseligkeiten so besaß.

Dabei war der Interpretation Tür und Tor geöffnet. So mancher Dorfladen hatte Bankrott gemacht, nachdem eines sonnigen Morgens die »Wantoks« zu Besuch gekommen waren, und viele Salomon-Insulaner konnten sich nicht dazu aufraffen, zu arbeiten, um sich eine Zukunft zu schaffen, weil man damit rechnen musste, dass beizeiten die »Wantoks« kamen und das hart verdiente Geld fröhlich ausgaben. Man könnte es eine Lizenz zum Schmarotzen nennen, und vielleicht war das neben der nicht vorhandenen Notwendigkeit ein weiterer Grund, warum niemand unbedingt Arbeit suchte, sondern sich mit dem zufrieden gab, was der eigene Garten, das Fischen und das Kartenspiel hergaben. Laut Geoff befanden sich nie mehr als zehn Prozent der Bevölkerung in einem offiziellen Arbeitsverhältnis.

Andererseits war natürlich ein »Wantok« in harten Zeiten ein zuverlässiger Freund, Ratgeber und Beschützer. Wenn ein Wirbelsturm Existenzen vernichtet hatte, kamen Kanus voller Helfer, die mit Rat und Tat bei den Wiederaufbauarbeiten mit anpackten. Sollte ein Garten eine zu magere Ernte einbringen, würden geflochtene Körbe mit Lebensmitteln bei dem Haus der Bedürftigen eintreffen.

»Wantoks« waren das zuverlässigste Kommunikationsmittel. Sie machten weite Umwege, um stolzen Eltern die freudige Nachricht vom bestandenen Examen ihres Kindes in der Hauptstadt zu überbringen, oder um einem verzweifelnden Ehemann mitzuteilen, wann seine Frau, die auf Verwandtenbesuch weilte, zurückkehren würde. Ihre Informationen waren viel glaubwürdiger als das chinesische Flüstern des Busch-Telegraphen oder der knisternde, rauschende Empfang von Old Obadiahs antiquiertem, batteriegetriebenem Radio. Dieses Gerät schien außerdem permanent auf Radio Niederlande eingestellt zu sein, deren Nachrichtensprecher offenbar erstaunlich gutes Englisch sprachen, anstatt auf die Lokalnachrichtensender der Rundfunkgesellschaft der Salomon-Inseln.

Alles in allem kam mir das höchst außergewöhnlich vor. Nach Tassels' Erklärungen zu schließen, funktionierte das »Wantok«-System als eine absurde, altmodische Art von Nachbarschaftshilfe.

Tassels war zufrieden, dass ich das Wesentliche seiner Ausführungen begriffen hatte, und fuhr in seiner Geschichte fort. Wo war er doch gleich stehen geblieben? Ach ja, richtig. Also da hockten die beiden in ihren Kanus und hielten über ihre Angelschnüre hinweg einen gemütlichen Schwatz, und Tassels machte seinem »Wantok« namens Jeremiah gegenüber eine Bemerkung, dass sie in ihrem Dorf einen *araikwao* hatten – wie »Waeßman« in ihrer gemeinsamen Sprache hieß –, der aus irgendeinem Grund ein paar frisch geschlüpfte Hühnchen haben wollte – »vilman klein Kikeriki«. Nun, und das war sehr interessant, denn zufällig hatte Jeremiah gerade erst von einem Mann gehört, der oben im Norden Hühnchen züchtete. Das wäre wohl der Richtige, den man einmal besuchen müsste. Er lebte oben in der Marovo-Lagune, nicht weit von dort, wo Cousin Zephaniah dieses Mädchen geheiratet hatte. Wie hieß sie doch gleich? Richtig, Tassels wusste genau, wen er meinte und auch ziemlich genau, wo sie wohnten. Tja, das wäre doch genau das Richtige, hinfahren und ihn besuchen: Das wäre ein sehr netter Ausflug.

»Duich zweiman gehen guggin, Mista Will. Name blong

ihm Wani. Ihm suvil nett Mann. V'leicht ihm kann helfin dumich?«

Ein sehr netter Mann namens Wani? Nun, ein Versuch konnte auf keinen Fall schaden, und vielleicht brachte uns das wirklich unserem Ziel näher.

»Warum nicht?«, erwiderte ich, und Tassels zwinkerte mir zu. »Aber wie kommen wir dort hin?«

»Fahrin Kanoo mit Maschiin blong dumich.«

Ich wusste, dass die Sache einen Haken hatte.

Jede Fahrt, die über die körperliche Grenze des Paddelns hinausging – in meinem Fall etwa fünfzig Meter –, gestaltete sich auf den Salomonen schwierig. Die meisten Menschen, vor allem diejenigen, die im Hinterland lebten, besaßen kein motorisiertes Transportmittel und waren abhängig von zufällig vorbeikommenden Verkehrsmitteln. Dabei durfte keine Gelegenheit versäumt werden.

Ein »Wantok« eines der Dorfbewohner, der bei dem Stamm seiner Frau ganz im Osten auf Choiseul lebte, wurde einmal von einem »fahrenden Gericht« (dem salomonischen Äquivalent eines mobilen Grillhähnchen-Standes im Rechtswesen, bestehend aus einem Richter und zwei Rechtsanwälten, die in einem Kanu von Dorf zu Dorf fuhren und einprägsame Brocken englischen Rechts austeilten) wegen eines ziemlich geringen Vergehens zu sechs Monaten Haft im Gefängnis von Gizo verurteilt. Sein Anwalt, ein Ehrenamtlicher aus Schottland, war höchst empört. Nachdem er in der Besucherhütte bei einer Kerosinlampe eine lange Nacht über seinen Büchern verbracht hatte, besuchte er den Pechvogel und fand ihn völlig aufgeregt vor.

»Glaube, ich hab 'n kleines Schlupfloch im Gesetz gefunden«, versicherte er ihm beruhigend.

Er war sich ziemlich sicher, dass er das Urteil aufheben lassen und eine mildere, nicht mit Haft verbundene Entscheidung erwirken konnte.

»Ach«, erwiderte da der Verurteilte, »ich habe nachgedacht.

Ich wollte schon immer nach Gizo und hatte nie die Möglichkeit, dort hinzukommen. Jetzt kann ich mit dem Gefängnisboot hinfahren. Ich könnte die Haft absitzen, dann Einkäufe machen und mit dem Gefängnisboot wieder nach Hause fahren.«

Tja, von mir aus, hatte der Anwalt nachgegeben, und so geschah es denn auch. Schließlich waren es ja nur sechs Monate.

Wir hatten also in Mendali großes Glück, über einen eigenen alten Außenborder zu verfügen; allerdings traute ich ihm nicht so ganz, denn er war alles andere als zuverlässig. Ich traf also meine Vorbereitungen für die Reise, die am nächsten Morgen beginnen sollte, mit einigen Befürchtungen. Nicht zuletzt, weil der genaue Ort unseres Reiseziels nicht so eindeutig festzustehen schien.

Tassels, der sich um die Logistik kümmerte, hatte entschieden, dass wir irgendwann am Morgen aufbrechen würden, weil wir eine ganze Weile unterwegs sein würden. Auf die Bitte, sich ein wenig genauer auszudrücken, meinte er, es seien etwa dreißig Meilen. Tome befand, dass es eher fünf waren. Während wir noch darüber nachgrübelten, kam Old Obadiah vorbei und verwirrte mich noch mehr durch seine Erklärung, wenn es auch nur fünf Schritte weniger als zweihundert Meilen seien, dann wäre er ein weißer Mann. Wie auch immer, wir würden die Nacht »irgendman« wo verbringen und am folgenden Morgen Wani besuchen. Dann könnten wir vielleicht noch vor Dunkelheit wieder im Dorf zurück sein, sodass wir nur einen Kartenabend verpassen würden.

Ich packte ein paar Dinge in eine wasserdichte Tasche und ging früh zu Bett, um für den morgendlichen Aufbruch gerüstet zu sein. Chutney jedoch hatte andere Pläne. Sie kontrollierte gewöhnlich nachts mein Schlafzimmer auf jegliche Lebewesen, die sie eventuell übersehen hatte. Das hatte sich als einwandfreies Rezept für einen störungsfreien Nachtschlaf erwiesen, und ich bekam von den Ratten nichts mehr zu hören als höchstens gelegentlich das Knirschen eines Knochens. Und gesehen hatte ich keine Einzige mehr, seit Chutney bei mir war – abgesehen von kleinen Restchen, die ich gelegentlich in meinem Bett fand, aber die lebten nicht mehr.

In dieser Nacht aber schien Chutney besonders jagdeifrig gestimmt zu sein, denn gegen vier Uhr morgens hechtete sie auf mein Moskitonetz. Allerdings war Chutney ein ganzes Stück schwerer als die Ratte, und meine Doppelknoten (mit denen ich das Netz aufgehängt hatte, denn ich war nicht lange genug bei den Pfadfindern gewesen, um richtige Seemannsknoten zu erlernen) erwiesen sich nicht als stark genug, um ihrem Gewicht standzuhalten, und so landete sie mit einem Plumps auf meiner Brust. Ich weiß nicht, wer von uns beiden erschrockener war; Chutney jedenfalls grub dabei ihre Krallen tief in meine Schultern und floh dann zur Tür hinaus. Nachdem ich meine Wunden eine halbe Stunde lang desinfiziert hatte, machte ich keinen Versuch mehr, mein Netz wieder zu befestigen und jeglichen Gedanken daran, ins Bett zurückzukriechen. Vielmehr zog ich mich an und setzte mich ans Fenster, um auf den Sonnenaufgang über der Lagune zu warten.

Um mir die Zeit bis dahin zu vertreiben, holte ich mir den Grimble vom Bücherbrett. Auch er hatte gelegentlich Schlafprobleme gehabt und halbe Nächte schreibend verbracht. Aus wenigstens einer Beschreibung eines Sonnenaufgangs über der Inselwelt konnte ich nur den Schluss ziehen, dass er mit einem Wörterbuch in der einen Hand und höchstwahrscheinlich einer Flasche Scotch in der anderen dort gesessen war:

»Um die Mittagszeit präsentiert die Lagune Farben wie ein Flammenmeer von Kobaltblau und Chromgrün, Achat und Smaragd, die das Auge blenden. In dem milchigweißen Glanz des nächtlichen Mondlichts jedoch wird das Kobaltblau zu dem Purpur der Stachelschnecke und das Chromgrün zu Purpurgrün und zu Grünpurpur; das weiß und heiß strahlende Licht auf dem Sandstrand wird dann zu einem amethystvioletten Schimmer.

Licht und Farben und Friede verschmelzen vor meinem entzückten Auge …«

Tja, dachte ich mit einem Blick aus dem Fenster, irgendwie hatte er schon Recht – vor allem was das Purpur der Stachelschnecke betraf.

Will, kühlen Kopf bewahren!

Wir machen uns auf die Reise zu Wani – Stanley weist auf Zeichen möglichen Barbarentums hin – und ich werde Opfer eines bösartigen Angriffs.

In der Tat herrschte in der Stunde vor Sonnenaufgang im Dorf die größte Stille, und selbst das Gewässer in der hufförmigen Bucht schien sich von seiner ewig murmelnden Bewegung auszuruhen. Die Sterne standen so zahlreich und unterschiedlich stark leuchtend am Himmel, dass er wie eine mit Glimmersplittern gesprenkelte Felsfläche wirkte; ein starkes, einfarbiges Licht hatte sich über das Dorf und seine vielfältigen Schatten gelegt, und die See glitzerte silbrig im Mondschein.

Natürlich war dieser Frieden auf Erden mit dem Augenblick zu Ende, als der Stadtausrufer-Gockel erwachte und fand, dass er nicht der Einzige sein sollte, der auf den Beinen war. Ohne sich im mindesten darum zu kümmern, ob er sich damit beliebt machte oder gar in Gefahr geriet, hielt er sein Morgenkonzert durch, bis er sicher sein konnte, dass seine Botschaft auch den hintersten Winkel des Dorfes erreicht hatte. So lästig und provozierend, rücksichtslos und überheblich war sein Gehabe, dass ich ihn schon kurz nach meiner Ankunft am liebsten vom Hahn zum Kapaun degradiert hätte, wenn ich nur gewusst hätte, wie und womit. Selbst die Sonne war nach diesem groben Weckkonzert gezwungen, über den Bäumen zu erscheinen, ein zorniger Riese, der durch die Blätter spähte, um den Grund für diesen Lärm herauszufinden.

Old Obadiah, das bei weitem älteste Mitglied der Dorfgemeinschaft, rappelte sich dann auf, wenn er den Krach nicht mehr länger ertragen konnte, griff nach seiner dicken Brille, band die schlecht sitzenden Bügel mit einem alten Schnürsenkel um seinen Kopf fest und tauchte in der Tür seines Hauses auf. Er schlurfte dann gewöhnlich zur Sakristei hinter dem Kirchenaltar, hockte sich vor einem runden, ausgehöhlten Baumstamm auf den Boden und fing an, einen komplizierten Weckrhythmus darauf zu trommeln. Und nach und nach begannen die Bewohner dieser versteckt liegenden Ansammlung von Häusern, sich zu regen.

Das Wasser war zu dieser Stunde vollkommen klar, noch ungetrübt von den Aktivitäten des Tages, und die dort in Löchern lebenden Meeresengel schwammen zierlich hin und her und fragten sich vage, was der Tag wohl bringen würde. Erst später würden die Dornbarsche einfallen – diese mörderischen, blutdürstigen Raubfische mit ihren stahlgrauen Schuppen schnappten mit blitzschnellen, wilden Bewegungen nach ihren Opfern, färbten das Wasser, das zwischen den Steinen des Anlegestegs zu kochen schien, rötlich und verschwanden dann rasch wieder in der Sicherheit des tiefen Blaus.

Von meinem Fenster aus sah ich mit verschwommenem Blick zu, wie das Tageslicht allmählich die Wasseroberfläche durchbrach und die wahren Farben der Korallen zum Leben erweckte. Schattierungen von Gelb, Purpur und Grün leuchteten unter dem Wasserspiegel auf und wogten in der Strömung hin und her. Dazwischen blinkten verträumt königsblaue Seesterne, und Tausende von metallisch glänzenden Fischchen, nicht größer als die Klinge eines Taschenmessers, flitzten in der Unterwasserlandschaft im Schwarm hierhin und dorthin, wie von einer unsichtbaren Hand gelenkt.

Wir verließen die kleine Bucht von Mendali, glitten durch die Renard-Passage und kreuzten durch den Blanche-Kanal hinaus. Wie übertrieben eifrige Wächter sprangen Delphine links und rechts neben unserem Bug aus dem Wasser und tauchten in Bögen wieder ein, als wollten sie dafür sorgen, dass wir den richtigen Kurs beibehielten. An diesem Morgen schienen es noch mehr zu sein als sonst. Vielleicht hatten sie erkannt, dass dies eine richtige Reise werden sollte, ein Abenteuer. Ich sah das auf alle Fälle so: Ich hatte meine Schwimmweste eingepackt.

Vor uns sprang ein eleganter Hornhecht aus dem Wasser, seine schwertartige Nase durchbrach die Wasseroberfläche, und durch seinen durchscheinenden Körper konnte man die Gräten seines seltsam grünen Skeletts sehen. Mit einer Dynamik, deren physikalische Grundlagen sich mir entzogen, flog er an die fünf Meter durch die Luft, und aus viel größerer Tiefe folgte ihm der glatte, stählerne Körper eines Königsfischs, der vor Kraft zu explodieren schien. Er folgte dem Hornhecht in seinem mächtigen Bogen, und gerade als es aussah, als würde dieser von dem größeren Fisch gepackt, konnte der Kleinere sich mit einer raschen Drehung aus der Gefahrenzone bringen, als beide wieder ins Wasser eintauchten. Die Delphine verließen uns, als wir die Kante des Riffs auf der entfernten Seite der Lagune erreichten. Ihre geschmeidigen, grauen Körper stiegen noch ein letztes Mal empor, bevor sie abtauchten und wieder in kühleres Wasser zurückkehrten. Tassels beobachtete, wie sie davonschwammen, und lächelte.

»Zeit bald wieder zum Jagen.«

»Jagen? Was, aber doch nicht die Delphine, oder?«, fragte ich, und in meiner Stimme klang die Sorge einer Generation, die mit Thunfisch aus der Dose und Geschichten von Flipper, dem Freund aller Kinder, groß geworden war.

»Warum nicht?«, gab er zurück und sah mich mit ehrlichem Erstaunen an.

»Na ja, also …« Ich würde darüber nachdenken müssen.

Als wir in die Roviana-Lagune einfuhren, erkannte ich, dass der Blick vom Meer her getäuscht hatte. In der Lagune gab es unzählige Inseln. Manche waren groß, bewaldet und bewohnt, und die Dörfchen lagen entlang des Ufers verstreut. Andere waren klein und leer, mit nichts bedeckt als vielleicht ein paar Büschen oder einigen Kokospalmen. Auf einer Insel befand sich nur ein einzelner Baum, an dessen Fuß gerade genug Platz war, um ein Handtuch auszubreiten. Mit einer gewissen egoistischen Freude kam mir plötzlich in den Sinn, dass die Salomon-Inseln wohl zu den allerletzten Orten auf der Welt gehörten, die noch unberührt von der Hektik und dem Gewimmel von Urlaubern und Reisenden waren. Man hüte sich vor all denen, die unaufgefordert in die stillen, zurückgezogenen Winkel der Erde einfallen und dumm und ignorant einen weiteren Teil der ursprünglichen Welt in einen Disneyland-ähnlichen Non-Stop- und Coca-Cola-Zirkus verwandeln.

Als wir auf die Hügel von Mahimba und Vangunu zusteuerten, hatte ich das Gefühl, dass diese Wasserwege etwas Geheimnisvolles, fast Verzaubertes an sich hatten, etwas Zeitloses, als würde es sie immer geben, etwas, das so versteckt lag, dass es nie gefunden werden konnte; nie zerstört werden konnte. Dieser Gedanke war aber, wie ich sehr wohl wusste, nicht nur ein Traumbild, sondern schlichte Selbsttäuschung.

Als wir uns durch einen versandeten Kanal zwischen zwei Landspitzen schlängelten, setzten sich Stanley und Small Small Tome, die sich entschlossen hatten, uns zu begleiten, wohl um der gestrengen »Kindi« zu entgehen, im Bug auf, wo sie gelegen hatten, und deuteten aufgeregt nach rechts.

»Sie wollen du guggin auf die Insel«, grinste Tassels.

»Na großartig.« Ich lachte hohl wie jemand, der den Verdacht hegt, dass ihm gleich ein Streich gespielt würde.

Wir zogen das Kanu auf den Sand, und Tassels klappte den Außenborder nach oben aus dem Wasser. Die zwei Jungen liefen mir voraus, sprangen barfüßig über liegende Baumstämme und Äste und verschwanden im Buschwerk. Unsicher folgte ich ihnen. Unter einem Dach von Baumkronen, die nur wenige Strahlen des Sonnenlichts bis auf den Waldboden durchsickern ließen, erreichten wir eine vollkommen kreisrunde Lichtung. In der Mitte befand sich etwas, das wie ein weißer Felsen mit der Form eines Zahnes aussah, der aus dem Boden aufragte. Eine seltsame geologische Anomalität auf diesen Koralleninseln.

Als ich näher trat, bemerkte ich, dass die anderen an den Rand des Kreises zurückwichen. Vibrierend wie eine Fata Morgana flammte eine Reihe von Bildern vor meinen hervorquellenden Augen auf. Durchbohrende Blicke aus leeren Höhlen, lippenlose, fleischlose, aufgerissene Münder, ein grell orangefarbener Schmetterling flog aus einer Öffnung, wo einst Fleisch und Knorpel einer Nase gewesen sein mussten, und Zähne, Zähne lagen verstreut wie Ngalinüsse am Fuß einer Pyramide aus zwanzig oder dreißig menschlichen Schädeln. Ich versuchte, keinen Schritt rückwärts zu taumeln, aber als ich es doch tat, traf mich ein Lichtstrahl wie ein Dolch.

Überall rannten und huschten Gestalten zwischen den Bäumen, verschwanden, tauchten wieder auf. Als sie näher kamen, hörte ich das Keuchen der Kopfjäger. Ich stand mit dem Rücken zu dem Schrein, und meine Hutkrempe hing schlaff und elend über meine Ohren; dann war ich eingekreist. Ein Krieger mit schwarzer Haut, die in starkem, leuchtendem Kontrast zum Weiß seiner Kriegsbemalung stand, die seinen fast nackten Körper bedeckte, zerrte einen wimmernden alten Mann in den Kreis, packte ihn am Haar und verdrehte den Kopf, bis der runzelige Nacken bloßlag. Mit einer abwärts sausenden Bewegung seines Messers enthauptete er ihn. Es gab nur ein dumpfes »Tock«, als die Luftröhre durchtrennt wurde, und ein überraschtes »Oh!« entwich den verzerrten Lippen, bevor Blut aus ihnen hervorquoll.

Die bemalte Gestalt hielt den Kopf in die Höhe und stieß einen Freudenschrei aus, als im Dschungel hinter der Lichtung ein lautes, zeremonielles Trommeln begann. Mir verschwamm alles vor den Augen, und sie brannten von dem Schweiß, der mir von der Stirn lief, während sich diese Dinge vor mir ereigneten. Ich wischte mir übers Gesicht, blickte wieder auf und sah vor mir den vor roter Tinte tropfenden, abgetrennten Kopf von Robert schwingen. Irgendwie gelang es ihm, so selbstgefällig zu wirken wie immer.

»Sir, meine Mutter möchte gern wissen...«

Plötzlich wirbelte alles um mich herum.

»Alles in Ordnung, Mr. Will?«, fragte Stanley mit einem besorgten Lächeln.

»Äh... ja, natürlich, absolut, alles bestens, danke. Nun ja, das ist ja alles sehr interessant. Ja, wirklich fantastisch. Meinst du nicht, dass wir jetzt wieder zum Boot zurückgehen sollten?«, erwiderte ich und begann, mich eilends in die falsche Richtung zurückzuziehen.

»Und wo kommen diese... äh... wo kommen die nun her, Tassels?«

»Kleinbub spaßen dir machen Angst bisschen!«

»O ja. Ich weiß, ha ha! Schade, dass es nicht geklappt hat, was?«

Es stellte sich heraus, dass diese Totenschädel die Überreste von geachteten Vorfahren waren, die zum Zweck der Verehrung aufbewahrt wurden. Christliche Beerdigungen hatten diese Schreine mittlerweile ersetzt, aber aus Respekt vor den Toten ließ man die alten Denkmäler stehen. Es musste jedoch einst eine Zeit gegeben haben, in der Totenschädel so allgegenwärtig waren wie die Kokosnüsse, die überall im Busch herumlagen. Es herrschte nämlich der Glaube, dass man die Kraft eines Mannes erwarb, wenn man ihn enthauptete und den Schädel mit nach Hause nahm.

Sehr oft brachte man aus diesem Grund den Kopf eines Feindes lebendig mit – das heißt, man trennte ihn nicht vom lebenden Körper und hielt beides im Dorf gefangen, bis man aus irgendeinem Grund mehr Kraft brauchte oder bis die Lebensmittelvorräte knapp wurden. Mit dieser Methode umging man geschickt die Notwendigkeit des Tiefkühlens in diesem heißen Klima.

Erst 1892 wurde der schreckliche Kopfjäger-Häuptling Ingava getötet, der sich nichts dabei dachte, auf der Suche nach der besonderen Qualität, die ihm vorschwebte, mehr als hundert Meilen zu paddeln. Sein befestigtes Dorf, das am Rande der Roviana-Lagune lag, wo wir uns jetzt befanden, wurde damals durch Feuer zerstört. Die Kopfjagd und die damit verbundene Sitte des Kannibalismus wurde von den Missionaren und den Kolonialmächten in den zwanziger Jahren des zwanzigsten Jahrhunderts schließlich eingedämmt und starb nach dem Zweiten Weltkrieg offensichtlich vollkommen aus.

Robert Louis Stevenson jedoch konnte kaum von etwas anderem sprechen als von »lang-Schwein«, dem Wort der Kannibalen für Menschenfleisch. Er war zutiefst schockiert, als ihm einmal ein Mann den Weg erklärte und dabei ganz selbstverständlich an dem gegrillten Arm eines Jungen kaute – offensichtlich das beste Stück –, und er war im Zweifel über die Motive eines Häuptlings, der für ihn und seine verehrte Gemahlin den Gastgeber spielte:

»[Er war] ein unheilbarer kannibalischer Feinschmecker. Seine Lieblingsspeise war die Menschenhand, von der er auch heute noch erschreckend schwärmerisch spricht. Als er sich von Mrs. Stevenson verabschiedete und dabei ihre Hand hielt, betrachtete er sie mit Tränen in den Augen und versetzte meine Lady damit in einen sentimentalen Gefühlszustand, den ich vergeblich zu teilen versuche…«

Dem mochte sein wie es wollte, doch konnte er sich auch geirrt haben, denn der Buchumschlag meines Exemplars von *In der Südsee* zeigte eine Fotografie der guten Mrs. Stevenson, und obwohl das Bild ein wenig unscharf war, konnte ich mir nicht vorstellen, dass sie je einen appetitanregenden Braten abgegeben hätte.

Auf alle Fälle stellte R.L. Stevenson äußerst gerecht fest, dass die Kannibalen aus einem sehr prinzipiellen Standpunkt heraus handelten:

»Sie waren nicht grausam; abgesehen von dieser Sitte sind sie ein äußerst freundlicher Menschenschlag. Und gerechterweise muss gesagt werden, dass es viel weniger hassenswert ist, das Fleisch eines Menschen zu essen, wenn er tot ist, als ihn zu Lebzeiten zu unterdrücken. Und selbst die Opfer dieses besonderen Appetits wurden als Lebende freundlich behandelt und dann sehr rasch und schmerzlos ins Jenseits befördert.«

Ich fand es trotzdem etwas schwierig, dieses Konzept so bereitwillig zu akzeptieren, und Robinson Crusoe, der sich viel weniger durch vorurteilsfreies Denken hervortat, »empfand bei dem bloßen Gedanken daran den größten Abscheu«. Als er einmal auf »drei Totenschädel, fünf Hände, die Knochen von drei oder vier Beinen und Füßen und andere Körperteile in großer Menge« stieß, fasste er daher den Entschluss, fortan jeglichen verdächtigen Kannibalen, der sich zeigte, niederzuschießen. Schließlich waren sie alle »elende, ungebildete Kreaturen«.

Beunruhigt wog ich in Gedanken das Für und Wider jedes Standpunkts ab und betete, dass ich dieses moralische Dilemma nie selbst für mich lösen musste. Da erreichten wir endlich wieder unser Kanu. Und wie nicht anders zu erwarten, hatte der Motor wieder einmal einen seiner gewohnten Ausfälle und weigerte sich trotz Tassels etwas unzarter Überredungskünste schlichtweg, anzuspringen. Abgesehen von dem Schwirren der Zugleine und einem gelegentlichen Husten machte der Motor keine Anstalten, die ihm bestimmte Aufgabe zu erfüllen. Small Small Tome, der im Busch verschwunden war, kam mit ein paar Bananen und reifen Papayafrüchten zurück. Ich kletterte wieder aus dem Boot. Wir hockten uns auf den Stamm einer Kokospalme, die flach über das Wasser hinauswuchs, ließen unsere Füße ins Wasser baumeln und aßen die Früchte, während Tassels unermüdlich das Starterseil durchzog. Er stand bis zur Hüfte im Wasser und sein Oberkörper war nass vor Schweiß. Wenn es ihm zu viel wurde, ließ er sich einfach für ein paar Sekunden unter Wasser sinken, tauchte dann wieder auf, schüttelte wie ein Hund seinen Kopf und machte sich wieder an seine Aufgabe.

»Kein Problimblim«, lachte Tassels, und Stanley fing an zu kichern. Small Small Tome, der das Lustige der Situation verstand, steuerte seine eigenen seltsamen Laute der Freude bei. Ich verstand dagegen überhaupt nicht, wie sie alles immer so sorglos betrachten konnten. Schließlich mussten wir doch weiterkommen, es gab einiges zu erledigen, und wir kamen vom Ziel ab.

Trotzdem war es sicherlich wahr, dass es eines der schönsten, aufregendsten Dinge im Leben auf den Salomon-Inseln war, mit dem Boot zu reisen. Selten verlief eine Fahrt über das Meer ohne irgendeinen kleinen bis absolut katastrophalen Zwischenfall. Verrückterweise war eines der größten Probleme die Erfindung des Außenbordmotors. Die Vorstellung von einem billigen, einfachen und schnellen Transportmittel, das mit einem Ruck an der Starterschnur ansprang, wonach man schnittig durch die Wellen flog, Gischt im Gesicht, die Sonne im Nacken und den Wind im Haar, das Bild gab es leider nur in Werbeprospekten. In Wirklichkeit verbrachte man Stunden über abmontierten Motorgehäusen, wobei mit Fingern und Zähnen verhindert werden musste, dass einzelne Teile des auseinander genommenen Motors im tiefen Blau versanken. Ich kann nur vermuten, dass es monatelanger Forschungsarbeit in den Werkstätten der Maschinenfabriken bedurft hatte, um einen Motor zu bauen, der gehorsam ansprang, wenn man losfahren wollte, dann aber unweigerlich ausfiel, sobald man außer Landsicht war oder wenn das Wetter sich verschlechterte.

Wenn uns ein Hilfsboot mit Ersatzteilen und ausgebildeten Mechanikern gefolgt wäre, hätte die Sache vielleicht etwas weniger ärgerlich ausgesehen. Doch in einem Land, in dem Schraubenzieher zum Luxus zählten und ein passender Schraubenschlüssel so selten war wie ein scharfer Morgenfrost, blieb oft nichts anderes übrig als zu improvisieren. Vorüberfahrenden Booten Notzeichen zu senden, erwies sich ebenfalls als problematisch, denn Winken bewirkte meist nur ein fröhliches Grinsen und ein grüßendes Heben der Hand, während die Besitzer des anderen Boots vorüberrauschten.

Sofern unterschiedliche Klappergeräusche, Quietschen, Fehlzündungen und ominöse Stille als akustische Untermalung meiner Bootsfahrt-Alpträume fungierten, sorgte das Benzin für ihre stete Nahrung. Benzin war teuer, und wir fuhren ständig mit fast leerem Tank, schnorrten hier eine Gallone, füllten uns dort eine halbe Gallone ab. Außerdem hatte das Benzin die bemerkenswerte Angewohnheit, sich mit Seewasser zu mischen, das auf geheimnisvolle Weise auf dem Boden jedes Tanks lauerte.

Andererseits war man beim Bootfahren eigentlich nie einsam. Ich saß kaum jemals in einem Kanu (wie alle Boote, ob groß oder klein, genannt wurden), das nicht gefährlich überladen war. Unsere augenblickliche Reise stellte in Hinsicht auf den Platz im Boot einen absoluten Luxus dar.

Wenn die Frauen vom Markt in Munda zurückkamen, wo sie ihre Süßkartoffeln und Manioka verkauft hatten, drängten sich in einem einzigen Einbaumkanu oft fünfundzwanzig Menschen plus diverser Babys, Ananas, Bananenstauden und Säcke mit Reis. Einmal startete Tassels, der offizielle Bootsmann, mit einem Boot, dessen Bordwände nur noch um Haaresbreite aus dem Wasser ragten, und machte dann die neue Erfahrung, dass das Kanu praktisch unter Wasser fuhr, wobei der hochgezogene Motor immer noch lief. Die Ladung schwamm zurück zum Marktplatz, und das ganze Unternehmen begann von vorn, abzüglich einiger durchweichter Reissäcke.

Ich dachte nur selten an meine Schwimmweste, die ich zu

Hause in England auf Kosten einer der großen Fluggesellschaften als Geschenk bekommen hatte. Daher überlegte ich oft, wenn der Motor aussetzte oder das Benzin zu Ende war und die Flut westwärts donnerte, verfolgt von bösartigen, sich sturzbachartig entladenden Regenwolken, wie viel von meinem auf den Meereswogen tanzenden Leben mir wohl noch bliebe.

Der Motor machte noch immer keine Anstalten anzuspringen. Nach einer Weile begann ich schließlich ebenfalls, nach einer lustigen Seite der Situation zu forschen, aber als ich gerade zu dem Schluss kommen wollte, dass es keine gab, hustete der Motor asthmatisch, räusperte sich einige Male, dröhnte stärker und begann dann, gleichmäßig zu tuckern. Eilig brachen wir auf, bevor er es sich anders überlegen konnte, und gewannen an Tempo, während wir auf die Inseln Vangunu und Nggatokae zuhielten, die vor uns im Osten lagen. Hinter uns sah ich in der Entfernung Inseln im Dunst verschwinden.

Dann fielen die ersten Tropfen. Das Meer, das so glatt wie blaues Glas gewesen war, verlor rasch seinen Glanz und wirkte nun wie ein rauer, stumpfer Flokatiteppich. Als der Regen sich verstärkte, wurde die Wasseroberfläche milchig trüb, und die Tropfen glichen einer Million herunterprasselnder kleiner Perlen, die von der Oberfläche abprallten wie von einem Teerstraßenbelag. Es regnete immer heftiger und der Wasserspiegel begann regelrecht zu rauchen, bis ich das seltsame Gefühl hatte, in einer umgedrehten Schneekugel, in der der künstliche Schneesturm tobte, gefangen zu sein. Ich war so nass, wie ich nur sein konnte, und das Prasseln auf meinem Rücken fühlte sich an wie eine warme, therapeutische Dusche in einem Heilbad. Die beiden Jungen hatten sich auf ihrem Platz zusammengerollt, bis ihre Stirn fast die Zehen berührte, und hielten eine Art Winterschlaf. Im Heck saß Tassels, hielt das Blatt eines Paddels über seine Stirn, um die Augen vor den Tropfen zu schützen, die jetzt wie Schrotkörner stachen, lächelte und hielt unerschütterlich unseren Kurs. Als die Sintflut eigentlich nicht mehr stärker werden konnte, wurde sie noch gewaltiger, bis wir kaum noch unseren eigenen Bug erkennen konnten.

Und dann hörte es plötzlich auf. Ich beobachtete, wie die Wolken uns überholten und vorauseilten und auf ihrem Wege alles gründlich durchweichten. Bald trockneten unsere Kleider in der Sonnenhitze und im Wind, die weißen Finger verloren ihre Runzeln und Tassels gewann seine übliche Lebhaftigkeit zurück.

Wir warfen einen fischförmigen Köder aus, den ich aus einer extravaganten Laune heraus von Geoff gekauft hatte. Sein Zappeln wirkte sehr echt, als er in unserem Kielwasser mitgezogen wurde.

»Mit dem kann gar nichts schief gehen«, hatte Geoff versprochen. »Damit fischst du den Ozean leer.«

Ich hatte nichts derart Drastisches im Sinn, aber bisher hatte noch nicht ein Einziger bei mir angebissen. Ich dachte an die Teufel, die in der Tiefe lauerten, und hantierte tapfer mit der Angelschnur.

»Du Pechmann fischin«, sagte Stanley und nahm mir die Schnur aus der Hand.

Fast wünschte ich, dass er nichts fing, aber unweigerlich zog es nach kurzer Zeit kräftig an der Schnur. Tassels verlangsamte den Motor, half dann Stanley, die Leine einzuziehen, Kinderhand über Männerhand, bis sich auf dem Boden des Kanus die nasse Schnur ringelte. Da sprang mit blitzend roten und purpurnen Flecken eine Korallenforelle aus dem Wasser, und mit einer fachmännischen Drehbewegung holte der kleine Junge den schönen Fisch an Bord. Er grinste zu mir auf, während er den Haken aus dem schnappenden Maul entfernte.

»Stanley Glückmann fischin.«

»Weißt du, in meinem Land gehen viele Leute zum Angeln, und manchmal werfen sie den Fisch dann wieder ins Wasser zurück.«

»Und warum dann gehen Diemann fischin, wenn Diemann

Fisch wieder in Meer werfin?«, fragte Stanley, nachdem er dieses außergewöhnliche Verhalten dem ungläubigen Small Small Tome mit Zeichen zu verstehen gegeben hatte. Unbestreitbar eine gute Frage.

Langsam ging die Sonne hinter uns unter, während wir an der Küstenlinie einer der größeren Inseln entlangtuckerten, bis wir zu einem Strand kamen, der etwa die Größe eines Volleyball-Feldes hatte und durch einen steilen Hügel und einen felsigen Überhang vor dem Wind geschützt war.

»Dumich hier Rast. Nett Wasser zu trinkin, aber erst Zeit, schwimmin gehn.«

Die Salomon-Insulaner waren ausgesprochen reinliche Menschen, und es kam bei ihnen nicht in Frage, zu Bett zu gehen, ohne vorher den Schmutz des Tages abzuwaschen. Ich für meinen Teil hätte mich gern damit zufrieden gegeben, einen Happen zu essen und mich dann zum Schlafen zusammenzurollen, doch stattdessen marschierten wir an einem Fluss entlang durch den Busch, bis wir ein badewannenartiges Becken fanden. Nacheinander stiegen wir hinein und wuschen uns in dem erschreckend kalten Wasser, das in einem kleinen Wasserfall aus dem Hang schoss. Dann kehrten wir zum Strand zurück und ließen uns von den letzten Sonnenstrahlen trocknen.

Tassels schlug ein paar Bäumchen, errichtete einen Rahmen, den er mit Kokospalmenblättern deckte, die Stanley von einer Palme herabgeholt hatte, und baute uns so auf dem Sand ein Schlafzimmer. Währenddessen nahm ich als bescheidenen Beitrag zu unserem Lagerleben den Fisch aus und reinigte ihn. Wir brieten ihn am offenen Feuer und aßen ihn zusammen mit einigen Süßkartoffeln, die Ellen uns eingepackt hatte. Dazu tranken wir Kokosnussmilch.

Stanley und Small Small Tome schliefen daraufhin sofort fest ein. Tassels und ich unterhielten uns leise noch ein wenig über den kommenden Tag und rauchten eine seiner den Kopf benebelnden Zigaretten, die aus einem Stück seines starken, schwarzen Tabaks bestanden, eingerollt in ein Stückchen Papier aus meinem Notizbuch, das er irgendwie vor dem Regen geschützt hatte. Während ich den Blick über den Pazifik schweifen ließ, verlangsamte sich das Ticken in meinem Kopf. Ich hatte Unrecht gehabt. Es gab keinen Grund zur Eile – nicht den geringsten.

Als die letzte Glut des Feuers nach und nach verlöschte, legte ich mich mit meiner Schwimmweste als Kopfkissen nieder und schloss die Augen.

Zehn Minuten später kamen sie tief über das Wasser herangeflogen, zu Hunderten, eine Angriffswelle nach der anderen, und alle stürzten sich direkt auf mich und schickten nur diesen hohen, wimmernden Ton als Vorwarnung des drohenden Angriffs voraus – Moskitos wie MIG-Kampfflieger. Ihr Blutsuch-Radar war präzise eingestellt, und sie fanden ihr Ziel, ohne zu zögern. Mit gewisser Befriedigung schlug ich die erste platt, die ihren Sauger in meinen Schenkel bohrte. Im Mondlicht war der dunkle Blutfleck deutlich zu sehen – wahrscheinlich meines. Bald aber wurde der Ansturm zu groß. Dieser nächtliche Moskitoangriff war nichts Neues für mich, aber zum ersten Mal war ich ihm ohne den Bomberschutz meines Netzes ausgeliefert. Ich verwarf den flüchtigen Gedanken, meine Schwimmweste aufzublasen und mit ihrer Hilfe die Nacht im Schutz des Wassers zu verbringen, als nicht praktikabel, und kam zu dem Schluss, dass mir nichts anderes übrig blieb, als mit den wenigen Kleidungsstücken, die ich bei mir hatte, möglichst viel von mir zu bedecken. Als ich im Dunkeln herumstolperte, fand ich es zutiefst unfair – ja sogar moralisch falsch –, dass dieser Blitzkrieg sich vollkommen auf mich konzentrierte. Meine Gefährten schlummerten vollkommen unbehelligt.

Schließlich gelang es mir, mich mit einer Reserve-Shorts auf dem Gesicht, Arme und Beine in meine Regenhaut eingewickelt, wieder zum Schlafen zu legen. Im Einschlafen lächelte ich zufrieden vor mich hin. All die komischen Puzzlestücke, die mich dahingebracht hatten, wo ich nun lag, begannen, sich allmählich zusammenzufügen; all diese sterilen Informationen, die man mir vor der Abreise gegeben hatte, gewannen an Farbe und Klangstärke, während sich ein lebendiges Gesamtbild formte.

Ich erinnerte mich an das nutzlose, nichts sagende Treffen bei Charles und Juliet kurz vor meiner Abreise. Damals hatte ich keine Ahnung, was ich tun sollte, um die Erwartungen des Commanders zu erfüllen. Jetzt aber hatte ich natürlich einen ausgezeichneten Plan, und morgen würden wir den ersten Schritt tun, um ihn in die Tat umzusetzen. Ich fühlte ein erwartungsvolles Prickeln und einen schmerzhaften Stich am obersten Rand meines rechten Ohrs. Ich schob meine Shorts besser zurecht.

Crown Derby und Sèvres

Ich erfahre, dass die richtigen Zähne einem zu einer Ehefrau verhelfen können – wir bekommen eine außergewöhnlich gute Tasse Tee vorgesetzt – und entdecken, wie Wani zu seinem Namen kam.

Aus gewisser Entfernung wirkte die Felsformation, die über uns aufragte, wie der Kopf und die eingezogenen Schultern eines mürrischen Riesen, der über den Bergkamm schritt. Seine gigantischen Hände waren in den Taschen seiner Jacke vergraben, und er stampfte in massiven Schnürstiefeln auf uns zu, die hier ein paar Hundert Morgen Wald platt machten, dort ein paar Hundert Morgen Buschland; bald würde er in die Lagune plantschen und die kleine Ansammlung von Häuschen am Ufer zerstampfen.

»Bergmann, er böse Mann«, erklärte Stanley, und beide Jungen blickten ängstlich zu der drohenden Gestalt auf. Igitt, pfui, stimmte ich innerlich zu.

Auf dem goldgelben Streifen zwischen dem Grün und dem Blau zu seinen Füßen stand eine Hand voll Hütten, deren Schatten sich mit jenen der unbewegten Palmen vermischten, vor ihnen aber schäumte das Wasser vor Aktivität. Der Eingang zur flachen Bucht war durch Kanus blockiert, die Bug an Heck eine Linie bildeten, und auf denen Männer aller Altersgruppen mit ihren Paddeln auf die Wasseroberfläche einschlugen. Das Klatschen war sogar über unserem Motorenlärm zu hören.

Als wir näher kamen, sprang plötzlich einer der Männer in seinem Kanu auf und gewann nach einem Augenblick das Gleichgewicht zurück, während er irgendetwas unter der Wasseroberfläche nicht aus den Augen ließ. Dann holte er mit dem Arm weit nach hinten aus und schleuderte mit einem lauten Schrei und mit überraschender Wildheit seinen mehrzackigen Speer ins Wasser hinab. Er hatte sein Ziel eindeutig getroffen, denn die Lanze versank nicht, sondern schwankte und wogte wild hin und her. Gelegentlich schlug sie gegen die Seitenwand des Kanus oder drohte, seinem Kameraden gegen den Kopf zu stoßen, während der Werfer versuchte, sie wieder zu fassen zu bekommen.

Seinem Beispiel folgend sprangen weitere Männer auf und schleuderten, spießten und schrien, bis schließlich etwa dreißig oder vierzig hölzerne Stangen in dem aufgewühlten Wasser mit aller Macht hierhin und dorthin schossen. Als sie ihre Munition verschossen hatten, sprangen viele der Männer ins Wasser, um mit diesen unsichtbaren Gegnern zu kämpfen. Inzwischen lösten sich die leeren Kanus aus der engen Verbindung, mit der sie ihre Opfer an der Flucht ins offene Meer gehindert hatten. Nun, da der Kordon sich gelöst hatte, konnten wir den schrecklichen Grund für diese Aufregung erkennen.

Als wir näher herankamen, stolperte ein stämmiger Dorfbewohner in seltsamer, grässlicher Umarmung mit einem Delphin aus dem rotgefärbten, sprudelnden Wasser. Dem ungleichen Paar gelangen einige Charleston-Schritte auf dem Sand, dann verlor der Mann das Gleichgewicht und landete plump auf seinem Opfer. In einem dicken Strom schoss das Blut auf den Sand, sammelte sich kurz und versickerte dann, einen dunklen feuchten Fleck hinterlassend, auf dem sich sogleich erregt summende Fliegen niederließen.

Ohne Scham ob seiner Tölpelhaftigkeit schwankte der eifrige Tänzer zurück ins Wasser und ließ die sterbende Kreatur zurück, um die sich eine Gruppe neugieriger Kinder scharte. Je schwächer das Herz des Delphins wurde, desto schwächer wurde der pulsierende Blutstrom, und seine Haut, die bisher im geschmeidigsten Grau geschimmert hatte, begann, einzufallen und sich schwarz zu verfärben.

Wir fuhren außen um diese Schlachterei herum und zogen unser Kanu auf den Sand. Die anderen drei rannten hinüber, ich aber folgte mit schwachen Knien. Bis ich die Menschenansammlung erreicht hatte, hatte sich das Dorf in ein improvisiertes Schlachthaus verwandelt. Männer, Frauen und Kinder beugten sich eifrig über die Kadaver, die Arme blutig bis zu den Ellbogen. Ihre Füße hinterließen makabre Abdrücke im Sand. Gewarnt durch einen salzigen Geschmack im Mund, drehte ich mich um, und dabei fiel mein Blick auf eine Frau, die auf dem Boden saß und mit fröhlichem Lächeln die Zähne aus einem abgetrennten Delphinkopf brach, den sie im Schoß hielt. Jeden gezogenen Zahn ließ sie klimpernd in eine Metallschüssel neben ihr fallen.

Ich schwankte zurück zu unserem Kanu und versuchte, mein rebellierendes Innenleben in den Griff zu bekommen. Im Schatten des Kanus ließ ich mich nieder und sog tief die Seeluft ein. Zumindest war ich nicht der erste weiße Mann, der durch die gelegentliche Barbarei dieser einfachen Insulaner empfindlich aus der Fassung gebracht worden war. Crusoe hatte bei seiner Entdeckung von teilweise verspeisten menschlichen Überresten mit sich kämpfen müssen:

»Ich wendete mein Gesicht von diesem entsetzlichen Schauspiel ab. Ich verspürte Übelkeit und war kurz davor, in Ohnmacht zu sinken, da entledigte sich die Natur der Störung in meinem Magen. Nachdem ich mich mit ungewohnter Heftigkeit übergeben hatte, fühlte ich mich ein wenig besser.«

Selbst den tapferen Grimble hatte ein ähnliches Schicksal

ereilt, nachdem sich ein großer Oktopus an seinem Gesicht festgesaugt hatte, was anscheinend kein ungewöhnliches Vorkommnis war. Er war »eilends in den Schutz des Anlagestegs geflohen und musste mich übergeben«. Im Schatten des Kanus sitzend, war ich mir gar nicht sicher, ob ich nicht dem Beispiel dieser beiden Helden folgen würde.

»Staka nett Zahne«, strahlte Stanley, als die drei beim Kanu erschienen. Ich hatte die kleinen, scharfen, blutigen Stücke gesehen und fand sie nicht besonders verführerisch. Ich machte eine entsprechende Bemerkung.

»Nicht sum Essin, du ... aach!« Stanley schüttelte in Verzweiflung seinen Kopf, genau wie meine Schüler es getan hatten, wenn ich bei irgendetwas nicht erkannt hatte, wie »cool« es war. Er klärte mich auf.

Nach einer auf den Salomon-Inseln herrschenden »Gewonung« musste ein Junge seine Braut von deren Eltern kaufen. Dies wurde zwar inzwischen auch mit Bargeld erledigt – keine Schecks, keine Postanweisungen –, doch sehr häufig wurde noch mit »gewonung« Zahlungsmittel bezahlt. Die Form dieses Zahlungsmittels war von Insel zu Insel, ja von Dorf zu Dorf verschieden. Und hier standen, wie ich selbst gesehen hatte, offensichtlich Delphinzähne als allgemeine Währung hoch im Kurs.

Muschelgeld wiederum schätzte man draußen in der Provinz Malaita. Muschelbesetzte Zierbänder, von der Dicke eines dicken Unterarms, mehrere Meter lang und angefertigt aus Tausenden winziger Muscheln, wogen bis zu zehn oder fünfzehn Pfund und wurden mit Vorliebe bei Hochzeiten von der Braut als Schmuck getragen. Als Small Tomes jüngste Schwester Ruth heiratete, war sie, von zwei Freundinnen gestützt, in die Kirche gewankt und musste nach der Zeremonie, die auf dem Boden sitzend stattfand, von ihrem frisch angetrauten Gatten auf die Füße gehoben werden.

Leichter zu tragen, insgesamt praktischer und sehr beliebt bei den Damen in der Provinz Temotu war Rotfeder-Geld. Lange

Girlanden aus Federn, die man einem sehr seltenen Vogel, dem scharlachroten, singenden Honigsauger, ausriss, wurden zusammengeflochten und zusammengedreht, und mit ihnen kaufte ein Mann seine zukünftige Frau ihrem Vater ab. Zum Glück für den scharlachroten Honigsauger wird dieser nur eingefangen und später etwas kahler und wahrscheinlich sehr verwirrt, aber immerhin lebendig wieder in die Freiheit entlassen. Ich fragte mich, ob es nicht eine Möglichkeit gab, das Gleiche auch mit den Delphinzähnen zu praktizieren: den Delphinen einfach ein paar davon ausreißen und sie dann wieder freilassen. Wahrscheinlich war das schwierig bis unmöglich.

Ich kratzte mich an der Stirn, die nach dem Fliegerangriff der vergangenen Nacht durch Höcker entstellt war, die selbst dem Elefantenmann gut angestanden hätten, und versuchte, mir meinen Hut aufzusetzen. Mir schien, dass ich mir wohl zuerst einen Sonnenstich holen würde, bevor mich die Malaria erledigte. Während ich noch diesen Gedanken nachhing, zog Tassels mit einem scharfen Zischen die Aufmerksamkeit einer jungen Frau auf sich, die unter dem Gewicht einer riesigen Scheibe tropfenden Fleischs, die sie über die Schulter geworfen hatte, nach Hause schwankte. Ob sie vielleicht zufällig wusste, wie man zu Wanis Haus kam? Nach einer richtungweisenden Bewegung ihres Kinns und einer eilig hervorgeschnatterten Erklärung trippelte sie weiter den Strand hinab. Wir drehten uns um und blickten den Hügel hinauf, dorthin, wo der Goliath sich erhob und nun, von hinten durch die wabernde Sonne bestrahlt, zorniger denn je wirkte.

»Nun, seid ihr alle bereit? Können wir losgehen?«, fragte ich so aufmunternd, wie ich konnte. Stanley und Small Small Tome zogen mit ihren Zehen Spuren in den Sand und schienen alles andere als begeistert über meinen Vorschlag. Doch Tassels' ihm eigene natürliche Lebhaftigkeit kam mir zu Hilfe.

»Warum nicht?«, fragte er fröhlich zurück und setzte sich in Marsch. Seufzend folgten wir ihm.

»Bergmann, ihm suvil ärgerbar«, jammerte Stanley und brachte diesen Gedanken zugleich mimisch zum Ausdruck, indem er die Fäuste ballte und durch die gefletschten Zähne knurrte. Ich musste ihm Recht geben, der Felsen wirkte tatsächlich ziemlich mürrisch.

Mit einem energischen Ruck versuchte ich ein letztes Mal, mir meine Kopfbedeckung aufzusetzen, und brachte sie schließlich über einen der Höcker. Je mehr wir uns von der Küstenlinie entfernten, desto höher wuchs die Vegetation, und der steile Pfad wurde schließlich schattig. Dennoch hing die Feuchtigkeit so schwer in der Luft, dass mir nach zehn Minuten der Schweiß in Strömen den Rücken und die Beine hinunterlief und meine Füße in den Stiefeln schwammen. Als ich den steilen Hang über mir betrachtete, tropfte mir bereits das Wasser von der Nase. Bald ließen mich die anderen drei, die wirkten, als schlenderten sie auf einem Sonntagvormittagsspaziergang durch den Park, fröhlich schwatzend hinter sich zurück, wobei Tassels sein Buschmesser mühelos vor sich hin- und herschwang. Mit sparsamen Bewegungen schlug er einen störenden Ast ab oder fegte die Spinnennetze beiseite, die gedankenlos mitten über den Weg gespannt worden waren. Hin und wieder verfing ich mich in einem davon, da ich größer war als die anderen, und dann spürte ich, wie es sich um mein Gesicht legte wie die Strumpfmaske eines Bankräubers, oder vielmehr wie ich mir einen solchen Strumpf vorstellte, bis es zerriss. Ich musste es mir dann aus dem Gesicht wischen wie Klebstoff und konnte nur hoffen, dass sein Bewohner nicht mit von der Partie war.

Als wir uns der höchsten Stelle des Abhangs näherten, hatte ich jedoch plötzlich das seltsame Gefühl, als legte mir irgendetwas Leichtes die Hand auf den Hut. Ich blieb stehen und schielte vorsichtig nach oben. Etwas anderes als die Unterseite der Krempe konnte ich dabei aber nicht erkennen. Angesichts der Schwierigkeiten, den Hut danach wieder aufzustülpen, hatte ich alles andere als Lust dazu, ihn abzunehmen, hob ihn aber vorsichtig waagerecht herab, um nachzusehen. Auf ihm saß eine Spinne von so kolossalen Ausmaßen, dass man bei ihrem Anblick in Europa wahrscheinlich die Evakuierung einer mittelgroßen Stadt ausgelöst hätte. »Ciao. Netter Hut!«, schien ihr sarkastischer Seitenblick zu besagen.

Automatisch versuchte ich sie durch eine schnelle Bewegung wegzuschleudern. Wie ein angeseilter Bergsteiger schwang die Kreatur an ihrem Faden zurück und landete zielsicher auf meinem Schienbein. Ihre Beine waren haarig und fast so dick wie meine eigenen. Wild hüpfte ich in einer Art Ein-Mann-Cancan herum und versuchte, sie durch Schlackern loszuwerden, während sie begann, sanft über mein Bein zu streichen. Schließlich löste sie sich zu meiner ungeheuren Erleichterung und entfleuchte zwischen die Bäume.

Als Small Small Tome, der offenbar fühlte, dass etwas nicht in Ordnung war, sich nach mir umdrehte, streckte ich ihm meinen emporgereckten Daumen so heiter entgegen, wie ich es nur zustande brachte.

Schließlich erreichten wir ein kleines Plateau, von dem aus man Dorf und Meer überblicken konnte. Ich hielt an, um wieder zu Atem zu kommen, den mir der Anblick und der Aufstieg geraubt hatten. Von hier aus konnten wir die gesamte verrückte, zerklüftete Inselwelt sehen, und das Gewirr der blauen Wasserwege, die den Ortsunkundigen in eine Million gleichermaßen verwirrender, ins Nichts führender und gleich aussehender Nebenarme lockte. Am dunstigen Horizont konnte ich undeutlich die Umrisse der Gipfel von Randuvu ausmachen.

Eine kräftige Brise hatte sich erhoben, schob kleine Wellen auf die Küstenlinie zu und peitschte weiße Schaumpferde über die Bucht. Darüber stieg der Rauch der diversen Feuerstellen hoch und löste sich im Himmel über der Lagune auf. Die Dorfbewohner bereiteten einen Festschmaus vor. Glücklicherweise drang nichts von den Gerüchen bis zu uns. Meine Sinne hatten für den Augenblick genug auszuhalten gehabt.

Oberhalb zu unserer Linken entdeckten wir das metallische Blitzen eines verzinkten Daches.

»Dort oben, glaube ich«, meinte ich mit einem Nicken.

Wenige Minuten später standen wir vor einem hübschen Holzhaus, das leuchtend gelb und rot gestrichen war. Von drinnen ertönte das rauschende Lärmen eines Tranistorradios.

»If you think I'm sexy and you want my body...«, krächzte eine verzerrte Sängerstimme.

»Hallo«, rief ich, »hallo, ist jemand zu Hause? Ich suche Mr. Wani.« Dabei fühlte ich mich ebenso verlegen wie vor Mr. Worins Haus. Eine Frau streckte ihren Kopf aus dem Fenster auf der Giebelseite des Hauses.

»If you think I'm sexy and you want my body...«, sang sie schrill zum Radio und schlug rhythmisch mit den Fäusten in die Luft über ihrem Kopf wie ein siegreicher Boxer.

»If you think I'm sexy and you want my body...«, wiederholte sie, obwohl der Sänger im Radio schon etwas anderes sang.

Es hörte sich vielleicht unfreundlich an, beide geträllerten Fragen musste ich verneinen. Es war sowieso viel zu heiß dazu. Ich lächelte zu ihr auf.

Ihr Gesicht war mit einer äußerst komplizierten Tätowierung bedeckt, und als sie uns winkte, näher zu kommen, sah ich, dass sich die Tätowierung auf den beiden dunkelbraunen Armen und sogar hinab bis auf die Finger fortsetzte. Anders als die Tätowierungen, die ich bisher gesehen hatte, bestand diese hier nicht nur aus einzelnen Umrisslinien, sondern wirkte wie ein großflächiger Druck, der die gesamte Haut wie ein durchsichtiges Tuch bedeckte. Später erklärte mir Tassels, dass sie von dem winzigen Lord-Howe-Atoll »Luaniua« stammte, das so abseits lag und so wenig Beschäftigungsmöglichkeiten bot, dass den Menschen dort nichts weiter übrig blieb, als sich gegenseitig zu tätowieren. Die Frau drehte sich um und rief etwas in ihrer eigenen Sprache, das ich nicht verstand.

»Schatz, da sind ein paar fremde Leute gekommen, die dich besuchen wollen, und einer ist ein Weißer! Mache es bitte nicht zu lang, denn ich möchte, dass du später ins Dorf gehst und zusiehst, ob du nicht ein paar von diesen köstlichen Delphin-Steaks bekommen kannst. Ich habe noch nichts fürs Abendessen im Haus.«

Oder wenigstens vermutete ich, dass sie etwas in der Art gesagt hatte.

Da erschien, langsam Stufe für Stufe hinabkletternd, ein Zwerg. Falls er kein echter Zwerg war, musste er zumindest an einer extremen Wachstumsstörung gelitten haben, denn er war kaum größer als Stanley und reichte mir gerade bis zur Taille. Er wirkte auch ziemlich alt, hatte graues Haar, das oben auf seinem Kopf zu einem Ball geknüpft war, und ein braunes, von tausend Runzeln durchzogenes Gesicht, das sich bei unserem Anblick zu einem breiten Lächeln verzog. Er winkte uns zu, näher zu kommen.

Bekleidet war er nur mit einer Lava-lava, die sehr exakt um seine Mitte geschlungen war, außerdem hatte er einen Lederbeutel um seine Schulter und um seinen Bauch gebunden. Das zerkaute Mundstück einer Pfeife ragte daraus hervor. Trotz seiner krummen Beine und eines leichten Buckels hatte er eine gewisse militärische Art an sich, und seine kräftigen, nackten Füße bildeten einen exakten rechten Winkel, als er uns im Schatten des überhängenden Daches erwartete. Er hielt sich mit Hilfe eines langen, geschnitzten Stocks auf den Beinen, der größer war als er selbst, und auch das trug zu seiner würdevollen Erscheinung bei. Sein zweifellos auffälligstes Merkmal jedoch war die Tatsache, dass er nur ein heiles Auge besaß. Das andere war von einem schwarzen Tuch bedeckt, das er um den Kopf gewickelt trug.

»Gütiger Gott. Was um Himmels willen haben wir denn hier? Beim Zeus, Sie sind doch nicht etwa zufällig Engländer, oder?«

Ich nickte dumpf. Er sprach perfektes Oxford-Englisch, als käme er geradewegs aus einem der Herrenclubs in der St. James Street.

»Nein, was für eine einfach superbe Überraschung. Meine Liebe, wir haben einen Knaben aus dem guten, alten England zu Besuch. Ist das nicht wundervoll?«

Seine Frau, die vom Fenster zurückgetreten war, um das Radio auszuschalten, erschien neben ihm.

»Ganz reizend, mein Lieber«, erwiderte sie, als stünde sie mit einer Blumenschere in der Hand in einem Rosengarten.

Ich war vollkommen verwirrt.

»Mister, Mister Wunner, Wani?«, stammelte ich.

»Ganz recht, alter Junge. ›One-eye‹ zu Ihren Diensten«, antwortete er mit einem spöttischen Salut.

Die anderen blickten nicht weniger verblüfft drein, wie ich mich fühlte, und neben mir spürte ich, dass Stanley sich bemühte, nicht zu lachen. Ich versuchte, meine Haltung wieder zu gewinnen.

»Wir sind an ein paar Hühnern interessiert.«

»Hühner, bei Gott. Sie sind hinter Hühnchen her, was? Aber alles zu seiner Zeit, mein lieber Junge, alles zu seiner Zeit. Zuerst wollen wir eine schöne Tasse guten, echten Tee trinken. Wir werden es uns im Schatten dieses herrlichen Baumes gemütlich machen.«

Er lehnte sich gegen einen turmhohen Mahagonibaum und sprach in der Eingeborenensprache mit seiner Frau. Sie eilte ins Haus zurück, und bald hörte ich von dort das Klappern von Porzellan. Wani machte eine einladende Geste hin zu einer umgedrehten Autobatterie.

»Nicht besonders schön, aber besser als der Boden. Kann doch Gäste nicht auf dem Boden sitzen lassen.«

Er ließ sich zu meinen Füßen nieder und spähte mit seinem einen Auge zu mir hoch.

»Sie kennen nicht zufällig Lord Ravenscroft, oder? Er kam

einmal zu Besuch auf die Plantage. War ein Freund unseres Boss, wissen Sie.«

Der Boss?

»Ja, der Colonel; besaß die Plantage hier nach dem Krieg, wissen Sie. Kaufte sie von den Gebrüdern Lever. Ich war sein Vormann. Fünfunddreißig Jahre lang, stellen Sie sich das vor.«

Colonels und Commanders.

»Haben Sie dabei ein so gutes Englisch gelernt?«

»Oh, ich bin schon ein wenig eingerostet«, meinte er leichthin. »Hab nicht mehr viel Gelegenheit, englisch zu sprechen.«

Er schien jedoch fest entschlossen, die Versäumnisse nachzuholen, und sprach ohne zu zögern weiter.

»Und woher stammen Sie genau, alter Junge? Sagen Sie mir nicht, Sie kommen auch aus Dorking. Dorther stammte der Alte, oder zumindest lebten seine Eltern dort. Wäre das nicht spaßig, wenn Sie auch aus Dorking stammten?«

Ich wollte ihm gerade eine verneinende Antwort geben, aber er sprach bereits weiter. Ich hatte das Gefühl, es würde eine ausgedehnte Teepause werden.

»Und was hat Sie nun aus dem guten alten England bis hierher verschlagen?«

»Nun, das ist wirklich eine sehr gute Frage …«

»Der Colonel begann den Tag immer um Punkt sechs Uhr dreißig. Britische Militärdisziplin, wissen Sie. Nur so kommt man voran, sagte er immer.«

Er lächelte den anderen zu, und sie nickten verständnislos. Meinem Eindruck nach fand Tassels, dass bei unserem Gastgeber definitiv ein paar Schrauben locker waren. Und aus den Zeichen, die Stanley heimlich Small Small Tome zuwarf, schloss ich, dass er so ziemlich das Gleiche dachte.

Nun erfolgte die förmliche Vorstellung, und durch irgendein Missverständnis wurde ich dabei zu Wilf. Muriel, Wanis Gattin, stellte ihr Tablett ab, um mir die Hand zu schütteln. Auf dem Tablett standen ein paar sehr hübsche, wenn auch leicht angeschlagene Teetassen und Untertassen, eine Teekanne, ein Teller mit Keksen und eine silberne Zuckerdose. Aus den Augenwinkeln sah ich, wie Stanleys Blick sich an den Keksen festsaugte. Muriel verschwand im Küchenhaus und kehrte mit einem geschwärzten, dampfenden Wasserkessel zurück, dessen Metallgriff sie zu ihrem Schutz mit Blättern umwickelt hatte.

»Bitte einschenken«, sagte Wani. Ich dachte, er spräche zu seiner Frau, und lächelte sie an, doch dann sah ich, dass er mich mit schief gelegtem Kopf erwartungsvoll anstarrte.

»O ja, natürlich«, erwiderte ich schnell in einem Versuch, mich an meine guten Manieren zu erinnern, und betete, dass ich nichts fallen ließ.

»Geschenk vom Colonel. Feinstes Crown-Derby-Porzellan, aber das wissen Sie wahrscheinlich, nicht wahr, Wilf?«, erklärte er, als hätte er meine Gedanken gelesen.

»Ja, das gute alte Crown Derby«, erwiderte ich heiter, obwohl ich es nicht von Sèvres-Porzellan hätte unterscheiden können.

Tassels blickte immer verblüffter drein. Die Jungen hingegen hatten ihre Hemmungen überwunden und bereits die Hälfte der Kekse aufgefuttert.

»Natürlich war ich während des Krieges hier, Wilf.«

Mit dieser unheilvollen Eröffnung stürzte er sich mit der Begeisterung eines Festredners in einen Bericht über seine Kriegserlebnisse.

»Wissen Sie, die Japsen griffen '42 an.«

An dieser Stelle der Geschichte trat Muriel, zweifellos aufgrund einschlägiger Erfahrung, einen taktischen Rückzug ins Haus an.

Die Japaner waren in großer Anzahl hier eingefallen und hatten alle erforderliche Ausrüstung für einen Partisanenkrieg mitgebracht. Es war das erste Mal, dass Wani, der damals noch James hieß, einen Asiaten zu Gesicht bekam, und vor allem Flugzeuge, Gewehre, Lastwagen und Ausrüstung in solch überwältigender Menge.

»Wir hatten keine Ahnung, dass gerade ein Krieg stattfand, Junge, Junge. Manche Insulaner dachten, die wären vom Mond oder aus der Hölle gekommen, können Sie sich das vorstellen!«

Anfänglich hatten die Japaner kaum Notiz von der Bevölkerung vor Ort genommen, so beschäftigt waren sie damit, ihre Lager und Kampfbasen einzurichten. Doch als sich ihre Kriegsoperationen ausweiteten und sie mehr Raum beanspruchten, trampelten sie durch die Dörfer und machten sie mehr oder weniger dem Erdboden gleich. Die Dorfbewohner flüchteten in den Busch, während die Kämpfe gegen die Amerikaner über und unter ihnen tobten.

Als sich der Rauch verzogen hatte, kehrten sie zur Küste zurück und fanden dort eine gänzlich veränderte Situation vor. Statt der aufgehenden Sonnen und der Kamikaze-Krieger trafen sie auf das gestreifte Sternenbanner und auf ein paar ziemlich feucht-fröhliche GIs. Die Amerikaner waren freundlich und nur zu froh, die Eingeborenen mit ein paar Eckpfeilern ihrer großartigen Kultur beglücken zu dürfen. Zum ersten Mal kamen Wani und seine Familie in den Genuss, herumzusitzen und Marlboro-Zigaretten zu rauchen und lauwarmes Coca-Cola zu trinken.

»Schreckliches Gebräu, sagte der Colonel immer. Ich fand, es war ein teuflisch guter Tropfen«, lachte Wani.

Die Dorfbewohner hatten den Amerikanern dann als Führer und Pfadfinder gedient und ihnen Wege und Abkürzungen durch den Busch gezeigt. Der junge James – oder »Jimmy, man«, wie er fortan hieß – war wie alle anderen Jungen auf den Inseln eifrig bemüht, mit diesen Fremden Freundschaft zu schließen. Sie besaßen sprechende Kästchen und Zeitschriften voller Bilder zum Ansehen. Jimmy, der von den kalten Ländern gehört hatte, aus denen die weißen Männer stammten, war überrascht, als er sah, dass ihre Frauen ebenso spärlich bekleidet waren wie die Frauen auf den Salomonen, manchmal sogar noch spärlicher. Er und seine Freunde nahmen freudig teil an dem seltsamen gesellschaftlichen Ritual der Fremden, bei dem man einen gummiartig weichen, weißen Streifen oder einen süßen, rosafarbenen Würfel in den Mund steckte, darauf herumkaute und dabei schnell und laut aus dem anderen Mundwinkel heraus sprach. Das alles war etwas vollkommen Neues für die ruhigen, oft scheuen Insulaner, die diese fremden, weißen Männer mit Staunen betrachteten, denn sie waren ganz anders als die englischen Kolonialherren, die die Inseln bisher beherrscht hatten.

»Und manche von diesen amerikanischen Burschen waren schwarz, wissen sie, so schwarz wie wir alle. Vilman schwaaz«, fügte er an Tassels gerichtet hinzu. Leider zeitigte die Zwischenmahlzeit ihre Wirkung, und das Trio schlummerte selig, mit den Rücken gegen den Baumstamm gelehnt, die Beine fächerartig gespreizt. Mein Gastgeber jedoch erzählte unverdrossen weiter.

Eines Tages wurden Jimmy und ein junger amerikanischer Corporal («Unteroffizier, noch grün hinter den Ohren, hatte noch nicht viel Ahnung, fürchte ich«) ausgesandt, um einen japanischen Piloten ausfindig zu machen, der am Fuß des zornigen Riesen, ein wenig oberhalb der Stelle, an der wir nun saßen, eine Bruchlandung gemacht hatte. Überraschenderweise fanden sie ihn ziemlich schnell. Er lebte noch und baumelte an seinem Fallschirm, der sich seinerseits in den Ästen eines riesigen Baums verfangen hatte. Der Amerikaner befahl dem Piloten, »sofort da runterzukommen, kapiert?«, jedoch war der Unglückliche, der nichts lieber als das getan hätte, nicht in der Lage, der Aufforderung zu folgen.

»Gottverdammich!«

Da ihm nichts Besseres einfiel, befahl der Soldat Jimmy, den Japaner herunterzuschießen. Jimmy weigerte sich, und nach mehrmaligem Hin und Her, »Schieß du ihn ab«, »Nein, schieß du ihn ab«, gestand Jimmy, dass er keine Munition in seinem Gewehr hatte: Niemand hatte ihm das Laden beigebracht. Nach längerem Zaudern beschloss der junge Amerikaner, einen

Warnschuss abzugeben. Er zog seine eigene Pistole, zielte unruhig auf nichts im Besonderen und feuerte. Das Dröhnen erschütterte den Wald, und ein Geräusch wie Windesrauschen erhob sich, als eine Kolonie von tausend riesigen Flughunden zu Tode erschreckt durch die Bäume davonflatterten, um ein friedlicheres Plätzchen für ihre Kopf-unter-Siesta zu finden.

Als die drei die Augen wieder öffneten, hing der japanische Flieger noch immer oben und warf verzweifelte Blicke herab. Der amerikanische Soldat presste eine Hand auf ein Ohr und drückte mit der anderen nochmals ab. Der Pilot, der nun überzeugt war, dass direkt auf ihn gezielt wurde, strampelte jetzt panisch mit den Beinen wie ein Rennfahrer auf der Tour de France.

Dadurch löste er sich von dem Ast, an dem er so unsicher hing, und trudelte wie ein angeschlagener Kakadu herab. Er landete exakt auf Jimmy und dem ungeschickten Korporal, die sich in dem Versuch, sich vor der menschlichen Bombe in Sicherheit zu bringen, gegenseitig umgerannt hatten. Dabei gingen alle drei k.o., unglücklicherweise aber auch eines von Wanis Augen. Es konnte trotz aller Bemühungen eines Militärarztes im amerikanischen Feldlazarett nicht mehr gerettet werden.

»Die beiden Burschen kamen letztes Jahr zu Besuch hierher. Wir sind die ganze Zeit über in Kontakt geblieben, wissen Sie. Natürlich kommen sie jetzt allmählich in die Jahre; könnte ihr letzter Besuch gewesen sein«, meinte er und rieb sich über sein zerstörtes Auge. Dann schwieg er.

»Ja, nun ja, vielen Dank, dass Sie mir das alles erzählt haben. Wirklich nette Geschichte. Höchst interessant.«

Immerhin hatte sie mich so sehr gefesselt, dass ich darüber völlig vergessen hatte, wie die Zeit verging. Die Sonne stand inzwischen hoch am Himmel, und es wurde höchste Zeit, zum Geschäftlichen zu kommen.

»Könnten wir jetzt wohl eventuell ein wenig über die Hühner sprechen?«

»Aber natürlich. Was möchten Sie denn gerne besprechen?«

»Nun ja, meine Freunde und ich...«

Ich warf einen Blick auf Tassels, der leise vor sich hinschnarchte. Die beiden Jungen lagen jetzt vollkommen ausgestreckt auf dem Boden.

»Nun ja, wir würden gern etwas Hühnerfutter und ein paar frisch geschlüpfte Hühnchen kaufen.«

»Kein Problem«, erwiderte Wani nachdenklich, »überhaupt kein Problem.«

Er erhob sich mit dem Tablett auf den weit ausgestreckten Armen und erklomm die hohen Stufen zu seinem Haus.

Wunderbar. Das war ja einfacher, als ich erwartet hatte. Vielleicht könnten wir sogar heute schon ein paar mitnehmen – nur hatten wir noch keinen Stall für sie. Das ließe sich sicherlich lösen. Wir könnten vielleicht jeder Familie ein Dutzend Tiere geben, damit sie sich ein paar Tage um sie kümmerte. Nein, das war vielleicht nicht das Richtige. Meine Gedanken rasten. Wir könnten sicherlich etwas improvisieren.

Wani kehrte kurz darauf mit einer weißen Visitenkarte in der Hand zurück.

»Hier, bitte, dahin müssen Sie sich wenden.« Er streckte sie mir entgegen.

»T... tut mir Leid, ich ver... ich verstehe nicht... könnten Sie das noch einmal sagen...? Ich d... dachte, Sie... ich dachte, Sie selbst hätten...«

»Nein, ich habe das Hühnergeschäft vor ungefähr fünf Jahren aufgegeben. Tja, es wurde mir alles einfach zu viel. Wissen Sie, was ich meine?«

Ich wusste es nicht.

»Aber ich dachte, Sie sagten ›kein Problem‹?«

Vor Enttäuschung vergaß ich meine Höflichkeit.

»Nun, da gibt es auch kein Problem. Fahren Sie einfach zu diesem Burschen hin.« Wieder bot er mir die Visitenkarte an.

Ich nahm sie und las:

MR. WU
HONIARA

Wani stützte sich schwer auf seinen Stock und blickte, die Pfeife fest zwischen den Zähnen, zu mir auf, während ich die Karte studierte.

»Mr. Wu. Er kann Ihnen helfen, aber er gibt seine Hühner nicht einfach jedem, wissen Sie. Sie müssen ihm unbedingt sagen, dass ich Sie zu ihm geschickt habe, dann macht er Ihnen einen guten Preis.«

»Aha, verstehe. Tja, großartig. Und wo finde ich Mr. äh Wu? Haben Sie eine Telefonnummer oder eine Adresse oder sonst irgendetwas?«

»Nein, aber gehen Sie nach Chinatown und fragen dort nach ihm. Sie werden schon jemanden finden, der Sie zu ihm führen kann.«

»Aha. Also ich fahre einfach in die Hauptstadt und frage dort nach Mr. Wu, und dann sagt mir irgendjemand, wo er wohnt, und dann kaufe ich seine Hühner und fahre mit ihnen zurück nach Randuvu.«

Ich fürchte, dass sich in diesem Stadium ein wenig Sarkasmus in meine Stimme schlich.

»Was bleibt Ihnen denn anderes übrig, alter Junge? Was denn?«

»Tja, verstehe.«

Ich weckte die anderen und winkte Wani und Muriel zum Abschied zu. Sie stand neben ihm und ließ ihn damit vollends wie einen Zwerg aussehen; beide hoben ebenfalls die Hand zum Abschied. Während wir langsam wieder zum Meeresspiegel abstiegen, schüttelte ich ungläubig den Kopf. Das Ganze war doch eine Farce. Glaubte er wirklich, ich würde mich irgendwie bis Honiara durchschlagen, um einen Chinesen auf den vagen Verdacht hin zu suchen, dass er vielleicht ein paar Hühner zu verkaufen hatte? Lächerlich. Er musste mich für vollkommen verrückt halten.

»Komm schon, alter Junge!«, rief Stanley lachend von weiter unten.

Komme schon, komme schon, mein Freund.

Die Fernseh-Berühmtheit

Ich lerne einen Mann von Größe kennen – die Funken fliegen nicht – ich erlebe Luftaufnahmen am eigenen Leib – und lerne mehr über das Unternehmergeschäft auf den Salomon-Inseln.

»Allright. Und wie seh ich von der anderen Seite aus? Besser? Gut, dann nehmen wir die Seite. Verschieb das Licht 'n bisschen, du da, ja? Das strahlt mir direkt in die Augen.«

Am hinteren Ende der Bar im Gästehaus begann ein geschäftiges Treiben. Von der anderen Seite des lang gezogenen Raums aus beobachtete ich, wie ganze Ladungen elektrischer Ausrüstung und unzählige Kabel um die korpulente Gestalt auf dem Barhocker herum neu arrangiert wurden.

»Wer ist denn der?«, fragte ich Gerry, der sich gerade zu mir an den Tisch gesetzt hatte, an dem ich unter einer der Muschelschalenlampen einen Brief nach Hause schrieb und die zähe, aber schwache Hoffnung hegte, dass ich eine Antwort darauf bekommen würde.

»Ach, irgendein australischer Fernsehkommentator-Typ; mir fällt der Name grad nicht ein. Die machen 'ne Sendung übers Fischen. Wie war denn deine Reise?«

»Hah, gut...«

Ich war in die Stadt gekommen, um einen Sack Mehl für unsere Pfannkuchen zu kaufen und im Postamt ein Schwätzchen mit Silas, dem Manager, zu halten, der es sich aufgrund des spärlichen Tröpfelns des Briefverkehrs, der es von Honiara bis Munda schaffte, auf einem der ruhigsten Plätzchen gemütlich machen konnte, die es seit der Erfindung der Politik gab. Tassels, der mit mir gekommen war, hatte das Kanu weiter die Küste hinunter gefahren, um ein paar Kranke zum Hospital zu bringen. Um die Zeit totzuschlagen, bis sie zurückkehrten, erzählte ich Gerry alles über Wani und zeigte ihm die Visitenkarte, die er mir gegeben hatte.

»Na, jedenfalls schien er zu glauben, dass ich einfach nach Honiara gehe und suche, bis ich diesen Mr. Wu aufgespürt habe.«

Wir lachten beide laut, was ein Stirnrunzeln bei dem herumkriechenden Kameramann hervorrief.

»Was willst du denn stattdessen tun?«

»Hmmm?«

»Na ja, wie willst du denn sonst an Hühner kommen? Ich denke, es hängt nur davon ab, wie viel dir an ihnen liegt. Wenn du sie wirklich willst, dann bleibt dir nicht viel anderes übrig, als ihn zu suchen.«

»Aber ich würde ihn doch niemals finden!«

»Honiara ist doch nicht Mexico City«, wandte Gerry ein. »Da kennt doch jeder jeden. Vor allem in Chinatown. Na los. Versuch's doch wenigstens. Versuche dein Glück, los doch!«

Er kicherte, als er sah, dass ich aus dem Fenster Richtung Randuvu starrte, hoffnungslos in meiner Unentschiedenheit gefangen. Gerrys Haltung des Jeder-ist-seines-Glückes-Schmied schien mir viel besser auf diese Inseln zu passen als meine ständigen nervösen Bedenken. Ich machte mir im Geist eine Notiz, dass ich versuchen wollte, seinen Stil nachzuahmen.

»Du solltest eigentlich allmählich wissen, dass es nie so einfach ist, hier draußen irgendetwas auf die Reihe zu kriegen«, fügte er hinzu.

Ich nickte zustimmend und seufzte. Na gut, also dann würde ich es eben versuchen. Wirklich? Nun ja, vielleicht. Aber falls ich tatsächlich nach Honiara wollte, wie sollte ich es schaffen, dorthin zu kommen?

»Wie soll ich denn jemals dorthin …?«

Aber Gerry war bereits gegangen.

Die einfachste Möglichkeit war per Flugzeug, aber leider war das auch die teuerste. Meine Ersparnisse waren noch weitgehend vorhanden, aber für Jet-Setting oder auch nur Reisen mit den Insel-Hoppern würden sie nicht reichen. Die Reise nach Gizo hatte schon genug gekostet. Ich wollte auch nicht unnötig Geld aus dem »Fonds« ausgeben, da ich noch gar nicht wusste, welche Ausgaben auf uns zukommen würden. Die einzige andere Möglichkeit, die mir einfiel, war die alte *Luminao*, ein heruntergekommener Frachtdampfer, der regelmäßig die Inseln abklapperte, und mit dem es eine Nacht und einen Tag unter äußerst widrigen Umständen bedeutete, um von Munda nach Honiara zu gelangen.

Die Vorstellung einer Seereise mochte zwar romantisch klingen, aber die *Luminao* hatte schon vor längerem das Stadium erreicht, das die Franzosen charmanterweise als »troisième age« bezeichnen, was ihr Äußeres und ganz allgemein ihre Seetauglichkeit betraf. Trotzdem war sie immer hoffnungslos überladen, sowohl mit Waren als auch mit Passagieren, und das bedeutete, dass die wenigen Toiletten, die es gab, sich rasch füllten und überflossen, woraufhin sich ihr Inhalt über das Deck ergoss, wo man gerade versuchte, ein wenig zu schlafen. Abgesehen von diesem übel riechenden Begleitumstand war Gerry auch überzeugt, dass sie »eines Tages absaufen musste«. In Anbetracht meiner gegenwärtigen Glückssträhne hätte es mich kaum überrascht, wenn dieser Tag ausgerechnet mein Reisetag war.

Sicherlich, hier liefen die Dinge eben nicht einfach reibungslos glatt. Tja, das Ganze würde noch etwas genauere Überlegungen erfordern. Zu meiner großen Überraschung kam die Lösung meines Problems dann aber aus einer vollkommen unerwarteten Richtung. Sie war männlich, saß auf der anderen Seite des Raums und hielt ein kaltes Bier in der Hand.

»Okay, Barry, mein Freund. Das reicht doch, oder? Schätze, wir können den Rest im Studio erledigen. Was meinst du?«

Der bärtige Kommentator grinste Rachel an, das schüchterne Mädchen, das im Gästehaus alle Funktionen von der Barfrau bis zur Köchin wahrnahm. »Und was servierst du uns denn heute Abend Feines? Was Nettes und Süßes wie dich, hoffe ich. Bring uns noch ein Bier, Schatz.«

Der kleine, aber drahtige Kameramann verdrehte seine Augen himmelwärts. Offensichtlich war er an die leichtzüngigen, selbstverständlichen Zweideutigkeiten seines Kommentators gewöhnt. Er begann, seine Ausrüstung in passende Flugkoffer zu verpacken, und ließ die Verschlüsse zuschnappen.

Über den Raum hinweg rief der Kommentator mir zu: »Hallo, wie geht's, wie steht's?«

»Gut, danke«, erwiderte ich vorsichtig und beugte mich ein wenig vor, um nach Tassels Ausschau zu halten.

»Und was bringt Sie hierher an den Arsch der Welt?« Er rieb sich seinen prallen Bauch in Vorfreude auf sein Abendessen.

»Na ja, ich lebe auf der Insel da drüben.« Ich deutete durch die offene Tür.

Er warf einen Blick in die Runde, nahm dann einen tiefen Zug von seinem Bier und betrachtete missbilligend die Flasche, die fast in seiner Hand verschwand.

»Und was tun Sie da draußen?«, fragte er zerstreut, während er der vorbeigehenden und errötenden Rachel zuzwinkerte.

»Na ja …«, holte ich tief Luft. »Na ja, wir wollen Hühner aufziehen.«

»Ach wirklich? Wie viele haben Sie denn dort?«

Ich hatte gewusst, dass er das fragen würde.

»Ähm, im Augenblick noch gar keine.«

Aber ich hätte mir keine Gedanken zu machen brauchen.

Hätte ich »dreieinhalb Millionen« gesagt, wäre seine Reaktion um keinen Deut anders gewesen.

»Aha, aha. Na ja, wir drehen hier einen Dokumentarfilm über das Fischen. Ich kenne mich da ganz gut, na ja, sehr gut aus. Tja, hab mein ganzes Leben lang geangelt. So ziemlich überall. Ach, was?«

Ich stutzte – hatte ich irgendetwas gesagt? Nein, gar nichts.

»Tja, ja ja, richtig, überall auf der Welt. Wir haben hier schon so manchen tollen Fisch rausgezogen. Kämpfen wie verrückt, aber wir haben's geschafft. Was für welche? Ach, das Übliche. Barsche, Regenbogenfische, Wahoos, Mahi-Mahis, was man eben so an den Haken kriegt. Natürlich, richtig, ich hab meine eigene Ausrüstung dabei, alles gesponsert, klar? Hier draußen ist ja mit Ausrüstung nicht gerade viel los, aber das überrascht mich auch nicht. Die sind hier draußen noch ganz schön rückständig, was?«

»Na ja, davon verstehe ich eigentlich nicht besonders viel ...«

»Tja, schätze, ich bin das beste Aussi-Zeug gewöhnt, was es gibt. Hören Sie zu, Freund, ich muss jetzt gehen. Nett, Sie kennen gelernt zu haben. Wie sagten Sie noch, heißen Sie?«

»Will.«

»Bill, genau. Machen Sie's gut, Bill. Tja, wie ich schon sage, ich muss jetzt los und mein Zeug packen. Wir fliegen morgen nach Honiara zurück. Haben 'ne Maschine gechartert, um all unser Zeug zu transportieren. 'n Haufen Ausrüstung, das. Tja, so isses. Filmteam, klar?«

»Honiara? Haben Sie Honiara gesagt?«

»Genau. Das is die Hauptstadt, Junge. Fliegen morgen um zehn Uhr ab. Muss noch packen.« Er machte eine Bewegung in Richtung Tür.

Ich hatte nicht die Zeit, um vorsichtig vorzufühlen, aber wahrscheinlich machte das sowieso keinen Unterschied.

»Ich frage mich ... meinen Sie, ob es vielleicht möglich wäre ... Wissen Sie, die Sache ist die, ich wollte eigentlich auch nach

Honiara. Es besteht wohl nicht die Möglichkeit, dass ich vielleicht mit Ihnen mitfliegen kann, oder?«

Er blickte überrascht drein, dann nahezu nachdenklich, und schließlich entschieden edelmütig.

»Na ja, warum eigentlich nicht, mein Freund. Schätze, das müsste schon in Ordnung gehen, aber bringen Sie nicht zu viel Gepäck mit, Junge. Wir sind schon ziemlich voll bepackt, mit dem Filmteam und mit der ganzen ...«

Ja ja, ich wusste Bescheid. »Vielen herzlichen Dank. Das ist großartig. Ich werde um zehn Uhr auf dem Flugplatz sein. Wirklich sehr freundlich von Ihnen. Dann also bis morgen.«

»Ja, klar, kein Problem. Bis morgen.«

Er hievte seine Jeans an den Gürtelschlaufen in die Höhe und eilte auf die Tür zu. In diesem Augenblick kam Tassels durch die Tür und schenkte ihm ein zahnloses, faltenreiches Grinsen. Leicht erschreckt beschleunigte der Mann vom Fernsehen seinen Schritt und warf einen nervösen Blick über die Schulter zurück, während mein Freund sich neben mich setzte und mir die gute Neuigkeit mitteilte, dass nur bei drei der zehn Dorfbewohner, die er zum Hospital gebracht hatte, wirklich Malaria festgestellt worden war.

Der Nächste war wahrscheinlich ich, vermutete ich.

Nach Mendali zurückgekehrt, erzählte ich Small Tome und Ellen von diesem glücklichen Zufall.

»Wie lang Zeit du dann fort?«, fragte Small Tome.

»Ich weiß es nicht«, erwiderte ich. »Wahrscheinlich so lange, bis ich Mr. Wu gefunden habe.«

Ellen neigte sich mit einem ernsten Ausdruck in ihrem dunklen, tätowierten Gesicht zu Small Tome hinüber und murmelte ihm etwas in ihrer eigenen Sprache zu.

»Ellen sagin, dort in Honiara gebin suvil schlecht Frauin. Sie nicht will du mit sie gehin und du mussen kommin surück schnelle!«

Ich versprach, dass ich so schnell zurückkehren würde, wie ich konnte, und dass ich mir die größte Mühe geben würde, mich von all den Mausefallen des weiblichen Charmes, die die Hauptstadt zu bieten hatte, fernzuhalten. Ellen schien beruhigt und zog sich in ihre Küche zurück.

»Du mit uns lebin, so wir müssin um dich kümmern«, erklärte Small Tome feierlich.

Ein paar Minuten vor zehn Uhr erschien ich mit der kleinsten aller Reisetaschen in der Hand auf dem schäbigen Flugplatz. Ich hatte keine Ahnung, wie lang ich fortbleiben würde, aber ich wollte auf keinen Fall riskieren, zu viel Gewicht bei mir zu haben. Ich war sogar bereit, notfalls ein paar Kleidungsstücke zurückzulassen. Im Abflugsaal fand ich einen enormen Haufen Koffer und Taschen vor. Der australische Kommentator, in einen schicken Safarianzug mit Hut gekleidet, saß keuchend auf einer Bank, während ein Assistent, wahrscheinlich seine rechte Hand, das Gepäck mit einer Liste verglich.

»Jawoll.« Er blickte auf. »Es ist alles hier.«

Der drahtige Kameramann trank aus einer Wasserflasche und erhob sich dann. »Na gut, seid ihr alle so weit?«

Ich nickte, und wir marschierten alle hinaus in die Glut, die von der Asphalt-Landebahn abstrahlte. Da stand schimmernd das Flugzeug. Es war etwa halb so groß wie die Maschine, die mich hierher gebracht hatte – ein Sechssitzer, auch »Insulaner« genannt.

Zuerst wurde das Gepäck eingeladen, ein umständlicher, schweißtreibender Vorgang, und dann kletterten wir alle in die darüberliegende Kabine. Der australische Kommentator klappte seinen Sitz so weit nach hinten um, dass er fast auf dem Rücken lag und mich so in einer kleinen Ecke neben einem der hinteren Fenster sicher einklemmte. Dann kletterte der Assistenz hinein, gefolgt von dem Kameramann, der eine professionell wirkende Kamera trug. Erst in diesem Augenblick bemerkte ich, dass die

Tür des kleinen Flugzeugs abmontiert und im hinteren Teil des Rumpfs verstaut war.

»Das müsste eigentlich ein paar fantastische Aufnahmen von der Vonavona-Lagune aus der Höhe ergeben«, meinte er und klinkte einen großen Bergsteiger-Karabinerhaken mit einem Ende an den Metallrahmen seines Sitzplatzes und mit dem anderen Ende an seinen Hosengürtel. Der australische Kommentator stöhnte und kniff die Augen zu.

»Findest du nicht, wir haben schon genug Schüsse im Kasten?«, murmelte er schwach. Schweiß tröpfelte ihm in den Bart.

Der Pilot, ein fröhlicher Salomon-Insulaner, sprang in den vordersten Sitz.

»Alle bereit zum Abflug?«

Ich war mir sicher, ein leicht abwehrendes Kopfschütteln des Kommentators wahrgenommen zu haben.

Der Pilot legte einen Schalter um, und sofort wurde der Steuerbordmotor mit einem Knallen lebendig und steigerte sich bald zu einem gleichmäßig vibrierenden Brummen. Er betätigte einen anderen Schalter, und der Propeller begann, sich wie ein müder Ventilator langsam zu drehen, aber das war alles. Kein Brüllen, kein Knallen, kein schwarzer Rauch, einfach nur dieses sanfte Drehen.

»Problem, glaube ich«, meinte der Pilot schlicht. »Mal nachsehen.«

Er schaltete beide Maschinen wieder ab.

Bis sich der Kommentator unter kräftigem Schieben meinerseits und unter Zerren seines Assistenten endlich aus der Kabine befreit hatte und wir alle wieder auf der Rollbahn standen, hatte der Pilot bereits das Motorengehäuse abgenommen. Mit in die Hüften gestemmten Händen stand er da und betrachtete den unartigen Motor.

»Hat irgendjemand zufällig einen Werkzeugkoffer dabei?«, fragte er heiter.

Der Kommentator wurde sichtlich bleich.

In diesem Augenblick kam Gerrys Mechaniker Nob vorbei, der in der ganzen Gegend ständig alte Außenborder reparierte, die den Geist aufgegeben hatten. Er wurde zu seiner Werkstatt geschickt, um Werkzeug zu holen, und Silas, der Post-Manager, der Zeit gefunden hatte, um seinen Rat und seine Hilfe anzubieten, lieh ihm dafür sein Fahrrad. Etwa eine halbe Stunde später kam Nob mit einem kleinen Werkzeugkasten zurückgestrampelt. In kürzester Zeit hatten er und der Pilot alle sechs Zündkerzen herausgeschraubt und wischten sie unter Anleitung des Post-Managers an ihren Hemden sauber.

»Kein Problimblim«, lachte Nob uns über die Schulter zu. »Oh, iich nie guggin Maschine wie das da. Ihm suvil nett.«

»Na ja, vielleicht könnten wir ja noch einen Tag bleiben«, schlug der Kommentator vor. »Wir können ja eine andere Maschine chartern. Eine, die funktioniert«, fügte er düster hinzu.

Der Pilot, der es nicht duldete, dass man über sein Flugzeug so schlecht sprach, antwortete in bestimmtem Ton: »Niich gut du sagin das da ihm schlecht Maschin. Das da ihm nett Fluger. Kein Problimblim.«

Also quetschten wir uns alle wieder an Bord. Diesmal sprangen beide Motoren sofort an, und nach einem kurzen Zeichen des Piloten mit aufwärts gerecktem Daumen und höflichem Applaus von den draußen stehenden Zuschauern rollten wir los. Das Abheben war kaum zu spüren, und bald schwebten wir hoch über den Bergen von New Georgia. Der Kameramann beugte sich zur Türöffnung vor.

»Fantastisch!«, schrie er über das Windgeräusch.

»Beschissen bescheuert«, murmelte der Kommentator und schloss wieder seine Augen.

Wir überflogen die Lagune, und während ich durch das Kunststofffenster an der Tragflächenstrebe vorbei in die Tiefe spähte, fragte ich mich, ob wohl Wani aufblicken und das kleine Flugzeug entdecken würde, aus dessen Tür ein weißer Mann hing. Dann würde er sicherlich »Alles in Deckung!« rufen.

Etwa eine Stunde später waren wir auf dem Henderson-Flughafen gelandet und taumelten aus der engen Kabine. Meine Reisegefährten boten mir an, mich in die Stadtmitte mitzunehmen, und ich nahm dankbar an. Wir begannen, die unzähligen Taschen und Koffer in einen wartenden Minibus zu laden. Als die letzten Koffer aus dem Flugzeug gehoben wurden, traten zwei Männer aus dem Schatten des Flughafengebäudes und näherten sich dem Flugzeug. Mit einem gleichzeitigen Aufstöhnen griffen sie hinein und zogen von unterhalb des Sitzes, auf dem der fette Kommentator gesessen hatte, einen Pappsarg hervor. An ihrem Keuchen und Taumeln konnte man erkennen, dass er schwer sein musste.

Verblüfft sahen wir zu, wie sie ihn zu einem Lastwagen hinschleiften, der in diesem Augenblick in einer Wolke aus Dieselqualm und Staub herangekommen war. Mit einem gleichzeitigen Eins, zwei, drei versuchten sie, den Sarg auf die Ladefläche zu hieven, aber gerade als sie ihn in die richtige Höhe gestemmt hatten, riss ein Griff ab und der Sarg kippte mit der Kopfseite voran zu Boden, der Deckel löste sich, und ich schloss die Augen.

Nach einem ausreichend langen, respektvollen Augenblick öffnete ich sie wieder und sah, wie die beiden Sargträger hierhin und dorthin rannten, um die fünf oder sechs Dutzend Kokosnüsse einzufangen, die nun auf Rollbahn Nummer Eins herumrollten und -eierten. Vor Erleichterung lachte ich laut auf und wandte mich den anderen zu. Der fette Kommentator hatte seine Hände vor das Gesicht geschlagen, eine vor jedes Auge.

»Tja, mein Freund, kannst sie jetzt wieder aufmachen«, seufzte der Kameramann und wandte sich dem Bus zu.

Langsam spreizten sich die dicken Finger auseinander.

Bis wir bei ihrem Hotel angekommen waren, hatte sich der beleibte Held aller Hausfrauen in einen seltsamen Zustand hineingesteigert. Es musste ihm tatsächlich ziemlich mies gehen, denn er zog sich ohne Bier in sein Zimmer zurück und jammerte laut, dass er einen Malariaanfall bekäme und ob jemand bitte einen Arzt holen könnte. Der Kameramann lächelte böse und lud mich zu einem Drink ein.

»Zur Feier des Tages!«, meinte er augenzwinkernd.

Ich lehnte ab. Ich musste Mr. Wu ausfindig machen.

Das große H

Ich versuche, im Jacht-Club einen guten Eindruck zu machen – finde aber niemanden, der das beurteilen kann – werde gerettet und komme in den Genuss von Honiaras High Society.

Wie ich schnell entdeckte, ist Honiara der hässliche, eiternde Dorn im Fleisch der ansonsten faszinierenden und wunderschönen Salomon-Inseln. Zum Glück ist das aber nur ein unbedeutender Makel, denn wie Gerry schon betont hatte, ist diese Hauptstadt, die wie benommen in der Hitze der Insel Guadalcanal liegt, kein Mexico City. Eher erinnert sie an die Pappmachéstadt eines billigen Italowestern.

Schlapp und unansehnlich am Fuß der Tandacheche-Klippen kauernd, blickt Honiara trübe über die eine Hauptstraße auf die See und den »Wellenbrecherhof« – das ist der von Wrackteilen übersäte schmale Wasserstreifen zwischen Guadalcanal und den Florida-Inseln. Hier war 1942 der Schauplatz einer der größten Seeschlachten der Geschichte.

Eingeborene hatten die Amerikaner darüber informiert, dass die Japaner dabei waren, auf Guadalcanal eine Flughafenbasis zu bauen, die den Ausgangspunkt für die weitere Invasion der pazifischen Inseln einschließlich Neuseeland und Australien bilden sollte. Also beschloss die US-Marine, aktiv zu werden. Ergebnis war die Seeschlacht von Savo am 9. August 1942, die sich als eine der größten Niederlagen in der Geschichte ihrer Kriegsmarine erwies. Gegenangriffe, die daraufhin in der Westlichen Provinz auf den Inseln um Randuvu erfolgten, zwangen schließlich die Japaner zurück, und das entsetzliche Blutvergießen in diesem ruhigen Erdenwinkel stellte sich als Wendepunkt an der Pazifikfront heraus. Siebzig Kriegsschiffe und mehr als tausend Flugzeuge wurden dabei zerstört, und die Verluste an Leben waren so hoch, dass die tatsächliche Zahl der Getöteten in den Hintergrund trat. Es möge der Hinweis genügen, dass diese heute friedliche Region im Ozean als Eiserner Sund bekannt ist. Ironischerweise oder angemessenerweise (oder vielleicht auch beides) wurde der heute bestehende internationale Flughafen 1996 von der japanischen Regierung finanziert.

Mendana Avenue, die Hauptstraße, hatte sich inzwischen in einem Hindernisparcours für die unzähligen heruntergekommenen, importierten Autos und Pick-ups verwandelt, die durch den permanent über der Stadt liegenden Staub hin und her klapperten und hüpften.

Ich machte ein Hohlkreuz, ein wenig wie ein Matador, der dem Stier ausweicht, und konnte gerade noch den schlammgrauen Wasserspritzern entgehen, die aus einer Pfütze hochsprühten, als ein überladener Minibus durch sie hindurchbretterte. Asthmatisch hupend keuchte er durch die Menge der Menschen, die zweifellos auf der Suche nach Reichtum und Glück und nach den Haufen von billigem Plastikramsch, der den so sehnsüchtig betrachteten westlichen Reichtum verkörperte, in dieser schmutzigen Metropole lebten.

»Geh runter zum Jacht-Club«, hatte Gerry mir geraten. »Dort sind immer eine Masse Leute an der Bar. Dort trifft du sicher jemanden, der dir weiterhilft.«

Ich verließ den Schatten des Hoteleingangs, überquerte unbeschadet die Hauptstraße und ging eine Seitenstraße hinunter, die zu den Docks führte. Vor mir sah ich geöffnete Metalltüren und hörte das Stimmengewirr im Inneren, als sich die Mitglieder des Point-Cruz-Jacht-Clubs zum Mittagessen versammelten. Ich schrieb meinen Namen in das Besucherbuch ein und ging hinein. Der Clubsaal war offensichtlich von jemandem entworfen worden, der ein Schiffsbau-Experte war, und öffnete sich nach einer Seite hin zur See. Ventilatoren verbreiteten eine Atmosphäre altmodischer Exklusivität und verteilten den Geruch von altem Tabak und Engstirnigkeit über Köpfen, die fast alle Weißen gehörten.

Eine Bar erstreckte sich über eine gesamte Seitenwand, an der etwa ein Dutzend Männer saßen, die alle ein Glas, manche sogar zwei Gläser vor sich stehen hatten. Um mich anzupassen, bestellte ich ein Bier. Während ich darauf wartete, lächelte ich und murmelte ein »Hallo« in Richtung des Gentleman, der in Shorts und Socken – beide reichten ihm bis zu den Knien – auf dem Barhocker neben mir saß. Er drehte sich zu mir herum und sah mich an, als hätte ich ihn gerade gefragt, ob er mir seine Tochter zu einem schönen Preisnachlass verkaufen wollte. Mit einem Geräusch, das zwischen Knurren und Schnauben lag, glitt er von seinem Hocker und marschierte auf unsicheren Beinen ans andere Ende der Bar.

»Verdammter Schnösel, hockt sich neben mich und quatscht mich an. Fast siebzehn Jahre lang bin ich jetzt hier Mitglied, und der quatscht mich einfach an. Herrgott noch mal!«, beschwerte er sich lautstark bei einem tauben Kellner.

Peinlich berührt bezahlte ich mein Bier, drehte mich um und lächelte schwach dem Mann zu, der auf meiner anderen Seite saß.

»Aach, hör'nse blosnich hin, alla Sauatopf, meckat un meckat. Imma's gleiche«, meinte er freundlich und ein wenig konfus. »Grad ers angekomm'?«

»Ja, erst heute Morgen.«

»Don, 'ch haiß Don.« Er wischte seine feuchte Hand an seinem Hemd ab und streckte sie mir entgegen. Sein Kopf, der unter den wenigen schwarzen Haaren, die er quer über den Schädel gekämmt hatte, von einem Ohr zum anderen glänzte, wackelte leicht vor Anstrengung, als er seinen Blick hob, um mich anzusehen. Er rülpste, und hob mit einiger Verzögerung seine Hand vor den Mund. »Frau'ngse nur, wennse was wissn wolln, ich sag' Ihn' alles.«

»Na ja, die Sache ist die, ich versuche, Chinatown zu finden.«

Erst als er nach einem Stapel Bierdeckel griff und sich daran machte, sie mit höchster Konzentration auf dem Bartresen auszulegen, erkannte ich meinen Fehler.

»Alscho, Scheinataun, guud. Alscho wia schin hia – im Club.« Er stieß den Finger auf einen der Bierdeckel, der davonflutschte und auf den Boden flatterte.

»Nee, 'schulligung, wia schin hia.« Es gelang ihm, einen weiteren Bierdeckel von der Bar zu stupsen. »Was hamse noch gesagt, wohin wollnse? Scheinataun? Blooscheinataun?«

Es war eine Katastrophe.

»Entschuldigung, Sie sind doch Will, oder?«

Vom Boden, wo ich unter dem Vorwand, den Bierdeckel zu suchen, einen Fluchtversuch machte, blickte ich auf und sah eine freundliche, attraktive Frau und einen kahlköpfigen, lächelnden Mann.

»Sie erinnern sich nicht mehr an uns, oder?«

»Oh, hallo!«, erwiderte ich und durchkämmte mein Gedächtnis. »Ich … äh …« Dann fiel es mir glücklicherweise wieder ein. »Doch, doch. Sie sind Jane und Nick, nicht wahr? Wir haben uns im Gästehaus kennen gelernt. Wie geht's Ihnen?«, fragte ich ein wenig zu überschwänglich.

»Sheinataun …«

»Sehr gut, danke.«

Jane war Beraterin in landwirtschaftlichen Angelegenheiten

und arbeitete für eines der größeren Hilfswerke. Ihr Mann Nick war Kapitän eines Fischereischiffs und momentan im Urlaub. Sie stammten beide aus Neuseeland, und ich hatte sie in Munda kennen gelernt, wo Jane eine Reihe von Vorträgen über den Gemüseanbau auf den Stufen des Flughafengebäudes gehalten hatte. (Das heißt, die Vorträge fanden auf den Stufen statt, nicht der Gemüseanbau.) Ich war auf einen Sitz in der hintersten Reihe geschlüpft.

Anders als die meisten wohltätigen Personen, die sich auf den Inseln aufhielten, strahlte sie Tüchtigkeit und fundierte Professionalität aus. Außerdem schien sie auch mehr daran interessiert, Wissen zu vermitteln und Fortschritte zu erzielen, als Einkäufe in dem kleinen Geschenkeladen des Gästehauses zu machen, in dem ständig ein Gedränge von jungen Männern mit Pferdeschwanz und Sandalen und ernst dreinblickenden jungen Frauen in langen, geblümten Kleidern zu herrschen schien, die ehrfürchtig murmelten: »In das hier wird Mom sich einfach verlieben«, oder ungläubig: »Schatz, er sagt, er nimmt keine US-Dollar. Kannst du dir das vorstellen?«

Es gelang mir, mich Don, der verständnislos auf seine Stadtkarte starrte, mit der Versicherung zu entziehen, er habe mir hervorragend geholfen. Er nickte zufrieden und machte sich an die gar nicht so einfache Aufgabe, sein Glas vom Bartresen zu heben und wenigstens etwas von seinem Inhalt in den Mund zu bekommen. Wir drei zogen uns an einen freien Bartisch zurück, der eine Säule in der Mitte des Saals umrundete.

Sie fragten mich, was mich nach Honiara verschlagen hatte, und folgten geduldig meiner etwas umständlichen Erklärung.

»Aber auf diese Delphinjagd hätte ich verzichten können«, schloss ich, und noch die Erinnerung daran ließ mich schaudern.

Jane lachte. »Ich habe einmal versucht, auf Makira unter Mitarbeit eines Dorfes einen Rinderaufzuchtbetrieb aufzubauen, aber als die Rinder dann schlachtreif waren, hatten die Dorfbewohner die Tiere inzwischen so gern, dass sie ihnen Namen gegeben hatten. Und sie ließen niemanden an sie heran. Schließlich rissen sie mitten in der Nacht die Zäune nieder und ließen sie frei.«

Nun, da stand mir womöglich noch einiges bevor.

»Tja, wir sollten dann mal wieder gehen«, meinte sie und fischte ihren Schlüsselbund vom Tisch. »Wo wohnen Sie, Will?«

»Nun ja, im Augenblick weiß ich das noch nicht«, gab ich zu, und mit spontaner Großzügigkeit und Gastfreundschaft, wie sie von uns Engländern als überwältigend und auch ein wenig eigenartig empfunden wird, bestanden beide sofort darauf, dass ich in diesem Falle selbstverständlich mit ihnen kommen und bei ihnen wohnen müsste.

»Jetzt bringen wir Sie erst einmal hinauf zum Haus.« Enthusiastisch sprang sie auf.

»Zu dem Gasgeschäft können wir auch morgen fahren«, meinte Nick rätselhaft, während ich auf den Rücksitz des weißen Pick-up-Geländewagens kletterte und die rosafarbene, kunstvoll verschlungene Schrift auf der Seite bewunderte, die lautete: »Landwirtschaftliche Beratungsstelle für Frauen auf den Salomon-Inseln«. Die Fahrt über die steilen Grate, die von der um die Stadt herumliegenden Hügelkette hinabliefen, rüttelte mich auf meinem Sitz gehörig durch. Als wir um eine Biegung kamen, erhaschte ich einen Blick auf das Innere der Insel, flache Wiesen und Blattwerkdörfer. Nick machte mit seinem Daumen eine Geste durchs Fenster.

»Sehen Sie das? Das ist GRA-Territorium.«

Es mochte ermüdend, deprimierend und eine schmutzige Angelegenheit sein, einen Tag lang in der Stadt herumzuspazieren, und es war nicht besonders empfehlenswert. Beunruhigend, riskant und sogar wirklich gefährlich war es jedoch, einen Tag lang außerhalb der Stadt herumzuspazieren, und es war definitiv auf keinen Fall zu empfehlen. Außerhalb der Stadtgrenzen von Honiara begann Banditenland, das von der GRA, der »Guadalcanal Republican Army«, oder einer ihrer zahlreichen Strohmann-

Organisationen beherrscht wurde – diese jungen Querulanten änderten ihren Namen jedes Mal, wenn sie auf ihren gestohlenen Videorekordern einen neuen Actionfilm aus Hollywood gesehen hatten.

Ursprünglich hatten sie sich gegen den Einfluss der »Immigranten« von den verschiedenen Salomon-Inseln, die nach Honiara kamen, zusammengefunden. Um zu verhindern, dass diese sich weiter ins Landesinnere ausbreiteten, hatten sie um die Stadt herum Straßensperren errichtet. Die »Immigranten« ihrerseits bauten auf ihrer Seite eigene Straßensperren, um sich vor diesen Hooligans zu schützen, und das Ergebnis war eine dauerhafte Belagerung. Honiara war jedenfalls in jeder Hinsicht abgeschnitten, und Waren konnten die Stadt nur noch per Schiff erreichen. Jetzt saß die GRA im Hinterland und wartete darauf, dass etwas geschah. Bisher war nichts geschehen, und so hatten sie sich die Zeit vertrieben, indem sie einsam liegende, verlassene Häuser plünderten und dann meist in Brand steckten.

Ausgerüstet waren die Männer der GRA in der Hauptsache mit selbst gebastelten Waffen, die sie aus den verrosteten Metallteilen alter Waffen aus dem Zweiten Weltkrieg herstellten und mit selbst gemachter Munition luden, und so bestand ihre Gefährlichkeit mehr in ihrer mangelhaften Organisation als in ihrer Schusskraft.

Man betrachtete die Situation dennoch als ernst genug, um die doppelten Kontrollstellen um die Stadt herum weiter beizubehalten. Selbstverständlich kam ich nicht auf die Idee, einen Ausflug außerhalb dieser Straßensperren vorzuschlagen.

Trotz alldem war Honiara natürlich in puncto Gefährdung des Einzelnen noch immer ein viel sichereres Pflaster als die meisten europäischen Städte, und im Vergleich zu allen amerikanischen Städten glich sie eher einem Spaziergang im Park, allerdings einem zugegebenermaßen etwas verwilderten Park.

Schließlich fuhren wir eine runde Auffahrt hinauf und stiegen vor einer Ziegelstein-Villa aus, die gefährlich an einen steilen Hang gebaut war. Vorbei an einem Wachhund mit überaus neugieriger Nase und unkontrollierbarem Speichelfluss folgte ich meinen Freunden durch die Eingangstür ins Innere. Erst hier realisierte ich, wie lange es schon her war, dass ich in einem »echten« Haus gewesen war. Der Fußboden war mit Fliesen belegt, die Fenster hatten Scheiben, an den Wänden befanden sich Lichtschalter, und in einem Alkoven des offen und großzügig angelegten Wohnzimmers stand wie ein Schrein ein Fernsehgerät. Ich fühlte mich leicht überwältigt.

»Hier, bitte. Dies ist Ihr Gästezimmer«, sagte Jane und öffnete von der Eingangshalle aus eine Tür.

Durch eine riesige, vom Boden bis zur Decke reichende Fensterfront fiel das Licht in einen saalartigen Raum, der mit Kommoden, einem Ankleidetisch mit Spiegel und einem Himmelbett ausgestattet war, das, verhüllt mit einem großen Moskitonetz, wie ein mittelalterlicher Wohnwagen wirkte. Ich setzte mich versuchsweise darauf, und fühlte die wassergefüllte Matratze unter mir schwabbeln wie ein riesiger Pudding. Durch eine weitere Tür in der hinteren Wand des Raumes gelangte man in ein Badezimmer mit zwei Waschbecken, einem Bidet, einer Badewanne und einer Dusche. Ich zählte. Zehn Wasserhähne. Neun mehr als in ganz Mendali.

Nachdenklich wanderte ich umher, fuhr mit der Hand über die Oberflächen aus Holz und Kunststoff. Ich blickte durch das Fenster über den Pool hinweg auf die See hinunter. Von hier aus war die Stadt zum größten Teil durch Bäume verdeckt. Plötzlich wirkte Honiara recht reizvoll.

»Was für ein fantastisches Haus!«, rief ich aus, als Jane ein paar zusammengelegte Handtücher aus dem Regal nahm und sie auf einem Stuhl bereitlegte.

»Es ist sehr schön, aber es ist nicht unseres«, erwiderte sie. »Es gehört dem stellvertretenden High Commissioner. Der ist mit seiner Frau zur Zeit in Urlaub, und alle Angestellten, die sich sonst um das Haus kümmern, haben ebenfalls frei bekommen.

Also sind wir hier, um auf das Haus aufzupassen. Dabei fällt mir ein: Wir sind für heute Abend zu einer Cocktailparty bei einem der Bosse des Hilfswerks eingeladen. Würden Sie gern mitkommen?«

Sicherlich würde ich das. »Leider habe ich aber nichts Passendes zum Anziehen dabei.«

»Ach, Nick leiht Ihnen sicher etwas. Das müsste Ihnen passen.«

Eine Stunde später, nachdem ich mir unter der Dusche den Staub des Tages abgewaschen und eine Weile mit dem Bidet herumgespielt hatte, dessen Wasserstrahl beinahe, aber nicht ganz bis zur Decke reichte, quetschte ich mich in eine Samthose von Nick, die mir etwas zu eng und viel zu kurz war. Die zehn Zentimeter Größenunterschied machten sich stärker bemerkbar, als Jane gedacht hatte. Leider wurde dadurch das Sitzen schwierig und das Vornüberbeugen unmöglich. Zum Glück waren mir Modefragen inzwischen noch viel gleichgültiger geworden, sodass ich höchst zufrieden in ein paar geborgte graue und verrückt gepunktete knöchelhohe Stiefel stieg. Wenn ich ein wenig krummbeinig ging, reichte der Hosensaum fast bis zu den Stiefeln. In einem Schränkchen im Badezimmer fand ich ein indonesisches Aftershave (zumindest glaube ich, dass es indonesisch – und ein Aftershave – war, es duftete auf alle Fälle ziemlich kräftig), und nachdem ich einiges davon auf mein Hemd geträufelt hatte, schlüpfte ich wieder hinein. Mit ein paar Tanzschritten tänzelte ich am Spiegel vorbei, verließ das Zimmer, und schon brausten wir davon.

In dem Wagen der Landwirtschaftlichen Beratungsstelle für Frauen fuhren wir mit einem Knirschen der makellosen Kieselsteine vor dem Eingang einer wahren Residenz vor. Nick drückte auf die Klingel, und ein Salomon-Insulaner, der in eine unbequeme Uniform gezwängt war, öffnete uns die Tür. Ich krümmte mich ein wenig und fühlte zu meinem Trost, dass die Hose sich mit den Stiefeln traf, als ich eintrat.

»Meine Lieben!«, stieß eine Frau in einem giftgrünen Samtkleid und Perlen hervor. In einer Hand hielt sie ein Glas Champagner und eine zerknüllte Papierserviette, und in der anderen eine Zigarette mitsamt der die Schwerkraft ignorierenden Asche. Kuchenkrümel hingen ihr seitlich am dick mit Lippenstift geschminkten Mund und ebenso an ihrem Dekolleté.

»Paula, wir haben einen Freund mitgebracht, Will. Er lebt in der Nähe von Munda, wissen Sie?«

»Die Provinzen, wie wundervoll.« Sie pflanzte mir einen Kuss auf die Wange, der sowohl nass als auch klebrig war. »O Gott, ich wünschte, ich könnte auch einmal dorthin gehen ... überhaupt, irgendwohin.«

Ich richtete mich wieder auf, da ich befürchtete, dass sonst meine Knie blockieren würden.

»Ich hoffe, es stört Sie nicht, dass ich einfach so hier erscheine ...«

»Stören, warum sollte mich das stören? Je mehr, desto lustiger.« Sie grinste schief und fummelte spielerisch an ihren Perlen herum. »Ich hoffe nur, *Sie* stören sich nicht an all den unglaublich langweiligen Figuren, die heute Abend hier sind. Wo habe ich nur meinen verdammten Gin hingestellt?«

Sie dampfte davon, offensichtlich in Richtung Toilette, und hinterließ eine Spur von Asche und Rauch.

»Das ist die Dame des Hauses!«, gluckste Nick. »Warten Sie, bis Sie ›Seine Exzellenz‹ kennen lernen! Der Right Royal Ronnie, so nennen wir ihn.«

Wir schlenderten eine kurze, breite Treppenflucht durch einen fast leeren Raum hinunter und durch Terrassentüren hinaus in den großen Garten. Die Luft war geschwängert mit Parfüm aus der Flughafen-Boutique und einem starken Geruch von Wichtigtuerei.

Genau wie manche Leute gern Clubs gründen, um die Schlachten des englischen Bürgerkriegs nachzuspielen, oder sich im Stil der vierziger Jahre zu kleiden und den Swing zu tanzen, so schien ich hier in eine Versammlung der Gesellschaft zur Feier der kolonialen Ausschweifungen geraten zu sein, deren Mitglieder nur das Ziel verfolgten, langatmige Reden zu halten, meistens über die eigene Person, und die anderen unter den Tisch zu trinken. Die Party war ein voller Erfolg.

Ebenso wie Grimbles gesellschaftliches Umfeld auf den Inseln Gilbert und Ellice war auch die englische Gemeinde auf den Salomon-Inseln stets überschaubar gewesen, weil diese mehrere Monate Schiffsreise von Familie und Freunden entfernt lagen und aus diesem Grund nicht zur Hitliste der beliebtesten Außenposten des Britischen Empires zählten. Viele Jahre lang wurden sie sogar beinahe im Alleingang von einem einzigen Mann verwaltet, Charles Morris Woodford, der 1896 als erster britischer Commissioner über das Protektorat eingesetzt wurde. Fast zwanzig Jahre lang war er, unterstützt nur durch etwa ein Dutzend Männer, für 100 000 Insulaner verantwortlich gewesen, von denen die meisten begeisterte Kopfjäger waren. Von einem schlichten Beamtengehalt unter den einfachsten Umständen lebend, hatte er die Salomon-Inseln bis 1915 »regiert«, bis zu seiner Pensionierung. Und all diese Zeit hatte er voller Überzeugung unbewaffnet verbracht und versucht, die kriegerischen Insulaner von den Wohltaten eines friedlichen Lebens zu überzeugen. Das Regierungs- und Rechtssystem, das er damals aufgebaut hatte, funktioniert noch heute.

Wie sehr er wohl den Lebensstil der Angestellten des Hilfswerks genossen hätte, die das Land seit dessen Unabhängigkeit überschwemmten: die regelmäßigen Flüge nach Hause, die Häuser, die Autos, die Tauchkurse, die Gesundheits- und Rentenversorgung und natürlich die Reihen von Nullen, die an den steuerfreien Gehältern klebten. Das schienen alles unabdingbare Notwendigkeiten zu sein. Wenn er allerdings als Teil seines Jobs vielen Veranstaltungen wie dieser hier hätte beiwohnen müssen, dann hätte sich sein Neid mit großer Wahrscheinlichkeit in engen Grenzen gehalten.

Unter rauschenden Bäumen war eine Bühne errichtet worden, auf der eine Eingeborenen-Band mit ihren Pfeifen in der traditionellen Bekleidung aus Blättern und Muscheln für die musikalische Begleitung sorgte. Sie bildeten einen starken Kontrast zu den Gästen in ihren schlaffen Anzügen und altmodischen Kleidern. Die Getränke schienen schon seit einer ganzen Weile zu fließen, und ich wurde von einigen Fremden, die vorbeiwanderten, gegrüßt. Die meisten sprachen bereits mit erhöhter Lautstärke. Ein blasser Südafrikaner brachte uns Drinks. Er packte drei Gläser mit einer Hand und füllte sie bis zum Rand.

»Tolle Party, jo, tolle Party. Da kann man sich auf den ollen Ronnie immer verlassen. Sie sin' aus England, wa?«, fragte er mich, als er mir mit einer kreisförmig ausholenden Bewegung seines Arms ein Glas reichte.

»Ja, bin ich.«

»Na, denn Prost, alter Junge«, lachte er, nicht unfreundlich, und hob die Flasche kurz über seinen Kopf, bevor er einen Schluck daraus nahm.

Nick und Jane wurden bald von einigen Amerikanern mit Beschlag belegt, die sie kannten, und ich blieb alleine stehen, umgeben von einer ständig anwachsenden Geräuschkulisse, und fing einzelne Gesprächsfetzen auf.

»Warum lässt du dann nicht den Hund die Vordertür benützen, und das Hausmädchen kann einfach hintenrum reingehen?«, meinte eine stark gerupft aussehende Frau, deren Basedow-Augen rot vor geplatzten Äderchen waren.

»Ist mir egal, aber ich will nicht, dass einer von ihnen den Pool benützt«, erwiderte ein Mann, dessen schwarz gefärbtes Haar mit den grauen Haaransätzen in der Festbeleuchtung glänzte.

»In diesem neuen Laden neben dem Markt bekommt man echten italienischen Mozzarella. Der wird in Neuseeland aus Yak-Milch oder so was gemacht. Und eingeflogen. So was ist heute gar nichts Ungewöhnliches mehr.«

»Im nächsten Urlaub will Mary sich das Gesicht liften lassen.«

»Wird auch verdammt noch mal höchste Zeit!«

»Tja, aber das Schlimmste ist, dass ich selbst dafür blechen muss. Keine Chance, das als Renovierungskosten erstattet zu kriegen, nehme ich an, was? He he!«

Aus einer hübschen, halb geschlossenen Veranda drang Gelächter und das nasse Klirren einer Flasche, die am Boden zerschellte.

»Natürlich, unser Hilfsprogramm ist das Beste von allen Inseln hier; es ist, wir ihr Jungs immer sagt, verdammt großartig. Nächstes Jahr, wenn van Dieter in Pension geht, werde ich Direktor – nicht übel, was?«

»Hör mal, Junge, wieso glaubst du, dass euer Programm so verdammt …«

»Na, wen haben wir denn hier?«, dröhnte eine Stimme in mein Ohr. »Wer hat Sie denn eingeladen, mein Freund?«

»Äh, nun ja, eigentlich …« Ich sah einen gebeugten, mageren Mann in den Fünfzigern vor mir. Sein dünnes, rauchgraues Haar war streng nach hinten gebürstet und betonte die große Nase. Dieses außerordentlich lange, aber knollige Riechorgan hatte die Farbe des Rotweins, an dem er schnüffelte, während er sein Glas schwenkte. Seine wässerigen Augen zwinkerten, als er mir ins Wort fiel.

»Wie lautet Ihr Name, junger Mann?«

Ich sagte es ihm.

»Aha. Nun, ich bin Ronnie, und ich finde es gut, Sie hier mit an Bord zu haben. Ich werde Sie ein wenig herumführen, Sie ein paar Leuten vorstellen.«

Er packte mich an der Schulter und schob mich vor sich her durch die Menge wie einen Einkaufswagen im Supermarkt.

»Susan, hier haben wir frisches Blut in der Stadt. Kümmere dich um ihn und versuche, ihm nicht die Ohren vollzujammern.«

»Ja, Ronnie«, erwiderte Susan schwach. Susans Mann machte »in Öl«, und ihre drei Kinder waren in England im Internat. »Es wäre mir viel lieber, wenn wir sie hier bei uns hätten, aber ich nehme an, so ist es zu ihrem Besten. Und die Firma bezahlt natürlich alles.«

Ich beging den groben Fehler, ihr zu erzählen, dass ich selbst Lehrer gewesen war. Sofort zog sie ein Bild von ihrem Nachwuchs hervor und gab mir einen tränenreichen, detaillierten Bericht von ihren akademischen Fortschritten oder vielmehr Stagnation.

»Freddy ist nie besonders gut in der Schule gewesen, wissen Sie. Er war immer ziemlich gut in vielen anderen Dingen wie zum Beispiel … äh … Puzzles und solche Sachen, viel besser als ich, wissen Sie; er ist nicht dumm, ich meine …« Gedankenvoll starrte sie auf das Foto. »Ich war in der Schule immer hoffnungslos, aber ich glaube auch nicht, dass ich dumm bin, obwohl Gerald immer sagt, ich sei dumm. Glauben Sie, dass ich dumm bin? Entschuldigung, wie war doch gleich Ihr …«

Die Musikgruppe legte wieder los, sie schlugen Rhythmen auf Bambusstücken und sangen über Gott weiß was. Niemand drehte sich nach ihnen um oder zollte ihnen die geringste Aufmerksamkeit, abgesehen vom automatischen Applaus nach jedem Lied. Nick drängte sich durch die Menge und schnitt eine Grimasse.

»Wenn Sie gehen möchten, nicken Sie uns einfach zu, ja?«

Ich nickte.

Jane schien peinlich berührt über den langatmigen Monolog eines Finnen über das Engagement der Europäer auf den Salomon-Inseln. Sie war froh, als wir aufbrachen. Wir hatten gerade die Eingangstür erreicht, da stoppte uns eine Stimme.

»Und wohin wollt ihr junges Gemüse euch schon so schnell wieder davonstehlen?« Es war »Seine Exzellenz«.

Wir entschuldigten uns damit, dass wir früh aufstehen müssten, weil wir einen anstrengenden Tag vor uns hätten. Ronnie stellte einige äußerst unangemessene Vermutungen hinsichtlich der wahren Gründe an, wegen der wir gingen, und bot an, uns zum Wagen zu begleiten. Neben dem Pick-up wollten wir uns gerade von ihm verabschieden, als er plötzlich seltsam bleich wurde, würgte, ein paar Schritte bis zu einer Palme wankte und sich dann übergab. Wir warteten in verlegenem Schweigen. Schließlich kam er zurück und wischte sich mit einem Taschentuch über den Mund.

»Entschuldigung«, flüsterte er undeutlich. »Ich musste mich kurz räuspern.«

Mr. Wu

Ich erweise mich als außergewöhnlich mutig –
genieße die Fahrt durch die Landschaft –
und finde endlich, endlich das, wonach ich suche.

Das mittelalterliche Wassergefährt – mein Bett – rollte und wogte die ganze Nacht über wild, und im Halbschlaf sah ich mich selbst, wie ich auf einem Floß abtrieb, das von Haien umkreist wurde, die weiße Leinenanzüge trugen, während der Commander missbilligend in seinem makellosen Dampfer hinter mir herdampfte. Später wurde ich die Furcht nicht los, in einem schrecklichen Meer aus wässeriger Pfannkuchenmischung und Delphinblut zu ertrinken, über dem Ronnie den Vorsitz führte, während er ständig aus einer Flasche trank, in der er die tränenselige Susan eingesperrt hatte. Kurz, ich schlief unruhig und immer nur mit Unterbrechungen, und als der Morgen dämmerte, war ich überaus erleichtert, dass es mir gelang, zur Bettkante zu paddeln und mich aus dem Bett zu rollen, wobei ich auf die kühlen Fliesen krachte.

Später ratterten Nick und ich den Hügel hinunter in die Stadt. Wir parkten vor einem der Läden, die endlosen Ramsch verkauften, und eilten die Straße hinab zum Gasladen.

Das Sonnenlicht tat sein Bestes, um blendend von dem vermeintlich aus Blattwerk, tatsächlich aber aus Beton bestehenden

Dach der zentral gelegenen Markthalle zu reflektieren. Über dem Vordereingang prangten als Emblem die zwölf Sterne der Europäischen Union, die dem Betrachter aus einem selbstgefälligen Kreis entgegenleuchteten. Die an den Seiten offene Halle wimmelte vor Menschen, und die Stände waren mit ihren Waren bestens vorbereitet auf die prüfenden Hände. Geflochtene Körbe voller Süßkartoffeln und Manioka türmten sich in dunklen, staubigen Pyramiden, und Kirschtomaten waren auf einem Teppich aus verwelkten Blättern wie Billardkugeln arrangiert. In einem der hintersten Winkel saß ein schüchterner Mann, mit einem Messer bewaffnet, auf einem Stühlchen vor einem riesigen Berg Kokosnüsse. Entsprechend der Sitte der Insulaner vermied er jeglichen Blickkontakt, wenn er einen Teil der Kokosnuss wie einen Deckel abschlug, einen Strohhalm hineinsteckte und sie einem durstigen Kunden reichte. Wortlos nahm er das Geld in Empfang und lehnte sich dann wieder zurück, um weiter unverwandt auf den Boden zu starren. Kinder hockten auf den Eingangsstufen und kauten auf gelblich-grünen Stücken Zuckerrohr, während ihre Eltern den Fang der letzten Nacht aus großen, wasserdichten Kisten heraus verkauften. Die Erwachsenen wühlten zwischen den Eisbrocken und zogen dann seltsame Spezies hervor, Karikaturen von Fischen, die sie dem Käufer in die Arme warfen, bevor sie mit schrumpeligen, blau-schwarzen Händen das Geld entgegennahmen.

Wir schoben uns durch die Menge vor dem »Buchladen von Honiara«, der sich selbst als »Numaains-Buchladen blong Salomon« anpries und in dem eine erstaunliche Vielfalt an Schund verkauft wurde, jedoch – soweit ich durch die Doppeltüren erkennen konnte – keine Bücher. Dann erreichten wir den Gasladen. Er war geschlossen, aber es war auch noch nicht halb zehn Uhr, also hockten wir uns auf die Stufen und warteten. Nach nur einer Stunde in der brütenden Hitze hörten wir, wie die Tür von innen entriegelt wurde. Wir betraten den Laden rechtzeitig, um den Ladenbesitzer durch die Hintertür verschwinden zu sehen.

Ich summte tonlos vor mich hin und inspizierte die Waren, während wir auf seine Rückkehr warteten.

Der Laden war voll gestopft mit Reiskochern, Lampen, Öfen und Kühlschränken, Woks, elektrischen Boilern, Wasserkesseln und Teestövchen, praktisch sämtliche Gasgeräte, die man sich vorstellen kann, natürlich ausgenommen Kamine und Heizkörper. Ich entdeckte ein paar kleine Gaskocher und hob die Preisschildchen an. Sie waren extrem billig, und ich überlegte, ob ich einen für Ellen kaufen sollte, als der Mann zurückkam.

»Oh, hallo, ich suche Mr. Wu.« Es war mir inzwischen schon zur Selbstverständlichkeit geworden, absurde Fragen zu stellen.

Der Mann betrachtete mich mit gelindem Misstrauen. »Mr. Wu ist nicht hier. Er kommt nicht mehr hierher. Er muss auf der Farm bleiben.«

»Auf der Farm, welche Farm?«

»Die Farm unten bei Red Beach, wo er die Hühner hat.«

»Hühner, er sagt, er hat Hühner!«, rief ich Nick zu, der nicht sonderlich beeindruckt wirkte. »Ja, genau den suche ich. Könnten Sie mir bitte sagen, wie man nach Red Beach kommt?«

»Die Küste runter ungefähr zehn Kilometer.«

»Großartig, vielen Dank. Auf Wiedersehen.«

Ich eilte aus dem Laden, und Nick folgte mir. Der Mann blickte uns neugierig hinterher. Ich wandte mich zu Nick um.

»Nick, hören Sie, meinen Sie, es bestünde die Möglichkeit ...? Vielleicht haben Sie ja etwas anderes vor? Ich meine, wenn es Ihnen zu weit ist ...«

»Na, wenn Sie die Straßensperren riskieren wollen, dann bin ich dabei.«

»Äh, nun ja ...«

Wir packten etwas Brot, eine Dose Corned Beef und ein paar Flaschen Wasser als Proviant ein, obwohl mir nicht ganz klar war, warum wir ausgerechnet Corned Beef kauften, schließlich wussten wir beide, dass die Dose eine ekelhafte, geleeartige, rosa Paste mit Fettbrocken enthielt. Und brachen dann zu der Straßensperre bei dem Flüsschen mit dem ominösen Namen Alligator Creek auf.

Ich trug meine Holzfäller-Shorts und Stiefel, meinen Abenteurerhut und die Pionier-Sonnenbrille und fühlte mich entsprechend, als wir die Straße entlangfuhren, die aus der Stadt herausführte. Irgendwo tief, sehr tief in mir regte sich schüchtern mein Abenteuergeist.

Wir ratterten über eine kombinierte Eisenbahn-Straßenbrücke hoch über einem schlammigen Flussbett. Unten am Ufer wucherten Mangroven, und im Morast glitzerte ein dünner Wasserfaden. Der Alligator Creek und die Straßensperre. Beides stellte sich als verlassen heraus, und so rollten wir langsam weiter die Straße entlang.

Auf seinem Hochsitz in einer Zeder zu unserer Linken plusterte sich ein männlicher Fregattvogel in einem eindrucksvollen Balzschauspiel vor uns auf. (Allerdings war mir nicht ganz klar, weshalb ausgerechnet wir zu dieser Ehre kamen.) Als er seine glänzend schwarzen Schwingen ausbreitete, schwoll sein rosafarbener Kropf an wie – tut mir Leid, aber es lässt sich nicht anders beschreiben – ein riesiges Paar Hoden. Nick zeigte mir den seltenen Sandford-Adler, der in spiralenförmigem Sinkflug direkt über der Straße kreiste. Für meine laienhaften Augen sah er mehr wie ein Geier aus und wirkte mindestens ebenso bedrohlich. Klopfend und durch die Bäume schwirrend folgte ein Specht mit weißem Kragen dem Verlauf eines schnell fließenden Gewässers, das die Wurzeln alter Bäume umspülte.

Relativ hoch zu unserer Linken hing ein Schild, das teilweise von Bäumen verdeckt war und verhieß: »Red Beach 5 km«. Als wir näher kamen, konnten wir beide deutlich erkennen, dass die Blechoberfläche Pockennarben wie von Gewehrkugeln aufwies. Natürlich konnte das auch der Specht gewesen sein.

Wir kamen an einem japanischen Kriegerdenkmal vorbei, das am Straßenrand stand, dann kreuzten wir einige vernachlässigte Reisfelder und gelangten schließlich in einen Wald von Pometia-Bäumen, deren Stämme geisterhaft in dem schattigen Licht leuchteten.

»Wir müssten eigentlich bald dort sein. Halten Sie Ihre Augen offen.«

Nick fuhr langsamer und beugte sich tief nach vorne über das Steuerrad, um besser durch die Windschutzscheibe sehen zu können, die inzwischen von einem Geschmier aus Staub, toten Insekten und den letzten Wassertröpfchen aus der Scheibenwaschanlage bedeckt war. Vor uns tauchte ein weißes Gebäude auf, ein Wohnhaus im amerikanischen Stil. Ein zerbrochenes Tor hatte sich früher einmal zu einem sorgfältig gehegten Vorgarten hin geöffnet, der nun vollkommen überwuchert war. Ich hatte sofort das Gefühl, dass irgendetwas nicht in Ordnung war, und dann erkannte ich auch, was es war. Das Haus hatte kein Dach. Wir hielten davor und stiegen zögernd aus. Anzuklopfen schien nicht viel Sinn zu machen, deswegen versuchten wir den Türgriff an der Vordertür, doch sie war verschlossen. Wir gingen rund ums Haus, spähten durch ein Fenster und sahen die dunklen Flecken an den Wänden und rochen den durchdringenden Gestank von Rauch und feuchter Asche.

»Ich glaube, hier muss der alte Ted Birch gewohnt haben.«

Ted Birch, ein Mann aus Yorkshire mit einem starken Sinn für Humor und einer scharfen Zunge, hatte direkt nach dem Krieg seine Frau Anne mit auf die Inseln gebracht. Mit einem alten, offensichtlich ziemlich wenig seetüchtigen hölzernen Frachtschiff, der *Blue Porpoise*, waren sie als Händler in der Inselwelt der Zentralprovinz herumgeschippert und hatten verborgen lebende Kolonialisten, Colonels und Commanders sowie die allmählich entstehenden Dorfläden mit Waren beliefert. Ted und Anne lieferten das Kerosin, das Kochöl und die Seife, die die Dorfbewohner brauchten, und auf dem Rückweg nach Honiara transportierten sie Säcke mit Kakao und Kopra, den getrockneten Kokosnusskernen, die für die Ölpressen in Yandina bestimmt waren. Diese lagerten im Laderaum dann neben hölzernen Ziergegenständen und Utensilien, die sie Schnitzereikünstlern tief im Busch abgekauft hatten. In Tücher eingewickelt überstanden die glänzenden Ebenholzschüsseln und mystischen Rosenholz-Figuren mit Muschel-Einlegearbeiten die Reise unbeschadet der Naturelemente. In Honiara wurden sie dann an heimkehrende Kolonialisten verkauft, die sie als Geschenke oder Erinnerungen an »unsere Zeit in den Tropen« mit nach Hause nahmen. Zweifellos zierten sie dort mit ihrer exotischen Fremdheit noch immer in Vitrinen oder hinter Spitzenvorhängen versteckt die Eingangsdielen und guten Stuben von sorgfältig gepflegten Landhäusern.

Auf einer dieser Fahrten zu den Inseln Riff und Santa Cruz war Anne an Malaria erkrankt. Zunächst machten sie sich noch keine Sorgen, denn sie waren nur wenige Reisetage von Honiara entfernt, wo sie sich in ärztliche Behandlung begeben konnte. Doch dann, direkt nach Verlassen von Tinakula, fiel die Maschine aus. Sie waren zwar reichlich mit Lebensmitteln und Wasser versorgt, doch brauchte Ted drei Tage, um den Schaden zu beheben, während Anne fiebernd in ihrer Kabine lag. Als sie endlich weiterfahren konnten, war Anne ernstlich krank und lag im Delirium. Als die *Blue Porpoise* endlich in Honiara am Pier anlegte, war Anne tot.

Ted konnte sich nicht dazu durchringen, ohne seine Gefährtin von mehr als dreißig Jahren weiter herumzukreuzen. Er verkaufte sein Boot und ließ sich in einem Haus in Red Beach nieder. Er zog sich vom Geschäft zurück und wurde, obwohl er bei den Insulanern und den Kolonialisten gleichermaßen beliebt war, zu einem wahren Einsiedler. Als die Überfälle begannen, flohen die meisten seiner Nachbarn in die Sicherheit von Honiara. Er allein weigerte sich.

»Alles Quatsch.«

Das Unvermeidliche geschah. Als er eines Abends von seinem allwöchentlichen Ausflug in die Stadt zurückkehrte, überraschte er eine jugendliche Bande, die sich einen Spaß daraus machte, sein Haus auseinander zu nehmen und die Einrichtung zu zerstören. Sie waren mit selbst gebastelten Gewehren, Speeren und Macheten bewaffnet. Wutschnaubend stürmte der Engländer in seine Burg und entwaffnete einen überraschten Zwölfjährigen, indem er ihn beim Ohr packte. Seine Komplizen verschwanden hastig in der Dunkelheit. Ted, der das Ohr noch immer fest gepackt hielt, nahm Funkkontakt mit der Polizei auf und bat sie, so schnell wie möglich zu kommen. Sie erschienen auch sofort, und er übergab den jugendlichen Gefangenen, wunderte sich aber, als der Sergeant die konfiszierte Waffe nicht so recht ernst nahm.

»Die funktionieren nie«, lachte er und stellte das Gewehr grob in eine Zimmerecke. Prompt dröhnte eine ohrenbetäubende Explosion durch den Raum, als die handgemachte Kartusche explodierte. Die Kugel streifte den Hintern des Sergeanten und schlug ein großes Loch durch Teds geliebtes Grammophon. Da lud Ted seine verbliebenen Besitztümer auf seinen Lastwagen und verschwand in die Stadt. In der darauf folgenden Nacht wurde sein Haus angezündet.

Ich schnüffelte nervös. »Na ja, hier scheint ja niemand mehr zu sein. Vielleicht sollten wir weiterfahren.«

»Wohin denn?«

Da war ich mir auch nicht so sicher.

Wir kletterten wieder in den Jeep. Ich fühlte mich nicht mehr ganz so abenteuerlustig wie bei unserer Abfahrt. Außerdem wirkte sich die Tatsache, dass wir in einem Frauen-Selbsthilfe-Pick-up mit verschlungener, rosafarbener Aufschrift auf beiden Seiten durch die Gegend fuhren, verheerend auf meine zögerlichen Macho-Anwandlungen aus. Hinzu kam, dass in dieser verlassenen Lichtung zwischen den Bäumen eine eindeutig düstere Stimmung herrschte, die sich noch verstärkte, als der Geier – definitiv ein Geier – wieder über uns kreiste.

Nick startete den Motor, und wir jaulten rückwärts über die Zufahrt wieder hinaus. Nachdem wir der Straße noch eine Weile gefolgt waren, wollte ich schon vorschlagen umzukehren, da hielt Nick den Wagen an. »Sehen Sie mal, dort!«

Ich spähte in den Busch. Durch ein Gewirr von Bäumen und Ranken hindurch konnte ich das Rechteck eines Gebäudes ausmachen. Eine schmale Fahrspur, die ziemlich zugewachsen, aber noch benutzbar war, führte dorthin. Nick fuhr den Wagen an den Straßenrand. Törichterweise ging ich voraus, und mit Nick dicht hinter mir erlaubte ich mir kein zweites Nachdenken. Dann standen wir vor einer großen Doppeltür an der Stirnseite eines Lagerhauses. Rechts sahen wir ein Küchenhaus, aber es stieg kein Rauch auf. Stille. Und sosehr ich meine Ohren auch anstrengte, ich hörte kein Piepsen.

»Rufen Sie«, schlug Nick vor. »Schließlich wollen wir nicht, dass uns jemand eine auf den Pelz brennt.«

Sehr wahr.

Unsicher, was ich unter diesen Umständen rufen sollte, räusperte ich mich.

»Hallo, gibt's hier Hühner zu verkaufen? Wir sind unbewaffnet und kommen als Freunde.« Meine Stimme hätte viel lauter klingen sollen, aber meine Stimmbänder schienen zu streiken. Ich versuchte es noch einmal.

»Hallo, ist da jemand?« Das war schon besser. Wie bei Grimble »fühlten sich meine Beine hölzerner an als sonst«.

Wir lauschten. Dann öffnete sich mit einem leichten Quietschen eine der Türen einen Spalt weit, und plötzlich fand ich mich Nase an Nase mit Nick. Ich drehte mich wieder um und erkannte ein chinesisches Gesicht, das durch den Spalt blinzelte.

»Wa' wolln Sie?«, fragte er, aber nicht aggressiv.

»Mr. Wu?«

»Ja.«

Er war es! Es war tatsächlich Mr. Wu! Ich trat aus dem Baumschatten ins Licht.

»Wie hamsie mich gefunn?« Gute Frage.

»Wani hat mich geschickt. Er sagte, Sie hätten vielleicht ein paar frisch geschlüpfte Hühnchen zu verkaufen.«

»Ah, mein alla F'oind Wani. Komm'lein.« Damit öffnete er die Tür weiter und verschwand im Inneren. Wir folgten ihm und kamen in einen Raum, der bis zu den Dachsparren hinauf reichte. Es war dämmrig, nur ein paar Strahlen staubigen Sonnenlichts gelangten durch die Ritzen der Bretterwände wie Spotlichter ins Innere. In einer Ecke lag ein Haufen Koprasäcke, die offensichtlich auch als Schlaflager dienten, und an der Rückwand sah ich einen Gaskocher, eine Gasflasche und ein paar Lebensmittelpakete. Auf dem lehmigen Boden stand ein Holztisch, auf dem sich Papier und Büromaterial stapelte. Direkt darüber schaukelte an einer langen Kette, die von einem Dachbalken herabhing, ein Paar altmodische bronzene Waagschalen, deren Gewichte perfekt ausbalanciert waren.

Mr. Wu war unbestimmbaren Alters und vollkommen in Marineblau gekleidet. Er trug eine bis zum Hals zugeknöpfte Baumwolljacke, wadenlange Hosen und Sandalen. Sein säuberlich gescheiteltes Haar glänzte, und seine Augen glühten in dem Dämmerlicht. Er sprach sehr schnell und mit einer fast unverständlichen Aussprache. Größtenteils hatte ich keine Ahnung, was er meinte.

»Keine Hühnchen.«

Das allerdings war leicht genug zu verstehen, obwohl ich meinen Ohren nicht trauen wollte. Ich hatte doch nicht Leben und Gesundheit riskiert, um hierher zu gelangen, nur um dann zu hören: »Keine Hühnchen«. Ich hatte die größte Lust, Mr. Wu zu erwürgen oder in Tränen oder in einen hysterischen Lachanfall auszubrechen, oder auch alles gleichzeitig. Er fühlte vielleicht die drohende Gefahr und fügte hinzu:

»Keine Hühnchen diewoch. Nesswoch. Eischlumpf nesswoch. Diewoch im Blu abel Laat. Dann feltich nesswoch.«

»Laat?« Blu abel Laat? Wovon zum Teufel redete er?

»Brutapparat«, wisperte Nick mir zu.

»Ach so. Brutapparat, natürlich, aber sicher. Blu abel Laat, ja ja, gut gut.« Ich wusste kaum, was das war.

»Kommidmilmid.« Er bedeutete uns, durch eine Tür zu gehen. Auf dem Fußboden eines fast identisch aussehenden Nachbarraums standen Dutzende von rechteckigen Kisten mit durchsichtigen Plastikdeckeln. Durch jeden Deckel hindurch konnte ich Gitter mit etwa hundert Vertiefungen erkennen, und in jeder lag ein Ei. Darüber hingen starke Lampen mit Aluminiumschirmen. Mr. Wu sah, dass ich mich wunderte.

»D'außn Ginni Lao.«

»Er hat einen Generator draußen«, zischte Nick.

»Ich weiß«, zischte ich zurück. Ich hätte es sicher irgendwann erraten. Beide lächelten wir Mr. Wu zu. Dann kehrten wir in den vorderen Raum zurück, und er setzte sich an den Tisch.

»Un wie viel wollnsie?« Er setzte sich eine goldgeränderte Halbmondbrille auf die Nase und zog ein Bestellbuch unter dem Stapel hervor.

»Zweihundert, bitte.«

»Liefe'n wohin?«

»Äh ... Munda.«

»Neunhunde'tfünfzig Dolla'«, sagte er sehr deutlich. Fast exakt die Summe, die Warren geschätzt hatte. Ich übergab das Geld in Packen mit grünen Fünfzig-Salomon-Dollarscheinen, auf denen ominöserweise Haie und Krokodile abgebildet waren. Er zählte sie sorgfältig und ordnete sie so, dass sie alle gleich lagen, und dann zählte er sie mit angefeuchtetem Daumen nochmals geübt durch. Er schrieb mir eine Quittung und setzte eine komplizierte chinesische Unterschrift darunter.

»Leben ness Fleitag.« In ungefähr zehn Tagen. »Mo'ng Fliega.« Mit dem ersten Flugzeug. Perfekt.

Als ich ihm erklärte, dass ich alle zwei Wochen zweihundert Küken kaufen wollte, blickte er ausgesprochen zufrieden drein und erklärte mir, wie ich das Geld auf sein Bankkonto in Munda einzahlen sollte. Sobald er es erhalten hatte, würde er die Hühnchen abschicken. Er notierte eine Kontonummer auf der Quittung und überreichte sie mir mit beiden Händen.

»Verkaufen Sie auch Futter?«

»Honiala« war seine ganze Antwort. Es machte mir nichts aus. Wir hatten für einen Tag genug erreicht. Wir dankten ihm und gingen zur Tür. Dabei bemerkte ich einen Revolver, der an einem Nagel hing.

»Haben Sie hier oft Ärger?«

»Nie Ä'gl. Eina komm, peng peng!« Er mimte fachmännisch, wie er zwei Breitseiten abfeuerte.

Ich verbeugte mich und wir sprangen in den Jeep und machten uns auf den Rückweg zur Stadt. Die Barriere der Straßensperre stand noch immer himmelwärts gereckt ohne irgendein Lebenszeichen ringsherum, und so fuhren wir geradewegs durch. Mit einem letzten Blick zurück legte ich das Banditenland zu den Akten.

Wenigstens hatten wir unser Corned Beef nicht essen müssen.

Auf Schiffsfang

Wir gehen auf dem Meer auf Jagd – besteigen die Maoaoa – holen uns, was rechtmäßig uns gehört – erleiden geringfügige Schäden – kehren aber mit unserer kostbaren Last sicher nach Hause zurück.

»Zwei Tage warten wir jetzt schon auf das Futter – zwei Tage!«, schimpfte ich. Wir saßen am Rande der Anlegestelle in Munda.

Am Tag nach unserem Besuch bei Mr. Wu hatte ich nach einem heißen, anstrengenden Vormittag wenigstens ein paar Säcke dieser ekelhaft riechenden, braunen Kügelchen auftreiben können, die die Hühner anscheinend so besonders appetitanregend fanden. Bevor ich mir den Luxus eines Rückfluges leistete, eilte ich zum Frachtbüro im Hafen, um den Transport zu organisieren. Der Angestellte hatte gewichtig seine Fahrpläne studiert.

»Das Schiff fährt am Samstag ab.«

»Großartig. Und wann kommt es in Munda an?«, fragte ich.

Er wühlte in verschiedenen Papieren auf dem Tisch vor sich und zog dann verwirrt noch weitere Unterlagen zu Rate, die sich auf dem Boden stapelten.

»Montag«, antwortete er schließlich, nachdem er auf seinem Notizblock einen Haufen geheimnisvoller Zeichen gekritzelt und wieder ausgestrichen hatte. Nach einer kurzen Pause fügte er hinzu: »Oder … vielleicht auch Donnerstag.«

Salomon-Zeit.

Warten war ein Zeitvertreib, an den ich mich seit meiner Ankunft schon ganz gut gewöhnt hatte, wie ich glaubte. Ich war nie ein besonderer Freund von strengen Zeitrahmen und Fristen gewesen und stimmte vollkommen zu, dass es keine wesentlichen Auswirkungen haben konnte, wenn irgendetwas ein wenig später geschah als vorgesehen. Die Welt würde sich weiter um ihre Achse drehen, wenn sie das überhaupt tat. (Small Tome und ich hatten das ausführlich diskutiert. »Woher weißt du, dass sie das tut?«, hatte er mich gefragt. »Na ja, sie tut es eben; das weiß doch jeder.« – »Na, ich weiß es nicht!«, entgegnete er triumphierend, buchte den Punkt für sich und trieb mir damit die Röte ins Gesicht.)

Auf alle Fälle schien nichts, was ich unternahm, auch nur die geringste Wirkung auf irgendetwas zu haben, und so war ich es, ganz allgemein gesprochen, zufrieden, mich zu entspannen und dem Genuss des unbegrenzten Hoffens hinzugeben.

Erst wenige Wochen zuvor, an einem Donnerstag, waren wir zu einem Fußball-Wettkampf gepaddelt, der oben in der Vonavona-Lagune, direkt hinter Vella Lavella, stattfinden sollte. Ich war zum Manager und Mannschaftstrainer ernannt worden, obwohl ich mich in Erinnerung an meine Erfolge – oder vielmehr Misserfolge – mit den ruhmreichen Fünfzehn von der Vierten nicht gerade als besonders geeignet für diese Aufgabe empfand. Der Anpfiff für das erste Spiel war für elf Uhr an diesem Vormittag festgesetzt. Allerdings war niemand ganz pünktlich zur Stelle, aber gegen vier Uhr nachmittags waren alle Mannschaften bis auf eine schließlich eingetrudelt.

Die Mannschaft von Hutuna erschien erst am folgenden Morgen, da »Wantoks« sich das motorisierte Kanu des Dorfes ausgeliehen hatten, um zum Fischen zu fahren. Als sie auf einen großen Schwarm Thunfische trafen, hatten sie die eigenständige

Entscheidung getroffen, das Boot ein wenig später als vereinbart zurückzubringen. Nachdem die Fußballmannschaft dann schließlich ihr Boot so nahe am Spielfeld wie möglich auf den Sand hatte auflaufen lassen und alle herausgesprungen waren, sprinteten sie durch ein paar Gärten an überraschten Gesichtern vorbei und die Straße hinauf, wobei sie im Rennen in ihre Trikots schlüpften. Das allerdings führte freilich zu einzelnen Verletzungen und allgemeiner Erschöpfung. Dabei hätten sie sich keine Sorgen machen müssen, denn die Organisatoren und Schiedsrichter hatten zu Mittag gerade erst einen anderen Wettkampf zu Ende gebracht. Denn bis sie sich in der Schiedsrichter-Hütte auf der Seite des Spielfeldes häuslich eingerichtet und ihre Vorbereitungen getroffen hatten, blieb gerade noch genügend Zeit für die Ankündigung, dass der Beginn des Wettkampfs auf den nächsten Morgen verschoben wurde. Leider war Samstag der Tag der Ruhe für die Sabbatarier unter den Mannschaften, und Sonntag war der Tag der Ruhe für alle übrigen. Man einigte sich also darauf, die Ereignisse bis Montagmittag zu verschieben. Da sich dann aufgrund verloren gegangener Schiedsrichterpfeifen und laufender Reparaturen am Ball, die mit Hilfe einer Fahrrad-Flickausrüstung zwischen den einzelnen Spielen stattfanden, weitere Verzögerungen ergaben, fand das Finale schließlich in der Abenddämmerung des darauf folgenden Mittwochs statt. Zum Glück waren wir in der zweiten Runde ausgeschieden.

Einige Mannschaften und Zuschauer hatten jedoch eine ganze Woche neben dem Spielfeld gecampt, und zwar ohne ein Wort der Klage, ohne eine einzige gemurmelte Beschwerde. Was spielte es schließlich schon für eine Rolle, an welchem Tag irgendetwas stattfand? Die Luft war immer warm, es gab reichlich zu essen und zu trinken, und man war im Kreise seiner Freunde und der Familie und musste es sich einfach nur im Schatten der Bäume gemütlich machen und die Vorfreude auf das wundervolle Spiel genießen.

Mit dieser Grundeinstellung, Zeit wie Wasser zu betrachten, das mit Ebbe und Flut alles umspülte, hatten die Insulaner große Schwierigkeiten, die fiebrige Ungeduld zu verstehen, die ich gelegentlich nicht unterdrücken konnte.

Andererseits warteten wir jetzt bereits mehr als achtundvierzig Stunden darauf, dass die *Maoaoa* – das verfluchte Frachtschiff – in Sicht kam. Wieder dämmerte ein Morgen über dem Postamt herauf, und ich hatte bereits zwei Nächte bei meinen »Wantoks« Geoff und Marlene verbracht, während Small Tome mit Hapi und Luki, zwei von Fattys Söhnen im Teenager-Alter, in der Nähe von Kokenggolo bei ihren eigenen »Wantoks« übernachtet hatten.

»Ich werde das Schiff anfunken und sehen, ob ich herausfinden kann, wo es bleibt«, verkündete ich und erhob mich. Wenn es noch eine längere Strecke zu bewältigen hatte, konnten wir wenigstens wieder ins Dorf zurückkehren und später zurückkommen. Ich drehte mich auf den Fersen um und kletterte zur Straße hinauf.

»Kein Problimblim, Will. Es kommt bald. Vielleicht wir wartin einfach hier und haltin Ausschau.«

Small Tome gestikulierte in Richtung der zwei Inseln Kundu Kundu, die die Durchfahrt für das Schiff am Rande des Riffs markierten. Eine leichte anlandige Brise ließ den flaumigen Hibiskus schwanken und schaukelte das Blütenmeer der Bougainvillea, in deren Schatten er mit Hapi und Luki saß und die Myriaden von Fischlein, die um ihre Füße herumwimmelten, mit Kieselsteinchen lockte.

Nun ja, vielleicht gab es wirklich keinen Grund zur Eile, vielleicht sollte man tatsächlich einfach abwarten. Small Tome hatte Recht. Das Schiff würde mit dem ihm eigenen Tempo kommen, und es gab nichts, womit ich es beschleunigen konnte. Ich streckte mich im Sand neben der Anlegestelle aus und starrte zu einer Kokospalme hinauf, laut Stevenson der »Giraffe unter den Pflanzen, so plump, so fremd dem englischen Auge«. Er war anscheinend nie in Torquay gewesen, dem südostenglischen Seebad, in dem es vor Palmen wimmelte.

Auf den oberen Blättern steckte ein Papageienpärchen offensichtlich in einer Ehekrise. Ob sie nun wegen einer tief sitzenden Unzufriedenheit mit ihrer Beziehung nicht mehr miteinander krächzten oder ob es sich nur um ein vorübergehendes Schmollen handelte, war nicht zu erkennen. Jedenfalls saßen sie auf getrennten Ästen und blickten beharrlich in entgegengesetzte Richtungen. Trotz dieser Ablenkung wurde ich nach etwa fünf Minuten wieder nervös. Ich krabbelte auf die Füße.

»So, und jetzt gehe ich aber wirklich zum Funken.«

Small Tome blickte auf und lächelte wohlwollend. Er glaubte nicht, dass das wirklich irgendetwas brachte, aber wenn es mir am Herzen lag, dann würde er mich bestimmt nicht daran hindern.

»Kein Problimblim, Will. Du gehin funkin.«

»Jawoll, ich gehe jetzt.«

Das Funkgerät stand in der Gemeindeverwaltung der Provinz, die sich direkt hinter der Bank befand. Ich ging die weißen Stufen hinauf, die Veranda entlang und durch eine Tür mit der Aufschrift »Empfang«, und fand mich vor einer mächtigen Frau wieder, die hinter einer enormen Schreibmaschine saß und mit beängstigender Kraft auf die Tasten einhämmerte. Nach einem abschließenden »Ping!« und einem mächtigen Schwung, der den Wagen nach links jagte, wie einen Zug, der gegen eine Ziegelsteinmauer fuhr, blickte sie auf.

»Morgen!«, brüllte sie.

»Ja, hallo, guten Morgen, ich wollte Sie fragen, ob ich vielleicht das Funkgerät benützen dürfte. Ich möchte gern Kontakt mit der *Maoaoa* aufnehmen.« Ich brachte den Namen des Schiffes kaum über die Lippen. Wann immer ich den Namen auszusprechen versuchte, hatte ich das Gefühl, ich besäße ein schlecht sitzendes Gebiss.

Die Hünin stand auf und kam in ihrem hellgelb und orangefarben gemusterten Kleid geschäftig hinter ihrem Schreibtisch hervor. Ich hielt die Luft an und drückte mich gegen die Wand, als sie an mir vorbeirauschte und einen Holzschrank öffnete. An der Innenseite der Tür hing ein kleiner Spiegel, und neben einem eingetrockneten Lippenstift und einem gartenrechenartigen Kamm befand sich ein funkelnagelneues Funkgerät. Sie schaltete es ein, verstellte einen Knopf, was ein paar Kreischgeräusche wie aus der Folterkammer hervorrief, und drehte an der zentralen Wählscheibe. Plötzlich befanden wir uns inmitten einer maritimen Herrenparty. Rufende und lachende Stimmen, vermischt mit Fetzen von Musik und Gegröle, krachten durch den Äther. Sie packte das Handmikrofon, und mit einer Hand in die Hüfte gestützt bellte sie ein paar harsche Anweisungen in Pidgin-Englisch hinein.

Wie durch einen Zauber senkte sich plötzlich Stille über den Südpazifik. Die Frau holte tief Luft, strich sich vor dem Spiegel über das Haar und rief das Schiff in Flötentönen an.

»Maoaoa, Maoaoa, Maoaoa, hier ist die Provinzverwaltung. Bitte kommin.«

Stille.

Hinter ihrem Rücken übte ich mich geräuschlos darin, ihre Aussprache des Schiffsnamens zu artikulieren, bis sie ihr Gewicht von einer Hüfte auf die andere verlagerte und meine Grimassen im Spiegel entdeckte. Sie runzelte die Stirn, und hastig verzog ich meine Lippen zu einem neutralen Lächeln.

»Maoaoa, Maoaoa, Maoaoa, kommin.«

Stille.

Frustriert durch das Ausbleiben einer Antwort verlor sie die Geduld und bellte einen Strom unflätiger Schmähungen in den Äther. Ich schauderte, als sie mit begleitenden zupackenden und würgenden Handbewegungen ankündigte, was sie mit dem unglücklichen Kapitän anstellen würde, falls er nicht antwortete.

Erschreckte Stille.

Sie warf das Handmikrofon in den Schrank zurück und knallte die Schranktür zu.

»Niemand an Bord.«

Ich wich hastig aus, als sie zu ihrem Schreibtisch zurückstürmte und ohne ein weiteres Wort mit ihrem Gehämmere fortfuhr. Mit einem gemurmelten Dank entfloh ich.

Als ich die Anlegestelle wieder erreichte, waren Small Tome und die beiden Jungen eingenickt. Schöne Wachposten, dachte ich mürrisch, während ich mich unter dem Baum niederließ, um Ausschau nach der *Maoaoa* zu halten. Das Funk-Zwischenspiel hatte mich anscheinend emotional stärker mitgenommen, als ich dachte, denn nach einer Weile begannen meine Augenlider herabzusinken. Einige Minuten später war ich trotz mannhafter Versuche, wach zu bleiben, eingeschlafen.

Irgendwann öffnete ich die Augen, aufgeweckt durch die beiden Vögel über mir, die anscheinend eine Art Kompromiss gefunden hatten und jetzt unablässig nervös schwatzten. Draußen in der Bucht erkannte ich vage das grüne, hölzerne Frachtschiff, die *Mauuuauu* – die *Mauuawauua,* oder wie immer sie auch ausgesprochen wurde –, die ich beim Beladen in Honiara gesehen hatte. Sie sah gegen das Blau des Ozeans fantastisch aus.

»Tome, Luki, Hapi! Seht doch, es ist da, wacht auf! Das Schiff. Es kommt!«, rief ich und wurde plötzlich von diesem Schwindel erregenden, schrecklichen, verwirrenden, beklemmenden Gefühl der Übelkeit erfasst, das mit der Erkenntnis einhergeht, dass man überhaupt nicht hätte schlafen dürfen. Ich kannte dieses Gefühl aus Situationen, wenn ich alleine mit meinem Auto durch die Nacht fuhr, und wenn mir eine Prüfung bevorstand.

»Hah?« Die drei setzten sich vollkommen synchron auf.

Ich war inzwischen am Ende der Anlegestelle. Auch sie sprangen auf, und zu viert beobachteten wir, wie das Schiff durch das ruhige Wasser stampfte. Unser eigenes Boot, in dem wir eine Plastikplane ausgebreitet hatten, um die Säcke vor eindringendem Wasser zu schützen, lag bereit.

Doch da stimmte etwas nicht. Um die Anlegestelle zu erreichen und das flache Riff zu umgehen, musste das Schiff rasch in Richtung Land drehen, sobald es sich zwischen Kundu und dem anderen Kundu befand, und sich innerhalb des weißen Stocks halten, der auf das Riff aufgepflanzt war, um den Fahrkanal zu markieren. Doch schien es direkt auf den nächsten Markierungspunkt zuzuhalten und die Insel zu umrunden. Unsicher warteten wir einen Augenblick und wünschten uns, dass es endlich auf uns zukäme. Aber das tat es nicht, und würde es auch nicht mehr tun.

Wir stürzten uns in unser Kanu. Ich bewegte mich so hastig, dass ich auf der Plastikfolie ausrutschte und der Länge nach auf dem Kanuboden landete, während Luki fieberhaft versuchte, den Außenbordmotor zu starten. Dabei bewies er so viel Kraft, dass das Starterseil abriss und auch er auf dem Rücken zu liegen kam. Ich strampelte mich frei und blickte auf. Die *Maoaoa* entfernte sich.

»Los, schnell, Small Tome.« Tome, der normalerweise nicht kleinzukriegen war, blickte etwas verschlafen drein. »Wir müssen versuchen, den Motor in Gang zu bringen.«

Ärgerlicherweise war das Stück Schnur, das Luki noch in der Hand hielt, zu kurz, um von Nutzen zu sein. Small Tome stolperte in die Büsche und kehrte kurz darauf mit einem Stück Buschliane zurück.

»Meinst du, das funktioniert?«, fragte ich. Es sah so schwächlich aus.

»Kein Problimblim«, erwiderte Small Tome und gähnte, während er das Gehäuse vom Motor entfernte und die Ranke um die Rille oben am Motor wand. Das Schiff war beinahe um die Ecke verschwunden. Er wand sich einige Wicklungen um die Hand und zog an. Die Ranke riss, aber da hustete der Motor bereits und sprang an. Small Tome schob den Ganghebel in den Rückwärtsgang und wir kamen von der Anlegestelle frei. Dann schwang das lange Kanu in einem Bogen herum, und wir machten uns an die Verfolgung der *Maoaoa*. Der Küstenfrachter fuhr zwar viel langsamer als wir, doch er war nur noch als undeutlicher Fleck weit entfernt an der Küste zu erkennen.

Als wir den Markierungsstab passiert hatten, überfiel uns der Wind, und bald donnerten Wellen gegen den Rumpf unseres Bootes und überschütteten uns mit Gischt. Innerhalb weniger Minuten waren wir vollkommen durchnässt, aber langsam näherten wir uns dem Schiff. Ich konnte bereits wieder seine Farbe ausmachen und die schwarze Dieselwolke erkennen, die aus seinem verrosteten Schlot aufstieg. Wir sahen Gestalten an der Reling lehnen, die bald hoch über uns aufragte.

Natürlich gab es in diesem Augenblick die erste Fehlzündung unseres Motors. Das Boot wurde plötzlich langsamer und schlingerte vorwärts. Schreckerfüllt drehte ich mich um. Wieder eine Fehlzündung. Small Tome beugte sich hinab und drückte die Gummiblase der Kraftstoffpumpe. Er blickte auf und grinste, als wir wieder vorwärts wogten.

»Gugg, nich mehr suvil Bensin, glaub' ich!«, meinte er, hob den orangefarbenen Kanister in die Höhe und wedelte fröhlich damit. Die anderen lachten.

Aber nun war die *Maoaoa* zum Glück nur noch etwa fünfzig Meter entfernt, und Tome, der die letzten Tropfen aus dem Kanister presste, sorgte dafür, dass wir bald in ihrem Kielwasser schaukelten. Als wir längsseits kamen, streckte Luki den Arm aus und klammerte sich an der Kante eines Bullauges fest. Eine Breitseite verwirrter, schwarzer Gesichter spähte von oben herab.

»Was haben diese Idioten nur vor?«, stand deutlich lesbar auf allen Gesichtern.

Nicht dass ich mich darum kümmerte. Wir hatten praktisch kein Benzin mehr und waren nass bis auf die Haut. Das Kanu donnerte immer wieder gefährlich gegen die Wand des großen Dampfers, und allmählich wurde mir übel.

Ein Mann mit einer schwarzen Kappe, die in der Mitte mit

einem goldenen Anker bestickt war, erschien in der Zuschauermenge und lehnte sich über die Reling, um zu uns hinunterzublicken. Er rief etwas.

Seinem Gesichtsausdruck nach konnte ich froh sein, dass der Wind ihm die Worte unhörbar von den Lippen riss. Ich stand mehr oder weniger im Boot und klammerte mich an das Schiff. Small Tome saß neben dem Motor, der erleichtert über unsere Ankunft am Schiff ein letztes Husten von sich gab, und tippte mir ans Knie.

»Geh hinauf da!«, rief er mir zu.

»Wie denn?«, rief ich unter meinem Arm hindurch zurück.

In diesem Augenblick wurde wie als Antwort auf meine Frage eine Strickleiter von oben herabgelassen. Ich griff danach und kletterte langsam und ungeschickt hinauf. Mit einem Lächeln akzeptierte ich mehrere Händepaare, die mir über die hölzerne Reling halfen. Als ich hinabblickte, kletterte Small Tome gerade mit dem Benzinkanister in einer Hand hinter mir die Strickleiter hinauf und machte mir ein Zeichen, dass alles in Ordnung sei.

»Was jetz du guggin?«, fragte der Kapitän verwirrt.

»Ich dachte mir, dass Sie vielleicht mein Hühnerfutter an Bord haben. Sie habin Hamham blong Kikeriki blong miich?«

»Was Name blong du?« Er wies mit seinem Kinn auf mich.

»Will, Will Randall von Mendali.«

Er schickte einen von der Mannschaft hinunter in den Laderaum, um nachzusehen. Einige Minuten später erschien ein Sack auf Deck, gefolgt von den anderen, die von Hand zu Hand bis zum Schanzdeck weitergereicht wurden, wo ich zufällig stand. Als ich den ersten in die Hand bekam, schleifte ich ihn mühsam zur Reling und rollte ihn noch mühsamer darüber. Er zog mich fast von den Füßen, als er draußen hinabhing, doch Luki streckte von unten rechtzeitig seine Arme empor.

»Fallin lassin jetz!«

Er wackelte erwartungsvoll mit den Fingern, und ich ließ

los. Mühelos fing er den Sack auf und legte ihn zu seinen Füßen nieder. Ich aber fühlte mich dem nicht weiter gewachsen und zog mich unter dem Vorwand, irgendetwas aus meinem Schuh schütteln zu müssen, diskret aus der Reihe zurück. Bald waren alle Säcke verladen. Ich sah mich suchend nach Small Tome um, der von der Sichtfläche verschwunden war, und entdeckte ihn hinter dem Steuerhaus mit einem offensichtlich gefüllten Kanister. Er schüttelte einem Mann in zerschlissenem Overall und mit ölverschmiertem Gesicht die Hand.

»Gut gemacht, Tome. Wo hast du das bekommen?«

»Mann hia.« Er wies über seine Schulter nach Achtern. »Ihm Wantok blong miich!«

Sie schienen ihresgleichen überall in diesem kleinen Land problemlos zu erkennen.

Wir kletterten die Leiter wieder hinab. Erst Tome mit dem Kanister, dann machte ich mich auf den kurzen, aber schwierigen Abstieg. Mit einem Fuß auf der letzten Sprosse drehte ich mich, um mit einem Schritt ins Boot zu gelangen, aber dabei rutschte mein Fuß ab. Ich verlor den Halt und stolperte vorwärts. Begleitet von einem vielstimmigen »Ooh!« seitens der Zuschauer landete ich schließlich flach wie eine Flunder auf den Futtersäcken. Dabei riss ich mir das Schienbein an der Kante der Bootswand auf, und als ich mein Bein abtastete, bemerkte ich einen knapp zehn Zentimeter langen Schnitt, der wie ein aufgeplatztes Wiener Würstchen klaffte. Es blutete stark. Ich schrie nicht vor Schmerz und übergab mich auch nicht, obwohl ich beides gern getan hätte.

»Suvil Dank! Lass uns fahren, Tome!«, sagte ich und winkte mit tränenden Augen und zusammengebissenen Zähnen nach oben.

Bei der Ankunft zu Hause gab es viel Aufregung, als die Säcke in der Sakristei verstaut wurden. Dann hinkte ich zu meinem Haus und ließ mich auf eine der Bänke sinken. Young John, der Junge, der mit seinem älteren Bruder Young George zusammen dafür ausgewählt worden war, sich in der Zeit, in der sie bei uns waren, um die Hühner zu kümmern, war mir gefolgt.

»Un wann Zeit Kikeriki kommin?«

Er brachte mir meine Tasche mit der »Ersten Hilfe für den Reisenden« und legte sie vor mir auf den Tisch. Ich zog das Informationsblatt hervor, auf dem ich den Rat erhielt, bei Club-Besuchen kein Ecstasy zu nehmen und lieber viel Wasser zu trinken, und wühlte nach einem Wundverband. Wieder fragte er mich aufgeregt:

»Wann Zeit Kikeriki kommin, wisuvil kommin?«

»Freitag kommen zweihundert.«

Einige klebrige Pflaster und eine Auswahl exotischer Kondome schienen die einzigen vorhandenen Mittel zu sein, um mich vor Wundbrand zu bewahren. Vielleicht konnte ich einen davon wie eine provisorische Socke über die Wunde rollen. Mandarineneis am Stiel oder der gerippte Scharfmacher?

»Zwei Hundatman!« Young Johns Augen glänzten, besonders als ich ihm erklärte, dass ich ihm und seinem Bruder Taschenlampen besorgen würde, mit denen sie abends kontrollieren konnten.

»Metim Battri?«

»Mit Batterien«, versprach ich.

Auftrag ausgeführt

Wir verpassen beinahe um Schnurrhaaresbreite
einen großen Erfolg –
und triumphieren am Ende doch.

»Dusie machin Kikeliki?« fragte Harold, der Besitzer des chinesischen Ladens in Munda, in seiner eigenen Ausprägung des Pidgin-Englisch, als Fatty und ich die grauen Rollen feinen Maschendrahts für den Hühnerauslauf durch die Tür hinausbeförderten.

»Iich willim gelden hunde'tman, neiin!« Er blickte mit zusammengekniffenen Augen in die Luft und hob dann mit dramatischer Geste zwei Finger einer Hand in die Höhe. »Zwei hunde'tman!«

Er nickte begeistert lächelnd und sagte zu seiner Frau etwas auf Chinesisch. Sie runzelte leicht ihre Augenbrauen, die sie aus Schönheitsgründen hatte entfernen und durch Tätowierungen ersetzen lassen, als sie ihm antwortete.

»Ah, gudgudgud, dlei hunde'tman.« Beide sahen entzückt drein.

Ich war mir nicht sicher, ob wir in diesem frühen Stadium schon über die Zukunft der Hühnchen verhandeln sollten, und so antwortete ich möglichst geschäftsmäßig und ohne mich festzulegen, dass ich das wohl organisieren könnte, und versprach, wieder vorbeizukommen. Als wir endlich draußen waren, war Henry, der sich unter jeden Arm eine Rolle Maschendraht geklemmt hatte, aus dem Häuschen vor Begeisterung.

»Ihm wollin gelden hafin!«, rief er aus. »Hafin.«

Vorsicht, dachte ich, als ich meine Rolle hinter mir herschleifte. Das war ja gut und schön, aber im Augenblick hatten wir noch keine Hühner »vorrätig«.

Jedenfalls plagten mich wieder einmal Zweifel. Meine liebe alte Tante hatte mir einen Brief geschrieben, in dem sie mir Glück für meine Unternehmungen wünschte und wissen wollte, wie mir die Bücher gefielen. Ich musste ihr schreiben, welch giftige Abneigung ich gegen den superschlauen, selbstzufriedenen und stets enorm erfolgreichen Robinson Crusoe gefasst hatte. Er hätte sicherlich keinerlei Schwierigkeiten dabei gehabt, eine Hühnerfarm aufzubauen. Oh, nein! Und er hätte auch nicht nur ein paar Hundert, sondern mehrere Tausend Stück gehabt, die er ganz alleine höchst erfolgreich aufgezogen hätte und die er dann brillanterweise benutzt hätte, um nach Hause zu fliegen. Grimble stolperte natürlich noch immer im Busch umher, spielte Kricket und sprach jeden, egal welchen Alters oder Geschlechts, mit »alter Junge« an. Stevenson hatte nicht viel mehr zustande gebracht, als sich unter einer der »Giraffen der Pflanzenwelt« zu räkeln, sich über die Hitze zu beschweren und sich darüber Sorgen zu machen, ob Mrs. Stevenson nicht doch eines Tages im Topf landete. Gerade hatte er sich mal wieder besonders besorgt gezeigt, weil »Mrs. Stevenson alleine an den Inselstrand gegangen war, um Muschelschalen zu sammeln«. Er war sich »ziemlich sicher, dass dieses Vorhaben Gefahren barg«. Er gestand ihr jedoch zu, dass sie »für jede Exzentrizität aufgeschlossen« war. Auf der Fotografie sah sie allerdings tatsächlich ganz danach aus.

Jedenfalls schrieb meine Tante am Ende ihres Briefes in einem P.S.: »Natürlich hatten wir während des Krieges Hühner, mein lieber Junge. Viele starben leider auf unerklärliche Weise.«

Meine Zuversicht für unser Projekt erlitt einen neuen Dämpfer.

Als wir mit dem Draht zu Hause ankamen, schmerzte mein verletztes Bein stark. Ich hatte die Wunde, so gründlich wie ich es ertragen konnte, mit Desinfektionsmittel ausgewaschen und mir danach aus dem klebrigen Teil der Pflaster und etwas Baumwolle einen Verband gebastelt. Es war eine Katastrophe.

Als ich nun mein Bein ausruhte, bemerkte ich einen Geruch, der mich vage an den Gestank erinnerte, der mir damals in die Nase gestiegen war, als ich bei einem Querfeldeinlauf (als Aufpasser) mit dem Fuß in die Bauchhöhle eines verwesenden Kaninchens geriet. Ich hob das verdammte Bein auf die Bank und schälte den Verband ab. Die Wunde – ich kann mich nur entschuldigen für diese Beschreibung – war gerötet, geschwollen und voller gelbgrüner Eiterblasen. Als ich versuchsweise daraufdrückte, schoss ein Schwall Eiter auf die Holzbank. Meiner Meinung nach stank es grässlich, aber das war anscheinend Ansichtssache. Die Fliegen schienen es köstlich zu finden und paddelten begeistert darin herum.

Als Old Eliza, Ellens Mutter, auf ihrem Rückweg vom Garten vorbeikam, fand sie mich in gymnastischer Verrenkung, in der ich mein armes Schienbein bei dem Versuch hielt, etwas dagegen zu tun, dass es gleichzeitig brannte, pulsierte und schmerzte.

»Ooh, nix gut. Dasman mussin Buschmedizin.«

Sie kratzte sich am Kopf und nahm einen tiefen Zug von ihrer überlangen Zigarette. Dann hob sie ihre Bananen und Bohnen wieder auf und ging langsam auf ihr Haus zu. Kurz darauf kam sie mit einem Mörser und Stößel und mit einigen großen, grünen Blättern wieder zurück, ließ sich nieder und begann, mit dem Mörser zwischen ihren Knien und beobachtet von neugierigen oder gar mitfühlenden Kindern, die Blätter in einen dicken, braunen Brei zu verwandeln, der zumindest in der Konsistenz einem Kuhfladen ähnelte. Diesen Brei trug sie mit ihren knochigen, steifen Fingern auf die Wunde auf und verband das Ganze mit einem Streifen eines alten, ausgebleichten Hawaiihemds.

(Ich würde ja gerne behaupten können, dass diese traditionelle Heilmethode Wunder wirkte und dass meine Wunde über Nacht heilte. Aber leider war das Schienbein am nächsten Morgen nur um das Doppelte angeschwollen, und rote Linien zogen sich mein Bein hinauf. Geoff verpasste mir wenig später eine Dosis Antibiotika, die einen Toten wieder zum Leben erweckt hätte.)

Imp kam zu meinem Haus und fragte mich mit dem flüchtigsten aller Seitenblicke auf meine Wunde bedrückt, ob ich den Bau des Hühnerhauses vielleicht selbst organisieren könnte, da seine Frau ihm aufgetragen habe, zum Fischen zu gehen.

Also humpelte ich mit Tassels und einer ganzen Schar von »Piccaninnies« im Gefolge den Pfad hinab, der zu den Gärten führte, um einen geeigneten Standort zu finden. In meinem Notizbuch las ich nach, dass Warren einen Ort empfohlen hatte, der kühl, luftig und nahe beim Wasser war. Wir wählten eine Stelle im Schatten einer Gruppe von Kokospalmen aus. Sie war nicht weit vom Dorf entfernt und bildete eine kleine Halbinsel in der Biegung eines kräftigen Gewässers, das nur wenige Meter höher aus dem Hang hervorsprudelte. In einer knappen Stunde hatten wir den Fleck gerodet.

Der einzige und höchst nützliche Ausrüstungsgegenstand, genauer gesagt das einzige Werkzeug, das jeder Insulaner besaß, war ein Buschmesser: eine Machete mit flacher Klinge, die fast einen Meter maß. Es konnte für viele Dinge verwendet werden, und die Kinder lernten fast von der Wiege an, damit umzugehen. Kleine Kinder, Jungen und Mädchen gleichermaßen, die nicht größer waren als das Messer selbst, schleppten es mit sich herum und schlugen übungshalber nach allem, was ihnen in den Weg kam. Im Alter von zehn oder zwölf Jahren wurde von ihnen erwartet, dass sie einen zwanzig Zentimeter dicken Baumstamm mit nicht mehr als drei oder vier Schlägen fällten. Die Präzision dieser Schläge war atemberaubend; sie trafen jedes Mal wieder genau die gleiche Stelle. Das bedeutete natürlich nicht, dass der Umgang mit dem Buschmesser ohne Unfälle abging. Fehlende Fingerspitzen und Zehen und einige erschreckende Narben zeugten von gelegentlichen Missgeschicken.

Die Buschmesser dienten aber nicht nur dazu, Bäume zu fällen und zu roden, sondern auch zum Unkrautjäten und Ausgraben von Wurzeln, zum Spalten von Kokosnüssen, zum Schnitzen von Paddeln und Gehstöcken, und nicht zuletzt zum Kleinhacken der allgegenwärtigen, pechschwarzen Tabakstangen.

»Jetzt müssen wir nur noch die Wände ausmessen, und dann können wir die Ecken mit Stangen markieren.«

Vergeblich versuchte ich, das Messer, das ich mir von Stanleys älterem Bruder Barnabas geliehen hatte, aus dem Baum zu ziehen, in dem es jetzt steckte. Ich lächelte ihn an und tätschelte den Holzgriff, damit er wusste, wo es steckte, und begann dann, den Boden abzuschreiten. Mit einem Knäuel Schnur, die ich in meinem Rucksack gefunden hatte, und ein paar halb in meiner Erinnerung schlummernden Berechnungsformeln, die sich im Rückblick wahrscheinlich eher zur Berechnung der Oberfläche einer Kugel geeignet hätten, versuchten wir, aus den vier Ecken des Hühnerhauses ein Rechteck zu bilden. Aber sie wollten nicht. Es ergab sich jede mögliche Form von Parallelogrammen, aber kein korrektes Rechteck; und in dem Maße, wie die interessierte Zuschauerschaft wuchs, empfand ich die Hitze stärker als sonst.

Nachdem ich die Markierungspfähle zum x-ten Male verschoben, eingeschlagen und mit Schnur verbunden hatte, und mit einem geschlossenen und einem geöffneten Auge, einem emporgehaltenen Daumen und hervorstehender Zungenspitze gepeilt hatte, passte zu meiner ungeheuren Erleichterung plötzlich alles.

Henry und zwei weitere riesige Männer betätigten sich als

menschliche Dampframmen und schlugen die senkrechten Pfähle ein, auf die sie die Dachsparren setzten und befestigten. Die Frauen hockten kichernd und schwatzend daneben und flochten die einzelnen Felder des Blätterdachs zusammen, die dann hinaufgereicht und auf dem Dachsparrengitter befestigt wurden. Die Kinder entrollten den Maschendraht um die Pfosten herum und hielten ihn gespannt, während Small Tome ihn mit U-Haken, die wir kiloweise bei Harold gekauft hatten, festnagelte. Jemand erschien mit einer Tür, die an hölzernen Angeln eingehängt wurde.

Es war ein beeindruckender, solider Bau, und ich betrachtete ihn zufrieden mit verschränkten Armen.

Leider hatten wir keine Zeit, um uns selbst zu gratulieren. Es musste alles für die Ankunft der neuen Hausbewohner vorbereitet werden. Nach dem langen Warten lief uns plötzlich fast die Zeit davon. Daran war ich allerdings schon seit jeher gewöhnt.

Dicke, olivgrüne Bambusrohre von einem nahegelegenen Strauch wurden der Länge nach in der Mitte gespalten und mit Wasser gefüllt. Halbe Kokosnussschalen wurden auf kleinen Häufchen Sand, den mein Freund Innocent in seinen Patschhändchen vom Strand geholt hatte, kippsicher aufgestellt und mit Futter gefüllt. Der Boden wurde sauber gefegt, und dann waren wir bereit. Nun ja, einigermaßen bereit.

Bei Sonnenaufgang schoben wir das Kanu ins Wasser und machten uns auf den Weg zum Flughafen. Alle hatten mitkommen und die Neuankömmlinge begrüßen wollen, aber so viel Platz war nicht im Kanu. Luta, der Häuptling, bestimmte als Mitglieder des Empfangskomitees sich selbst, Young John und Young Georg, die sich künftig als Hühnerwächter betätigen sollten, und mich als denjenigen, der ihnen den ganzen Ärger überhaupt erst eingebrockt hatte und deswegen ruhig seinen Teil an der Arbeit übernehmen konnte.

Es gab da in Richtung Munda einen Eingang über das Riff,

den wir oft als Abkürzung benützten. Das war eine kurze Passage, die am Rand einer rautenförmigen Insel entlangführte. Das Wasser war hier so seicht, dass man paddeln oder eine lange Stange benutzen musste, um das Kanu über die toten Korallen hinwegzubewegen. Das Korallenriff wurde inzwischen nur noch von den Seeschnecken bewohnt, die etwa so reizvoll wie glitschige, weichliche, verwesende Schwämme waren. (Interessanterweise wurden sie, kaum trugen sie den französischen Titel *Bêche de Mer*, auf den Fischmärkten der östlichen Hemisphäre zum begehrten Leckerbissen und erzielten erstaunlich hohe Preise.)

Luta kannte diese Passage sehr gut, und das war lebenswichtig, denn in rauem Wasser bestand die Gefahr, dass man von einer Welle gegen die Felsen geworfen wurde oder dass man auf die Riffkante traf und das Boot in seiner gesamten Länge umgeworfen wurde. An diesem besonderen Morgen aber drohte diese Gefahr nicht – die See war glasklar, und die Ebbe stand so tief, dass wir über dem Riff auf Grund liefen und stecken blieben. Wir machten in unseren Sitzen schaukelnde Bewegungen vorwärts, um das Boot über das Riff hinweg zu schubsen, aber es half nichts. Alle kletterten aus dem Boot in das knöcheltiefe, badewannenwarme Wasser. Ich zog meine Lederstiefel aus und stieg ebenfalls über Bord, aber meine nackten Füße waren nicht genügend abgehärtet, um auf den scharfkantigen Korallen zu gehen oder versehentlich auf eine der widerlichen Schnecken zu treten. Ich au-autschte mich ein paar Schritte weit voran, aber da ich für das Ganze offensichtlich eher eine Behinderung als eine Hilfe war, schlug Luta vor, ich solle wieder ins Kanu steigen. Schamerfüllt stimmte ich zu. Nur einmal während der kurzen Überquerung musste das Kanu aufgehoben und getragen werden.

Schließlich hatten wir es geschafft und erreichten die Landepiste ohne weitere Vorfälle. Wir setzten uns in den Schatten der Veranda und beschäftigten uns wieder mit dem Lieblingszeitvertreib der Nation – warten und schwatzen. Kurz darauf hörten wir das Brummen eines Flugzeugs näher kommen. Wir rappelten uns auf, als es von rechts nach links landete und für einen Augenblick hinter Bäumen verschwand, drehte und wieder auf uns zurollte. Schließlich kamen die Propeller zur Ruhe, und der Pilot ließ sich aus seinem Sitz fallen, um den Passagieren die Tür zu öffnen. Dann ging er nach hinten, drehte an dem Griff der dreieckigen Gepäckraumklappe und öffnete sie. Natürlich war es nicht sehr wahrscheinlich, eigentlich unmöglich, dass die Hühnchen dort untergebracht waren.

Dann erstarrten wir vor Schreck.

Mit panischem Gepiepse hüpften Dutzende kleiner, gelber und für den Augenblick entzückend aussehender Flaumbällchen im Laderaum umher. In der Mitte saß, in *flagrante delicto*, mit einigen kleinen Federchen um das Maul, eine schwarze Katze.

Georg, der exzentrische Deutsche, der alleine mit seinen Transistorradios oben in Iriri lebte, hatte nun doch das endlose Katergejaule satt bekommen, das seine Versuche begleitete, den Empfang auf die *Frühstücksrunde* von Radio Dortmund einzustellen. Also hatte er, um endlich seinen Frieden zu haben, seinen Kater in einer Pappschachtel nach Honiara geschickt, um ihn kastrieren zu lassen. Auf dem Rückweg hatte dieser zwar weniger Unsinn im Kopf als vorher, aber nach den Fastentagen beim Tierarzt knurrte ihm der Magen, und voller Entzücken hatte er festgestellt, dass sich seine Kiste auf einem riesigen Karton mit köstlichen Hühnchenhappen befand. Er bewegte sich zwar wegen seiner Wundnaht noch etwas vorsichtig, doch gelang es ihm nach wildem Kratzen und Krallen, aus seinem Gefängnis zu entkommen. Dann stieß er den Deckel von der Delikatessen-Kiste und tauchte hinein.

Das erste Küken plumpste aus dem Laderaum kopfüber auf die Landebahn. Leicht benommen kam es auf die Füße und wackelte davon. Die Katze, die erkannte, dass sie in diesem Jahr wohl kaum den Siegespreis von Munda für die Lieblingskatze des Jahres gewinnen würde, beschloss, sich lieber sofort aus dem Staub zu machen, und schoss in Richtung Bank davon, und ihr Besitzer rannte hinterdrein.

»*Komm zurück, Schatzi! Bitte bitte! Schatzi!*«

Wir krochen ins Innere. Glücklicherweise war die untere Schachtel mit Küken unversehrt geblieben. Ich reichte sie Luta, und die beiden Young-Jungen und ich krabbelten herum, nahmen vorsichtig die zappelnden kleinen Körper auf und setzten sie so sanft wie möglich wieder in die zweite Schachtel zurück. Jedes Mal, wenn der Deckel abgenommen wurde, um eines hineinzusetzen, machten fünf oder sechs einen Ausbruchsversuch in verschiedene Richtungen, wobei sie auf ihren dünnen, gelben Beinchen staksten und mit den kleinen Köpfchen vorwärts und rückwärts nickten wie Zeichentrickfiguren. Schließlich gelang es uns, sie alle sicher zu verfrachten und den Deckel fest zu verschließen. So beladen schoben wir uns durch die beträchtliche Menschenmenge, die sich versammelt hatte. Auf unserem Rückweg zum Strand und zum Boot klang mir spöttisches Gejohle in den Ohren.

Zum Glück war die Flut inzwischen so weit gestiegen, dass wir ohne Schwierigkeiten über das Riff zurückgelangten. Als wir in unsere Bucht einfuhren, hatte sich das gesamte Dorf bei dem Anlegesteg versammelt. Die beiden Young-Jungen eilten mit den kostbaren Schachteln zum Hühnerhaus.

»Jetz aufpassin«, wandte ich mich in Pidgin-Englisch an die versammelte Kinderschar. Einmal Lehrer, immer Lehrer: Ich sorgte dafür, dass sie mir alle zuhörten, bevor ich weitersprach. »Aufpassin. Ich möchte nicht, dass ihr ›Piccaninnies‹ jetzt alle um das Hühnerhaus herumrennt. Ihr macht den Kikeriki nur Angst. (Sie mussten sich ohnehin schon ziemlich durchgeschüttelt fühlen.) Also geht bitte in den nächsten paar Tagen nicht ...«

Meine Stimme verebbte, als das letzte Paar nackter Füße in Richtung des Hühnerhauses verschwunden war. Bald stand ich alleine mitten im Dorf. Da mir nicht viel anderes übrig blieb, seufzte ich und folgte ihnen.

An diesem Abend wurde am Kartentisch die Geschichte des morgendlichen Erlebnisses wieder und wieder erzählt. Jeder wollte sie ganz genau hören. Mütter mit Säuglingen an der nackten Brust schüttelten den Kopf und warfen ihn zurück, japsend vor Lachen, als sie hörten, wie die Katze entwischt war und wie wir die kleinen Tierchen einzeln wieder einfangen mussten.

Später gingen die beiden Young-Jungen, mit ihren neuen Taschenlampen leuchtend, vorbei. Beide trugen ihre Schlafmatte unter dem Arm zusammengerollt und Decken über der Schulter. Ich fragte sie, wohin sie gingen.

»Ichman gehin schlafin Haus blong Kikeriki. Nix gud einman komm stehlin.«

Nein, das wäre nicht gut, stimmte ich zu.

»Ich glaube, Commander wäre ›suvil‹ glücklich«, meinte Luta lächelnd, nachdem alle anderen zum Schlafen gegangen waren. »Jetzt wir können anfangen, Verbesserungen in Dorf zu machen.«

»Das hoffe ich, das hoffe ich!«, erwiderte ich, aber ich war sehr froh, dass wir trotz aller Komplikationen so weit gekommen waren, und ich fand, dass wir immerhin etwas erreicht hatten, auch wenn wir das Dorf nicht in seinen früheren glorreichen Zustand zurückversetzt hatten. Aber ich wusste auch, dass noch ein weiter Weg vor uns lag. Die Worte aus dem Brief meiner alten Tante gingen mir durch den Sinn, als ich die Stufen zu meinem Haus hinaufging.

Das Fest des St. Andrew

Das Geflügel gedeiht – wir bereiten uns auf das Fest vor – ich treffe auf einen Furcht erregenden Eber – die Kirche wird überfallen – und wir tanzen die Nacht hindurch.

Die Küken, die glücklich in ihrem neuen Zuhause einquartiert waren, gediehen prächtig, und so war es an der Zeit, dass sich das Dorf nach all den Aufregungen wieder beruhigte und zu seinem normalen Leben zurückkehrte. Die Zeit verlangsamte sich wieder zu einem sanften Strömen durch die Inselwelt, und ich, zufrieden mit meinem neuen Zuhause, ließ mich ruhig und gemütlich in dem vorgegebenen Rhythmus dahintreiben, und die Tage und Wochen verstrichen, ohne dass man besonders darauf achtete. Ich hatte gelernt, dass jeder Versuch, die Geschwindigkeit der Geschehnisse zu beschleunigen oder zu bestimmen, sinnlos war, und so nahm ich meine Armbanduhr ab und legte sie ganz unten in meinen Holzschrank. Bald stach der kreisrunde weiße Fleck, den sie auf meinem Handgelenk hinterlassen hatte, immer weniger hervor und nahm schließlich das gleiche tiefe Braun an wie mein Unterarm.

Der Alltag wurde durch kaum mehr bestimmt als durch das Aufgehen und Untergehen der Sonne, durch Licht und Dunkel, Morgen und Abend; gelegentlich machten sich Hunger und

Durst bemerkbar und wollten gestillt werden. Nach dieser Prozedur sagten mir meine herabsinkenden Augenlider oft, dass ich mich besser für eine oder zwei Stunden zur Ruhe legen sollte, und ich hatte nichts dagegen einzuwenden. Ich war seit langem daran gewöhnt gewesen, jeden Morgen aus den Startblöcken des Ehrgeizes und des Leistungsdrucks vorwärts zu sprinten, einer immer weiter entfernten, oft unsichtbaren Ziellinie entgegen, und es war seltsamerweise beträchtliche Selbstdisziplin nötig, um aus dieser Gewohnheit auszubrechen, alles immer möglichst rasch zu erledigen. Nach einigen Pawlowschen Reaktionen gelang es mir aber allmählich, meine innere Startpistole zum Schweigen zu bringen.

An vielen Tagen geschah einfach gar nichts, aber diese Tatenlosigkeit erhöhte nur die Freude, mit der wir auf die wenigen besonderen Ereignisse im Jahreskalender des Dorfes warteten, Höhepunkte im Jahr, die, sobald sie näher rückten, begeistert besprochen, geplant und vorbereitet wurden. Einige Tage nach der Ankunft der Hühnchen kam ein solcher besonderer Tag heran, und da wir nun wirklich etwas zu feiern hatten, freute ich mich schon sehr darauf.

Eigenartigerweise war in Mendali der wichtigste Tag im Jahr nach Weihnachten und Ostern der Tag des St. Andrew. Wie sich später herausstellte, ging das jedoch nicht auf irgendeine schottische Verbindung zurück. Ich hatte schon halb erwartet, dass es als Festschmaus einen schottischen Innereien-Eintopf mit Süßkartoffeln geben würde und dass das Fest erst seinen Abschluss finden würde, nachdem wir zum Klang von Bambus-Dudelsäcken in Kokosnuss-Kilts endlose schottische Reigentänze um unsere Buschmesser herum getanzt hätten. Glücklicherweise war St. Andrew, der Fischer, wie sich prosaisch herausstellte, der Schutzpatron der Dorfkirche, und zu seinen Ehren sollte ein Tag mit vorwiegend religiösen Feierlichkeiten stattfinden.

Auf den Salomon-Inseln wurde die christliche Lehre nicht als Laune einer Minderheit betrachtet, sondern von jedem Einzelnen mit einer Ernsthaftigkeit befolgt, die angesichts der Tatsache, dass hier sonst nichts allzu ernst genommen wurde, umso beeindruckender war. Allein die christliche Lehre mit ihrem tagtäglichen zweimaligen Ruf zum Gebet – an Sonntagen dreimal – gab jedem Tag eine gewisse gesellschaftliche Struktur, und ihre Anhänger lebten, soweit ich sehen konnte, ziemlich getreu ihren Lehren, zumindest so weit man das bei den ständig und überall auftauchenden Verführungen vermochte. Es wurde von jedem Insulaner erwartet, dass er ein erklärtes Mitglied mindestens einer der zahlreich vorhandenen Kirchen war, und ich fand es zumindest aus diesem Grund nützlich, dass ich getauft war. Hätte ich gezögert, mich zumindest dem Anschein nach der einen oder anderen christlichen Konfession anzuschließen, dann wäre ich wohl allgemein boykottiert worden.

Die Kehrseite dieser Religiosität auf den Salomon-Inseln bestand darin, dass die Menschen eine beunruhigende Neigung zeigten, die verschiedenen religiösen Straßentheater zu akzeptieren, die in der Inselwelt herumschipperten. Hier war jede dümmliche, unehrliche, geschäftemachende, skrupellose, betrügerische und meistens amerikanische Kirche vertreten, und zwar meistens durch eine Person, die all diese Eigenschaften aufs Wunderbarste verkörperte. Diese Gestalten gebärdeten sich wie Marktschreier, verteilten bunte Broschüren und drängten neugierige Dorfbewohner dazu, Mitglied zu werden und »etwas auszuspucken«.

»Jawollja, meine Damenundherren, bezahlt in diesem Leben und bekommt dafür alles im nächsten Leben!«

Eine besonders dubiose Gestalt stand fast täglich auf dem Marktplatz von Munda. Bei seinen Brüdern hieß er »Das jüngste Gericht«, alle übrigen nannten ihn »Das jüngste Schreckensgericht«. Unter seinen schwarzen Augenbrauen und dem silbrigen Haar blickte er wild um sich und schalt seine Zuhörer wegen jeder erdenklichen Sünde aus, wobei er die meisten, wenn nicht alle, selbst beging. Besonders seine Schwäche für junge Salomon-Insulanerinnen war allgemein bekannt. Einmal, als er gerade eine Rede hielt, versuchte ich, meinen Weg zwischen den Frauen hindurch zu finden, die zwischen ihren aufgehäuften, gleichermaßen uninteressanten Erzeugnissen auf dem Boden saßen. Höflich lehnte ich eine seiner aufgeblasenen Schriften ab. Er schien jedoch keine Gelegenheit, einen offensichtlichen Sünder zu bekehren, vorübergehen lassen zu wollen, beugte sich zu mir und hauchte mir mit seinen feuchten, farblosen Lippen in Südstaaten-Akzent ins Ohr:

»Kannix schadn, kannur helfn.«

Mir schauderte, und ich beeilte mich, fortzukommen.

Pater Joshua hingegen war ein absolut liebenswerter Salomon-Insulaner. Er war Wanderprediger und stammte aus der Westlichen Provinz. Da er kein eigenes Transportmittel besaß, musste er sich auf dem Weg durch die gesamte Inselwelt anderen anschließen, wobei er stets eine Flasche Wein und ein paar Waffeln im Rucksack trug, um in entfernten Dörfern die Kommunion feiern zu können. Er war noch jung, hatte erst vor wenigen Jahren geheiratet und besaß nun die entsprechende Anzahl quietschender und plappernder Babys. Seine unkomplizierte Art und sein ehrliches Interesse an seinen Zuhörern machten ihn in Mendali zu einem gerne gesehenen Gast.

Wenn er gelegentlich über Nacht im Dorf blieb, schlief er in meinem Haus, oder vielmehr in seinem Haus, denn der offizielle Name meiner Residenz lautete: »Klein-Padre-Haus«, wobei sich das »Klein« auf die Größe des Hauses bezog, nicht auf die des Paters. Pater Joshua bestand darauf, auf dem Boden im vorderen Raum zu schlafen, wo er sich selig lächelnd auf seiner Matte niederlegte, die er immer bei sich trug. Wenn ich dann morgens mit Schuldgefühlen aus meinem Schlafraum kam, fand ich ihn in tiefem Schlaf, den Kopf auf ein improvisiertes Kopfkissen in Gestalt eines Reissacks gebettet, seine Kommunionsrobe als einzige Decke bis unters Kinn hochgezogen.

An diesem Tag des St. Andrew kam er per Boot, um den Gottesdienst unter Mitwirkung des Diakon Hilary zu leiten, der zwar schon älter war, seine kirchlichen Weihen aber erst kürzlich erhalten hatte. Er war ein fröhlicher Dicker, der vor Begeisterung über seine neue Berufung strahlte und bei der Aussicht auf seine erste eigene Predigt ganz außer sich war.

Alles war vorbereitet für den großen Tag, der abgesehen vom beständigen Wachsen und Gedeihen der Hühnchen seit Wochen das einzige Gesprächsthema lieferte. Es würde zu unserer Erbauung nicht nur »Den Gottesdienst« geben, sondern auch »Das Festmahl«, das womöglich noch wichtiger war.

Lokalpolitiker, die um die Gunst zukünftiger Wähler buhlten, waren in Kanus angekommen, die bis zum Rand mit einer schier endlosen Anzahl von Säcken voll Reis, Mehl und Wahlversprechen beladen waren. Pappschachteln mit den steinharten Marinekeksen, die mit Plastikfolien vor einem Überfall der Käfer geschützt wurden, Tüten mit Tee und viele Päckchen Zucker lagen bereit. In den letzten beiden Nächten waren die Männer abends mit den Kanus zum Fischfang hinausgefahren. Mit ihren Speeren in der Hand standen sie bereit zum Zustoßen. Von dem hellen Licht der Kerosinlampen im Bug ließen sich faule Papageienfische an die Oberfläche locken, die sofort aufgespießt und ins Boot gestreift wurden, wo sie zappelnd ihr Leben aushauchten.

Ich hatte meinen Teil zum Hauptgang des Festmahls beigetragen, allerdings etwas gegen meinen Willen. Ich hatte nämlich den Vormittag zuvor in meinem kleinen Gärtchen mit Unkrautjäten verbracht. Akribisch versuchte ich, die scheinbar über Nacht nachwachsenden Triebe, die über die Erde krochen und meine Pflänzchen zu erwürgen drohten, bis an die Wurzeln zu verfolgen und auszumerzen.

Es war eine friedvolle Szene. Ich war allein in dem Dschungelgarten, und meine einzigen Zuschauer waren ein Pärchen geschwätziger Kakadus, die auf dem Ast eines Mahagonibaums saßen und meine ungeschickten Bemühungen lautstark kommentierten. Ich starrte zurück und überlegte, ob sie wohl so ähnlich wie Hühner schmecken würden.

Hoch oben zog ein Seeadler seine Kreise wie ein Junge auf seinem Fahrrad, der im Park auf seine Freunde wartet. Gelangweilt flog er schließlich über den falschen Waldboden, den die Baumwipfel bildeten, davon, wobei seine riesigen Schwingen wie in Zeitlupe schlugen. Vereinzelt fielen nun dicke, fette Wassertropfen, und als sie dichter wurden, suchte ich Schutz unter dem breiten Blätterdach eines Bananenbaums. Auf der anderen Seite des Tals kamen durch den Bogen eines schwachen Regenbogens zwei Mädchen mitten durch Old Ediths Garten gerannt, wobei sie beide schuldbewusst mit der einen Hand eine Papaya an die Brust drückten und mit der anderen Hand riesige Palmenblätter über ihre Köpfe hielten, die so weit hinabhingen, dass sie ihre Körper vollständig einhüllten. Sie wirkten wie zwei große, grüne Käfer, die durch die Sträucher huschten.

Als die Wolken, die diesseits des Berges Last abgeworfen hatten, jetzt aufs Meer hinauszogen und die Sonne wieder auf meine Bemühungen, mir einen grünen Daumen zu erwerben, herabstrahlte, kehrte ich zu meiner Arbeit zurück. Prähistorischer Dampf stieg vom Boden auf. Es war eine Landschaft, durch die bizarre Kreaturen wandern könnten; große Echsen, die sich auf ihre Hinterbeine erhoben, wütende Bestien, halb Mann, halb Hai, die grollend durch die Wälder zogen. Ich musste lachen, und die beiden Kakadus seufzten.

Ohne Vorwarnung brach etwa fünfzig Meter über mir plötzlich ein ungeheures Beben und Knacken los. Ich erstarrte und blickte auf, doch eine Reihe leuchtender Chili-Sträucher versperrte mir den Blick. Mit einem schrecklichen Krachen und Schnauben brach oben am Hang ein riesiges Schwein aus dem Dschungel und starrte zu mir und vor allem zu meinem Garten hinab. Mit seinen dicken, schwarzen, gesträubten Haaren, seinen bleich schimmernden Hauern, den gelockten Schnurrbarthaaren links und rechts seitlich der Schnauze und den beiden dünnen Vorderläufen, die unter dem mächtigen Körper pausenlos stampften und scharrten, wirkte der Eber wie ein empörter älterer Gentleman, der von einer Räuberbande verfolgt wird.

Es wäre gelogen zu behaupten, dass dieses Schauspiel mir keine Angst einjagte, aber es war einfach zu spät, um davonzurennen, selbst wenn meine Beine mir gehorcht hätten. Daher hockte ich mich in Ermanglung einer besseren Idee schwerfällig auf den Boden und auf meine verzweifelten jungen Tomatenpflänzchen. Das Wildschwein kam schnell näher und keuchte dabei wie eine wild gewordene Dampfwalze.

»Oh, toll!«, grunzte es, als es, den Hang hinabstürmend, mich und meinen Garten erblickte. »Verdammt noch mal, genau so was brauche ich jetzt. Weg da!«

Da tauchten dicht hinter ihm aus den Büschen zwei magere Dorfhunde auf, denen die Zungen weit aus dem Maul hingen, und hinter ihnen erkannte ich die rennenden Gestalten von Hapi und Luki. Als einer der Hunde einen Satz vorwärts machte, drehte der Furcht erregende Eber nach links ab und flüchtete zum Fluss hin, und Hapi und Luki jagten hinter ihm drein. Auch ich war jetzt auf den Beinen, folgte rennend der durch die Vegetation gewalzten Spur und stieß schließlich ein paar Hundert Meter weiter auf Jäger und Gejagten. Luki hockte rittlings auf dem Rücken des Schweins und schwenkte ein großes, skalpellartiges Messer wie ein Rodeoreiter seinen Hut. Die Hunde hatten das bockende Tier inzwischen an den Ohren gepackt und zogen es zu Boden, und mit einem gezielten Stoß rammte Luki ihm das Messer in den Nacken. Hapi riss die Hunde von der sprudelnden Blutquelle fort.

Die Jungen waren bereits dabei, mit Schlingpflanzen, die sie vom nächsten Baum abgehackt hatten, die Beine des Schweins paarweise zusammenzubinden, da erst gab es endgültig auf, als sei es sehr müde und leicht verwirrt durch diese Prozedur. Sie schoben einen langen Ast zwischen den beiden Beinpaaren durch und hoben ihn mit ihrer kopfüber daranhängenden Beute leicht auf die Schultern. Sie setzten sich triumphierend in Marsch und winkten mir zu. »Nett einman, Mr. Will!«, riefen sie mir im Chor zu.

Nun ja, wohl anzunehmen.

Für den St.-Andrew-Tag wurde ein sorgfältig zeitlich abgestimmtes Programm geplant und niedergeschrieben, aber da ich der Schreiber war und niemand die leiseste Absicht hatte, sich daran zu halten, konnte man es nur als ziemlich nutzloses, um nicht zu sagen überflüssiges Dokument bezeichnen. Die »Aktivitäten« sollten traditionelles Tanzen, Gesang und Theaterstücke umfassen, aber die einzigen Dinge, die feststanden, waren »Der Gottesdienst« und »Das Festmahl«.

Auf ›Den Gottesdienst‹ wartete ich vor der Kirche unter den Schatten spendenden Zweigen eines der Regenbäume, dessen fedrige, breite Blätter einen gewissen Schutz vor den regelmäßigen, oft sehr starken Regengüssen boten. Unter Ethels fachmännischer Aufsicht wurde ein Eisenkessel für die riesige Menge pechschwarzen, harntreibenden Tees vorbereitet, der während der späteren Feierlichkeiten getrunken würde.

Trotz der frühen Morgenstunde war bereits die kommende Tageshitze und Feuchtigkeit zu erahnen, die zu genießen die Skandinavier beabsichtigen, wenn sie sich in kleine Birkenholzkammern einschließen. Ich bereute bereits meine Entscheidung, lange Hosen und Socken zu tragen. Doch als ich zum Dorf blickte und die ersten festlichen Gestalten den Pfad hinab auf mich zukommen sah, war ich etwas erleichtert, dass ich mir die Mühe gemacht hatte, mich dem Anlass entsprechend zu kleiden. Verschwunden waren die abgetragenen Shorts und die vom Betelsaft fleckigen T-Shirts der Männer, und fort waren auch die zerschlissenen Vorhänge, die die Frauen normalerweise über oder unter ihren Brüsten um sich gewickelt trugen, zerknüllt und besabbert von unzähligen Babys, die auf ihren Armen saßen. An ihrer Stelle sah ich modische schwarze oder blaue Shorts, weiße Hemden und farbenfrohe, geblümte Kleider, Strohhüte und Halsketten aus Muschelschalen. Lächelnd begrüßte ich sie mit »Moang dusie«, schlüpfte aus meinen Schuhen, und wir betraten die vergleichsweise kühle Kirche.

Das mit frischem Wasser gefüllte Taufbecken war seitlich neben den Altar gezogen worden. Pater Joshua, der in seiner weißen Robe noch draußen vor der Kirche stand und sich dem Genuss einer letzten Betelnuss und einer riesigen Zigarette hingab, hatte offensichtlich die Absicht, diese Reise von seinem Vikarssitz über die Lagune zu nutzen, um gleich mehreren seiner Pflichten nachzukommen.

Das Mittelschiff war beiderseits mit einem Blumenmeer geschmückt, Grünpflanzen waren um die Dachbalken geschlungen und an den Innenseiten der Bankreihen befestigt worden, um in der Länge des Kirchenschiffs eine angemessene biblische Palmenallee zu schaffen. Über dem Altar hing an zwei Angelschnüren ein großer, herzförmiger, aus Hibiskus und Jasmin geflochtener Kranz.

Die Schiffsglocke, die man aus des Commanders Barkasse gerettet hatte, bevor diese in einem plötzlich aufgekommenen Sturm gesunken war, und die nun in der Sakristei hing, wurde kräftig geläutet. Als der letzte Glockenton verklang, begann der Gottesdienst.

Selwyn, unser Chormeister, sang die erste Zeile der Eröffnungshymne alleine in seinen grauen Bart, wobei er durch seine alten Brillengläser auf die handgeschriebenen, von Wasserflecken verwischten Worte blinzelte. Ich stand hinter ihm und konnte das Stück Draht sehen, das die Brillenfassung mit dem rechten Bügel verband. Er fegte die Brille von der Nase und hob den Kopf, als der Chor mit ihm in die sanft klagende Melodie einstimmte. Ohne Instrumentenbegleitung sangen sie verschiedene Parts, die Männer hinter mir und die Frauen zu meiner Rechten, auf der anderen Seite des Mittelgangs. Dieses vielschichtige, komplizierte Gemisch von Klängen und Worten schien das Kirchenhaus in ein komplexes, aber wunderschönes menschliches Akkordeon zu verwandeln. Mir fehlen die Worte, um es näher zu beschreiben, aber als ich an den geschmückten Säulen vorbei durch das Fenster auf die Blautöne der ruhigen See und bis zu der Insel Kukurana hinüberblickte und die Musik an Lautstärke und Kraft zunahm, fühlte ich plötzlich vollkommen unerwarteterweise eine Flut von Tränen in mir aufsteigen.

Wie durch einen schimmernden Vorhang bewegte sich die Prozession auf den Altar zu, angeführt von dem unbezwingbaren Small Tome in einer seiner prächtigsten Roben. Er schwenkte dabei einen messingfarbenen, mit rauchendem Ngalinuss-Öl gefüllten Weihrauchbehälter, wie ein mittelalterlicher Ritter auf dem Weg in die Schlacht eine Kettenkugel geschwenkt haben mochte: ein Dreihundertsechzig-Grad-Schleudern bei jedem Schritt. Langsam und ernst schritt er auf die drei flachen Stufen zu, die hinauf zum Altar führten.

Assistierend folgte ihm Brian, ein junger Bursche, der die dreifach schwierige Aufgabe hatte, eine kleine Schüssel mit Öl ruhig in der Hand zu halten, mit Small Tome Schritt zu halten und dem gefährlichen metallenen Gegenstand, der vor ihm durch die Luft flog, auszuweichen. Trotz eines gelegentlichen Duckens oder Sprungs zur Seite erfüllte er seine Pflicht insgesamt tadellos, wie es dieser feierliche Anlass gebot.

Hinter ihnen kam nun der prachtvoll in Rot und Gold gehüllte Pater Joshua und neben ihm der wunderlich korpulente Diakon Hilary, der die Schnur seiner Robe mit einem festen Knoten um seine bemerkenswerte Taille geschlungen hatte. Sein rundes, fröhliches Gesicht glänzte, und Schweißtröpfchen rannen ihm in kleinen Strömen aus dem ergrauenden Haar und trafen sich wie Lemminge an seinem runden Kinn.

Als Nächstes kamen zwölf neun- oder zehnjährige Jungen, adrett in saubere Hemden und Shorts gekleidet, die den Weg zur Kirche offensichtlich ohne größere Katastrophen überstanden hatten. Jeder der Jungen hielt einen Stock in die Höhe, an dessen Spitze eine Kerze steckte, jede in einer anderen abenteuerlichen Schräglage. Die meisten Jungen waren darauf konzentriert, dem auf ihre Hand herabrinnenden heißen Wachs auszuweichen. Außerdem marschierte jeder der Jungen in seinem eigenen Rhythmus und Takt einher, und es grenzte fast an ein Wunder, dass die Gruppe mit einem Minimum an Verwirrung heil den Altar erreichte. Die Jungen reihten sich zu beiden Seiten auf, Small Tome vollführte einen fantastischen doppelten Dreihundertsechzig-Grad-Schwenk, und die letzten Klänge der Hymne verhallten.

Der Gottesdienst folgte der Liturgie einer traditionellen, aber vereinfachten anglikanischen Lobpreisung, die jedoch der Lebensart der Insulaner angepasst worden war. Im »Vaterunser« hieß es »Unsere tägliche Speise gib uns heute« – da Brot hier praktisch unbekannt war –, und in den Gleichnissen wimmelte es von Fischen und Palmen anstatt von Eseln und Lämmern. Pater Joshua führte uns höchst souverän durch die gesamte Prozedur.

Dann hielt Diakon Hilary, dessen große Stunde endlich gekommen war, eine unschlagbare Predigt in Pidgin, in der auch, wie er uns ankündigte, eine *sehr* lustige Geschichte vorkam, die von einem Leguan und einem Riesen und Hunderten von Menschen handelte, die nur haarscharf dem Schicksal entkamen, aufgegessen zu werden – entweder von dem Leguan oder dem Riesen oder vielleicht auch von beiden. Ich war da selbst nicht so sicher.

Leider stießen Vater Hilarys Worte sozusagen auf taube Ohren, da keiner der kleinsten »Piccaninnies«, an die die Moral seiner Geschichte gerichtet war, viel Pidgin verstand, und so war das Ganze etwa so wirkungsvoll wie ein Lichtbildervortrag für Blinde. Vater Hilary aber lachte donnernd mit ungetrübter Begeisterung, als er zum Ende kam, und schlug sich mehrmals auf den schwabbelnden Oberschenkel, verlor dabei das Gleichgewicht und musste sich unzeremoniell auf die vorderste Bank setzen. Mehrere kleine, blondhaarige Mädchen wurden dadurch auf den Boden gefegt und blickten erschreckt mit ihren hübschen, fein geschnittenen Gesichtern umher.

Gerade hatten wir die ersten Strophen des Kyrie eleison gesungen, da erstarrte die ganze Versammlung beim Klang eines lauten Rasselns, das von draußen kam. Die kleinsten Kinder, die sich inzwischen ihrer Kleider entledigt hatten und damit beschäftigt waren, Sandburgen im Mittelgang zu bauen, huschten zurück auf ihre Sitzplätze. Denn in der Eingangstür erschien, eingerahmt von der flirrenden Morgensonne, eine Gruppe geduckter Gestalten. Es waren sechs Männer und Knaben, angeführt von Tassels, die alle Lendenschurz, geflochtene Stirnbänder aus Delphinzähnen und Perlen im Haar und auf der Stirn trugen. Sie hatten ihre Gesichter und Körper mit weißen Linien bemalt und trugen auf der Brust dick geflochtene Ketten mit Muschelschmuck, deren Schalen in dem weichen Licht glänzten wie Perlmutt. Jeder der Tänzer hatte um einen Fußknöchel ein Band mit einer Unmenge getrockneter Nussschalen gebunden, die ein eindrucksvolles Gerassel erzeugten, wenn der Fuß auf den Boden gestampft und geschüttelt wurde. In den Händen hielten sie Palmenblätter, die Paddel darstellten. Mit stoßenden, hüpfenden Bewegungen paddelten sie sich durch die Versammlung, und ihre weit ausholenden Schritte schlugen einen Rhythmus zu dem Gesang, der jetzt wieder einsetzte. Schließlich umringten sie den Altar auf drei Seiten und verharrten dort mit geneigten Köpfen bewegungslos, während das letzte gesungene Amen in der duftgeschwängerten Luft durch das Fenster verwehte.

Scheinbar unbeeindruckt fuhr Pater Joshua mit seinem Gottesdienst fort – wie nicht anders zu erwarten war, wenn die Kirche von sechs Kriegern in einem unsichtbaren Kriegskanu besetzt wird –, brach das Brot, goss Wein in den Kelch und zelebrierte die Kommunion. Wieder schwammen meine Augen, und ich fürchtete, dass ich es auf ein Sandkorn in meinen Kontaktlinsen als Ausrede schieben musste, wenn ich mit rotgeränderten Augen wieder im Dorf erschien.

Im Freien entspannte sich dann die Atmosphäre, und die Kinder, nach den seltsam strengen Verhaltensmaßregeln in der Kirche nun wieder von der Leine gelassen, stürmten davon und liefen zwischen den Hütten fast Amok; sie hielten nur gelegentlich inne, um nach einer Katze zu treten oder einen der zahlreichen struppigen Hunde zu packen, die um den »motu«, einem Erdofen, herumsprangen. Hier ruhte, unter einem Haufen Bananenblätter und heißen Steinen, die tagsüber im Feuer erhitzt worden waren, das Schwein. Als dann die Blätter entfernt wurden, erwartete mich ein höchst sonderbarer Anblick. Es schien, als sei das Tier, das noch am Morgen die vollkommen normalen Proportionen eines Schweins besessen hatte, in der Hitze des Feuers geschmolzen und kollabiert. Es lag nun flach auf dem Boden, alle viere nach außen weggestreckt wie ein Tigerfell vor dem Kamin eines viktorianischen Schlosses. Geschmolzenes Fett schwamm in Pfützen auf seinem Rücken oder lief an seiner Schnauze entlang herab und hinterließ ölige Spuren in dem Dreck. Offensichtlich war die Beute nicht enthäutet worden, und die Borsten sträubten sich vor Empörung über eine solche Behandlung. Zum Glück konnten die Augen mich nicht mehr anklagend anstarren, denn sie waren herausgesprungen. Das überraschte mich nicht. Nun ja, immerhin hatten wir uns schon alle auf diesen Braten gefreut – mit verstärktem Speichelfluss und mehr oder weniger verstecktem Magenreiben. Ich nahm mir heimlich vor, mich an die Kartoffeln zu halten – wieder einmal. Als ich mich umdrehte, um zu der Menge hinüberzugehen, die sich auf dem Versammlungsplatz zusammengefunden hatte, stolperte ich und wäre beinahe in einen Haufen blutiger Rippen gefallen. So also hatten sie die zoologische Absonderlichkeit bewerkstelligt.

Ich schloss mich den Männern um den Teekessel an, schlürfte Tee aus einem alten Emailbecher und sah den Frauen zu, die geschäftig »den Tisch deckten«. Auf dem Boden wurden Palmenblätter ausgebreitet, auf die dann Süßkartoffeln, in Blättern verpackter Reis, ganze Fische aus dem »motu«, sowie Berge von Tapioka-Pudding gelegt wurden.

Inzwischen wurde das Schwein zerlegt. Es war schwierig zu erkennen, welche der auf Blättern aufgehäuften Stücke, die von fingerleckenden Ladys »zu Tisch« getragen wurden, genießbar waren. Wie ich herausfinden sollte, bestand der Trick darin, höflich zu warten, bis alle sich etwas herausgesucht hatten, und sich dann an dem Übrigen zu bedienen. Da die hiesige Küche normalerweise kaum Fett kannte, sah man fettige Hautlappen, Schwartenstücke, ja sogar die dicken, schwarzen Borsten, die mit Vorliebe zwischen den Zähnen stecken blieben, als große Leckerbissen an, auf denen man lange genussvoll herumkaute. Ich konnte mir währenddessen die saftigsten, zartesten Fleischstücke aussuchen. Fingerdicker Speck wurde in Würfel geschnitten und zu den anderen Speisen gelegt. Ich sah, wie Fatty sie hungrig beäugte und sich geschickt an den nächstgelegenen Platz am »Tisch« drängte.

Diakon Hilary, der sich inzwischen wieder erholt hatte, wahrscheinlich angesichts der verlockenden Köstlichkeiten, wie ich vermutete, sprach das Dankgebet. Die »VIPs« saßen am »Tisch« an dem einen Ende, und alle anderen – ungefähr hundert Personen – hockten sich gleichzeitig auf den Boden. (Ich saß als Einziger mit übergeschlagenen Beinen. Aufgrund eines hässlichen Netzball-Unfalls, der sich ziemlich am Anfang meiner Lehrer-Laufbahn ereignet hatte, war mein Knie oft steif und schmerzte. Ich hatte gar nicht selbst an dem Spiel teilgenommen, saß aber bei einem allzu heftig vorgetragenen Angriff, bei dem der Spieler das Gleichgewicht verlor und mit einiger Wucht aus dem Spielfeld schoss, direkt in der Schusslinie … Bald nach meiner Ankunft hier hatte ich erkannt, dass ich mich nicht wie die Dorfbewohner auf den Boden hocken durfte, da mein Knie in dieser Haltung oft blockierte. Und wenn ich erst in dieser Weise indisponiert war, blieb mir nichts anderes übrig, als mich entweder in einer Haltung zu entfernen, die an einen pensionierten Kosakentänzer erinnerte, oder mich auf die Seite zu rollen und zu versuchen, meine Zehen zu fassen zu bekommen. Keine der beiden Lösungen war besonders elegant.)

Schweigen senkte sich über die Festtafel, und man hörte nur noch Kau- und Reißgeräusche. Fünf Minuten lang. Dann wurden die Blätter zusammengerollt, die Überreste den Hunden vorgeworfen und das Feuer am Ende der Lichtung geschürt. Nun begannen die »Aktivitäten«.

Zuerst hatte die Mütter-Vereinigung ihren »Auftritt« mit Geschichten aus der Bibel – die Wahl Davids zum König und der schreckliche Tod von Johannes, dem Täufer. Ellen spielte eine mitreißende Salome und hielt eine Kokosnuss in die Höhe, auf die ein lächelndes Gesicht gemalt war, um den Kopf des unglücklichen Mannes darzustellen. Den Abschluss bildete eine Geschichte, die, so weit ich sie verstand, davor warnte, schwanger zu werden, solange man nicht verheiratet war. Unterstrichen wurde dieser Appell, indem die gleiche Kokosnuss, diesmal in Windeln, unter dem Kleid von Young Margaret hervorgeholt wurde. Nach den überraschten und erschreckten Blicken im Publikum zu schließen, reichte diese seltsame Demonstration aus, um einige der Mädchen generell von einer Schwangerschaft abzuhalten, unter welchen Umständen auch immer.

Als Nächstes kamen die Tänzer und Sänger an die Reihe. Sie glitten sanft über den Boden, während sie in ihrer eigenen Sprache sangen und mit wellenartigen Armbewegungen das Meer und aufblühende Liebe darstellten. Von der Menge kam kein Applaus, sondern nur ein gelegentliches anerkennendes Gemurmel. Man deutete auf manche Sänger und flüsterte sich lächelnd gegenseitig etwas ins Ohr. Aus dem Dunkel hinter dem Tisch erschien Small Tome. Er trug eine meiner beiden Flaschen mit dem selbst fabrizierten, dunkelroten Wein und ein paar Gläser. Unbeobachtet füllte er zwei Gläser und bedeutete mir, ich sollte sie vor die beiden Kirchenmänner schieben, die rechts und links von mir saßen. Ich schüttelte den Kopf, denn damit wollte ich nichts zu tun haben, er aber bestand darauf. Also schob ich eines vor Pater Joshua, der es anhob und misstrauisch daran schnüffelte. Er lehnte es ab, indem er es lächelnd wieder vor mich schob. Dann reichte ich es Diakon Hilary, der es ebenfalls anhob und daran schnüffelte. Dann erhellte sich sein Gesicht.

»Das ist was Heißes, glaube ich!«, rief er enthusiastisch aus und nahm einen ersten Schluck. Leider trank er noch einige Schlucke mehr, und mit fortschreitendem Abend wurde er immer angeregter, sprach in unpassenden Augenblicken laut vor sich hin, klopfte seinen Nachbarn auf die Schulter und brüllte vor Lachen. Sein Gesicht strahlte und glänzte im Feuerschein. Small Tome blickte höchst zufrieden drein, höchst entzückt von seinem Werk.

Viel später, als vom Feuer nur noch die Glut übrig war und das Mondlicht alleine alles beleuchtete, drang aus einiger Entfernung der Klang von Tassels marschierender Musikgruppe aus dem Busch. Langsam kam die Musik immer näher, bis schließlich Jungen und Mädchen aller Altersgruppen in die Lichtung hineinmarschierten und dabei Lieder von Jesus und großer Freude auf der Welt sangen. Jedes Kind hatte zwei dünne Stöckchen und ein kleines, flaches Stück Holz, auf dem sie ihren Gesang rhythmisch begleiteten. Die vier Reihen Kinder teilten sich, und aus der Dunkelheit hinter ihnen erschien Tassels selbst, bekleidet mit hauteng anliegenden, unten weit ausgestellten, blauen Nadelstreifenhosen und einem flauschigen weißen Hemd. Während die Kinder in komplizierten Formationen hinter ihm umhermarschierten und jeder Streifen seiner extravaganten Hose Wirkung erzielte, steppte er seinen eigenen Rhythmus mit einem Paar lederner Cowboystiefel, deren metallene Spitzen orange in der Dunkelheit leuchteten. Er war Voodoo-Zauberer, Tänzer und Akrobat in einem und tanzte, als hinge unser aller Leben davon ab. Die Menge liebte ihn. Sie juchzten und kreischten vor Begeisterung und beobachteten ehrfürchtig, wie er dem verwirrten Pater Joshua einen Schmollmund und lüsterne Seitenblicke zuwarf; dennoch zeigte der Pater sich lauthals begeistert. Der Diakon Hilary, aufgedunsen und halb betäubt, brachte nicht mehr zustande als einen gelegentlichen Schluckauf.

Mehr als zwei Stunden lang trommelte und sang die marschierende Musikgruppe ohne Unterlass ihre Lieder, bis sie schließlich mit einem atemlosen »Suina« – Ende – und einer schwungvollen Verbeugung Tassels' in der Nacht verschwanden.

Als ich vollkommen erschöpft den Pfad an der Kirche vorbei zu meinem Haus entlangstolperte, riefen Stimmen durch das Dunkel »*Rodo diana*« – Gute Nacht.

»*Rodo diana,* Mr. Will.«

»*Rodo diana* an alle«, dachte ich zufrieden und stieg über den Diakon Hilary hinweg, der wie ein Zweitakter-Motor schnarchte. In einem Bogen um die selig schlummernde Gestalt von Pater Joshua, der mit seinen auf der Brust gefalteten Händen wie ein Grabengel wirkte, huschten Chutney und ich leise in meinen Schlafraum.

Der Hühnermord

Ich entdecke, dass ein weiterer Aspekt der Hühneraufzucht an mir hängenbleibt – dass ich schneidiger bin, als ich dachte – und dass Mrs. Harold eine Waage besitzt.

»Das Abmurksen is' ganz einfach. Du packst so 'nen kleinen Scheißer einfach so, hier, und dann drehen und ziehen. Drehen und ziehen, klar?«

Er machte eine schreckliche drehende und reißende Handbewegung, und dabei kam aus einer Seite seines Mundes ein seltsam quakender Laut. Ich nahm einen langen Zug aus der grünen Flasche, die vor mir stand.

Ich war in Munda zufällig Warren über den Weg gelaufen, und im Austausch gegen ein paar Glas Bier, das hier unter Landsleuten in der Fremde als eine Art Muschelgeld zu gelten schien, gab er mir einen Last-minute-Schnellkurs im Hühnerschlachten für Anfänger.

»Und dann musst du sie aufhängen, jawoll, an einen Strick. Such' dir 'ne Wäscheleine oder so was.«

Aufhängen? Das war doch dann sicherlich nicht mehr nötig?

»Doch nicht am Hals, du Trottel! An den Füßen. Dann sackt das Blut runter zum Kopf, und das Fleisch wird heller, kapiert?!«

Ich schluckte. Das hörte sich nicht so glatt und einfach an, wie ich gehofft hatte. Ich bestellte noch zwei Flaschen Bier.

»Un dann musste viel, viel Wasser heiß machen.«

Wasser?

»Tja, Wasser, das hab ich gesagt, oder?«

Ich stimmte ihm zu. Das hatte er.

»Okee, also dann, dann tunkst du sie rein, da wer'n die Federn locker un dann kannste sie ganz leicht rupf'n. Lass sie aber nich' zu lang drin, damitse nich' kochen.«

Natürlich.

»Un dann musstese innen sauba machen.«

Seife und Waschlappen oder Badeschrubber? Ich kam zu dem Schluss, dass ich meinen australischen Freund mit Witzeleien kaum beeindrucken würde. Er hatte sich inzwischen in eine ausführliche, gruselige Beschreibung der Art und Weise gestürzt, wie man das Geflügel gemäß »industriellem Standard« ausnahm und reinigte. Vielleicht, dachte ich, vielleicht sollten wir die Hühner noch eine Weile am Leben lassen, nur um sicher zu gehen, dass sie auch wirklich groß genug waren.

»Das kriegste schon hin, Freund, is pisseinfach! Ich liebe es, das is' das Beste von allem, wennde erst mal so richtich drin bist.«

Das Beste von allem! Das Ganze hörte sich für mich wie ein absoluter Alptraum an, den ich bis jetzt in meiner immer noch ziemlich abstrakten Vorstellung von Hühneraufzucht ziemlich erfolgreich verdrängt hatte. Angesichts des nun sehr schnell näher rückenden Schicksalstages war ich mir plötzlich gar nicht mehr sicher, ob ich wirklich der geeignete Mann für diese Angelegenheit war, die offensichtlich eine ziemlich grausige Schweinerei zu werden versprach.

Unsere erste Ladung war ein Versuch gewesen. Wir würden alle zusammen die gesamte Prozedur durchspielen, und wenn wir dann genau wussten, wie man alles zu machen hatte und was wir da überhaupt taten, wollte ich zusätzliche Hühnerhäuser bauen und alle paar Wochen einen Schwung Hühner schlachten – so grässlich der Gedanke auch war. Ich wollte unbedingt erreichen, dass die Dorfbewohner das Verfahren insgesamt begriffen, und beabsichtigte daher, den einen oder anderen von ihnen mitzunehmen, wenn ich auf der Bank eine Überweisung an Mr. Wu tätigte oder Futter bestellte. Obwohl ich mir dabei schrecklich bossmäßig und verlogen besserwisserisch vorkam, inspizierte ich regelmäßig das Hühnerhaus, ob es sauber war und ob genügend Wasser und Futter vorhanden war; und die anderen machten bereitwillig und gutmütig alles mit, um dieses Geschäft zu erlernen. Als ich an diesem Nachmittag mit Warren sprach, kam es mir wieder zu Bewusstsein, welch gute Wahl diese Geschäftsidee gewesen war, da sie finanziell und logistisch einfach zu handhaben war. Allerdings stand uns die letzte Phase noch bevor …

Es waren jetzt etwa sechs oder sieben Wochen vergangen, und aus den kleinen Flaumbällchen waren kräftige, gesunde, weiße Vögel mit roten Kämmen und misstrauisch äugendem Blick geworden. Seit kurzem ging ich nur noch unschuldig pfeifend am Hühnerhaus vorbei, den Blick auf alles mögliche andere gerichtet, als nähme ich von ihrer Gegenwart kaum Notiz. Ich klammerte mich an den Gedanken, dass ihnen nicht klar war, dass ich persönlich für den ihnen bevorstehenden kaltblütigen Massenmord verantwortlich sein würde.

Ich war zwar seit jeher ein begeisterter Fleischesser, hatte aber nie wirklich gedacht, dass ich jemals Tiere würde umbringen müssen, um sie zu essen. Die Plastikfolienverpackung in den Supermärkten hatte den wundersamen Effekt, dass ich mich frei von Schuldgefühlen und vollkommen unbeteiligt fühlte. Ein psychologisch geschickt entworfenes Etikett reduzierte die Ware zu »Fleisch«, sodass man vergaß, was es wirklich war: ein Stück aus dem Körper eines Schweins, einer Kuh oder eines Schafs oder in diesem Fall der gesamte tote Körper eines Huhns. Wirklich wunderbar.

Natürlich – überredete ich mich selbst – hatten unsere Hühner kein schlechtes Leben, nur eben ein ziemlich kurzes. Mehr oder weniger zufällig hatten wir das Haus in der richtigen Größe gebaut, sodass sie sich, auch als sie ausgewachsen waren, noch nach Belieben bewegen und in dem Extrafutter herumscharren und picken konnten, das Young John und Young George ihnen jeden Tag zusätzlich zu ihrem Trockenfutter brachten. Die Haushalte lieferten uns ihre Küchenabfälle, und so taten sich die Hühner an übriggebliebenem gekochtem Reis und Süßkartoffeln gütlich, pickten genüsslich Puddingreste und Kokosnusskerne auf.

Die »Piccaninnies« liebten es, den Tieren bei ihrem Treiben zuzusehen. Im Schneidersitz saßen sie oft stundenlang auf dem Boden vor dem Maschendraht und verfolgten mit halb offen stehenden Mündern fasziniert ihre eigene Hühnerhof-Seifenoper. Manche der Kleinen behaupteten sogar, dass sie die einzelnen Tiere erkannten, und gaben ihnen die Namen von englischen Fußballspielern, deren Ruhm sogar bis in diesen stillen Winkel gedrungen war. Die Wahl dieser Namen schien manchmal recht zutreffend, dachte ich, wenn ich gelegentlich einen Blick in das Gehege warf und das alberne, prahlerische Herumstolzieren, das eitle Herausputzen und das dumme Aufplustern der Insassen beobachtete.

Nun, jedenfalls war jetzt unvermeidlich die Zeit gekommen, sie zu verkaufen, und ich wusste, dass das praktisch gesehen bedeutete, dass wir nicht darum herum kamen, sie entsprechend vorzubereiten – nun gut, sie umzubringen.

Abgesehen vom Töten selbst war eines unserer größten Probleme die fehlende Möglichkeit der Kühlung. In dieser Hitze würden wir sie sehr schnell an den Mann bringen müssen. Wir würden die Bestellungen im Voraus einholen müssen, denn zweihundert küchenfertige Hühner, für die wir keine sicheren, festen Abnehmer hätten, würden eine unvorstellbare Katastrophe darstellen; ich rechnete mir aus, dass jeder Mann, jede Frau und jedes Kind im Dorf dann auf einen Schlag zwei Hühner vertilgen müssten.

Also paddelten George Luta und Small Tome mit dem Auftragsbuch in der Hand um die Inseln, um Kunden zu gewinnen. Harold, der Besitzer des gleichnamigen Gemischtwarenladens in der Stadt, erklärte sich bereit, hundert zu nehmen; das Gästehaus bestellte weitere fünfzig, und überraschend schnell teilten verschiedene Freunde und »Wantoks« den Rest untereinander auf. Begeistert kehrten die beiden mit dem Ergebnis zurück, dass sie in weniger als einem Tag alles an den Mann gebracht hatten.

Am letzten Abend, bevor das Schicksal seinen Lauf nehmen sollte, verzichteten wir auf das Kartenspiel, um zu beweisen, wie ernst es uns war: Wir planten die ganze Operation mit militärischer Präzision. Zwar waren wir zugegebenermaßen eine ziemlich schlecht ausgerüstete, unorganisierte und, was mich betraf, feige Armee, aber trotzdem waren wir mit unseren Vorbereitungen höchst zufrieden. Mit dem ersten Tageslicht würden wir, falls der Außenborder nicht streikte, hinüberfahren und uns Geoffs große Kühlkiste ausleihen, die wir mit Eis füllen würden, das wir vom Gästehaus bekamen – Ellen hatte eine »Wantok«, die dort arbeitete –, und dann würden wir auf schnellstem Wege ins Dorf zurückkehren.

Irgendjemand, der noch nicht näher bestimmt worden war, würde dann die Hühner töten, entweder mit der von Warren empfohlenen Methode, oder auf eine andere Art, nach Vorschlag der Komiteemitglieder.

Zu meiner großen Überraschung erbot sich der sonst so sanftmütige Small Tome, alleine in das Gehege zu gehen und den ganzen Haufen mit seinem Buschmesser eigenhändig zu enthaupten. Dieser Plan fand zwar Anhänger, doch zu meiner Erleichterung gelang es Stanley, alle wieder davon abzubringen, indem er um den Tisch herumhüpfte und eine bemerkenswert realistische Vorstellung vom Verhalten eines geköpften Huhns gab. Meistens blieben Aufgaben dieser Art mir vorbehalten. Jedenfalls fanden das alle schrecklich komisch, was es vermutlich auch war.

Wir hatten zwar die delikateren Fragen dieses Aspekts des ganzen Feldzugs noch nicht gelöst, gingen aber trotzdem zu Schritt zwei über: das Rupfen und das Ausnehmen. Diese Aufgabe wurde einer ziemlich unwilligen Gruppe von Frauen und »Piccaninnies« übertragen, die dazu kleine Messer bekamen, weil uns die Macheten für diese Tätigkeit wohl doch etwas überdimensioniert erschienen. Sobald die ersten hundert Vögel, in Plastiktüten aus dem chinesischen Laden verpackt, im Eiskasten verstaut waren, würden sie mit dem Kanu zu den verschiedenen Kunden gebracht. Dann würde die ganze Prozedur noch einmal wiederholt. Es klang alles sehr unkompliziert.

Das Tuckern des Außenborders, der nach Munda aufbrach, weckte mich, und den halben Morgen tigerte ich um mein Haus herum und studierte dazwischen mit geheucheltem Interesse ein Kassenbuch, das ich nicht so recht verstand. Als dann das Kanu zurückkehrte, fühlte ich mich verpflichtet, auf den Anlagesteg hinauszugehen.

»Alles okay? Habt ihr das Eis bekommen?«, fragte ich, als ich den großen, blauen Container sah.

»Allesman Nummer eins. Kein Problimblim«, kam die unweigerliche Antwort.

»Gut, gut.« Ich drehte mich um und begann, auf Zehenspitzen zurück zu meinem Haus zu gehen.

»Un jetz Mr. Will machin Workshop und uns zeigin, wie Hühnchen tötin un' fertich machin.«

Stanley!

»Ich? O nein, Ich weiß eigentlich nicht so richtig, wie …«

»Du Weißman, du wissin«, erklärte er und nahm mich bei der Hand. Dabei lächelte er schelmisch zu mir auf.

Warum dachten nur immer alle, dass ich alles wüsste? Ich hatte keine Ahnung. Sie hatten damit vollkommen Unrecht. Das war alles nur die Schuld der anderen Kolonisten, die immer so taten, als wüssten sie alles.

Als ginge es zu meiner eigenen Hinrichtung, führte ich die gutmütige Menge zu einer Stelle nicht weit vom Hühnerhaus, wo bereits eine Leine zwischen zwei Bäumen gespannt worden war und der Teekessel mit heißem Wasser dampfte.

Einer der Jungen verschwand im Hühnerhaus und kehrte mit einem Huhn in den Armen zurück. Es saß vollkommen friedlich da, während ich auf und ab marschierte und mir wünschte, ich trüge eine schwarze Kappe.

»Also, ihr macht das so, wisst ihr«, machte ich einen Versuch und deutete auf den Unglückswurm. »Ihr macht das so ...«

»Du Weißman, du mirman zeigin«, meinte Stanley in allem Ernst und erkannte nicht, wie nahe er selbst daran war, erwürgt zu werden.

Und während alle Versammelten zustimmend murmelten, hatte ich plötzlich das warme, ganz entschieden lebendige Hühnchen im Arm.

»Hmmm, okay, gut, also ... ihr macht das so ...« Ich unterdrückte den Impuls, das Tierchen zu streicheln, und legte vorsichtig meine Finger um seinen Hals. Ich konnte seinen Puls fühlen. Dann blickte ich um mich, als hätte ich nichts anderes vor, als auf den Bus zu warten, und drückte dabei sanft ein paar Minuten lang zu. Ich ließ wieder los, blickte hinab und stellte fest, dass mein Opfer nicht, wie ich gehofft hatte, auf wundersame Weise sein Leben gelassen hatte, sondern vollkommen unbeeindruckt von meinen Bemühungen nach wie vor unter uns weilte.

Na gut, also dann los. Ich packte zu und würgte aus Leibeskräften. Nach wildem Geflatter und Gekreische und kräftigem Gekratze kam der Vogel frei und flatterte zu Boden.

Erst in diesem Augenblick erinnerte ich mich an Warrens Rat.

»Pack das Biest an den Füßen, zieh seinen Hals kräftig nach unten, und dann nach oben verdrehen. Pisseinfach, Freund.«

Pisseinfach. Verfluchte Pisse!

Ich streckte den Arm aus und packte das leicht zerrupft wirkende Federvieh, als es versuchte, im Schutz der wachsenden Heiterkeit ringsherum diskret zu verschwinden.

Gut so. Ich hob es an den Füßen in die Höhe.

Ich zog und zerrte, als wäre es fünf vor zwölf, was es zumindest für das Huhn ja auch durchaus sein sollte, und befürchtete schon, dass meine Arme nicht lang genug wären. Es war, als wollte ich ein Stück Gummi langziehen. Dann fühlte ich plötzlich ein leichtes Knacksen und Nachgeben. Vorsichtig nahm ich die Hand von seinem Hals, hob den Vogel höher, schüttelte ihn leicht und inspizierte ihn genauer, ob er noch Lebenszeichen von sich gab. Tot, definitiv hinüber, dachte ich voll Erleichterung.

»Gut, seht ihr? Ganz einfach. Kein Problem. Alles klar? Dann hängt ihr sie hier an der Leine auf, genau so«, erklärte ich im Stil eines Fernsehkochs in einer Kochsendung, während ich mit der Leine ein paar Schlaufen um die Hühnerfüße machte und das Huhn dann daran schwingen ließ.

»Jetzt muss man es etwa zehn Minuten hängen lassen. Dadurch kann das Bluu …«

Zu meinem Entsetzen bemerkte ich hinter mir plötzlich ein Flattern. Vergeblich versuchte ich, es mit meinem Körper zu verdecken, indem ich mich auf die Zehenspitzen stellte und meine Arme weit ausbreitete, als wollte ich gymnastische Übungen machen. Dann war wieder alles ruhig. Nass vor Schweiß setzte ich mich auf den Boden.

»Und nach zehn Minuten steckt ihr es kurz in das heiße Wasser, wisst ihr, aber nur kurz. Wir wollen es ja nicht kochen, oder? Ha ha!«

Ungefähr zehn Minuten später tauchte ich den toten Vogel in den Teekessel und zog ihn hastig wieder heraus, als wäre es meine eigene Hand. Zu meiner großen Erleichterung war er immer noch tot.

»Und dann kommt natürlich das Rupfen.« Die Federn lösten

sich tatsächlich erstaunlich leicht. »Und dann nehmt ihr alles, was da drinnen ist, heraus. So, seid ihr jetzt alle zufrieden?«

»Aba vielleicht du zeigin mirman auch das da?«, grinste Stanley, den ich allmählich inbrünstig hasste.

Es wäre ziemlich sinnlos, den nun folgenden Vorgang bis in alle Einzelheiten zu beschreiben. Kurz – etliche Stunden später, oder so schien es mir wenigstens – war ich endlich so weit, dass ich das geronnene Blut von meinen Händen, Unterarmen und seltsamerweise von meinen Knien waschen konnte. Ich taumelte in Richtung Fluss davon und hinterließ das Objekt meiner Bemühungen in einem Zustand, als sei es von einem Schwerlaster überrollt worden.

Ich schrubbte an den klebrigen Resten herum. Weg damit, weg mit den verdammten Flecken!

»So, also das wär's dann. Jeder von euch jetzt allis wissin?«, fragte ich, als ich zurückkam.

Stanley hatte das Blutbad genau beobachtet und war, das konnte ich sehen, höchst beeindruckt.

»Ich werde mich jetzt um die Bücher kümmern. Könnt ihr die Arbeit alleine zu Ende bringen?« Ich war fort, bevor noch irgendjemand eine Frage äußern konnte.

Später saß ich an dem Tisch draußen vor meinem Haus, vor mir lagen als Verteidigungswall die sieben Spalten meines Buches über Betriebsführung, und konnte die Dorfbewohner bei der Arbeit beobachten. Einige wankten in kleinen Kreisen umher wie Trunkenbolde, die versuchen, Korken aus einer Weinflasche zu ziehen, und zerrten aus Leibeskräften. Andere hängten die Hühner an die lange, schwankende Leine – eine Reihe großer, weißer Taschentücher. Gestalten, die den nächsten Schritt in der Produktionskette erledigten, nahmen die Tiere wieder ab und tauchten sie in den schwarzen Kessel. Ich hielt mir die Ohren zu und summte laut vor mich hin, wenn eines der Taschentücher bei der Berührung mit dem heißen Wasser plötzlich krächzte und flatterte. Die Frauen saßen auf dem Strand, ließen ihre Füße vom

Wasser umspülen und rupften im Takt zu dem Lied, das sie sangen, vor sich hin. Ein paar flaumige Federn wurden von der Brise über das ruhige Wasser bis zu mir getragen. Mittags war die erste Ladung transportfertig, und das Kanu verschwand wieder in Richtung Munda.

»Missis blong Harold will wiegin. Sagin, sie will nicht kleine gelden.« Tassels, der Auslieferungs-Manager, wirkte bei seiner Rückkehr höchst besorgt.

Einige Hühner hatten ein wenig untergewichtig ausgesehen, das gab ich zu. Ich hatte schon daran gedacht, ihnen mit meinen Erste-Hilfe-Nadeln ein wenig Wasser zu injizieren, was in England durchaus üblich war, wie ich wusste, doch dann machte ich den Vorschlag, dass unsere Einpacker lieber ein paar Eiswürfel in jeden Vogel stecken sollten – nur, um sie kühl zu halten. Leider war Mrs. Harold, die Frau mit den tätowierten Augenbrauen, unverzüglich zur Stelle und verlangte, dass die Hühner alle geleert werden sollten, bevor sie sie wog. Erst Monate später wagte ich es, mich wieder in ihrem Laden sehen zu lassen. Nun ja, sie erklärte sich dann einverstanden, alle Hühner zu einem leicht reduzierten Preis zu nehmen.

Am späten Nachmittag standen wir dann alle glücklich um die Isolierbox herum. Zweihundert Hühner waren verkauft worden, und wir hatten einen guten Gewinn gemacht. Das Geld war auf ein Gemeinschaftskonto eingezahlt worden, und Tassels hielt die Einzahlungsbestätigung in der Hand, um sie jedem im Dorf zu zeigen. Trotz der Anstrengungen der schwarzen Katze schwammen in dem geschmolzenen Eis seltsamerweise noch immer zwei gefüllte Plastiktüten.

Und sie schmeckten köstlich. Ellen röstete sie noch am gleichen Abend mit ein paar Süßkartoffeln in einer Öltrommel voller heißer Steine, und wir schlemmten. Lächelnd teilte ich die Speisen an so viele meiner Freunde aus, wie sich auf die beiden Holzbänke quetschen konnten.

Während Small Tome das Tischgebet herunterrasselte, blickte

ich über die ruhige Bucht und sah eine letzte weiße Feder in die dunkler werdenden Schatten der Bäume taumeln. Ich beschattete meine Augen und glaubte, jenseits der Lichtung die Umrisse einer aufrechten Gestalt zu erkennen, die sich in den letzten goldenen Strahlen der untergehenden Sonne abzeichnete.

»Commander, Sir!«

Ich salutierte schneidig und glaubte, die Andeutung eines Lächelns zu entdecken, bevor er sich umwandte und mit auf dem Rücken verschränkten Händen in die Dunkelheit hineinschritt.

Ein Plumps ins Wasser

Man zeigt mit Fingern – wir finden im Dreck Gold – und ich falle sprichwörtlich tief.

Gerade als diese Geschichte nach einem Bösewicht schrie, tauchte einer aus dem Schatten eines baufälligen Anbaus auf und kam mit einem breiten Lächeln auf mich zu. Er trug schicke westliche Kleidung, was in dieser ländlichen Umgebung seltsam fehl am Platze wirkte. Ein schimmerndes blaues Hemd mit einem Muster aus flitterhaft glänzenden Fäden steckte in einer karierten Hose der Art, wie sie gerne von übergewichtigen Golfspielern getragen werden. An den Füßen hatte er eine Karikatur von Socken und weiche, weiße, mokassinartige Schuhe. Auf seiner Nase saß eine Sonnenbrille, die er nicht abnahm, als er mir seine Hand entgegenstreckte. Ich nahm sie, und er drückte meine in einem schlüpfrigen Griff.

»Ich habe gehört, dass wir das gleiche Interesse an nützlichem Federvieh haben«, sagte er kichernd. Er sprach ausgezeichnetes, fast akzentfreies Englisch. »Darf ich mich vorstellen, Mr. William. Ich heiße Bunni. Ich bin der Sohn von Old Ezekiel. Es ist sicherlich eine große Ehre, Sie kennen zu lernen. Wir haben großes Glück, Sie bei uns zu haben. Wir sind ja nur arme Insel-Eingeborene und können so viel von Ihnen lernen.«

Er schien in seiner dick aufgetragenen, sarkastischen Heuchlerei zu schwelgen. Im ersten Augenblick amüsierte mich zwar sein Name, aber ich fasste sofort eine überraschend starke Abneigung gegen diesen Mann. Als er seine Knöchel knacken ließ, las ich die Inschrift auf einem dicken, eckigen Ring aus Goldimitation, den er mit offensichtlichem Stolz an seinem Mittelfinger trug: »Esst Scheiße«.

»Kommen Sie, setzen wir uns und reden. Wir haben so viel zu besprechen.«

Er nahm meine Hand, wie es die Männer auf den Inseln oft taten, wenn sie eine gewisse komplizenhafte Zusammengehörigkeit ausdrücken wollten. Hand in Hand gingen wir zu einer Bank im Schatten eines großen Sumai-Baums, und ich konnte mich nur mit Mühe beherrschen, meine Hand nicht mit einem Schwung zu befreien und zur Seite zu springen. Er schob einen kleinen Jungen aus dem Weg und wedelte die Sitzfläche für mich sauber.

»Bitte.« Er überlegte und leckte sich über die Lippen. »Lassen Sie mich ein wenig über mich erzählen.«

Eigentlich wusste ich schon viel mehr über Bunni, als er vielleicht ahnte, denn sein Name wurde in der Gegend öfter erwähnt. Er war als jüngstes von elf Kindern in Mendali geboren, wurde von seinem stolzen Vater aber in ein Internat auf New Georgia geschickt. Er ging mit gutem Abschlussexamen von der Schule ab und bekam eine Stellung bei der neu gegründeten Landesbank der Salomon-Inseln angeboten. Nach einigen Jahren harter Arbeit wurde er Leiter der Filiale von Gurava. Tatsächlich ein großer Erfolg für den jungen Mann aus dem Busch.

Leider begann er dann, sicherlich verursacht durch den Stress, den sein verantwortungsvoller Posten mit sich brachte, die Kontonummern seiner Kunden mit seiner eigenen zu verwechseln. Einkünfte, die die dort ansässigen Dorfbewohner einzahlten, gelangten nicht mehr auf ihre Sparkonten, die als ihre Altersrente dienen sollten, sondern finanzierten die zunehmend kostspieligeren Wünsche des jungen Bunni. Er begann, nach Reichtum und billigem Aftershave stinkend, in seinem Heimatdorf aufzutauchen und sich seinen »Wantoks« gegenüber großzügig zu zeigen – indem er billige Plastikgeschenke verteilte, die er in den chinesischen Bazars von Honiara gekauft hatte. Die älteren Dorfbewohner waren tief beeindruckt und gratulierten Old Ezekiel zum Erfolg seines Sohnes. Der alte Mann zuckte nur seine Schultern und verstand das als natürliche Folge der Herkunft seines Jungen.

Zum Glück – oder auch Unglück, je nach dem Standpunkt – verpasste ein junger Büroangestellter Bunni gedankenlos eine sehr kalte Dusche, indem er versehentlich die Umleitung der Gelder entdeckte. Anstatt, wie ein reiferer Mann es vielleicht getan hätte, einen Teil des Profits für sich einzufordern, brachte der Angestellte seine Entdeckung in jugendlicher Empörung dem regionalen Manager zur Kenntnis, der zwar selbst keine ganz reine Weste hatte, nun aber gezwungen war, Bunni seiner Dienste zu entheben.

Dieser wagte es nicht, in sein Dorf zurückzukehren, und flüchtete sich nach Honiara. Nachdem er eine Zeit lang bei verschiedenen »Wantoks« auf dem Fußboden geschlafen hatte, begann er, ein wenig über das noch relativ neue Konzept des Geschäftemachens zu lernen. Und bald war auch er in der Lage, eine Ware zu einem bestimmten Preis zu kaufen und zu einem viel höheren Preis wieder zu verkaufen. Schließlich kaufte er sich ein Haus und gründete eine eigene Familie, was aber, wie er schnell erkannte, zwei sehr hemmende Kostenfaktoren waren. Als die Probleme auf Guadalcanal sich ausweiteten und die Geschäftsmöglichkeiten in der Stadt schwanden, richtete er seine Gedanken wieder auf sein Heimatdorf.

Als er in der Weihnachtszeit zurückkehrte, wurde er von seinen Freunden und der Familie mit offenen Armen empfangen, da sie in ihrer vertrauensvollen Art die Geschichten seiner Entlassung aus der Bank entweder bereits vergessen oder nie wirklich geglaubt hatten. Nach und nach überzeugte er seine Verwandten von den Vorteilen seines neuesten Plans. Er brauchte sie, um an den tiefsten Stellen der Lagune hinunterzutauchen und die riesigen Panzerkrebse zu fangen, die es dort zuhauf gab und die in Honiara solch unglaublich hohe Preise erzielten. Nach der Unabhängigkeit im Jahr 1978 waren Horden von Beschäftigten der Hilfsorganisationen wie die Kreuzfahrer aufgetaucht, und neue Hotels schossen aus dem Boden, um ihren Heißhunger nach Meeresfrüchten und ihr Bedürfnis, sich leutselig zu zeigen, zu stillen.

Bunni erklärte, er würde die Panzerkrebse, sobald sie gut in Eis eingepackt waren, persönlich auf der *Luminao* begleiten und ihren Verkauf überwachen. Sobald dann genügend Geld eingenommen war, würde er natürlich seiner Familie sofort den Lohn für ihre Mühe schicken. Und er bot ihnen eine gute Entlohnung.

Begeistert von Bunnis schlauer Idee sprangen viele der jungen Mädchen und Männer in ihre Kanus und stürzten sich in diese anstrengende und oft auch gefährliche Arbeit. Es war ein gutes Jahr für Panzerkrebse, und innerhalb von zwei Tagen hatten sie so viele gefangen, dass mehrere große Kühlcontainer damit gefüllt werden konnten, die schon auf dem Anlegesteg bereitstanden. Alles ging nach Plan, und Cousin Bunni machte sich auf den Weg, um die besten Preise zu erzielen.

»Bunni – ihman wissin jetz«, befanden alle voller Stolz, als sie ihm zum Abschied zuwinkten.

Dann verhinderte eine beeindruckende Vielfalt von Hindernissen Bunnis Rückkehr nach Mendali. Er kam weder nach ein paar Tagen noch nach ein paar Monaten. Es verging mehr als ein Jahr, und noch immer sah man nichts von ihm und vor allem nichts von der versprochenen Entlohnung.

Inzwischen war ich aufgetaucht. Als ich dann ein wenig mit meiner neuen Umgebung vertraut wurde und Ladenbesitzer und Geschäftsleute erfuhren, wo ich lebte, wurde ich zu meinem Erstaunen von vielen gefragt, ob ich nicht Bunni gesehen hätte oder wann er denn eventuell wiederkäme. Sie schienen alle sehr erpicht darauf zu sein, ihn zu sprechen.

»Sie und ich, wir könnten doch vielleicht ein Geschäft zusammen machen?«

Bunni hielt noch immer meine Hand.

»Nun ja … ich bin nicht sicher, ob … die Sache ist die … es könnte …«, stammelnd zog ich meine Hand zurück.

»Vielleicht könnte ich ein paar Hühner kaufen, und Sie kaufen ein paar Hühner?«

Ich war froh, dass ich eine Ausflucht sah.

»Die Hühner haben gar nichts mit mir zu tun«, erwiderte ich. »Sie gehören der Dorfgemeinschaft, und alle Einnahmen sind für Verbesserungsprojekte hier im Dorf bestimmt.«

»Ja, aber Sie und ich … Wie wäre es denn, wenn Sie ein paar Hühner kaufen und ich ein paar Hühner kaufe?«

Da mir kein besseres Argument einfiel, wiederholte ich, was ich bereits gesagt hatte.

»Ja, natürlich, ich verstehe schon«, seufzte er.

»Sie verstehen?«

»Immer das Gleiche mit weißem Mann. Mhmm, jaja, ich glaube, Sie sind hierher gekommen, um dem Dorf Geld zu stehlen«, murmelte er, nickte zum Meer hin und blickte sich dann um, als wollte er nicht, dass jemand unseren Streit hörte.

»Was?! Sie äh … ich, nein nein nein, ha ha, nein!«

»Doch, das ist es. Jetzt erkenne ich es. Sie glauben, Sie können einfach hierher kommen und die Leute bestehlen. Glauben Sie vielleicht, die sind dumm? Aber so einfach, wie Sie glauben, ist das nicht.«

Er musste es ja wissen, dachte ich.

Schwungvoll nahm er seine Sonnenbrille ab und erhob sich wie der heldenhafte Verteidiger der Menschheit, als der er sich wohl sah, und spuckte mit Vehemenz auf den Boden. Erst als er mich wieder ansah, entdeckte ich, dass er eindeutig schielte. Zuerst überlegte ich, ob er das wohl absichtlich tat, wie ein Trick eines zweitklassigen Unterhalters, der die Kinder in Schrecken versetzt und sie gleichzeitig zum Lachen bringt. Ich für meinen Teil wäre am liebsten fortgerannt, als mir ein Kichern entfuhr.

»Ja, Sie sind ein Betrüger. Jetzt weiß ich es«, rief er triumphierend aus.

»Nein, nein. Das ist nicht wahr. Vielleicht haben Sie ja Recht, vielleicht könnten wir ein Geschäft zusammen machen. Gute Idee. Sehr gute Idee, ja …« Es klang nicht besonders überzeugt.

Unsicher, wie ich mit ihm umgehen sollte, kam ich zu dem Schluss, dass es jedenfalls kaum Sinn machte, mich weiter mit ihm zu streiten, und versuchte stattdessen, ihn zu besänftigen.

»Wir werden ja sehen«, brummte er düster und stampfte davon, so weit das in einem Paar weicher, weißer Lederschuhe und Mickymaus-Socken möglich war.

Der kurze Streit hatte mich erschüttert. Es war das erste Mal, dass mir von einem Salomon-Insulaner Abneigung entgegengebracht wurde. Ich gesellte mich zu meinem guten Freund Tassels und fragte ihn, was er davon hielt.

»Kein Problim.« Sein Gesicht zeigte das vertraute, von vielen Linien durchzogene Lächeln. Er legte den Kopf in seinen Nacken, schob sich das Haar mit beiden Händen wie einen Busch den Kopf hinauf und lachte sanft, aber ich fühlte, dass er nicht so entspannt war wie sonst. Small Tome kam mir ein wenig mehr entgegen.

»Ihman sehr eifersüchtig Mann. Neidig unsere Hühner.«

Das war ein Schock für mich. Ich hätte nie gedacht, dass unsere Hühner Neid hervorrufen könnten.

»Ihman will auch Hühner habin, aber duich vorher anfangin. Jetz ihman suvil eifersüchtig.«

»Was meinst du, was er tun könnte?«, fragte ich nervös.

Small Tome wurde plötzlich ungewöhnlich ernst. Seit ich ihn kannte, war sein stets strahlendes, fröhliches Gesicht zuvor erst einmal ernst geworden, und das war, als er versehentlich eine von Ellens hochwachsenden Bohnenpflanzen ausgerissen hatte und ich ihm sagte, dass sie hinter ihm her sei.

»Oh, tut mir Leid, Mr. Will, aber ihman launisch Mann. Problim: ihman suvil Schule aber nix vernünftig in Kopf. Vielleicht ihman versuchin dumich stoppin?«

Nun ja, wahrscheinlich konnten wir nur abwarten. Wenigstens lebte Bunni nicht im Dorf, sondern ein Stück die Küste hinunter bei »Wantoks« seiner Frau, also würden wir nicht jeden Tag mit ihm konfrontiert sein.

Wie sich dann erwies, sollte ich Bunni eine ganze Weile lang nicht mehr zu Gesicht bekommen, und die unerfreuliche Szene war bei all den wunderschönen Tagen, die so sorglos wie die Wolken über der Spitze des Mount Reve dahinstrichen, bald vergessen. Die nächsten Hühner kamen und gingen, und allmählich entstanden einige Verbesserungen im Dorf.

Die Instandsetzung der Kirche konnte endlich in Angriff genommen werden: Imp und Gordon begannen mit dem Dach, indem sie das alte, verrostete Wellblech herunterrissen und verrottete Dachsparren durch neue ersetzten. Am Rande des neuen Dachs verlief eine moderne Regenrinne, von der ein Rohr in einen neuen, größeren, stählernen Regenwassertank führte. Nach einigen Gewittern war er mit klarem, frischem Wasser direkt vom Himmel angefüllt.

Aus Honiara wurden Dosen mit Farbe geschickt, mit der die Dorfbewohner die Kirche innen in einem hellen Blau und Grün strichen, sodass sie die Farben der Natur um sie herum widerspiegelte. Ein »Wantok«, der zu Besuch kam, malte auf die Wand hinter dem Altar pastorale Szenen. Schafhirten weideten ihre sehr unrealistischen Schafe neben der Jungfrau und ihrem Kind. Daneben malte er ein lebensgroßes, ziemlich grausiges Bild des gekreuzigten Jesus Christus.

Auf dem Dach winkten die beiden Männer grüßend mit ihren Hämmern, den Mund voller Nägel, und balancierten auf wackeligen, selbst gebastelten Leitern. Stanley und Small Small Tome halfen, indem sie auf dem First entlangrutschten und den beiden Männern Werkzeuge und Erfrischungen brachten. Small

Small Tome rief Grüße in seiner fremdartigen Sprache, und Stanley erinnerte mich daran, zum Abendgottesdienst zu kommen, wenn ich morgens schon in meinem Garten arbeitete.

So wie im Dorf die Dinge vorankamen, konnte ich auch einen viel versprechenden Fortschritt bei mir im Garten feststellen. Ich hatte zwar anfangs einen herben Rückschlag erlitten, als der kleine Garten, den ich gepflanzt hatte, kurze Zeit später eines Nachts von einem außergewöhnlichen, sintflutartigen Regenguss fortgeschwemmt worden war, doch besaß ich genügend Enthusiasmus, um noch einmal von vorn anzufangen. Sporadische Spionagetätigkeit hatte mir eine Reihe hilfreicher Tricks eingebracht, und jetzt baute ich genau wie die Dorfbewohner für junge Sämlinge aus großen Bananenblättern einen Schutz gegen die vom Himmel brennende Sonne und gegen dicke Regentropfen, die sie sonst flach zu Boden gehämmert hätten. Bei einem Aufenthalt in der Hauptstadt erfuhr ich von Jane, dass der Boden durch den Regen sehr ausgelaugt sei, und so experimentierte ich mit verschiedenen natürlichen Düngern. Die Mischung Randall's Nr. 1 war ein geheimgehaltenes Gemisch aus Tang, Blätterkompost, verrottetem Holz und Fischgräten, die es immer reichlich gab. Das alles vermischte ich mit etwas Hühnerdreck in einer alten Öltrommel.

Nach ein paar Wochen verteilte ich es großzügig auf dem Boden und arbeitete es mit dem neuen Spaten ein, den ich mir als Geburtstagsgeschenk gekauft hatte. Die Pflanzen gediehen, aber der Gestank war, zumindest in der ersten Woche, unbeschreiblich. Die Frauen, die von ihrer eigenen Gartenarbeit nach Hause gingen, verzogen ihre Gesichter vor Abscheu, wenn sie an meinem Stück vorbeikamen, spähten aber trotzdem neugierig hinein. Was um Himmels willen stellte der Weißmann da wieder an? Bald aber wucherte es in meinem Garten üppigst, und ich konnte ein wahres Ratatouille an frischen Gartengemüsen in Ellens Küche bringen, die selbst Crusoe veranlasst hätten, sich vor Neid die ungekämmten Haare zu raufen.

Tomaten, Paprikaschoten, Auberginen und alle möglichen Kohlsorten wuchsen so prächtig, dass die Dorfbewohner bald in der Lage waren, den Überschuss auf dem Markt zu verkaufen, wo ihnen alles schier aus den Händen gerissen wurde, fast noch bevor sie es aus dem Kanu ausgeladen hatten.

Mit einem geflochtenen Korb, der eine Auswahl dieser Gemüse enthielt, machte ich mich eines Nachmittags auf den Weg, um meine Freunde, die Kings, zu besuchen. Sie stammten aus dem Hügelland nördlich von Melbourne und lebten nun mit ihren drei erfreulich angenehmen Kindern weiter nördlich an der Küste von New Georgia in Beulah, ein Stück hinter Munda. Dort unterrichteten sie als Lehrer in einer Mittelschule. Ich hatte mich schon mehrmals im Gästehaus an ihrer witzigen, entspannten Gesellschaft erfreut, und beim letzten Mal hatten sie mich eingeladen, das Wochenende bei ihnen zu verbringen.

Ich hatte nun lange genug auf den Salomon-Inseln gelebt, um längere Bootsfahrten nicht mehr als etwas Besonderes anzusehen. Nun wollte ich vor allem dafür sorgen, dass ich mein Ziel erreichte, ohne von der krematoriumsartigen Sonne puterrot gebrannt zu werden, von heimtückisch lauernden Regenwolken bis auf die Haut durchnässt zu werden und natürlich durch meine nicht unbeträchtliche Ungeschicklichkeit den Tod durch Ertrinken zu finden. Ich besaß aber inzwischen genügend Vertrauen, um mein eigenes Boot zu steuern, ohne eine Mannschaft zu benötigen, und ich war durchaus in der Lage, meinen Weg über das Riff nach Munda zu finden, was ungefähr eine Stunde Fahrt bedeutete, und dort die Läden oder die Bank zu besuchen oder sinnloserweise das Postamt.

Ich belud mein Kanu mit der nötigen Ausrüstung: Schwimmweste, Wasserflaschen, eine lange Stange, Sonnenschutzcreme und reichlich Benzin, um hin und wieder zurückzufahren. Henry Fatty befestigte den Außenborder am Heck des Bootes, und solange der nicht ausfiel, war alles in Ordnung. Wie gewöhnlich winkten mir vom Anlegesteg aus die Kinder zum

Abschied zu, und außerdem Stanley, der mich nochmals ernst ermahnte, die Abendandacht nicht zu versäumen, und Ellen, die wohl vermutete, dass es mich in Wirklichkeit zu den Fleischtöpfen von Munda zog.

Ich zog das Starterseil durch, das Geoff freundlicherweise repariert hatte. Der Motor sprang sofort an und verfiel schnell in ein gleichmäßiges Summen – ein viel versprechender, wenn auch unerwarteter Start – und ich machte mich auf den Weg in den Kanal.

Ein paar Regenwolken bewegten sich von mir fort, und der graue Nebel unter ihnen durchnässte andere in weiter Entfernung. Über mir war der Himmel hell, und der Fahrtwind milderte die Hitze der Sonne, die grell von der Wasseroberfläche reflektiert wurde. Zuversichtlich schob ich meine Sonnenbrille dichter vor die Augen, doch durch die glitschige Sonnencreme rutschte sie bald wieder auf meine Nasenspitze hinab.

Seit ich das Dorf verlassen und Imp zugewunken hatte, der vor der Landspitze von Te Ana Lasi fischte, hatte ich keine Seele mehr erspäht, und so lehnte ich mich bequem zurück und genoss die Fahrt. Steuerbord voraus schien etwas wie ein großer Ölteppich zu schwimmen, aber als ich näher kam, erkannte ich, dass es eine dichte Masse roter Quallen war. Mitten unter ihnen schwamm eine Riesenschildkröte und schlemmte an diesem bequemen Nachmittags-Büfett. Als sie den Motor hörte, hob sie den Kopf, sah leicht verärgert über diese unerwartete Störung drein, und dann tauchte das scheue Tier ab. Im Vorüberfahren sah ich sie wie eine breite braune Platte tiefer sinken und außer Sicht gleiten.

Ein wenig später teilte sich mit erstaunlicher Wucht plötzlich die Wasseroberfläche, und ein Adlerrochen schoß in die Höhe, den spitzen Schnabel, der ihm seinen Namen eingebracht hatte, gen Himmel gereckt. Er vollführte einen exakten Rückwärtssalto und landete mit einem mächtigen Bauchplatscher wieder im Wasser. Die Spritzer kühlten angenehm mein Gesicht. Das ist Leben, dachte ich nicht besonders originell – das ist Leben, ein wunderschönes, warmes, unkompliziertes Leben ohne Hektik.

Ein solches Leben führte man in seinem eigenen Rhythmus, nicht in einem von außen gewaltsam aufgezwungenen Rhythmus. Ein Leben ohne besonderen Luxus, das aber erstaunlicherweise immer wieder solche großartigen Anblicke bot, wie ich eben gerade einen mitbekommen hatte. Ich liebte diese Salomon-Zeit.

Je weiter ich durch den Kanal und in tieferes Wasser gelangte, um so größer wurde die Dünung. Keine Wellen, nur ein sanft wiegendes Rollen, das das Boot ein wenig anhob, es leicht kippte und dann sanft wieder abwärts driftete. Es war ein angenehmes Wiegen, und ich machte es mir im Heck des Bootes bequem und stützte mich mit den nackten Füßen an der Seitenwand ab. Ich blickte über den schäumenden Strudel des Motors zurück und sah das Dorf in der Ferne verschwinden, und die nächsten Inseln, die das Riff säumten, ungefähr hundert Meter entfernt. Vor mir war für einige Zeit kein Land mehr, nur die offene See. Und ich fuhr dahin, auf und ab, vorwärts getragen nur von der enormen Kraft des Wassers.

Plötzlich gab es einen leichten Schlag unter dem Boot, und der Motor wurde langsamer. Ich setzte mich auf, blickte über die Seitenwand und sah eine Kokosnuss an die Oberfläche trudeln, die eine weiße Spur hinter sich herzog. Ich drosselte den Motor, schaltete auf Leerlauf und schwang den Motor aufwärts. Als der Auspuff aus dem Wasser kam, gab er ein ärgerliches Husten von sich. In der Schraube hatten sich grüne Streifen Seetang verfangen.

Ich beugte mich vorsichtig über Bord, befreite die Schraube und drehte sie mit der Hand. Sie war sauber. Nichts Tragisches, aber ich würde Ausschau halten müssen, ob es noch mehr Treibgut gab, das sich durch die Strömungen zusammengefunden hatte. Langsam senkte ich den Motor wieder ins Wasser und gab

Gas. Es schien alles in Ordnung zu sein, aber ich fuhr dennoch etwas langsamer. Als ich über den Bug hinwegspähte, entdeckte ich mehrere Kokosnüsse und eine Herde klotziger Sumai-Früchte. Aufmerksam kurvte ich durch sie hindurch, dann war der Weg für eine Weile wieder frei. Als die Sonne ihren langsamen Abstieg zum Meer begann, sah ich backbord die beiden Inseln Kiri Kiri. Zwischen ihnen lag die Passage, die mich durch die Lagune und dann bis Beulah führen würde. Langsam stellte ich die Ruderpinne neu ein, bis mein Bug genau zwischen den beiden Inseln hindurchzielte. Das Boot lief nun seitlich zur Dünung.

Und dann erblickte ich etwas, das auf den ersten Blick wie das Geweih eines riesigen kanadischen Elchs oder womöglich eines Rentiers aussah, das sich langsam aus dem Wasser erhob. Halb erwartete ich, sein verwirrtes Gesicht zu sehen, wie es hoffnungslos verirrt und auf der Suche nach dem Heimweg wie ein Hund herumpaddelte (falls Elche so etwas tun). Ich verringerte meine Geschwindigkeit. Als ich näher kam, erkannte ich, dass das Geweih in Wirklichkeit das Geäst eines kompletten Baums war, der halb unter der Wasseroberfläche dahintrieb. Den Gashebel mit den Fingerspitzen haltend, machte ich den schwerwiegenden Fehler, aufzustehen.

Als ich das tat, ergriff die tückische See die Gelegenheit, schlich sich von hinten an und hob mich sanft mit dem Kopf voran über die Seitenwand des Boots.

Gestrandet

Ich renne nicht um mein Leben – verliere mein Hemd nicht – blicke nicht nach unten – komme aber schließlich doch noch auf die Füße.

Durch das vollkommene Blau, das mit kleinen, leuchtenden Blasen durchsetzt war, sah ich zwei seltsame, weiße Seeungeheuer, die auf mein Gesicht zuschwammen und mit ihren Tentakeln aufwärtswedelten. Nach einem Augenblick gelinder Panik erkannte ich, dass es meine Hände waren, die nach der Oberfläche griffen, und ich tat einen tiefen Seufzer der Erleichterung. Das war natürlich ein Fehler.

Zum Glück tauchte in diesem Augenblick mein Kopf aus dem Wasser auf, und wild hustend kniff ich mir die Nase zu. Unter mir sah ich meine Beine Wasser treten und nach den Stufen suchen, die mich auf ein sicheres Deck und zu einem warmen Handtuch führen würden, aber das war eine ganz neue Art von Schwimmbad. Es war weder ein Bademeister in Sicht noch – wie ich bemerkte, als ich mich in einem Kreis herumdrehte – mein Kanu.

Moderne Außenborder sind natürlich mit einem Notausschalter ausgerüstet. Man ist durch eine Schnur mit dem Motor verbunden, und falls Mann und Motor sich trennen sollten, dann schnappt ein Plastiktaster aus seiner Halterung und alles stoppt. Leider war dies kein moderner Motor. Noch schlimmer: Tassels hatte, um besser dösen und fischen zu können, den Gashebel so umgebaut, dass er von selbst in der Stellung blieb, in die man ihn gebracht hatte. Als ich auf das Wasser aufschlug, hatte ich mir den Daumen gehalten, dass der Motor aus irgendeinem Grund, den er selbst am besten kannte, stoppen würde. Aber das tat er nicht.

Meine Brille balancierte nun gefährlich auf meiner Oberlippe, und weil mir nichts Besseres einfiel, wischte ich die Salzkristalle von den Gläsern, setzte sie wieder auf und sah mich wieder um. Ich hatte gehofft, das Kanu im Wasser hopsend vorzufinden, so wie ein Pferd, das seinen Reiter verloren hat, geduldig grast und wartet, bis er oder sie wieder auf den Beinen steht. Stattdessen erhaschte ich einen Blick auf das Boot, das mit gleichmäßigem Tuckern in einer perfekten, geraden Linie auf die enge Passage zwischen den beiden Inseln Kiri Kiri zufuhr. Und mit ihm gingen mein Gemüse, mein Trinkwasser und vor allem meine Schwimmweste dahin.

Zeit für eine Bestandsaufnahme.

Tja, nun.

Da war ich hier also und trat Wasser. Wasser, das, falls ich mich richtig an die Seekarte erinnerte, die ich in Gerrys Büro gesehen hatte, ungefähr fünfhundertdreiundvierzig Meter tief war. Es war ganz offensichtlich, dass ich zwei Möglichkeiten und zwar nur diese zwei hatte. Möglichkeit Nr. 1: Ich konnte versuchen, an Land zu schwimmen – ein sehr entferntes Land, oder, Möglichkeit Nr. 2: Ich konnte bleiben, wo ich war, was ich zumindest im Augenblick als relativ einfach empfand. Tatsächlich war das Wasser so angenehm warm, dass ich mich einfach auf den Rücken legen und mit einem Minimum an Arm- und Beinbewegungen dahintreiben konnte, solange ich viel Luft in die Lungen pumpte.

Also Möglichkeit Nr. 2. Ich würde einfach hierbleiben, bis ich gerettet wurde.

Das klang vernünftig: Das letzte Mal, dass ich irgendeine längere Distanz schwimmend zurückgelegt hatte, war in einem Vorstadt-Schwimmbad von London gewesen. Ich war damals acht Jahre alt gewesen und hatte ein Abzeichen zum Aufnähen erhalten, weil ich zwanzig oder vielleicht fünfundzwanzig Meter im Rückenschwimmen hinter mich gebracht hatte. Ich erinnerte mich noch, dass es eine ganz schön große Anstrengung gewesen war. Nein, ich würde einfach hier darauf warten, dass jemand vorbeikam und mich auflas. Irgendjemand musste ja mal vorbeikommen.

Als die Dünung mich in die Höhe hob, richtete ich mich so weit auf, wie ich konnte, und blickte in die Runde. Meilenweit offenes Meer, keine großen Boote, keine kleinen Boote, eigentlich überhaupt nichts in Sicht. Als ich wieder in ein Dünungstal hinabglitt, versuchte ich, mich an die Zahl der Boote zu erinnern, denen ich begegnet war, aber es fiel mir kein Einziges ein. Sogar der Elch war anscheinend verschwunden.

Ein anderer sehr schwerwiegender Grund, sich nicht unnötig lange hier aufzuhalten, war natürlich die Tatsache, dass das Meer in dieser Gegend vor Haien wimmelte, und Haie sind komische Biester. Irgendwie gelingt es ihnen, dass praktisch jeder Angst vor ihnen hat, und ich passte leider sehr gut in diese Kategorie von »praktisch jeder«. Ich versuchte, nicht nach unten zu blicken.

Eines der Dinge, für die die Salomon-Inseln berühmt sind, wie auch allerorten schön dokumentiert ist, ist die Tatsache, dass ihre Gewässer eine höchst beeindruckende Anzahl verschiedener Haiarten beherbergen. Makos, Tigerhaie, Hammerhaie, Katzenhaie, weiße Haie, schwarze Haie, bronzefarbene Walhaie, graue Walhaie, große und kleine, lange, dünne, kurze, flache, langsame und schnelle – alle waren sie hier zahlreich vertreten, und alle besaßen abgesehen von den schrecklichen, kleinen, schwarzen Knopfaugen und Geschmacksnerven, die absolut nicht wählerisch waren, ein ganzes Maul voll rasiermesserscharfer Zähne. Ich rieb einen Fuß an dem anderen und stellte erleichtert fest, dass sie beide noch vorhanden und intakt waren.

Natürlich ist die statistische Wahrscheinlichkeit, von einem Hai angegriffen zu werden, äußerst gering. In diesem Augenblick fiel mir aber ein, dass all diese Statistiken, von denen ich gehört hatte, auf Erhebungen basierten, die sich auf ein großes Bevölkerungsspektrum stützten. Dieses große Spektrum erstreckte sich wahrscheinlich auch auf Menschen, die in diesem Augenblick auf den Straßen einer Stadt unterwegs waren, in Büros oder in einem Stau saßen, vor dem Fernseher oder in der Badewanne, wo die Wahrscheinlichkeit, von einem großen Fisch gefressen zu werden, gering oder zumindest deutlich geringer war. Ich musste mir daher eingestehen, dass ich trotz all meiner Bemühungen, einen wissenschaftlichen Grund für das Gegenteil beizubringen, wohl ein überdurchschnittliches Risiko einging. Ich begann zu schwimmen.

Interessanterweise – um endlich einmal das Thema zu wechseln und an etwas anderes zu denken – wurde der Kraulstil, den die modernen Athleten, insbesondere die Schwimmer bevorzugen, auf den Salomon-Inseln erfunden. Weiße Händler hatten die Insulaner bei dieser seltsamen, aber wirkungsvollen Art des Vorwärtskommens im Wasser beobachtet und sie sich selbst angeeignet. Nicht dass mir das irgendwie nützte. Ich hatte es nie zu mehr geschafft als zum Rückenschwimmen. Aber immerhin schätzte ich, dass ich inzwischen meinen persönlichen Rekord um das Vierfache überboten hatte. Wenn es mir langweilig wurde, in den Himmel zu starren, drehte ich mich auf den Bauch und entwickelte einen vollkommen neuen Stil, halb Frosch, halb ertrinkendes Hundebaby.

Anfangs fand ich das Ganze relativ leicht, und wenn ich zwischen meinen beiden Techniken abwechselte, dann konnte ich alle möglichen, bisher unentdeckt gebliebenen Muskelgruppen von Zeit zu Zeit ausruhen lassen. Sie erlebten heute den Schock ihres Lebens.

Meine Shorts, die ich in Brisbane in einem Laden für Armeerestbestände erworben hatte, bestand aus dickem, festem Baumwollstoff und hatte sich mit ihren zahlreichen Taschen für Wasserflaschen, Zigaretten, Schweizer Taschenmesser usw. auf festem Boden als äußerst nützlich erwiesen. Leider entwickelte sie jetzt, in nassem Zustand, den Belastungskoeffizienten von zwei schweren Einkaufstaschen. Sosehr sie mir auch ans Herz gewachsen war, würde ich sie dennoch aufgeben müssen, und mit ihr einen hübschen Ledergürtel, einen von den vielen, die ich über die Jahre hinweg als Geburtstagsgeschenk bekommen hatte.

Grimble war unter Umständen, die ich vergessen habe, darum gebeten worden, sich seiner Hosen zu entledigen. Er hatte es abgelehnt:

»Tot oder lebendig, sagte eine Stimme in mir, ein offizieller Repräsentant ohne Hosen ist ein verabscheuungswürdiger Anblick, und diesem so grauenvollen Schicksal konnte ich nicht in die Augen blicken.«

Ich hingegen war kein offizieller Repräsentant, und außerdem handelte es sich hier nur um etwas, das Crusoe als einen weiteren Moment in dem »unruhigen Auf und Ab des menschlichen Lebens« bezeichnete. Also stellte ich meine Schwimmbemühungen ein, fummelte an der Gürtelschnalle und öffnete die Knöpfe. Ich hakte meine Daumen in den oberen Rand der Hose und schob. Jeder, der dieses Manöver schon einmal versucht hat, weiß, dass es in der Tat sehr schwierig ist, dabei den Kopf über Wasser zu behalten. Eigentlich ist es praktisch unmöglich, dabei keine Rolle rückwärts zu vollführen. Nach ziemlich langem, mühsamem Herumgeplantsche hing sie mir schließlich um die Knöchel. Nach einer Schleuderbewegung mit den Füßen rutschte sie ab und sank in die Tiefe.

Zu spät bemerkte ich, dass ich einen Fehler gemacht hatte. Bei meinen Bemühungen, die Shorts loszuwerden, hatte sich meine Unterhose ebenfalls von mir getrennt. Eine mittelgroße Boxershorts des Modells »Expedition« trat nun ebenfalls ihren Weg in die Tiefe an – zweifellos zur moralischen Empörung jedes vorbeischwimmenden Hais. In einem Versuch, sie noch zu erhaschen, grabschte ich unter mir herum, aber ohne Erfolg. Gefangen in der bleiernen Shorts war sie wohl schnell gesunken. Wenigstens fiel mir das Schwimmen jetzt leichter, da ich nur noch ein T-Shirt und eine Sonnenbrille trug und von der Hüfte an abwärts vollkommen nackt war. Eigentlich war das fast ein Vergnügen.

Mehr Sorgen bereitete es mir, dass meine Arme allmählich müde wurden. Wenn ich mich auf den Rücken legte und nur mit den Füßen trat, konnten sie sich ausruhen, aber ich kam nur noch schrecklich langsam vorwärts. Je schneller ich aus dem Wasser käme, desto besser. Die Raubtiere unter Wasser beunruhigten mich immer noch beträchtlich und meine neue Nacktheit war meiner Zuversicht in keinster Weise zuträglich. Wenigstens schien die Dünung flacher zu werden, und in dem ruhigeren Wasser konnte ich die beiden Hügel von Kiri Kiri deutlich sehen. In einem Augenblick wirkten sie zum Greifen nah, im nächsten schienen sie so unerreichbar wie Alpha Centauri. Von meinem Kanu war nichts zu entdecken.

Während ich auf dem Rücken dahinpaddelte, stieß mein Kopf plötzlich auf etwas Hartes im Wasser. Ein allseits verbreiteter Fluch entfuhr mir in höchster Lautstärke und wahrscheinlich mehr als einmal, und wie ein Epileptiker schlug ich um mich, um von diesem Ding fortzukommen. Zum Glück schien es, was immer es gewesen war, mir nicht zu folgen. Ich wartete ab und biss die Zähne fest zusammen, um zu verhindern, dass mein Herz mir aus dem Leibe hüpfte. Auch wenn es seltsam klingt, aber bis zu diesem Augenblick hatte ich nicht mehr als ein vages Gefühl des Unbehagens empfunden, ein Gefühl, dass ich in Schwierigkeiten steckte, dass aber meine Füße irgendwie, irgendwann wieder den Sandstrand unter sich fühlen würden.

Jetzt überkam mich zum ersten Mal wirkliche Angst, Todesangst, und sie kam in Wellen über mich. Bis dahin war die Vorstellung, zu ertrinken oder gefressen zu werden, nur etwas aus dem Fernsehen, etwas, das nur anderen Leuten passierte, und auch dann nur in den Nachrichten. Plötzlich wurde es zu einer sehr realen Möglichkeit. Hier schwamm ich mitten im Meer, nur dürftig bekleidet, mit nicht mehr als einer Sonnenbrille zu meinem Schutz, und gerade war ich von einem unsichtbaren Angreifer attackiert worden.

Wirklich wunderbar.

Was hätte ich in diesem Augenblick dafür gegeben, wieder in meinem Klassenzimmer zu stehen! Mich gegen die Heizung zu lehnen und Robert und die anderen zu unterrichten – eine ganze Klasse voller Roberts, wenn es sein musste. Die Schulglocke würde läuten und alle würden mir »Auf Wiedersehen bis morgen« zurufen und durch die Tür verschwinden. Ich würde mich gegen die Kälte gut einmummeln und die Lichter ausschalten. Durch die frostige Luft, die sich in einer feinen weißen Schicht auf den Boden legte, würde ich über den widerhallenden Schulhof gehen und in mein Auto einsteigen. Nach einem Zwischenstopp im Pub auf ein Glas Bier in netter Gesellschaft würde ich nach Hause kommen, vor dem Kaminfeuer einen Happen essen, einen Film ansehen und mich dann langsam ins Bett begeben. Ach ja.

Stattdessen paddelte ich hilflos mitten im Pazifischen Ozean, kurz vor dem Exitus oder zumindest in Gefahr, dass irgendetwas ein schönes Stück von mir abbiss. Aber ich würde nicht kampflos aufgeben. Hmmmm Britannia, Britannia hmm hmm hmm. Mein Summen produzierte Blasen auf der Wasseroberfläche. Grimmig drehte ich mich hin und her und hielt nach meinem Angreifer Ausschau – und dann sah ich ihn …

Wie sich herausstellte, war es eine Kokosnuss, ein grüner

Trieb von ganz oben aus der Palmkrone. Und noch eine, und noch eine. Ich schwamm zu ihnen hin und umfasste sie mit ausgestreckten Armen. Zu meiner Überraschung trugen sie mich recht gut. Ich benützte sie als Floß, legte mich darauf und trat hinten mit den Beinen. Jetzt war es schon viel wahrscheinlicher, dass ich eine der Inseln erreichen konnte, und ich erlaubte mir ein kleines Lächeln. Inzwischen hatte die Sonne jedoch schon den Horizont erreicht und tauchte die Wasseroberfläche in rot glühendes Licht. Ich wusste, dass sie jetzt sehr rasch untergehen würde. Auf den Sonnenuntergang folgte stets eine Phase, in der die Nacht besonders dunkel war, bis der Mond aufging, der die Inseln in bleiches Licht tauchte. Sobald die Sonne verschwunden war, würde ich eine Rückenflosse nicht einmal erkennen, wenn sie sich direkt vor meinem Gesicht befand. Ich paddelte voran.

Es war ziemlich egal, zu welcher der beiden kleinen Inseln ich schwamm, denn sie waren, soweit ich wusste, beide unbewohnt. Sie waren wunderschön, kreisrund, von weißem Sandstrand umgeben und von Palmen beschattet – der perfekte Ort, um sich einmal von allem zurückzuziehen.

Es war mir bereits durch den Kopf geschossen, dass wahrscheinlich niemand nach mir suchen würde. Die Dorfbewohner würden mich nicht vor Ablauf einiger Tage zurückerwarten, und wenn ich in Beulah nicht auftauchte, würden die Kings glauben, dass ich entweder kein Transportmittel bekommen, schlechtes Wetter mich aufgehalten hatte, oder dass, was hier sehr oft der Fall war, mir irgendetwas dazwischengekommen war. Da es im Dorf weder Telefon noch Funkverbindung gab, gab es keine Möglichkeit, das nachzuprüfen. Doch beunruhigte mich das nicht über die Maßen, weil der Kanal zwischen den beiden Inseln eine ziemlich häufig befahrene Wasserstraße war, und ich ging davon aus, recht bald eine Mitfahrgelegenheit zu finden, entweder zurück nach Hause oder weiter nach Beulah, je nachdem.

Inzwischen war ich ziemlich erschöpft, aber immerhin hatte

ich schon viel länger durchgehalten, als ich gedacht hätte. Nur noch ein paar hundert Meter bis zu einem kleinen Sandausläufer, der von den letzten Sonnenstrahlen in orangenes Licht getaucht wurde. Völlig überraschend fühlte ich plötzlich ein Stechen am Knöchel. Zuerst war es ein scharfer Schmerz, eine Weile später setzte Taubheit ein, als wäre mir der Fuß eingeschlafen, und dann prickelte es wie Nadelstiche mein Bein hinauf. Ich malte mir noch die möglichen Folgen dieser schleichenden Lähmung aus, da schienen sich die Symptome etwas zu beruhigen, und nach weiteren fünf Minuten waren sie zu einer Art Schmerz abgeebbt, wie sie vielleicht ein Ochse nach dem Aufbrennen des Brandzeichens empfand. Ich sah mich um, so gut ich konnte, und entdeckte gerade noch eine Anzahl kleiner Bläschen auf dem Wasser – die Quallen, die ich schon vorher gesehen hatte. Nervös paddelte ich in die andere Richtung. Gegen Quallen war ich schlecht geschützt.

Aber schließlich und endlich fühlte ich dann doch das köstliche Schaben von Sand an meinen Knien und Ellbogen. Nach einer gründlichen Untersuchung, ob irgendwo Zähne ihre Spuren hinterlassen hatten, stellte ich fest, dass ich, abgesehen von einer hässlichen roten Schwellung am Knöchel und einer weiteren auf meiner linken Pobacke, unversehrt davongekommen war.

Allerdings war ich schrecklich durstig. Ich kickte gegen eine der Kokosnüsse, die in den anrollenden Wellen tanzten, setzte mich in dem warmen Wasser nieder und rieb mir die Zehen. Meine Zunge klebte am Gaumen. Dann tippte mir eine der Kokosnüsse gegen das Bein.

»Hallo? Hallo?«

Endlich ging mir ein Licht auf, und ich hob die Kokosnuss auf und schüttelte sie.

»Frische Milch, frische Milch!«, gluckerte es innen drin.

Und an dieser Stelle muss ich ein paar Worte der etwas widerwilligen Dankbarkeit über die Kokosnuss verlieren, wenn ich sie auch gelegentlich für eine hochnäsige, manchmal sogar absolut verschlossene und in sich gekehrte Form der Vegetation hielt, denn ohne sie hätte ich sicherlich einen beträchtlich weniger angenehmen Aufenthalt auf meiner einsamen Insel verbracht.

Dieser fantastische Baum liefert eine beeindruckende Vielfalt von Produkten und erfüllt so viele lebenswichtige, alltägliche Bedürfnisse, dass man sich kaum vorstellen kann, wie die Menschen auf den Salomon-Inseln ohne ihn überleben sollten. Er ist so essentiell wichtig, dass eine Landpacht auf den Inseln sich über eine maximale Dauer von fünfundsiebzig Jahren erstreckt – der Lebensdauer einer Kokospalme. Wenn die Frucht reif ist, fällt sie freundlicherweise vom Baum herab und kann eingesammelt werden. Die Nuss ist von einer dicken, faserigen Schale umgeben, die den Fall abfedert und bremst, Eindringlinge abwehrt und dafür sorgt, dass sie schwimmt, wenn sie zufällig ins Wasser fällt. Wenn die Schale entfernt ist, wird die Nuss in zwei Hälften gehackt und enthüllt zwei weiße Halbkugeln. Das Fruchtfleisch wird mit einem scharfen Instrument herausgekratzt, das in der Form an diese Gourmet-Instrumente erinnert, mit denen in feineren Restaurants Butter in dünne Spiralen geformt wird. In der ländlichen Küche der Salomon-Inseln wird das Fruchtfleisch der Kokosnuss verwendet, um Reis oder diesen Tapetenkleister, den man Tapiokapudding nennt, geschmacklich aufzupeppen.

Oder aber man trocknet diese beiden Hälften des Kerns über einem Feuer und verpackt sie in Jutesäcke. Diese Säcke werden dann zu Ölmühlen gebracht, wo die Kerne zerstoßen, ausgepresst und so Öl gewonnen wird, das man in die ganze Welt exportiert. Dieses Öl dient zur Herstellung von Pflanzenöl, Seife und Margarine.

Aus den Palmblättern werden starke Körbe geflochten, in denen Gemüse, Kleidung und Babys transportiert werden können, und auf so manchem Dorffest isst man von einem »Tisch« aus diesen Blättern. Die zähe Rinde der Kokospalme wird abgezogen, um daraus Seile herzustellen, und der Stamm selbst dient als Baumaterial für Brücken, Häuser und Kanus. Vor allem aber liefert die Nuss Milch, die man trinken kann – falls es einem gelingt, sie zu öffnen.

Unzählige Male hatte ich zugesehen, wie die Kinder mühelos die Schalen von den Kokosnüssen schälten. Dazu nahmen sie die Kokosnuss in beide Hände und spießten sie auf einen angespitzten Holzstock, der fest im Boden steckte. Ich hatte keinen. Ich brach den Ast eines Baumes ab und stieß ihn, indem ich zur Verstärkung mitsprang, so kräftig wie möglich in den Boden. Als ich losließ, fiel er wie ein in Ohnmacht sinkender Wachmann um. Ich versuchte es mit noch mehr Kraft, und diesmal brach er entzwei.

Wie eine schlechte Tarzan-Imitation an einem dickeren Ast schwingend, versuchte ich vergeblich, ihn abzubrechen, doch dabei bemerkte ich, dass der Stummel, den der erste Ast am Stamm hinterlassen hatte, eine schöne Spitze hatte. Also suchte ich mir die größte, am appetitlichsten aussehende Nuss, die ich finden konnte, und schlug sie gegen die Spitze. Sie prallte ab. Ich versuchte es noch einmal, dieses Mal mit mehr Erfolg. Sie blieb stecken. Dann begann ich, die faserige Schale mit einem splitternden, reißenden Geräusch abzulösen. Ich drehte die Nuss und wiederholte den Vorgang. Wieder löste sich etwas. Ungefähr eine halbe Stunde später hatte ich fast die gesamte Schale abgelöst. Es sah zwar nicht sehr professionell aus, aber schließlich wurden hier auch keine Punkte für Technik und Stil vergeben.

Jetzt musste ich nur noch den harten Kern öffnen. Ich versuchte es, indem ich sie auf den Boden schleuderte. Ich knallte sie einige Male gegen einen Baum, aber die Vibrationen schmerzten meinen aufgeweichten Händen. Ich versuchte sogar, sie gegen den Baum zu werfen, aber ich warf fünf von sechs Malen am Baum vorbei. Einmal rollte die Nuss ins Unterholz, und ich musste sie suchen wie einen verlorenen Ball bei einem Kricketspiel im Dorf. Während ich verzweifelt in den Büschen herumwühlte, glaubte ich schon, ich hätte das Spiel verloren.

Danach gab ich die Baum-Methode auf und machte mich auf den Weg rings um die Insel, um einen Stein zu finden, auf dem ich meine Nuss knacken konnte. Fünf Minuten später hatte ich die gesamte Insel umrundet. Nur wenige Meter von meinem Ausgangspunkt entfernt fand ich schließlich den perfekten Stein – einen Stein, der für das Knacken von Kokosnüssen wie geschaffen schien. Ich ließ die Nuss ein paar Male darauf niedersausen, und sie begann zu lecken. Ich hielt sie in die Höhe und ließ die Flüssigkeit in meinen Mund rinnen. Es schmeckte so köstlich, dass ich schon mit dem Gedanken spielte, eine weitere Nuss zu öffnen, aber dann merkte ich, dass ich meine letzten Kraftreserven verbraucht hatte.

Mit meinem T-Shirt als Kopfkissen machte ich es mir auf dem Sand so bequem wie möglich. Die warme Brise wehte über meinen nackten Körper, und es war nun vollkommen dunkel, sodass ich mir die Verlegenheit, die Szene genauer beschreiben zu müssen, ersparen kann.

Als ich nun mit geschlossenen Augen dalag, hatte ich zum ersten Mal die Muße, über meine neue Lebenslage nachzudenken, und ich fand, dass ich etwas widerwillig dem zutiefst offensichtlichen Schluss des Robinson Crusoe zustimmen musste, den er zog, nachdem er auf seiner Insel gelandet war.

»Schlecht: Ich bin auf einer schrecklichen, einsamen Insel gestrandet und hege keine Hoffnung, entdeckt zu werden.

Gut: Aber ich bin am Leben …«

Die Sorge um meine nächste Zukunft hätte mich eigentlich länger wachhalten müssen, aber glücklicherweise überwältigte mich sehr schnell die Müdigkeit, und ich schlief ein, eingelullt vom Schlaflied eines Singvogels mit wundervollem Namen – dem funkelnden Drongo.

Kein Rauch ohne Feuer

Ich kreiere mir eine neue Kleidung –
fische umher – und fange an, die Tage zu zählen.

Freikörperkultur hatte ich schon immer für etwas gehalten, was man am besten den Deutschen mittleren Alters überließ, die sich an der Ostsee einer solchen Herausforderung stellten. Da ich von Natur aus zurückhaltend war, hatte ich an so etwas, außer unabsichtlich, nie teilgenommen. In der warmen Luft des Pazifik jedoch hatte es durchaus etwas für sich.

Vielleicht hatte ich tatsächlich erst in eine derartige Klemme geraten müssen, um die Annehmlichkeiten eines Klimas schätzen zu lernen, in dem Kälte unbekannt war. Die Nächte, in der mich die vom Ozean kommende kühle Brise im Schlaf umwehte, waren äußerst angenehm, und meine Haut hatte mittlerweile eine gesunde Bräune angenommen – wenn es so etwas überhaupt gibt. Fatty hatte meine tiefdunkle Färbung mit Interesse bemerkt und eines Tages seinen und meinen Arm nebeneinander auf den Tisch gelegt und eingehend betrachtet.

»Du fast wie Schwazman jetz«, hatte er dann zufrieden festgestellt.

Ich verglich seinen tiefschwarzen, muskulösen Unterarm mit meinem, der dagegen wie ein blasses Stöckchen wirkte, und dachte mir, dass das wohl noch eine Weile dauern würde. Und in meinem jetzigen Bekleidungszustand traten die scharfen Demarkationslinien, an denen die Bräune endete und das fast erschreckende Weiß begann, erst so richtig hervor.

Als ich am Morgen erwachte, hatte mich das Gefühl mangelnder Schicklichkeit fast überwältigt, und so war ich fast zu einem Taschenmesser zusammengeklappt zum Wasser hinuntergeschlurft, aber im Verlauf des Tages vergaß ich meine Nacktheit immer mehr. Als die Sonne sich deutlich über das Meer erhoben hatte, war ich so weit, dass ich es genoss. Allerdings war der Sand ein Problem.

Trotzdem war mir klar, dass ich mein Äußeres betreffend etwas unternehmen musste, bevor ich irgendwelche Anstrengungen unternahm, gerettet zu werden. Also wagte ich mich entschlossen in den Busch, um nach Material Ausschau zu halten, aus dem ich mir vielleicht eine provisorische Bekleidung basteln konnte. Das sollte doch nicht so schwierig sein, dachte ich, als ich den Dschungel betrat, der etwa die Ausmaße eines Reihenhausgartens hatte. Schließlich hatten die Menschen jahrhundertelang natürliche Materialien verwendet. Heute natürlich konnten wir uns glücklich schätzen, in Baumwolle und Nylon und Acryl und Dralon und so weiter zu schlüpfen, aber in vergangenen Zeiten war der Mensch einfach gezwungen gewesen, sich an das zu halten, was die Natur ihm bot. Und genau das würde ich ebenfalls tun.

Schließlich hatten Adam und Eva einfach ein paar Feigenblätter gepflückt, um ihre gerade entdeckte Scham zu verhüllen. Ich war mir zwar nicht ganz sicher, wie ein Feigenblatt aussah, aber irgendetwas Ähnliches musste doch zu finden sein. Solange ich den Nalato-Busch vermied, dessen Blätter schmerzhafte Blasen auf der Haut hinterließen, war alles in Ordnung. Stanley hatte mir sehr anschaulich geschildert, welche Todesqualen die japanischen und amerikanischen Soldaten durchgemacht hatten, als sie Nalato-Blätter als Ersatz für Toilettenpapier verwenden wollten.

Ebenso anschaulich hatte Small Small Tome mir den Penisschutz beschrieben – erstaunlich lange Holzröhren –, den die »Buschmänner« trugen, deren Stämme im Landesinneren mehrerer Pazifik-Inseln im Dschungel lebten. Leider hatte ich nicht so recht verstanden, welche Mechanik nötig war, um ein solches Ding an seinem Platz festzuhalten. Nach einigem Nachdenken entschied ich, dass eine Bekleidung, die mit weniger technischen Raffinessen getragen werden konnte, wohl für meine Zwecke angemessener wäre, und sah mich nach etwas Geeignetem um. Es musste ja nichts besonders Schickes sein, sondern lieber etwas Bequemes, Unauffälliges. Öko-Schneiderei schien jedoch schwieriger zu sein, als ich gedacht hatte.

Mein erster Versuch war eine Katastrophe. Nachdem ich verschiedene Grünzeug-Teile an mich geheftet hatte, trat ich auf den Strand hinaus, aber nach zwei versuchsweisen Hula-hoop-Schwenks mit den Hüften fiel das ganze Arrangement auseinander und häufte sich um meine Füße. Offensichtlich musste ich etwas Stabileres basteln, wenn ich mich einem Retter präsentieren wollte.

Meine nächste Kreation bestand aus einem sehr authentischen Grasröckchen, das zwar etwas gewagt aussah, aber wenigstens gewillt schien, bei mir zu bleiben. Ich ging zum Strand hinunter, und es saß noch immer fest. Also machte ich ein paar wilde Sprünge. Alles in Ordnung.

Als letzten Haltbarkeitstest wollte ich ein Stück den schmalen Sandstreifen entlang bis zu einem umgefallenen Baum joggen, nur etwa vierzig Meter. Auf den ersten fünf Metern saß alles bestens, nach zehn Metern lockerte es sich ein wenig, und noch vor der Zwanzig-Meter-Marke stolperte ich über meine Hüftschnur. Zurück am Zeichenbrett entwarf ich schließlich eine Version, die zwar etwas einengend, dafür aber endlich solide gebaut war. Eifrig rannte ich zu dem Baum und wieder zurück. Ideal, nur ein wenig kratzig.

Es war ein wunderschöner Morgen, um auf einer einsamen

Insel gestrandet zu sein. Libellen mit Körpern so lang wie glitzernde Bleistifte zitterten über die Büsche, und ihre doppelten Flügelpaare schwirrten, wenn sie hier und da ein Tröpfchen Süße suchten. Unter ihnen huschten große Geckos geschwind über den Sand, voller Geschäftigkeit, um nirgendwohin im Besonderen zu gelangen. Schwärme kleiner silberner Fischchen sprangen aus dem Wasser und tauchten wieder ein, und dabei vollführten sie Halbkreise in einer solchen Perfektion, dass sie den Eindruck einer dahineilenden Seeschlange vermittelten. Ich setzte mich in den Sand, um sie zu beobachten und auf meine Rettung zu warten.

Meine etwas beengende Bekleidung zwang mich, mich auf eine Hüfte niederzulassen und mit einem Arm abzustützen, ein unwahrscheinliches Modell für einen wohl noch unwahrscheinlicheren Maler. Zum Glück sah mich hier niemand. Absolut niemand.

Beträchtliche Zeit später und eine noch beträchtlichere Zeit danach wartete ich noch immer. Ich marschierte auf und ab, auf und ab, und amüsierte mich damit, witzige Botschaften in den Sand zu schreiben und auszuprobieren, wie viele Möglichkeiten es gab, »Will wahr hia« zu buchstabieren. Schließlich erkämpfte ich mir das Innere einer weiteren Kokosnuss, die wenigstens meinen Durst löschte und meinen knurrenden Magen füllte.

Die Sonne stand inzwischen an ihrem höchsten Punkt und brannte gnadenlos herab, deswegen zog ich mich in den Schatten der Bäume zurück und kreierte aus zwei Bananenblättern einen Hut. Ich würde ihn gern genauer beschreiben, aber es war weder eine bestimmte Form noch ein bestimmter Stil feststellbar. Wie würden Sie einen Mann mit zwei Bananenblättern auf dem Kopf bezeichnen?

Es fuhren keine Boote vorbei. Nichts. Warum nicht?

Dies war normalerweise eine verkehrsreiche Durchfahrt, die alle Leute benutzten, die auf den Inseln lebten und Waren zu oder von dem Markt in Munda transportierten. Verwirrt wollte ich auf meine Armbanduhr blicken, aber die lag sicher zu Hause in meinem Schrank.

Sonntag!

Es war Sonntag, Tag des Kirchgangs, Tag der Ruhe, und es war der Zuhause-bei-der-Familie-bleiben-Tag und der Nicht-besonders-viel-tun-Tag (nicht, dass Letzteres etwas ganz Außergewöhnliches gewesen wäre). Eines aber stand fest: Es war keinesfalls der Spring-in-dein-Kanu-und-paddle-herum-um-zu-sehen-ob-irgendein-Weißman-dumm-genug-war-um-auf-einer-einsamen-Insel-zu-stranden-Tag.

Oder vielleicht kam ja auch aus einem mir unbekannten Grund niemand mehr hier durch? Vielleicht hatte jemand diese Durchfahrt mit einem Fluch belegt, und niemand wagte es, den bösen Geistern zu trotzen, die jetzt hier herrschten?

Fluch?

Na, das war natürlich ein absolut lächerlicher Einfall, einfach verrückt.

Fluch, böse Geister, ach du liebe Zeit. Ha, ha!

Nun, warum war die Insel Tetepare wohl sonst verlassen? Eine große Insel südwestlich von Randuvu, mit einer Länge von etwa dreißig Kilometern, war nun vollkommen unbewohnt. Warum waren denn fast alle Inselbewohner dort an einer Seuche gestorben und die Übrigen in ihren Kanus geflüchtet? Natürlich, weil jemand die Insel verflucht hatte. Imp war sich da ganz sicher.

Die Insulaner besaßen zwar einen festverankerten christlichen Glauben, doch hatten sie sich trotzdem einen starken Sinn für das Übernatürliche bewahrt und erzählten ständig Geschichten von mystischen Tieren und Geistern, die im Dschungel lebten. Grimble hatte es mit einer Sorte zu tun bekommen, die die »Taanikanimomoi« genannt wurden – die Totenpfeifer. Sie tauchten auf und zerschmetterten einem den Kopf. Es musste nicht einfach gewesen sein, ihr Erscheinen rechtzeitig anzukündigen.

Grimble hatte einen speziellen Spruch gelernt, der rezitiert werden musste, wenn man glaubte, dass die »Taanikanimomoi« in der Nähe waren. Ich war mir nicht sicher, ob er nur für sie galt, oder ob es sich lohnte, ihn auf alle Fälle aufzusagen, falls es sich doch um einen Mehrzweckspruch handelte. Nun ja, es konnte mich ja niemand hören.

Ich erinnerte mich, dass man dabei etwas Essbares anbieten musste, also hob ich mit beiden Händen ein Stück halb abgenagte Kokosnuss feierlich vor mir in die Höhe. Also gut. Los.

»Ich hebe dieses Stück empor für die Ahnen.

Dieses Essen ist für dich, Auriaria: Ich habe keine Blutschande begangen.

Dieses Essen ist für dich, Tituaabine: Ich habe deiner Kreatur kein Leid zugefügt.

Ich bin Ausgezeichne-e-t! Ich berühre die Sonne und den Mond.

Schicke sie zurück, die Geister des Totenzaubers, schicke sie zurück, denn ich, Grimble [hier setzte ich natürlich stattdessen Randall ein] bitte dich darum.

Ich bin nicht verloren. Der Segen und der Frieden sind mein. Segen und Frieden.«

Das alles kam mir reichlich Spanisch vor, und ich hatte keine Ahnung, was Blutschande damit zu tun haben sollte. Ich konnte kaum die Namen derer aussprechen, die ich zu meinem Schutz anrief, geschweige denn wusste ich, wer sie waren. Und außerdem fühlte ich mich alles andere als ausgezeichnet, und mit Sicherheit nicht ausgezeichne-e-t.

Aber schließlich konnte der Versuch ja keinen Schaden anrichten. Irgendetwas musste an all diesem Aberglauben doch dran sein. Ich kannte niemanden in Mendali, ob Mann, Frau oder Kind, der nach Sonnenuntergang noch daran gedacht hätte, aus dem Dorf in den Busch zu gehen, denn sie alle fürchteten die Teufel, die in der Nacht kamen und hinter jedem Baum und jedem Busch lauerten. Überraschenderweise fuhren sie hingegen seelenruhig nachts auf das Meer hinaus oder sprangen hinein.

Nun ja. Irgendjemand kam sicherlich bald vorbei.

Um meine Gedanken von der Aussicht auf einen längeren erzwungenen Aufenthalt abzulenken, machte ich mich auf die Suche nach etwas Essbarem, das nicht in einer Schale von fast zehn Zentimetern Dicke verpackt war oder einer zwanzigminütigen Kraftanstrengung bedurfte, um zum Kern der Sache zu kommen.

Im Dschungel stieß ich auf eine Ranke, die üppig über dem Stumpf eines seit längerem abgestorbenen Baums wucherte und Dutzende kleiner, purpurfarbener Früchte trug. Sie hatten eine dicke, runzelige Haut, schienen im Inneren aber weich zu sein. Ich zog die Haut ab, und es quoll eine gelbliche, geleeartige Masse voll kleiner Samenkerne hervor. Vorsichtig schnüffelte ich daran, als wäre es eine alte Socke. Es roch wie ein Glas Saft aus tropischen Früchten, aber weil ich damals nicht wusste, dass es eine Passionsfrucht war, warf ich sie weg und setzte meine Suche fort, denn ich wollte keine weiteren unliebsamen Überraschungen riskieren.

Nach wenigen Schritten fand ich einen Papaya-Baum, an dessen oberen Zweigen, etwa einen Meter über mir, die tropfenförmige Frucht hing, grün mit orangefarbenen Flecken. Papaya-Früchte werden im Allgemeinen stark überbewertet, denn eigentlich schmecken sie nach gar nichts, aber zumindest wusste ich, dass sie genießbar war. Hingegen wusste ich nicht, dass der Papaya-Baum nicht dafür gebaut ist, um den Annäherungen groß gewachsener Gestrandeter standzuhalten. Ich schob mich langsam an dem faserigen Stamm in die Höhe, indem ich die Methode der Dorfkinder imitierte, allerdings mit etwas weniger Grazie. Ich schwebte einen guten halben Meter über dem Boden, als der ganze Baum mit einem Krachen und Stöhnen entzweibrach und ich mich auf allen vieren über dem Reststamm hängend wiederfand, mein Kostüm natürlich in Fetzen. Wenigstens hatte ich nun genügend Früchte, und nachdem ich zwei davon gleich an Ort und Stelle gegessen hatte, nahm ich zwei weitere mit zum Strand zurück.

Ich wanderte die spitz auslaufende Sandbank entlang und hielt nach allen Seiten Ausschau. Von dieser vorgeschobenen Stelle aus konnte ich in den Kanal hinein und eine gewisse Strecke weit in die Lagune blicken. Aber wohin ich auch blickte, ich erspähte keinerlei Anzeichen von irgendjemand.

Seltsamerweise erschien mir das Ganze, obwohl ich immerhin von aller Welt abgeschnitten, halb ertrunken und fast nackt auf einer einsamen Insel saß, nicht irgendwie außergewöhnlich. Wenn ich diese Geschichte in England gelesen hätte, hätte ich sie nicht geglaubt. Gemäß meiner von Natur aus skeptischen Art hätte ich sie als eine dieser arg unwahrscheinlichen journalistischen Blüten aus den Sonntagsblättern angesehen, als eine unterhaltsame Geschichte, die man schmunzelnd beim Frühstück las. Aber sicherlich nicht als etwas, das jemandem wie mir passieren konnte.

Inzwischen hatte ich mich an diese andere Welt allerdings so sehr angepasst, dass ich diese Situation lediglich als eine der kleinen Gemeinheiten des Lebens betrachtete. In gewisser Weise war es nichts anders, als den letzten Bus nach Hause zu verpassen oder zu entdecken, dass der Laden mein Lieblings-Waschmittel gerade nicht vorrätig hatte – ein Missgeschick, das man mit einem Schulterzucken und einem leisen Seufzer hinnahm.

Ich überlegte mir daher ganz nüchtern, wie ich am besten einen der vielen Fische fangen könnte, die in dem hellen Tintenblau des Wassers zu meinen Füßen herumflitzten. Ich hatte gehört, dass die Fischer im östlichen Teil der Salomon-Inseln die Rinde von einem bestimmten Baum schälten, sie zu einem kleinen Paket zusammenfalteten und dann tief hinuntertauchten, um es unter einen Stein oder eine Korallenspitze zu stecken.

Wenige Minuten später würden die Fische mit dem Bauch nach oben an der Wasseroberfläche schwimmen, betäubt durch ein leichtes Gift, das sich im Wasser löste. Dann war es ein Leichtes, sie mit einem großen Netz in die Kanus zu schaufeln. Leider wusste ich nicht, um welche Baumsorte es sich handelte, und es gab keine Möglichkeit, es herauszufinden, es sei denn, ich schälte von jeder Sorte etwas ab oder fragte jemanden.

Ich entschloss mich, es auf orthodoxe Weise zu versuchen und begann, mich nach einem geeigneten Angelgerät umzusehen. Wie ich zu einem Haken kommen konnte, war mir noch sehr schmerzhaft in Erinnerung. Denn eines Tages, als ich vom Dschungel ins Dorf zurückging, nachdem ich einen Nachmittag lang mein Gemüse und meine gärtnerischen Fortschritte bewundert hatte, rutschte ich an einem steilen Stück aus, und um das Gleichgewicht nicht zu verlieren, hielt ich mich am nächstbesten Grünzeug fest. Als es mir durch die Hände glitt, hatte ich das Gefühl, von einem ungeschickten Akupunkteur behandelt worden zu sein. Nachdem ich mich von dem Schreck erholt hatte, entdeckte ich, dass meine Handflächen von kleinen blutigen Pünktchen übersät waren. Die Ursache dafür waren gekrümmte, stachelige Haken, die entlang der Kanten der Blätter wuchsen. Es war das Loya-Rohr, eine tückische Pflanze, wie Luta mir später versichert hatte, als er mit der Spitze meines Federmessers fröhlich in meiner Hand herumbohrte, um die harten, schwarzen Spitzen herauszuholen.

Ich fand eine Ansammlung dieser bösartigen Pflanze und brach ein paar Haken ab, die ich sorgfältig auf einem Baumstumpf deponierte. Eine Angelschnur zu beschaffen schien mir problematischer, aber schließlich entdeckte ich eine Rinde, die sich in relativ dünnen Streifen abziehen ließ. Da das Wasser seicht war, brauchte ich keine sehr lange Schnur. Nach einigen vergeblichen Versuchen besaß ich tatsächlich ein Stück von fast zwei Metern Länge, an dem ich ungeschickt einen der kleinen hölzernen Haken festknotete. Ich warf die Leine versuchsweise aus. Der Haken schwamm an der Oberfläche. Ich knüpfte ein kleines Stück Koralle in die Schnur und machte einen zweiten Versuch. Dieses Mal sank sie, und der Haken hing ziemlich senkrecht zwischen den Fischen, die um ihn herumschossen. Sie nahmen wenig beziehungsweise keine Notiz davon. Ich brauchte einen Köder. Ich holte die Leine wieder ein.

Nach einem ziemlich seltsamen Tanz, bei dem ich mit den Augen rollte und mir leichte Schläge auf verschiedene Teile meiner Anatomie versetzte, gelang es mir, auf meinem Bein eine Fliege zu erwischen. Ich drückte ihre Überreste auf den Haken und startete den nächsten Versuch. Diesmal zeigten die Fische bedeutend mehr Interesse und beäugten das Ganze. Da schoss wie aus dem Nichts ein großer Goldfisch herbei. Er verjagte die kleineren Braten, verschluckte die Fliege und den Haken. Aufgeregt packte ich fest zu und machte mich auf einen Kampf gefasst. Da löste sich der Haken von der Leine, und mein Mittagessen schwamm davon, hustend und den Kopf schüttelnd, als hätte es gerade eine Gräte verschluckt.

Ich gab auf und kehrte in den Schatten der Bäume zurück. Inzwischen war es mir allmählich gedämmert, dass ich, selbst wenn es mir gelänge, etwas an Land zu ziehen, über keinerlei Mittel verfügte, um es zuzubereiten. Ich hatte im Dorf rohen Königsfisch gegessen, der in Zitronensaft und Kokosmilch eingelegt und mit Koriander bestreut war. Köstlich. Aber roher Goldfisch pur erschien mir weniger appetitanregend.

Also machte ich mich an die Aufgabe, ein Feuer anzuzünden. Eine wahre Herausforderung: Ein Mensch nutzt alle verfügbaren Ressourcen, um entgegen aller Erwartungen zu triumphieren.

Ich scheiterte kläglich.

Im Busch auf Randuvu hatte ich es einmal miterlebt. Old Zebedia, der Old Ezekiels Bruder und wahrscheinlich Small Small Tomes Großvater war, hatte ein Problem. Die stets in seinem Mund steckende Zigarette war erloschen. Es hatte angefangen zu regnen, und ein dicker Tropfen hatte genau das rote Glutende getroffen, das mit einem resignierten »Puff« schwarz wurde. Old Zebedia fluchte, oder zumindest klang es so, und fragte, ob jemand von uns Streichhölzer hätte. Fehlanzeige. Mit einem Schulterzucken verschwand er zwischen den Bäumen und kehrte wenige Minuten später mit zwei kurzen Holzstücken zurück. Er setzte sich mit gekreuzten Beinen auf den Waldboden, stützte das eine Holzstück mit einem Ende auf den Boden und indem er es flach hielt, setzte er das andere Stück Holz mit der Spitze darauf und begann, kontrolliert damit auf und ab zu reiben. Zuerst zeigte sich keinerlei Wirkung, dann aber entstand langsam eine Rille, in der sich das abgeriebene Holz als feiner Staub sammelte. Zebedia rieb geduldig und gleichmäßig weiter, und beugte dann sein zerklüftetes Gesicht über die beiden Holzstücke und begann, sanft hineinzublasen, während er das Reiben keinen Augenblick lang unterbrach. Fast als hätte er eine heilige Handlung, ein Wunder vollbracht, beobachtete ich, wie der erste feine Rauch aufstieg. Wieder blies er, und das kleine Bett aus Holzstaub begann zu glühen.

Die anderen waren um ihn herum, setzten sich zu ihm, sprachen leise miteinander. Sie legten nun kleine Gaben, Zweiglein und Blätter, auf das entstehende Feuer und sahen zu, wie es aufzüngelte, und plötzlich schlugen die Flammen knisternd empor und der Rauch drang durch das dichte, grüne Blattwerk über uns in den Himmel. Zebedia zündete sich seine Zigarette daran an und war bereit, den Weg fortzusetzen.

Ich fand zwei identische Stöcke, die sich nicht von Old Zebedias beiden Stücken unterschieden, und rieb sie ungefähr eine Stunde lang aneinander. Es geschah absolut gar nichts. Nicht einmal eine Rille. Wütend warf ich die beiden Stöcke ins Meer und lehnte mich resigniert zurück. Dabei gab mein Dschungelröckchen endgültig den Geist auf und fiel auseinander.

Allmählich fühlte ich mich niedergeschlagen. So schön die Insel auch war, wurde es mir doch langweilig, auf ihr festzusitzen. Als Robinson Crusoe schließlich gerettet wurde, stellte er fest, dass er »zwanzig und acht Jahre, zwei Monate und neunzehn Tage« auf seiner Insel verbracht hatte. Ich konnte nur vermuten, dass er leicht bei Laune zu halten war. Sicherlich hatte die Selbstbeweihräucherung dazu beigetragen, dass die Zeit schneller verging. Ich dagegen war erst einen Tag lang hier und fühlte mich bereits zum Weinen gelangweilt. Außerdem hatte ich den starken Eindruck, dass die erzwungene Einsamkeit sich nicht sehr positiv auf mein seelisches Gleichgewicht auswirken würde. Mit der Kante einer einsamen Muschelschale bohrte ich ein Loch in einen Baumstamm und versuchte mir vorzustellen, in welchem Zustand Crusoes Bäume gewesen sein mussten, als er sie endlich verlassen konnte.

Ich legte mich in den Schatten, schloss die Augen und lauschte dem Rauschen und Wogen der Wellen, die sich in einer sich endlos wiederholenden Geräuschkulisse ein Stück weiter am Riff brachen. Tag für Tag war dieses Geräusch hier zu hören, wie das Brausen des Stadtverkehrs, nur noch schlimmer, denn es gab nicht einmal ein gelegentliches Hupen, Splittern von Scheinwerfern und darauf folgendes wütendes Fluchen. Zumindest hätte mich das sehr überrascht.

Dann hörte ich es – ein Motor. Nein, nein, das war nur eine akustische Fata Morgana, das erste Anzeichen beginnenden Wahnsinns. Aber fast gegen meinen Willen lauschte ich konzentrierter. Nein, es stimmte. Eindeutig ein Außenbordmotor.

Ich raffte mich auf und rannte über den Sand. Ein Kanu galoppierte mit nickendem Bug wie ein erschöpftes Rennpferd über die Kräuselwellen, die den Kanal hinaufliefen. Ich sprang auf und ab und winkte mit beiden Armen wie ein Verrückter, bis der Mann an der Ruderpinne eine Hand hob und ich sah, wie das Kanu umschwenkte.

Gerettet!

Ich schlug mit der Faust in die Luft und wackelte mit den Hüften vor Freude. Erst dann erinnerte ich mich, dass ich splitterfasernackt war. Ich nahm mir nicht die Zeit, mich zu fragen, was Splitterfasern waren und warum sie immer nackt waren, sondern verschwand eilig hinter einem Busch. Durch die Dringlichkeit der Situation inspiriert, schnappte ich mir mein T-Shirt, das an einem Baum hing, führte es zwischen meinen Beinen hindurch und verknotete auf meiner Taille die kurzen Ärmel mit dem unteren Saum. Als ich meinem Retter ins Wasser entgegenwatete, kam mir der Gedanke, dass es aussehen musste, als trüge ich eine altmodische Windel.

Nun ja. War für die Freiheit irgendein Preis zu hoch?

Dokta Will

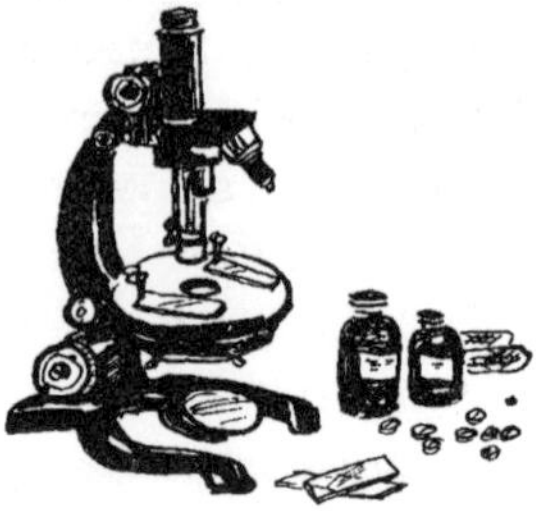

Es fliegen Federn – mich sticht fast die Mücke –
in meinem Haus weilt ein Doktor –
und die Kühe drohen, nach Hause zu kommen.

Nichts weiter Schlimmes passiert, dachte ich, als Mendali in Sicht kam. Ich war noch heil und ganz, und Gott sei Dank auch das Boot und der Motor. Benjamin, mein phlegmatischer Retter, hatte es in einer Mangrovenhecke ungefähr hundert Meter von seinem Dorf entfernt gefunden, wo es unbeschädigt stecken geblieben war. Da das Boot und der Außenbordmotor ein ebenso wichtiges Verkehrsmittel zwischen den Inseln darstellte wie früher in England die Busse auf dem Lande, hatte ich tiefste Erleichterung empfunden, als Benjamin mir von seinem Fund erzählte. Er hatte mir eine voluminöse, blaue Frottee-Shorts geliehen, die ich versehentlich fast über mein T-Shirt gezogen hätte. Dann half er mir, das Kanu wieder in Gang zu bringen, und begann erst wieder zu fischen, als er sah, dass ich sicher auf meinem Heimweg war.

Als ich im Dorf eintraf, gab es überraschend wenig Aufregung um meine Rückkehr. Obwohl ich Andeutungen machte, dass die Fahrt nicht so glatt vonstatten gegangen war wie gedacht, schien niemand besonderes Interesse an meiner glücklichen Rettung zu haben. Nur Innocent, der unbedingt die Leine zum Aufblasen meiner Schwimmweste ziehen wollte, und Old Obadiah, der mich fragte, ob er mein wieder mitgebrachtes Gemüse haben könnte, brachten ein gewisses Interesse an mir und meinem Schiffbruch zum Ausdruck. Alle anderen waren damit beschäftigt, einer viel ernsteren Sache auf den Grund zu gehen.

Die beiden Young-Brüder hatten nach ihrem anfänglichen Enthusiasmus, das Schlaflager mit ihren Schutzbefohlenen zu teilen, nach wenigen Wochen erkannt, dass eine Nacht im Hühnerhaus bei den immer größer und kräftiger werdenden Hühnern keineswegs ein so weiches Federbett bot, wie sie zuerst gedacht hatten. Als dann regelmäßig Dutzende Paare krallenbewehrter Füße über ihre Gesichter kletterten, fanden sie, dass das einem ungestörten Nachtschlaf kaum zuträglich war. Dazu kam der beißende, erstickende Ammoniakgestank und das pausenlose Gackern und Glucksen, und es war leicht zu verstehen, warum die beiden Jungen schließlich ihre Schlafmatten aufgesammelt hatten und wieder nach Hause gegangen waren.

Ansonsten aber waren sie weiter sehr gewissenhaft in ihren Bemühungen, marschierten ständig hin und her, schwenkten dabei ihre Taschenlampen und sprachen unablässig über den Fortschritt, den die Hühner machten. In jenem Augenblick, als ich die Augen aufschlug und meinem ersten Tag in herrlicher Einsamkeit entgegensah, erreichten Young John und Young George mit Körben voll Futter und Wasser das Hühnerhaus und entdeckten, dass die Tür sperrangelweit offen stand. Sofort beschuldigten sich die Brüder gegenseitig, unachtsam gewesen zu sein.

Zum Glück waren nur wenige der fetten, faulen Hühner neugierig genug, um die vergleichsweise Kühle ihres Hauses und das jederzeit verfügbare kalte Büfett zu verlassen, und so fiel es den Jungen nicht schwer, diejenigen, die zu einem Vormittagsspaziergang hinausgewackelt waren, wieder zurückzuscheuchen. Beide Jungen schworen Stein und Bein, dass die Tür am Abend zuvor verschlossen war.

Am folgenden Morgen stand die Tür wieder offen. Nachdem wir die zeternden Jungen getrennt und ihnen versichert hatten, dass sie keine Schuld traf, wurde uns bei unserer anschließenden, am Kartentisch abgehaltenen Krisensitzung klar, dass es sich hier um keinen Zufall handelte. Aber vielleicht war es ja nicht mehr als der Lausbubenstreich eines »Piccaninny«? Zumindest schienen die Hühner alle noch vorhanden und wohlbehalten zu sein.

Trotzdem beschlossen wir, kein Risiko einzugehen, und Small Tome, der an diesem Morgen nach Munda fahren wollte, um Gemüse zu verkaufen, brachte von dort ein kleines, messingfarbenes Vorhängeschloss und drei Schlüssel mit. Die Jungen bekamen jeder einen, und den dritten hängte ich an einen Nagel in meinem Haus. In der nächsten Nacht geschah nichts, ebenso wenig in der darauf folgenden, und wir begannen zu glauben, dass der Übeltäter von dem neuen Sicherheitssystem abgeschreckt worden war. Mit einem tiefen, erleichterten Seufzer kehrte das Leben wieder in seinen gewohnten Trott zurück.

Leider war Malaria ein Teil des alltäglichen Lebens auf den Salomon-Inseln.

Mitten in einer verregneten Nacht erwachte ich von dem Geräusch des Regens, der auf dem neuen Kirchendach wie auf einer Kesselpauke trommelte. Zum ersten Mal, seit ich hier war, war mir kalt – es war kein leichtes Frösteln, sondern eine Kälte, die von innen zu kommen schien und mir auf Brust und Armen eine Gänsehaut verursachte. Dann wurde mir, wie ich schon erwartet hatte, schrecklich heiß, als wäre mein Körper aus einem Tiefkühlschrank gezogen und in einen heißen Ofen gesteckt worden – auf höchster Stufe. Ich setzte mich schweißüberströmt auf, und Chutney maunzte mir von dem emaillebedeckten Tisch aus mitleidig zu.

Kurz nach meiner Ankunft auf den Salomon-Inseln hatte ich mit großem Interesse auf einem Flugzettel, den Geoff zur Erbauung seiner Kunden in seinem Büro ausgehängt hatte, alles über die Symptome von Malaria gelesen. Die Hauptmerkmale, auf die man achten sollte, waren Fieber und Schüttelfrost, grippeartige Beschwerden, Muskelschmerzen – die mir weniger Grund zur Besorgnis gaben – und Gelbsucht («Gelbfärbung der Haut und des Augapfels«). Im Dunkeln hielt ich die Hände vor mein Gesicht, aber ich hatte keinen Spiegel.

Außerdem war der Kranke auffällig müde, so informierte mich das Flugblatt. Das war ich auch, regelrecht erschöpft, aber ich war mir nicht sicher, ob das wirklich ein Symptom war oder nur eine Folge dessen, dass ich zu einer unchristlichen Stunde mitten in der Nacht von einer verdammt gedankenlosen Regenwolke geweckt worden war. Schmerzen im Unterbauch, begleitet von Durchfall, galten als mögliche letzte Anzeichen des nahenden Todes.

Nun ja, ich lächelte vor Erleichterung, an dieser Front schien noch alles in Ordnung zu sein. Leider gurgelte genau in diesem Augenblick mein Unterbauch und zwickte Protest.

Mir blieb gerade noch Zeit für die Feststellung, dass das Wasser unaufhörlich aus dem neuen Tank überfloss, als ich athletisch durch die Sintflut hüpfte, rutschte und sprang, rasch über die Wurzel in mein »Kleinhaus« hinaufeilte und die grüne Segeltuchtür beiseite fegte.

Das Hospital von Munda war ein fröhlicher, lebhafter Ort. Die blassblauen Gebäude umringten einen Paradeplatz mit weißem Sand, dessen Funktion unklar blieb. Als wir näher kamen, sah ich vor meinem geistigen Auge Rollstühle, in denen die Kranken mit ihren lächelnden Krankenschwestern in den hellgrün leuchtenden Uniformen grüßend an Doktor James vorbeidefilierten, der auf einem kleinen Podium stand, das Stethoskop stolz um den Hals gehängt. Der junge, enthusiastische Doktor aus Neuseeland hatte erst kürzlich seine Approbation erhalten und fand sich jetzt nach einem unerwarteten Fall von Großzügigkeit allein verantwortlich in einem Hospital wieder, das die einzige medizinische Versorgung in einem Umkreis von fünfzig Meilen darstellte.

Als »Empfang« fungierte die offene Veranda des größten Gebäudes, und hier saßen zwei Schwestern an einem Campingtisch, auf dem ein Stapel Registraturkarten und ein paar Glasplättchen lagen. Small Tome, der mich hierher begleitet hatte, da ich mich zu schwach fühlte, um ganz allein zu fahren, machte ein höchst besorgtes Gesicht, als wir die Stufen hinaufgingen.

»Oooh, Malaria ihman böse Sachin. Einmal iich Malaria und michman fast sterbin«, murmelte er tröstend.

Eigentlich fühlte ich mich fast etwas besser als in der vergangenen Nacht, obwohl meine Gelenke zu schmerzen begonnen hatten und meine Glieder schwerer als sonst waren. Außerdem war mir ziemlich übel, aber das konnte auch mit der wild schaukelnden Überfahrt zu tun haben, die wir hinter uns hatten, weil Small Tome unseren alten Motor bis an seine Grenzen belastet hatte, um mich so schnell wie möglich in ärztliche Obhut zu bringen.

Als ich an der Reihe war, folgte ich einer jungen Mutter mit ihrem schreienden, schrecklich rotznasigen Baby und trat vor den wackeligen Tisch. Ich lächelte die nette Schwester an und sie lächelte zurück. Sie nahm meine Personalien auf und bat mich, mich auf eine Waage zu stellen, die sie mit dem Fuß unter dem Tisch hervorschob. Ich blickte hinab und las, dass ich vier Kilogramm wog. Ich warf der Schwester einen besorgten Blick zu.

Mit der Zunge schnalzend schob mich die Schwester beiseite, wobei sie einen Fluch murmelte, und sprang mit ihren beiden schicken, schwarzen Schnürschuhen auf das ungehorsame Instrument. Dann zog sie mich wieder hinauf, und der Zeiger schlug problemlos aus. Ich würde mich bei den Süßkartoffeln bremsen müssen. Nun, was machte das schon?

»Was Sorte Problim Sie jetz habin?«, fragte sie, während sie mir den Puls maß.

Ich erklärte alle meine Symptome und wies darauf hin, wie sehr sie denen auf Geoffs Informationsblatt ähnelten. Als ich fertig war, fasste die Schwester zusammen:

»Heiß, kalt, übil übil, Bauch lauft ein wenig.« Eher stärker als ein wenig, aber es hieße das Schicksal herauszufordern, wenn ich das jetzt näher diskutieren wollte.

»Finger blong Sie.«

»Hmmm?«

»Komm Finger!« Ihr freundlicher Ton schien aufgebraucht. Scheu streckte ich meinen rechten Zeigefinger aus, und bevor ich mich versah, hatte die tückische Schwester ihn auf den Tisch gepresst und stach mit einem kleinen Messer zu, das sie an ihrem Körper versteckt gehalten haben musste. Es schmerzte zwar nicht sehr, aber ich war doch ziemlich schockiert und zog eilends meine Hand zurück. Gerade noch rechtzeitig dachte ich geistesgegenwärtig daran, meinen verletzten Finger nicht in den Mund zu stecken, denn sonst hätte ich mich womöglich noch mehr mit Malaria infiziert.

Die Schwester, die sich in meiner Wertschätzung nun fast im freien Fall befand, ergriff erneut meinen Finger, hielt ihn wie einen Schreibstift in der Schule und rubbelte nicht allzu sanft, aber mit offensichtlichem Vergnügen, damit auf einem der Glasplättchen herum. Dann gab sie meinen wunden Zeigefinger frei, reichte mir das Glasplättchen und zeigte auf ein offenes Fenster auf der anderen Seite des Paradeplatzes.

»Gehin zu Mann mit Brille.«

Ich sah sie böse an und tat wie befohlen. Hinter dem Fenster saß ein bärtiger Mann an einem Tisch und hatte ein Mikroskop vor sich stehen.

Bekanntlich ist Malaria ein Parasit, der von Moskitos von Opfer zu Opfer getragen wird. Weniger bekannt ist jedoch, dass es eine ganze Reihe unterschiedlicher Arten von Malaria-Erregern gibt, die von einer relativ harmlosen, nicht wirklich besorgniserregenden Variante, die ein wenig Kopfschmerzen verursacht und mit ein wenig Schlaf schnell wieder überstanden ist, bis zu jener Variante reicht, die auf das Gehirn wirkt, Krampfanfälle und fast sofortigen Tod verursacht – der gefürchteten *falciparum*. Der bärtige Mann mit dem Mikroskop würde mir sagen, welche Art er da auf dem Glasplättchen herumwuseln sah. Als ich es ihm hinüberreichte, sah ich sie deutlich vor mir: gelbe Kreise mit zwinkernden Augen und großen, gefräßigen Mäulern, die all meine Blutkörperchen gierig verschlangen, oder was immer sie da taten. Ich fühlte mich nicht gerade großartig.

»V'leicht Sie wollin komm wieda nachea?«

Nachher – später? Wie viel später? Vielleicht hatten sie dann das Plättchen schon aufgefressen. Der Bärtige zuckte die Achseln und warf das Plättchen auf die Bank. Unterwürfig gingen Small Tome und ich hinüber in den Schatten der Männerabteilung. Ein Mann mit mysteriösen Hautflecken, mit denen er wie eine kurzhalsige, zweibeinige Giraffe aussah, bot uns Stücke von seiner Banane an. Tom akzeptierte, ich aber lehnte ab. Ich dachte, dass ich vielleicht ansteckend sein könnte.

Wir warteten eine kleine Ewigkeit, und meine Symptome wurden ständig stärker. Bald hätte ich auf dem Krankheitsbild-Fragebogen jedes einzelne Kästchen ankreuzen und in die Abteilung »Zusätzliche Bemerkungen« einen Kurzaufsatz schreiben können.

Schließlich machte uns der Bärtige ein Zeichen, und mit vernebeltem Blick schwankte ich zu dem Fenster hinüber. Lässig reichte er mir ein kleines, zusammengefaltetes Stück Papier. Ich starrte ihn konzentriert an, um Zeichen der Sorge in seinem Gesicht zu erkennen, aber völlig ungerührt durch meinen flehentlichen Blick wandte er sich ab und nahm ein Glasplättchen von einem alten Mann hinter mir in Empfang. Ich ging davon wie Long John Silver, der an Schwarzfleckigkeit litt – was allerdings waren schon ein paar Schmutzflecken im Vergleich zu dem gnadenlos in mir wütenden Feind?

Mit fiebrigen Fingern entfaltete ich das Stück Papier in meiner Handfläche und öffnete dann vorsichtig ein Auge.

»Negativ«.

Es war, als bekäme man seine Examensnoten ausgehändigt – meiner persönlichen Erfahrung nach sogar viel besser. Die Erleichterung war so groß, dass ich einen lauten Freudenschrei ausstieß. Small Tome freute sich für mich, wunderte sich allerdings ein wenig, als ich ihn bei den Händen fasste und mit ihm im Kreis tanzte. Der Giraffenmann klatschte vor Begeisterung.

»Und wie steht es mit Ihnen?«, fragte Doktor James, als er aus der Krankenstation heraustrat.

»Gut, sehr gut«, erwiderte ich und hielt ihm eifrig das Stück Papier unter die Nase.

»Aha, und wie fühlen Sie sich jetzt?«

Ich horchte einen Augenblick in mich hinein. Es war mir nie besser gegangen.

Doktor James lachte. »Wahrscheinlich einfach etwas zu lange in der Mittagssonne gewesen, schätze ich. Achten Sie darauf, dass Sie viel Wasser trinken, und versuchen Sie, so weit wie möglich im Schatten zu bleiben«, riet er. »Übrigens, wie steht es denn mit Ihrer Hausapotheke auf Randuvu?«

Ich dachte an meine farbenprächtigen Verhütungsmittel und die Spritzen. Nicht besonders beeindruckend, gab ich zu.

»Was wissen Sie über Erste Hilfe? Sie könnten auf Ihrer Insel da draußen ein wenig mehr für die Erstversorgung tun, dann müssen sie nicht alle immer hierher kommen. Hier entlang, kommen Sie mit.«

In einem Vorratsraum, der viele Regale, aber sonst kaum etwas enthielt, füllte Doktor James eine kleine Pappschachtel mit einer Auswahl an Mitteln zur Wundversorgung: Bandagen, sterile weiße Mullbinden in Plastikhüllen, Rollen mit rosafarbenem Leukoplast und etwas flauschige Watte. In eine Ecke stellte er eine dunkelbraune Flasche mit antiseptischer Salbe und erklärte mir, dass man mit ihrer Hilfe rein alles abtöten konnte. Das klang zwar nicht sehr nach Hippokrates, aber ich dankte ihm herzlich.

Er verschwand für ein paar Minuten in seinem Büro, und als er zurückkehrte, wühlten Small Tome und ich gerade in unserer neuen Hausapotheke.

»Hier, bitte. Das können Sie sich einmal in Ruhe durchlesen.« Er reichte uns ein dünnes Taschenbuch mit einem großen roten Kreuz auf der vorderen Umschlagseite. »Ich habe die Ecken der Seiten, die für Sie interessant sind, umgebogen. In allen anderen Fällen müssen Sie hierher kommen.«

Ich öffnete das Buch auf einer der Seiten, die er markiert hatte. Eine Doppelseite zeigte ein höchst anschauliches Bild einer jungen Frau, die anscheinend das Opfer eines marodierenden Kettensägen-Verrückten geworden war. Blut strömte ihr aus mindestens fünf verschiedenen Wunden, und ein Mann kniete nutzlos neben ihr und versuchte, die Ströme mit Wattebäuschen und Pflaster einzudämmen. Die Seite trug den Titel »Autounfall«. Ich blickte stirnrunzelnd auf, und Doktor James grinste.

»Streichen Sie ›Auto‹ durch und schreiben Sie stattdessen ›Hai‹ oder ›Außenbordmotor‹«, schlug er hilfreich vor. »Lesen Sie es sich durch und halten Sie es griffbereit. Man kann nie wissen.«

Ich dankte ihm etwas zweifelnd und versprach, dass ich seinen Rat befolgen würde.

»Netter einman. Du Doktaman jetz.« Small Tome schüttelte mir herzlich die Hand. »Jetzt iichman dich nennin Dokta Will!«

Auf dem Weg zurück zum Boot versicherte ich ihm nachdrücklich, dass ich kein Arzt sei. Und damit war ich wenigstens meine Malaria ziemlich erfolgreich los.

Nun ja, es war wirklich freundlich von Doktor James, uns diese medizinische Ausrüstung zu schenken, aber leider glaubten die Dorfbewohner allem Anschein nach, dass ich jetzt, nachdem ich dieses Büchlein besaß, auch in null Komma nichts das entsprechende Spezialwissen erworben hätte. Es kam mir vor, als hätte ich plötzlich ein Examen bestanden, ohne irgendetwas dafür gelernt zu haben, fast als hätte ich einen akademischen Grad an einer amerikanischen Universität erworben. Außerdem hatte diese Gabe eine beunruhigende Zunahme schrecklicher Verletzungen zur Folge. Sobald sich die Nachricht von meinem neuen Titel verbreitet hatte, erschien vor meinem Haus eine Armee wandernder Verwundeter.

Mit dem Buch in der einen und dem Desinfektionsmittel in der anderen Hand musste ich zusehen, wie ich damit fertig wurde. Zwischen dem Abendgottesdienst und dem Abendessen wurde eine Sprechstunde organisiert, und jedes Mal waren mindestens ein halbes Dutzend Patienten zur Stelle, meistens kleine. Bis dahin hatte sich mein ärztliches Eingreifen darauf beschränkt, höchstens einmal von jemandem ein Taschentuch auszuleihen, um es einem meiner Schüler zu reichen, damit er nach einem Zusammenstoß beim Rugby sein Nasenbluten damit stillen konnte. Jetzt aber fand ich es plötzlich befriedigend, mich mit dem schlachthausmäßigen Anblick und dem grässlichen Gestank mancher Wunden, Schnitte und Infektionen herumzuschlagen. Es bereitete eine gewisse Freude, einen Verband sauber anzulegen oder einen anderen abzunehmen und zu entdecken, dass die Wunde gut verheilt war und keine Narbe hinterließ.

Die Schmerzgrenze der Insulaner war erstaunlich hoch, und körperliche Verletzungen ertrugen sie mit einer bemerkenswerten Standhaftigkeit. Vielleicht rührte das daher, dass sie normalerweise kaum Mittel besaßen, um Schmerzen zu lindern, weder Drogen noch Tabletten, und auch bemerkenswert wenig Mitgefühl.

Innocent hatte bei einem flachen Hechtsprung, um den ihn die fünfzehn Kämpfer der Vierten Klasse beneidet hätten und mit dem er eines meiner Beine attackieren wollte, seine Flugbahn falsch berechnet und war mit der Ecke der Holzbank draußen vor Ellens Küche kollidiert. Dabei hatte er sich sechs untere Zähne sauber durch seine Unterlippe gerammt, was ihm ein seltsam entschlossenes Aussehen verlieh. Nachdem alles auseinandersortiert war, klaffte jedoch noch eine lange, tiefe Wunde quer über seinem Kinn, die jedes Mal weiß leuchtete, wenn er lächelte. Was allerdings nicht oft geschah. Durch wiederholtes Anbringen einer ziegenbartähnlichen Bandage, die jeden Morgen sorgfältig neu arrangiert wurde, konnte jedoch glücklicherweise eine dauerhafte entstellende Narbe verhindert werden. Außerdem schien diese Erfahrung auch seine Begeisterung für gesprungene Überraschungsangriffe beträchtlich gedämpft zu haben.

Tassels war es gelungen, in seiner Hast, vor einem überraschend aufkommenden Sturm Schutz zu suchen, mit der Ecke des Blechdachs der Sakristei zu kollidieren und sich dabei ein Loch von fast zehn Zentimetern im Quadrat in seinen Skalp zu reißen. Um die Wunde zu behandeln, musste ich einige seiner legendären Locken abschneiden. Als ich es schließlich geschafft hatte, hatte seine fantastische Haartracht oben ein Loch, in dem man bequem einen Geranientopf hätte unterbringen können, und Tassels war den Tränen nahe. Ich wusste nicht, wie ich den Verband befestigen sollte, und so legte ich ihn einfach auf die Wunde, die von dem Antiseptikum noch brodelte, und wickelte eine Bandage in Dreiecksformation über das Ganze, die auf ihm wie ein Kopftuch saß und zu allem Überfluss noch unter seinem Kinn verknotet war. Ich verbrachte in den folgenden Tagen viel Zeit damit, ihn zu überreden, den Verband nicht herunterzureißen, und die restliche Zeit über machte ich mir Sorgen, ob wohl die anderen Dorfbewohner vor Lachen sterben würden.

Eines Abends, als ich wieder eine Patientenschlange abarbeitete, legte eines von Gerrys Leihbooten am Steg an. Big Thomas, der fünf- oder sechsjährige Sohn von Henry Fatty, war während eines wilden Beutezugs in Ruths Garten von einem Papayabaum gefallen und humpelte gerade von dannen, mit einem frischen Verband um das tiefe Loch, das einer der brechenden Zweige ihm in seinen beachtlichen Oberschenkel gebohrt hatte.

Die Nächste in der Reihe war Milly, ein hübsches kleines Mädchen mit blondem Haar und blauen Augen, die in faszinierendem Kontrast zu ihrer dunklen Haut standen. Sie war bei dem wilden Spiel »Verdresche-ein-anderes-kleines-Kind-so-hart-du-kannst-und-renne-dann-fort« gefallen und hatte sich einen tiefen Schnitt unter dem Knie zugezogen. Nun war sie an der Reihe, sich für die Behandlung auf den Kartentisch zu setzen. Schwach lächelte sie mich an, als ich etwas von dem zischenden Antiseptikum auf ihre Wunde strich.

Gemeinsam beobachteten wir, wie drei weiße Männer aus dem Boot stiegen und sich Stanley näherten, der auf dem Steg saß und angelte. Sie sagten etwas zu ihm, aber da er aus den Augenwinkeln nach Chutney Ausschau hielt, die er vor ein paar Wochen auf frischer Tat erwischt hatte, deutete er nur mit dem Kinn zu mir hin. Die drei Männer blickten herüber. Von ihrer Bekleidung und den Lauten zu schließen, die in Fetzen herüberdrangen, hielt ich sie für Amerikaner. Und ich hatte Recht.

»Hi. Sie sind Will, oder?«

Ich bestätigte es.

»Macht's Ihnen was aus, wenn wir uns umsehen?«

»Entschuldigung, wer sind Sie?«

»Ach ja. Ich bin Dwayne, Dwayne Tyler«, stellte sich der Größte der drei vor. Ein dicklicher Kopf, beherrscht von lehmgrauen, unfreundlichen Augen, ein vorspringendes Kinn unter einem breitrandigen Hut. Ein breiter Gürtel, der unter einem Bier- und Rindfleischbauch verschwand.

»Das hier is' Pat Dougherty«, fuhr er mit einem Schwenken seines Kopfes fort.

Ein hagerer Mann mit schwarzem, strähnigem Haar und einem Zwei-Tages-Schatten auf seiner grauen Gesichtshaut streckte eine schmale, von dicken Adern durchzogene weiße Hand aus.

»Freut mich, Sie kennen zu lernen, Will.«

Der dritte im Bunde trat vor. Er war etwas kleiner als die beiden anderen, und sein Gesicht strahlte Unschuld, wenn nicht Intelligenz aus.

»How d'ya do, ich bin Clinton. Freut mich wirklich, Sie kennen zu lernen, Partner.«

»Clinton ist unser Rinder-Experte.«

»Rinder-Experte?«

»Sicher.« Dwayne blickte mir gerade in die Augen. »Wir haben 'nen Vorschlag für Sie, Will.«

Ich hob Milly vom Tisch, wo sie noch immer gesessen hatte, die Augen voll Staunen auf nicht nur einen, sondern gleich vier weiße Männer gerichtet. Die meisten Kinder hatten sich daran gewöhnt, mich im Dorf zu sehen, aber vielleicht hatten sie noch nicht daran gedacht, dass es noch mehr solche wie mich gab. Milly humpelte davon, zweifellos um ihren Freunden von ihrer außerordentlichen Entdeckung zu erzählen.

»Yeah, wir glauben, dass Sie da sicher Interesse haben. Todsichere Sache.«

Und, weiter?

»Tja ... meine Kollegen und ich, yeah, wir haben vor, hier auf den Inseln Rinder zu züchten, und wir sagen Ihnen gern, dass Ihr Land als eine mögliche Station in Frage kommt.«

»Äh, einen Augenblick mal.«

Er redete sich bereits in der Zu-gut-um-wahr-zu-Sein-Sprache des professionellen Verkäufers warm.

»Ich glaube, Sie irren sich da. Das ist nicht mein Land. Es gehört den Dorfbewohnern hier.«

»Yeah, das wissen wir, aber Sie könnten doch mit dem Häuptling reden und ihm erklären, was für 'ne gute Idee das Ihrer Meinung nach ist.«

»Nun ja«, meinte ich und versuchte, diplomatisch zu sein. »Ich glaube, da müssen Sie mir schon ein bisschen mehr Informationen geben, wissen Sie, vielleicht ein paar Fakten und Zahlen?«

»Natürlich, mein Freund. Wir haben jetzt nichts dabei; das

liegt alles im Gästehaus ... Ich sag Ihnen was. Wir sind noch ein paar Tage in der Gegend. Wir wär's, wenn Sie rüber nach Munda kommen? Wir essen was zusammen, trinken ein paar Bier. Dabei könnten wir alles durchsprechen.«

Ich konnte nichts Schlimmes darin sehen, und außerdem hatte ich ohnehin vor, mich am Samstagvormittag mit den Kings zu treffen und Neuigkeiten auszutauschen, nachdem der letzte Versuch so kläglich gescheitert war.

»Wie wäre es mit Freitagabend?«, schlug ich vor.

Sie waren einverstanden. Wieder fragte Dwayne, ob sie sich im Dorf und im Busch umsehen dürften, aber ich wusste, dass das zumindest die Frauen erschrecken würde. Und Luta, der als Chef der Einzige war, der diese Erlaubnis geben konnte, war im Busch, um Material für ein neues Haus zu sammeln, das er bauen wollte. Ich erklärte das und schlug vor, dass ich Luta, falls sie noch einmal wiederkommen wollten, fragen wollte und dass ich ihnen am Freitag Bescheid geben würde.

»Und warum ausgerechnet auf den Salomon-Inseln?«, fragte ich, als ich sie zum Boot zurückbegleitete. Clinton wandte sich mir lässig zu und sagte langsam und schläfrig:

»Sind diese Inseln nicht einfach zum Verlieben? Und sind die Menschen hier nicht einfach großartig?«

Ja, das stimmte, aber das bedeutete nicht, dass ich diese Entdeckung mit einer Herde Kühen teilen wollte. Trotzdem war ich neugierig. Der Freitag würde sicher interessant werden.

In dieser Nacht kam unser nächtlicher Besucher wieder. Diesmal waren seine Methoden etwas kruder. Als die Jungen am Morgen zum Hühnerhaus kamen, entdeckten sie, dass die Tür aus den Angeln gebrochen und verschwunden war. Wieder schien seltsamerweise von den Hühnern keines zu fehlen, wenn auch einige ihre Schnäbel wagemutig ins Freie gestreckt hatten. Young George hatte die gute Idee, von einigen Büschen in der Nähe eine dünne Spur von Futter bis in das Hühnerhaus auszustreuen. Und so fanden die Vögel, eifrig pickend, schnell ihren Weg nach Hause. Mit Kokosnussblättern wurde der Eingang provisorisch geschlossen, und später wurde auch die Tür wieder gefunden. Sie trug noch immer das Vorhängeschloss und den Riegel und steckte in dem dunkelbraunen Schlamm des Flussbetts.

Es schien nur noch eine Möglichkeit zu geben: Nachtwachen. Alle waren begeistert von dem Plan, und es wurden Wachschichten von jeweils zwei Personen organisiert. Wenn die eine Schicht beendet war, würden sie die Nächste wecken, und so weiter, bis zur Morgendämmerung. Noch am gleichen Abend schickte ich die ersten beiden Wächter mit Taschenlampen in den Händen und stabilen Stöcken über der Schulter los.

Am nächsten Morgen sah ich die gleichen beiden Männer zurückkehren.

»Pech. Musstet ihr zwei Schichten übernehmen?«

Sie machten Schafsgesichter. Nein, eigentlich nicht, denn sie waren eingenickt und erst aufgewacht, als die Sonne aufging. Da sie in der Türöffnung geschlafen hatten, war alles gut gegangen, aber nach dem Morgengebet, bei dem Stanley inzwischen meine Anwesenheit praktisch mit Strichliste kontrollierte, hielten wir eine kurze Sitzung ab. Die Funktionsweise meines alten grünen Weckers aus Messing wurde erklärt, und man einigte sich darauf, dass er fortan im Hühnerhaus stehen sollte. Wenn er klingelte, würden die Wachen wissen, dass es Zeit war, die nächste Schicht aufzuwecken.

Ich hörte ihn in regelmäßigen Abständen in der Nacht rasseln, da die Wächter sich selbst beweisen wollten, dass sie wirklich verstanden hatten, wie er funktionierte.

Ein Platz auf dem Markt

Penetrante Aufdringlichkeit bringt mich in ein Dilemma – ich gehe eine lächerliche Wette ein – und gewinne.

»Wie geht's, Freund? Gut, mal aus dem Dorf rauszukommen, ha?«

Die Frage hatte etwas Komplizenhaftes, das mir nicht gefiel, aber mir gelang eine passende unverfängliche Antwort.

Ich war frühzeitig zu meiner Freitagabend-Verabredung im Gästehaus erschienen. Die drei Rinderzüchter hockten bereits an der Bar. Ich vermutete, dass sie schon eine ganze Weile dort waren. Dwayne schwang sich herum und lehnte sich auf beide Ellbogen zurück.

»Was trinken Sie?«

Ich bat um ein Glas Rotwein, da ich mich schon gar nicht mehr daran erinnern konnte, wann ich zuletzt einen getrunken hatte. Er war hier phänomenal teuer, aber ich würde ihn offensichtlich nicht selbst bezahlen müssen.

»Gute Idee. Da mache ich mit. Zwei Flaschen von Ihrem besten Roten.«

Titus, der phlegmatische Barkeeper, brachte zwei staubige Flaschen seiner einzigen Sorte zum Vorschein.

»Hier, bitte, äh, Will. Sieht ja wie'n ganz anständiges Gesöff aus, aber was anderes kriegt man hier draußen wohl nicht, was?«

Bis jetzt hatte nur Dwayne etwas gesagt. Clinton ließ seinen strahlenden Blick müßig im Raum umherschweifen und wippte auf den Ballen seiner Cowboystiefel. Pat Dougherty beäugte mich prüfend wie Mr. Ratte.

»Also, meinen Sie, die machen da mit?« Er zwinkerte und kniff sich in die Nase.

Dwayne schoss ihm einen Blick zu, der ihm eindeutig nahe legte, den Mund zu halten und ihm das Reden zu überlassen. Pat verstand die Botschaft, sah mich aus kleinen Augen an und verschanzte sich hinter seinem warm werdenden Bier.

Dwayne übernahm das Kommando. »Warum setzen wir uns nicht draußen hin? Sieht aus, als wird's ein toller Sonnenuntergang.«

Danach sah es allerdings aus. Wir gingen zu einem der Holztische am Meer. Ich setzte mich auf die eine Bank, Dwayne und Pat setzten sich mir gegenüber. Clinton stand mit verschränkten Armen hinter ihnen, als warte er auf das Vorsprechen für die Rolle des Hau-drauf-Trottels in einem billigen Western. Ich bin mir ziemlich sicher, dass er diese Rolle bekommen hätte – es lag ihm im Blut.

Das Meer war jetzt ruhig und leuchtete in den dunkelsten Blau- und Orangetönen, und die Sonne hockte riesig auf dem Horizont und warf einen letzten bedauernden Blick auf das friedliche Bild. Seitlich von uns sprang eine Gestalt, die gegen das Feuer der Sonne nur in der Silhouette zu sehen war, vom Anlegesteg ins Wasser. Ein dezentes Platschen drang herüber, und von dem gischtenden Mittelpunkt breiteten sich Wellenringe aus. Eine Weile später tauchte der Kopf eines Mädchens auf, als sie helle Wassertropfen aus ihrem lockigen Haar schleuderte. Lächelnd winkte sie jemandem am Strand zu, ließ sich dann wieder unter die Oberfläche sinken und streckte dabei nur den Arm aus dem Wasser.

Ein Fregattvogel-Paar segelte mit flach ausgebreiteten, stark angewinkelten Flügeln über uns hinweg und warf die letzten Schatten des Tages, bevor es sich auf seinen Schlafplatz zurückzog.

»Also, lassen Sie mich ein bisschen was über uns erzählen.« Dwaynes Stimme schreckte mich auf. »Wir nennen uns ›Inselgold‹...«

»Kapiert, kapiert? ›Inselgold‹?«, kicherte Pat.

Clinton kapierte offensichtlich nicht. Er schien etwas sagen zu wollen, schloss aber seinen Mund, als Dwayne ihnen beiden einen Blick zuwarf.

»Wir wollen an mehreren Stellen auf den Inseln Rinderfarmen einrichten. In Vanuatu funktioniert das gut. Kein Grund, wieso's nicht auch hier funktionieren soll. Wir haben hier sechzig Millionen Salomon-Dollars auf der Bank, mit denen wir loslegen können, wenn die Landbesitzer einverstanden sind.«

Pat nickte stolz, sagte aber nichts.

»Sie wollen hier so viel eigenes Geld investieren? Warum?«

»Ich liebe die Inseln. Hab ich schon immer.«

»Erzählen Sie weiter«, ermunterte ich ihn.

Im Verlaufe eines langen, feuchten Abends wurde ihr Vorhaben allmählich immer klarer. Es war ihnen gelungen, diese riesige Summe von mehreren Banken des Mittleren Ostens zu leihen, und jetzt wollten sie sie an hiesige Landbesitzer weiterverleihen. Dann wollten sie ihnen Vieh von ihren Ranches in Texas verkaufen. Einfach. So einfach, dass der Plan fast von Clinton hätte stammen können.

»Und welchen Zinssatz würden Sie für diese Anleihe verlangen?«, fragte ein Mann, der nun bereits zwei große Gläser Rotwein intus hatte und nicht mehr daran gewöhnt war. Aber ich hätte mir keine Sorgen machen müssen; anscheinend hatten die anderen mit einem beträchtlichen Vorsprung begonnen. Dwayne war nicht mehr zu bremsen.

»Könnte ich Ihnen im Moment nich' sagen. Erinnere mich nich' ganz. Muss in meinen Unterlagen nachsehn«, antwortete er ohne den geringsten Hauch von Ironie. »Aba mach'n Sie sich da keine Sorg'n, die nehmen das schon.«

Aber wie kämen die Dorfbewohner denn mit diesen Tieren zurecht, fragte ich. Die meisten hatten, soweit ich wusste, nie eine Kuh gesehen, geschweige denn sich um eine gekümmert.

»Das is ja gerade der Witz. Wir stellen einen Verwalter – jemand wie Sie. Dann berechnen wir natürlich eine Verwaltungsgebühr. Zehn Prozent.« Pat konnte sich nicht länger zurückhalten, und Dwayne ließ ihn mit einem Schwenken seines Weinglases blubbern. »Yeah, zehn Prozent vom ersten Jahresumsatz. Zehn Prozent von sechzig Millionen Dollars.«

Er ließ den letzten Satz auf der Zunge zergehen, nahm dann einen feierlichen Schluck aus seiner Bierflasche und schmatzte genießerisch mit seinen dünnen, nassen Lippen.

Dann trabten wir im Gänsemarsch in den gemütlichen Esssaal, wobei Dwayne mich vor sich herschob, und setzten uns an den sauber gedeckten Tisch, der hübsch mit einem Strauß rosafarbenen und weißen federigen Hibiskus und mit Platzdeckchen aus geflochtenen Pandanus-Blättern geschmückt war.

»Viermal Hummer und 'n Topf voll Sauce Hollandaise, Süße«, rief Dwayne Rachel zu, der schüchternen Bedienung, die unglücklich errötete. »Is das okay für Sie, Will?«

Ich nickte und blickte verlegen auf meine Hände nieder.

»So, also… und was passiert dann nach einem Jahr?«

Dwayne grunzte vor Lachen.

»Die werden schon damit zurecht kommen. Diese Schwarzmänner sind nicht so blöd, wie Sie glauben, was?« Er grinste seinen Kollegen breit zu.

Ich war sprachlos.

»Egal, wen juckt das? Wir sind dann wieder in den USA. Sie

glauben doch nicht, dass wir länger in diesem Loch bleiben, wenn wir erst die Kohle haben, oder? Verdammt viel zu heiß, mein Freund, und man kriegt nur diese Pisse zu trinken.«

Offensichtlich wurden sie, je mehr sie tranken, um so indiskreter.

Und was hatten sie mit den Bäumen vor, die jetzt auf allen Inseln so dicht standen? Würde man die nicht fällen müssen, um Platz für Weiden zu schaffen?

»Tja, die müssen natürlich alle weg, aber wir besorgen uns die Lizenz zum Abholzen, dann kommt da noch 'n nettes Sümmchen extra rein«, lachte Dwayne, während er den Schwanz von seinem Hummer riss und den Panzer mit den Zähnen knackte.

»Was ist, wenn die Landbesitzer nicht einverstanden sind?«

»Ach das werden sie schon, machen Sie sich da keine Sorgen«, kicherte Pat und rieb zwischen seinem fettigen Daumen und Zeigefinger imaginäre Geldscheine, wischte sich dann mit dem Handgelenk das Fett aus dem Mundwinkel und aus seinem Schnurrbart.

»Na, und da kommen Sie ins Spiel, Kumpel. Sie schaffen es schon, die herumzukriegen.«

»Na ja ... ich bin da nicht so ganz überzeugt ...«

»Mögen Sie denn diese Schwarzjacken, Mann? Wahrscheinlich haben Sie schon 'n bisschen die Schnauze voll, hey? Wäre ja 'n ganz hübsches Plätzchen, wenn's nicht so viele von denen gäbe. Ha, ha, ha!«

Sie kicherten selbstgefällig über diesen großartigen Witz und zwinkerten sich und mir kumpelhaft zu. Der Alkohol hatte diese drei Männer in grobe Karikaturen ihrer Selbst verwandelt. Sie kippten Wein in die Gläser und wurden immer sprunghafter in ihren Äußerungen. Was mich aber am meisten erstaunte, war, dass sie so schnell bereit gewesen waren, mich ins Vertrauen zu ziehen.

»Wette, die Mädels sind für 'nen Ritt gut, was ... Korken knall'n lass'n, he? He?« Dwayne wieherte vor Lachen und goss sich den Wein in einem großen Schwung hinter die Binde. »Aber Vorsicht, womöglich holste dir da was – dreckige Weiber, he? He? Bleib lieber bei 'nem sauberen Yankee-Mädel, Will, wenn ich dir 'n Rat geb'n darf!«

Clinton streckte den Arm aus, um Rachel zu packen, als sie vorbeiging. Sie aber wich schnell zur Seite aus und verschwand klugerweise in der Küche. Er drehte sich wieder zu uns und murmelte vor sich hin: »IchliebedieInseln, yeah, fantaschtisch …«

Mehrere Bierdosen wurden auf unserem Tisch abgestellt und fachmännisch geöffnet. Ich lehnte die mir angebotene ab. Ich hatte genug.

»Lass uns vom Geld reden, mein lieber Freund, du weißt schon, Kohle, Pinkepinke. Dir können wir ja vertrauen, oder, wo du 'n Weißer bist un' so … auch wennde nur 'n verdammter Tommy bist. Ha, ha! Du kriegst die schon rum, was? Dann kriegste nämlich 'n dickes, fettes Stück vom Kuchen ab.«

Dwayne warf mir seinen Arm schwer über die Schulter und starrte unstet auf den Boden.

»Ich muss noch mal wiederkommen, äh … vielleicht morgen. Ich muss jetzt gehen.« Ich schlüpfte aus seinem warmen Griff und verabschiedete mich.

»Wir zähl'n auf dich, lass uns jetz nich' im Stich, ja?« Dwayne lächelte und Pat zwinkerte mir zu, während ich mich langsam vom Tisch zurückzog und dabei versprach, mich zu melden, wenn oder falls ich irgendetwas Neues wüsste.

»Bis dann, Partner.« Clinton schaffte es, seine Bierdose ein wenig von seiner Brust zu heben, wo er sie abgestellt hatte.

Sobald ich draußen war, beeilte ich mich, zu Geoff und Marlene nach Hause zu kommen, die mir freundlicherweise ein Bett für die Nacht angeboten hatten. Marlene war nicht zu sehen, aber Geoff war noch wach. Ich erzählte ihm von dieser Unterredung und konnte es selbst kaum glauben. Er hörte mir aufmerksam zu und wirkte betroffen, aber nicht überrascht.

»Die kommen und gehen hier dauernd. Alle möglichen Sorten von Betrügern. Früher haben sie die Insulaner mit Spiegeln und Glasperlen bezirzt, heute sind es Videospiele und CD-Rom-Präsentationen. Einmal sind sie auf die Fischereirechte scharf, ein anderes Mal auf Gold, aber meistens ist es das Holz. Ich wette, sie wollen sich die Bäume holen. Das Vieh ist nur das Aushängeschild.«

»Holz?«

»Klar. Wenn sie weiter so abholzen wie bisher, dann gibt's hier in zehn Jahren keinen Baumstamm mehr. Ein paar Lizenzen bei einem Glas Wein, und die machen vor deinen Augen einen Kahlschlag auf Randuvu. Dann sitzt du auf einem riesigen, verdammt nackten Felsen!«

»Aber verhindert das denn niemand?«

»Keiner. Weder die Regierung noch die Briten, noch der Commonwealth, noch die UN – niemand.«

Aha.

»Tja, und was soll ich jetzt tun?«

»Lass sie einfach links liegen. Mach einfach weiter mit euren Hühnern, und irgendwann hauen die wieder ab. Pass nur auf, dass sie niemanden im Dorf um den Finger wickeln. Sie werden versuchen, sich einen Zugang zu erkaufen, wenn sie können.«

Ich war überaus besorgt, dass sie versuchen würden, Luta und die anderen von ihrem fantastischen Plan zu überzeugen, und nahm mir vor, alle zu warnen, wenn ich in Mendali zurück war.

Am nächsten Morgen war es mir eine große Freude und Erleichterung, die Kings zu treffen. Sie blickten erschrocken drein, als ich ihnen von der Beinahe-Katastrophe erzählte, in die mich mein Versuch, sie zu besuchen, gebracht hatte, lachten aber herzlich über meine Geschichte mit dem T-Shirt-und-Windel-Fiasko.

»Davon haben wir in der Schule schon gehört«, grinste Sam, der älteste der drei Kinder. »Einer von meinen Freunden erzählte allen von diesem Weißen, der seine Hose verloren hatte. Ich wusste nicht, dass du das warst. Sein Vater war derjenige, der dich gefunden hat. Jeder in meiner Schule kennt die Geschichte!«

Wunderbar, mein Ruhm war mir eindeutig weit vorausgeeilt. Ich grinste.

Als es Mittag wurde, wollten wir ins Gästehaus zum Essen gehen, aber das Restaurant hielt sich streng an die Salomon-Zeit und war geschlossen. Ein anderes Restaurant gab es nicht.

»Jetzt wären mir Fisch und Fritten recht«, seufzte ich sehnsüchtig.

»Meinst du nicht eher Huhn und Fritten?«, lachte Sam.

»Klar, Brathuhn und Fritten«, ergänzte Don, sein Vater.

Hungrig hatten wir uns auf einen Grashang zwischen dem Gästehaus und dem Meer gesetzt, während der Rest der Familie King zum Hospital hinunterwanderte, um zu sehen, ob sie den Schwestern etwas Obst abkaufen konnten.

»Das solltest du wirklich machen, weißt du!« Don setzte sich plötzlich auf.

»Wer, ich?«, murmelte ich in meine Armbeuge. »Was sollte ich machen?«

»Einen Schnell-Imbiss eröffnen.«

»Was, einen Schnell-Imbiss auf den Salomon-Inseln?«, lachte ich. Ich wälzte mich auf den Rücken und starrte in den eisblauen Himmel.

»Warum denn nicht? Ich bin sicher, dass es einen Haufen Leute gibt, die in der Stadt arbeiten und mittags gern einen Happen essen würden. Brathuhn und Süßkartoffel-Fritten. Miete dir einfach ein Haus, kaufe ein paar Fritteusen. Was denn sonst noch? Ein bisschen rote Sauce, Salz und Pfeffer. Ein paar Servietten und altes Zeitungspapier. Und schon bist du startbereit!«

Ich mochte Don. Bei ihm klang alles immer so einfach.

»Na ja, ich kann ja mal darüber nachdenken.«

»Und wie würdest du es dann nennen?«, fragte Sam mit einem Grinsen. Ich überlegte einen Augenblick.

»Chicken Willy's! Du musst es unbedingt Chicken Willy's nennen«, kicherte Don.

»Ja, ja, na los. Das wäre echt cool!«, rief Sam in jugendlicher Begeisterung aus.

»Na gut«, lachte ich, setzte mich auf und fegte ein paar Ästchen von meinem Hemd. »Falls wir je ein Restaurant eröffnen, dann nennen wir es ›Chicken Willy's‹, das verspreche ich.«

»Wetten, dass du es nicht tust!« Sam klang enttäuscht.

»Wetten, dass wir es tun!«

Und zu meiner größten Überraschung taten wir es wirklich.

Nach meiner Rückkehr nach Menali hörte Luta sich philosophisch an, was ich ihm über Dwayne und seine Spießgesellen zu erzählen hatte.

»Also nix gut dann, Mr. Will?«

»Nicht gut, tut mir Leid.«

Er lächelte breit und zog einen schwarz gewordenen gelben Fisch aus dem Feuer, neben dem wir kauerten. Mit seinen stählernen Fingern riss er ein Stück davon ab und reichte es mir.

»Commander immer sagin sie wären nicht Amerikanman, wenn sie ehrlich wären.« Gedankenvoll nickte er.

Zufällig kam am nächsten Tag zu meinem Schrecken Bunni ins Dorf gepaddelt. Er stieg aus seinem leichten, kurzen Boot und watete durch das seichte Wasser ans Ufer, wobei er seine weißen Mokassins in einer ringglitzernden Hand trug. Die Sonnenbrille steckte fest in seinem dicht gelockten Haar. Er lächelte zu mir auf, als er mich vor meinem Haus stehen sah.

»Guten Morgen wünsche ich Ihnen. Alles in Ordnung?«

»Guten Morgen«, antwortete ich vorsichtig. »Ja, alles in Ordnung, danke.«

Ich hatte Bunni seit unserer ersten Begegnung nicht mehr gesehen und war sehr auf der Hut.

»Und wie geht's den Hühnern?«, fragte er lässig, während er sich seine weichen Schuhe überstreifte.

»Großartig, danke, ja, großartig ...«

»Ich habe gehört, dass Sie ein paar Probleme mit ihnen hatten.« Er lächelte ausdruckslos.

»Nein, nein, nichts Ernstes. Es geht ihnen allen gut, wirklich.« Ich blickte ihm so scharf wie möglich in die Augen, aber die dunkle Sonnenbrille, die er wieder heruntergeklappt hatte, verbarg jeglichen schuldbewussten Blick, den er vielleicht haben mochte. Ich konnte ihn nicht direkt fragen, ob er der Übeltäter gewesen war, und so ließ ich es bleiben. Er hätte sicherlich alles abgestritten.

»Scheint wohl nicht so, als hätten Sie damit eine große Zukunft, wenn Luta sich mit diesen Amerikanern arrangiert.«

Ich hörte einen triumphierenden Beiklang in seiner Stimme.

»Woher wissen Sie denn von denen?«

»Es sind meine Freunde. Sie machen gern Geschäfte mit mir. Sie werden schon sehen, bald haben wir hier viele Rinder, und dann sind Ihre Hühner vollkommen uninteressant, und alle werden sich freuen, dass ich der Dorfgemeinschaft geholfen habe.«

Er schlenderte lässig dem Dorf zu, und ich fühlte mich besorgt und niedergeschlagen. Aber ich konnte nicht viel tun, was Bunni betraf, und so wendete ich meine Gedanken anderen Dingen zu.

Lächerlicherweise hatte ich mir das Gespräch mit Don und Sam durch den Kopf gehen lassen. Ein Hühner-Schnell-Imbiss-Restaurant!

Ein Hühner-Schnell-Imbiss-Restaurant! Warum eigentlich nicht? Es mochte einen Versuch wert sein, und solange wir es auf einfache Art betrieben, konnten wir nicht viel dabei verlieren. Vielleicht erwies es sich sogar als gute Ergänzung für unser Hühner-Unternehmen.

Eines Abends am Kartentisch erwähnte ich diesen Gedanken.

»Du wollin versuchin ihm, dann ihm in Ordnung, Mr. Will.« Alle lachten gutmütig, und ich hatte das starke Gefühl, dass sie mir den Willen ließen wie einem kleinen Kind.

Nun ja, wer nicht wagt, der nicht gewinnt. Wir würden uns aber nicht damit herumschlagen, ein Haus zu bauen oder zu mieten, sondern mit einem kleinen Stand auf dem Marktplatz anfangen. So einfach wie möglich.

Von dem neuen Telefonhäuschen im Postamt rief ich Nick in Honiara an und bat ihn, ein paar der kleinen Gaskocher für mich zu kaufen, die ich an jenem Tag gesehen hatte, als wir Mr. Wu fanden. Er schickte sie mir zusammen mit zwei Gasflaschen, zwei hellen Stahlwoks und einem Kanister Kochöl mit der *Maoaoa*. Erstaunlicherweise kam das kleine Holzschiff an dem angekündigten Tag tatsächlich an.

Imp baute einen zusammenklappbaren Stand mit zwei stützenden Seitenwänden, einem offenen Fenster und einer klug ausgedachten Bedientheke mit ausklappbaren Beinen an der Rückseite. Er nahm etliche Male sorgfältig Maß und versicherte dann, dass man es mit dem Kanu transportieren könne. Sobald er mit seiner Konstruktion zufrieden war, strichen wir sie hellrot mit ein wenig von dem Blut, das vom Christusbild in der Kirche übrig geblieben war. Small Tome, der die schönste Handschrift besaß, schrieb in einem blauen Halbkreis »Chicken Willy's« über das Fenster, und als die Farbe getrocknet war, stellten wir den Stand in der Lichtung auf und traten zurück, um ihn zu bewundern. Er sah wirklich sehr hübsch aus. Ethel, unsere aufrechte Kindergarten-Lehrerin, kroch hinter die Theke und tat so, als gäbe sie Portionen an vorbeikommende Kunden aus. Stanley ging vorbei und hielt seine Arme vor sich ausgestreckt, mit den Handflächen nach oben, als trüge er einen Teller. Wie ein moderner Oliver Twist blieb er vor dem Stand stehen, und Ethel häufte ihm mit ihrem Fantasie-Löffel Fantasie-Essen auf seinen Fantasie-Teller.

Am Abend verzichteten die Kartenspieler auf ihr gewohntes Vergnügen und schrieben Werbesprüche mit Bleistift auf die Blätter des einzigen meiner Notizbüchlein, das noch nicht als Zigarettenpapier in Rauch aufgegangen war. Small Small

Tome, der die Flugzettel in Munda verteilen sollte, tat dies mit einem solchen Feuereifer, dass es kaum einen Baum oder eine Tür, eine Wand oder ein Anschlagbrett gab, an dem nicht die kleinen weißen Zettel flatterten. Mit solch überzeugenden Slogans wie »Chicken Willy's ihm suvil nett«, »Kommin an Chicken Willy's – haufin gut Essin« oder dem etwas unglücklichen »Du wollin probierin Chicken Willy« verstießen wir sicher nicht gegen irgendein Copyright, erregten aber großes Interesse.

Wir landeten früh am Morgen zwischen all den anderen Standbesitzern, die schon dabei waren, ihre Kanus zu entladen und ihre Produkte am Strand entlang aufzuhäufen, und suchten uns eine zentrale Stelle aus. Wir bauten den Stand auf und stellten einen kleinen Tisch dahinter. Die beiden Gaskocher aus Aluminium und die beiden Woks, die daraufgestellt wurden, erregten höchstes Interesse. Eine Gruppe von Männern, die mit verschränkten Armen oder Hand in Hand davor standen, diskutierte die Vor- und Nachteile des Gaskochers im Vergleich zu einem traditionellen Holzfeuer, während wir den Stand »betriebsbereit« machten. Die Kühlbox, die mit vorbereiteten Hühnern gefüllt war, wurde hinter dem Stand abgestellt. In einem anderen Behälter befand sich eine geheim gehaltene Mischung aus Mehl, verschiedenen Kräutern und Gewürzen, die für das einzigartige CW-Geschmackserlebnis sorgen sollte. Süßkartoffeln waren bereits in Pommes-frites-Größe geschnitten und mit Salzwasser bedeckt. Wir schütteten sie in einen großen Plastikeimer und schoben ihn unter den Tisch.

Als die Sonne über dem Blätterdach des Gästehauses emporstieg, kamen die ersten Käufer, die es auf die besten und frischesten Waren abgesehen hatten. Da lagen gelb werdende grüne Betelnüsse in Reih und Glied, und gelegentlich steckte ein Stück Pappe dazwischen, auf dem der Preis stand. Ananasfrüchte krönten die Warenberge und verströmten einen süßen Duft, der sich mit dem Geruch von Schweiß und Tabakrauch mischte, als die Betriebsamkeit auf dem Markt allmählich zunahm. Alte Frauen, deren Gesichter genauso runzlig waren wie die Kokosnüsse, die sie verkauften, hockten in einer Ansammlung der verschiedensten Arten von Grünzeug, Farnen, Kohlköpfen und unbestimmbaren essbaren Blättern, und unterhielten sich kreischend mit ihren Nachbarinnen und denjenigen Kunden, die stehen blieben, um die Waren zu prüfen.

Dazwischen spielten Kinder, die gelegentlich ihre Eltern oder Großeltern anbettelten, ihnen einen der Lutscher von einem Stand zu kaufen, den ein dünner, junger Mann am Ende der Zeile betrieb. Er bot eine ganze Reihe von Luxusgütern an: Süßigkeiten, einzelne Zigaretten und Luftballons. Hin und wieder blies er einen der Luftballons auf, wobei seine mageren Wangen sich so sehr aufplusterten, dass sie die Ränder seiner billigen Sonnenbrille berührten. Er hielt dann den Luftballon in die Höhe und ließ ihn plötzlich los, sodass dieser ein paar Sekunden lang mit unanständigen Geräuschen und in unvorhersehbaren Bögen durch die Luft sauste und dann feucht im Staub landete, wo sich ein Haufen Kinder darauf stürzte und um ihn kämpfte. Dann lächelte der Verkäufer über ihre Aufregung, wandte sich schließlich ab und verblüffte eine Gruppe alter Männer mit einem Kartentrick, den er auf ihre flehentlichen Bitten hin mehrmals wiederholte.

Ich zog mich hinter einen Berg Früchte zurück und wartete auf diesem verborgenen Ausguckposten, was geschehen würde. Ruth wälzte die Hühnerteile im Mehl und legte sie in das heiße Öl, wo sie zischten und blubberten und dann einen goldenen Schaum entwickelten. Ellen warf vorsichtig geschnittene Kartoffeln in den anderen Wok mit heißem Öl. Neugierig sahen die anderen Standbesitzer und viele Käufer auf, als der Duft von gebratenem Huhn über den Marktplatz zog. »$ 5.00 nix mehr« stand auf einem Blatt Papier, das neben dem Fenster hing. Einige wanderten vorbei und spähten durch die Öffnung, um zu sehen, was dieser seltsame Neuzugang auf dem Markt zu bieten hatte.

Drei Personen schienen höchst interessiert, aber niemand wollte in die Tasche greifen. Vielleicht waren sie noch nicht hungrig?

Eine gute Stunde nach unserer Ankunft trat Geoffs Mechaniker, der unnachahmliche Nob, aus der Seitentür des Gästehauses. Er kam zielgerichtet zu unserem Stand und sprach mit Ethel. Sie strahlte plötzlich und füllte geschäftig Pommes frites in eine Tüte aus Zeitungspapier. Dann legte sie vorsichtig ein knusprig braun gebratenes Stück Hühnerbrust obenauf und reichte die Tüte über den »Ladentisch«. Der Mechaniker übergab seinen Fünf-Dollar-Schein, nahm vorsichtig sein Essen in Empfang und ließ sich damit unter einem Baum neben dem Anlegesteg nieder.

Die Augen aller waren auf ihn gerichtet, als er in das Stück Huhn biss. Doch wie bei einem Pokerspieler verriet sein Gesicht nichts, kein noch so geringes Zeichen verriet seinem Publikum, wie sehr oder ob ihm die Mahlzeit überhaupt schmeckte. Er nahm den nächsten Bissen und kaute langsam. Drei faszinierte Kinder näherten sich ihm, setzten sich zu seinen Füßen und starrten zu ihm auf. Nach ungefähr zehn Minuten schluckte er den letzten Bissen hinunter. Er faltete das Papier sorgfältig zusammen, legte es neben sich auf den Boden und blickte dann zu den beiden Frauen im Stand hinüber. Ellen, die ohne es zu bemerken ein ungebratenes Hühnerbein an ihr Ohr hielt, und Ethel, die mit schief gelegtem Kopf und in die Hüften gestützten Händen dastand, waren beide gespannt wie die Flitzebogen.

»Nett ihman«, rief er ihnen zu. »Nett ihman suvil.«

Sofort entspannten sich ihre beiden Gesichter zu einem Lächeln, und eifrig beugten sie sich über ihre Pfannen. Einige Minuten später erschien eine Frau in einem geblümten Kleid etwas unsicher auf einem Paar hochhackiger, weißer Plastikschuhe. Aus einer dazu passenden Handtasche entnahm sie umständlich einen Fünf-Dollar-Schein und reichte ihn Ellen.

»Einmal Hühnchen und Fritten von Chicken Willy's«, sagte sie. Dann blickte sie sich auf dem Marktplatz um und kicherte verlegen hinter ihrer hohlen Hand. Laute, anerkennende Pfiffe und ein paar raue, ermutigende Zurufe kamen aus der Menge, als sie lächelnd und hüftschwingend davontrippelte und die Hand mit der Tüte über ihrem Kopf schwenkte.

Das Ganze erwies sich als ein weit größerer Erfolg, als ich mir je hätte träumen lassen. Die Leute kamen in einem ununterbrochenen Strom zu »Chicken Willy's«. Als die Hühner ausverkauft waren, kauften sie Pommes frites alleine, bis auch die ausgingen. Ethel und Ellen waren entzückt. Mit Bündeln von blauen Fünf-Dollar-Scheinen in beiden Händen lachten sie kopfschüttelnd, bis der Stand bebte und das heiße Öl gefährlich in den Woks schwappte.

Chicken Willy's – Nummaeins nett man

Ein Imperium wird gegründet – eine Party organisiert – wir öffnen einigen bekannten Gesichtern die Tür – und ich mache eine wohlverdiente Ruhepause.

Als Tassels und ich die Doppeltüren in ihren rostigen Angeln bewegten, erwartete uns kein besonders einladender Anblick.

Das Haus stand direkt hinter dem Bankgebäude und war zu groß für unsere Zwecke. Es hatte in einem früheren Leben als einer der sehr verbreiteten Gemischtwarenläden gedient, jetzt aber war es einfach ein großer, leerer Raum mit einem schmutzigen Büro dahinter. Aber trotz der unvorteilhaften Erscheinung war dies nicht einfach ein verlottertes Holzhaus – dies würde, darin waren wir uns sicher, das Flaggschiff von etwas, das dereinst die Welt im Sturm erobern würde.

Während ich uns an diesem Morgen durch die glatte, azurblaue Lagune gefahren hatte, hatte ich über den weiten Weg nachgedacht, den ich seit meiner Ankunft hier zurückgelegt hatte. Wir hatten nun ein »Unternehmen«, ein einträgliches Projekt, das den Insulanern selbst in der jetzt erreichten Größe ein gutes Einkommen sichern würde. Ob sie nun die Hühnerfarm ausweiten oder lieber den Nebenzweig mit dem Schnell-Imbiss weiter verfolgen wollten, wie sie das verdiente Geld verwenden wollten – in ihre Zukunft investieren oder es einfach für ihr Vergnügen ausgeben –, das sollte ganz bei ihnen liegen. Selbst wenn all diese Projekte nach meiner Abreise im Sande verlaufen würden, wäre das ihre eigene, selbstständige Entscheidung. Vielleicht neigte der Lehrer in mir dazu, alles voranzutreiben, um die besten Ergebnisse zu erzielen, aber der Rest von mir, der inzwischen den weitaus größeren Teil ausmachte, war einfach glücklich, dass er diese Salomon-Zeit erfahren und erleben durfte.

»Vielleicht duich guggin hinein in diesman?«

»Warum nicht?«, erwiderte Tassels, und wir grinsten uns an und gingen hinein.

Der alte Ladentisch war zusammengebrochen und hatte nur krumme Nägel hinterlassen, die aus der Wand ragten. Es fehlten etliche Bodenbretter, und fast alle Glasscheiben in den Fenstern hatten Sprünge, waren zerbrochen oder fehlten ganz. Der Außenanstrich war kaum noch zu erahnen, und einige Stellen des Blätterdachs waren durchgefault. Insgesamt aber schien das Haus noch relativ stabil zu stehen, sodass keine grundlegenden baulichen Maßnahmen erforderlich waren.

Hinter dem Haus entdeckten wir eine messingfarbene Wasserleitung, die dick mit Wein überwuchert war. Tassels streifte die Ranken ab und drehte am Hahn, und mit einem asthmatischen Keuchen und einigem Räuspern wurde rostiger Schlamm ausgehustet, bis plötzlich ein kräftiger Strahl klaren Wassers kam, das auf den kakaobraunen Dreck sprudelte, dann einen Sumpf bildete und schließlich trocknete, sodass trockener, rissiger Schlamm übrig blieb.

Ein paar Tage, nachdem wir uns mit dem Besitzer auf einen Mietpreis von fünfzehn Hühnchen pro Monat geeinigt hatten, erschien die Mannschaft, um die Hütte wieder in Schuss zu bringen. Imp stürzte sich mit unglaublicher Begeisterung in die

Arbeit und fragte mich ständig nach meiner Meinung, wie irgendetwas aussah oder ob irgendetwas höher, tiefer, mehr nach links oder mehr nach rechts gerückt werden sollte. Sehr oft musste ich etwas für ihn festhalten, das er befestigen wollte, damit er ein paar Schritte zurücktreten konnte, um es selbst zu beurteilen. Er hielt dann seinen Stift in einem Winkel, den er für passend befand, kniff seine Augen zu schmalen Schlitzen zusammen und summte leise vor sich hin. Wenn etwas nicht ganz zu seiner Zufriedenheit war, runzelte er seine tätowierten Augenbrauen und zupfte sanft an dem Stück Perlmutt, das er im Ohrläppchen trug.

Gelegentlich, aber wirklich nur gelegentlich, konsultierte er seinen Lehrling, Gordon, und gemeinsam kauerten sie dann auf den Knien und zeichneten mit Stöckchen Pläne in den Dreck vor dem Haus. Planken, die mit Äxten zugehauen waren, wurden von der Insel gebracht, wie auch alles nötige Material, um die Küchenarbeitsflächen und das Restaurantmobiliar zu bauen. Geoff lieh uns sein Werkzeug, und wir investierten etwas von unseren Ersparnissen in Tüten mit Nägeln in allen Größen.

Die Möbelstücke waren schlicht, massiv und solide, und sie hatten ihren eigenen Charme. Die Tische bestanden aus etwa zehn Zentimeter dicken, runden Baumstammscheiben mit drei relativ gerade gewachsenen Aststücken als Beinen, und um sie herum standen dreibeinige Stühle der gleichen Bauart. Der Tresen war breit und glatt; er war in einem einzigen massiven Stück aus dem Dschungel gesägt und zum Schluss mit Kokosnussöl poliert worden, bis er glänzte. Seine Vorderseite war mit breiten Bambusstücken verziert, und an diesen waren hölzerne Fischformen angenagelt, die die Kindergartenkinder geschnitzt hatten. In der Mitte befand sich, laut krähend, die Silhouette eines großen Huhns. Auf der Rückseite standen zwei lange Tische, auf denen Ellen, Ethel und ihre Mannschaft das von den Gästen georderte Essen kochen würden. In dem rückwärtigen kleinen Raum würden zwei Vorbereitungsmannschaften arbeiten, die eine würde die Süßkartoffeln schälen und in Stücke schneiden, die andere würde die Hühner rupfen, ausnehmen und vierteln. Jeden Tag würden Hühner herübergebracht und in einem Gehege hinter dem Haus gehalten, bis sie benötigt wurden. Absolute Frische war unser Trumpf.

Die zerbrochenen Fensterscheiben waren durch Fliegendrahtgitter ersetzt worden, und ein großes Vorhängeschloss sicherte die Eingangstür. Über dieser Tür balancierte Small Tome gefährlich auf einer selbst gemachten Leiter und malte unseren Firmennamen auf die Außenwand. Er malte langsam und sorgfältig, wobei ihm die Zungenspitze aus dem Mundwinkel lugte. Hin und wieder kletterte er auf den Erdboden hinab und betrachtete sein Werk prüfend mit etwas Abstand. Er verwendete die gleichen Rot- und Blautöne wie für den Hühnchenstand, nun aber umrandete er jeden Buchstaben raffiniert mit Weiß, sodass das Ganze deutlich hervorstach und sogar noch von der Landebahn aus deutlich zu lesen war. Außerdem strich er an der vorderen Wetterseite des Hauses die Schindelbretter in breiten Streifen, und auch die Säulchen des Verandageländers abwechselnd in den gleichen Farben. Als er fertig und zufrieden mit seiner Arbeit war, versammelten wir uns alle vor dem Haus und staunten – es war das Haus, das Hänsel und Gretel im Wald entdeckten. Es lud zum Essen ein.

Und wieder einmal wurde Small Small Tome auserwählt, um die Werbeflugblätter an den Mann zu bringen und alle auf unsere große Eröffnungsfeier aufmerksam zu machen. Seine schlichte, aber außerordentlich ausdrucksvolle mimische Darstellung von Leuten, die aßen, tanzten und sich generall bestens amüsierten, bewirkte, dass bald jeder in der kleinen Stadt von diesem aufregenden Ereignis sprach.

Selbst die drei amerikanischen Cowboys, die noch immer um die Inseln herumstrichen, fragten, ob sie kommen dürften. Sie schienen seltsam freundlich, nachdem ich mit meinem Schweigen doch deutlich und klar zum Ausdruck gebracht hatte, dass ich nicht bereit war, ihnen zu helfen. Sie wirkten grob und polternd, über die Maßen selbstbewusst und allzu zufrieden damit, wie sich die Dinge entwickelten. Eines Tages während unserer Vorbereitungen hatte ich sie bemerkt, wie sie sich in dem großen Blätterhaus des Gästehauses miteinander besprachen. Dwayne hatte mich ebenfalls bemerkt, und sein Gesicht verzog sich zu einer seltsamen Mischung aus einem Grüßen und Gehässigkeit. Ich winkte flüchtig, und als ich rasch weiterging, entdeckte ich Bunni, der hinter ihm stand und angeregt mit Pat und Clinton sprach. Er zwinkerte mir in einer Weise zu, die Böses ahnen ließ.

Andererseits hatten die Amerikaner keinen weiteren Annäherungsversuch gemacht, weder bei mir noch, soweit ich wusste, bei irgendjemand anderem, und so nahm ich an, dass sie ebenfalls dem Zauber der Salomon-Zeit erlagen. Wie dem auch sei, wir hatten nur noch eine Woche bis zu dem großen Ereignis, und so arbeiteten alle im Dorf angestrengt – zumindest nach hiesigen Maßstäben –, um alles fertig zu bekommen. Von der Telefonzelle im Postamt aus, die glücklicherweise immer noch funktionierte, hatte ich Nick in Honiara nochmals zwangsverpflichtet, uns zu helfen. Ich bat ihn, Pappteller, -becher und Papierservietten aufzutreiben. Bereitwillig erklärte er, für alles zu sorgen, und versprach, dass er und Jane extra zu unserer Eröffnung herfliegen würden.

»Übrigens, Nick, ich weiß, das ist vielleicht ein bisschen zu weit vorausgedacht, aber meinst du, dass man irgendwo in Honiara T-Shirts mit einem bestimmten Aufdruck bedrucken lassen kann?«

Da hatte er so sehr lachen müssen, dass er sich kaum wieder beruhigen konnte.

»Was, meinst du Chicken Willy's T-Shirts?«, fragte er schließlich ungläubig.

»Na ja, weißt du, ich dachte, dass das vielleicht etwas Besonderes wäre.«

»Ich sehe mal, was ich tun kann.«

Er rief noch am gleichen Vormittag wieder zurück und erklärte, dass es leider nichts Besseres gäbe als einfarbige T-Shirts und ein Spezialmaterial, das man nach Wunsch zuschneiden und dann auf das Hemd aufbügeln konnte.

»Wo soll ich denn hier ein Bügeleisen auftreiben?«

»Wo bleibt dein Erfindungsgeist? Es muss sich doch irgendetwas Geeignetes finden lassen. Welche Farben möchtest du?«

Ohne lange nachzudenken, bat ich um rote T-Shirts und blaues Beschriftungsmaterial, was gut zu den Farben des Restaurants passen würde – unseren Firmenfarben.

»Ich schicke dir alles mit dem nächsten Flugzeug.«

Auf sein Wort war Verlass, und so kamen die T-Shirts schon am nächsten Tag an. Ich brachte sie ins Dorf und erklärte, dass wir, da wir alle zusammenarbeiteten, die gleiche Kleidung tragen sollten. Diese Ankündigung löste Bestürzung aus. Wozu sollte das, um Himmels willen, gut sein?

»Na ja, wisst ihr, das macht man eben, weil, na ja ...« Ich wusste nicht weiter.

»Ach, du meinst, wie eine Fußballmannschaft?«, schlug Luta vor.

Ja, genau das meinte ich. Jetzt verstanden sie mich.

Ellen brachte den Mütter-Verein in Schwung, und mit Hilfe der Schere, die ich sonst für das Zuschneiden von Verbänden und Pflastern verwendete, wurden nun sorgfältig Buchstaben ausgeschnitten. Diese wurden auf jedem T-Shirt exakt in zwei Halbkreisen ausgelegt, wobei das »Chicken« den oberen Bogen bildete, und das »Willy's« wie ein lächelnder Mund den unteren. In die Mitte jedes T-Shirts wurde der Umriss eines krähenden Hahns drapiert, oder zumindest eines Vogels, der einem solchen in etwa ähnelte. Es sah großartig aus, aber ich machte mir Sorgen, dass es uns nicht gelingen würde, sie zu befestigen. Unbeirrt entfachten die Frauen ein großes Feuer. Dann wickelten sie graue Lavasteine in Bananenblätter, damit sie weder zu heiß noch zu rußig wurden, und heizten sie in der Glut auf. Schließlich packten sie sie mit Bambuszangen und benützten sie als »Bügeleisen«. Einer nach dem anderen klebten die Buchstaben wie durch einen Zauber fest. Als alle Hemden fertig waren, probierte Ellen, die inzwischen unangefochtene »Abteilungsleiterin« war, eines an und erntete damit die gemurmelte Anerkennung der anderen. Dann faltete sie es sehr sorgfältig zusammen und räumte es mit den anderen T-Shirts zusammen fort.

Am Morgen des großen Tages halfen die kleineren Kinder Old Edith, die Dekorationen hinüberzubringen, die sie, auf den Stufen ihres Hauses hockend, angefertigt hatten. Sie wurden im »Chicken Willy's« an die Decke und an die Wände gehängt. Von den sauberen Balken hingen bald Dekorationen in Gelb-, Rot- und Grüntönen von bemerkenswerter Feinheit und Kompliziertheit herab, vielfach gefaltet und girlandenartig miteinander verbunden. Ich spähte hinauf, während Young John, auf den Schultern seines Bruders stehend, eine der Girlanden aufhängte, und erkannte plötzlich, dass sie aus Hunderten von alten Zucker- und Teeverpackungen, Süßigkeiten- und Keksbeuteln gemacht waren, die offensichtlich aus den Abfalleimern hinter dem Gästehaus ausgegraben worden waren. Stanniolpapier, das aus der gleichen Quelle stammte, war sorgfältig sauber gewaschen und in Sternchen zugeschnitten worden, und bildete nun abwechselnd mit kreisrunden Monden aus einer ehemaligen Plastiktüte weitere Girlanden. Bewundernd blickte ich mich um und entdeckte, dass eine der Papierketten an der Wand aus farbigen Werbungen chinesischer Zeitungen ausgeschnitten war. Als die gesamte Dekoration aufgehängt war, wirkte der Raum wahrhaft festlich – es würde ein richtiges Gala-Ereignis werden.

Wir hatten keine Ahnung, wie viele Gäste wir erwarten durften. Jedenfalls beschlossen wir, unsere Tore bei Abenddämmerung zu öffnen. Kerosinlampen waren aus dem Dorf herübergebracht worden, wurden gefüllt und über die Tische gehängt. Der Kinderchor der Sonntagsschule und der Mütter-Verein wollten etwas zur musikalischen Unterhaltung beitragen. In ihren hübschesten Kleidern und mit weitestgehend sauberen Gesichtern probten die Kinder in einer Ecke. Tassels dirigierte sie mit einem Elan, der einer großen Konzerthalle würdig gewesen wäre, und ihre Stimmen schallten durch die offenen Türen.

Ich war gerade mit einem Bambuskäfig voll Hühner beschäftigt, da kam das Abendflugzeug aus Honiara tief herein und setzte zur Landung an. Es berührte die Landebahn einige Male leicht, bremste ab und rollte dann zum Flughafengebäude zurück. Als es zum Stillstand kam, sah ich zu meiner Überraschung Bunni mit seiner gesamten Familie und einer beträchtlichen Menge Gepäck aus dem Warteraum treten. Ich richtete mich auf, beobachtete ihn und fragte mich, was er nun wieder vorhatte. Ich kannte ihn gut genug, um jedes seiner Manöver mit Misstrauen zu betrachten. Na ja, dachte ich, als das letzte seiner kleinen Kinder in dem weißen Flugzeug verschwand, zumindest reist er ab. Das konnte nur von Vorteil sein.

Eine Weile später bemerkte ich aus den Augenwinkeln, wie die drei Amerikaner aufgeregt, ja sogar ärgerlich mit Luta sprachen, während sie ihm auf dem kurzen Weg vom Gästehaus folgten. Er machte einen ziemlich verdatterten Eindruck. Als sie näher kamen, fixierte Dwayne mich mit wildem Blick.

»Wo ist er, du Bastard?«

Das war nicht gerade höflich.

»Na los!«, schrie er. »Wo ist er?«

»Yeah, und wo ist unser verdammtes Geld?«, fiel Pat ein.

Sogar Clinton sah etwas verstört drein.

»Augenblick mal!«, erwiderte ich überrascht. »Wo ist wer, und wo ist welches Geld?«

»Das Geld, das wir diesem Kerl gegeben haben. Er sagte, er wollte euch rumkriegen, euch mit'm Haufen Kohle vor der Nase rumwedeln.«

Dwaynes Augen quollen hervor, und an seinem Hals pulsierten ein paar hässliche Schwellungen.

»Sechstausend Mäuse«, stieß er hervor.

»Welcher Kerl?«

»Bunni.« Luta schüttelte in gespieltem Erstaunen den Kopf. »Iich kann dasman nich glaubin.«

Seine Augen funkelten, als er zu mir aufblickte.

»Sie haben Bunni Geld gegeben?«, fragte ich ungläubig. »Sechstausend Dollar?«

Plötzlich ergab der zuletzt beobachtete Auftritt Bunnis einen Sinn. Ich grinste.

»Na, wo ist er?«, krächzte Pat.

»Versuchen Sie es mit dem Flugzeug.« Ich konnte das Grinsen nicht unterdrücken, als wir dem weißen Flugzeug nachblickten, das unruhig die Rollbahn entlangrollte und hinter den Bäumen verschwand.

Die drei Cowboys rissen sich die Hüte vom Kopf und rannten wie die Wilden hinterher. Auch sie verschwanden aus unserem Sichtfeld, und kurz darauf hörten wir das Moskito-Summen des abhebenden Flugzeugs; es kam in einer Schleife in Sicht und flog über das Meer davon. Wir sahen keinen von ihnen je wieder.

Langsam sammelten sich Leute vor unserem Restaurant, und eine Atmosphäre freundlicher Neugier entwickelte sich; Luta und ich stießen, leise vor uns hinlachend, dazu. Die tief am Himmel stehende Sonne machte eine letzte Anstrengung und schickte eine warme Brise herüber, während sie sich bereit machte, sich hinter den Bergspitzen von Randuvu zur Ruhe zu begeben. Allmählich schimmerte das Licht der Kerosinlampen durch die Fenster, und im Inneren huschten Gestalten hin und her.

Plötzlich erschien Ellen, in ihrem T-Shirt ein prächtiger Anblick, mit einem einladenden Lächeln in der Tür. Sie trat über die Schwelle und breitete dramatisch die Arme aus.

»Nummaeins Kikerikii jetz fertich«, verkündete sie der aufgeschreckten Menge. »Jetz duduman wollin kommin ihman probierin?«

Etwas unsicher schoben sich die Wagemutigeren nach vorn. Als sie die flachen Stufen hinaufgingen und langsam eine Reihe bildeten, begannen Tassels Sänger, leise und rhythmisch zu singen. Freunde kamen an. Nick und Jane, die schon mit einem früheren Flug eingetroffen waren, kamen mit Geoff, Marlene und Gerry vom Meer herauf. Stanley, der ein T-Shirt trug, das ihm um einiges zu groß war, und – so wie es ihm um die Knie schlackerte – darunter offensichtlich gar nichts, brachte ihnen Plastikbecher mit Buschlimettensaft.

»Ich glaub es nicht, Mann«, sagte eine Stimme hinter mir, als ich hinüberging, um sie zu begrüßen.

In das schummrige Licht, das durch die Türen fiel, trat Warren, so untersetzt und haarig wie eh und je.

»Hätte nie gedacht, dass ihr Jungs das schaffen würdet – Respekt, euch allen.« Er zwinkerte Small Tome zu, der strahlend zurückzwinkerte.

Harold hatte bei einem seiner Zulieferer in Honiara eine Riesenflasche Ketchup aufgetrieben und sie als Geschenk mitgebracht. Auf jedem Tisch standen nun Kokosnussschalen voll des unsäglichen roten Breis, und Silas, der Postmeister, tauchte seine Pommes frittes graziös hinein, während er angeregt mit der Lady von der Bank schwatzte. Er hatte mir als Überraschungsgeschenk Briefe von einigen meiner früheren Schüler mitgebracht. Was die sich wohl bei dieser bunten Szene gedacht hätten? Ich stopfte die Briefe in meine Tasche und blickte mich um. Der Geräuschpegel stieg allmählich, da mehr und mehr Menschen erschienen, um den Dorfbewohnern zu gratulieren und zu betonen, wie gut die Hühnchen schmeckten. Hunde – herrenlose Streuner, die normalerweise darauf angewiesen waren, die Abfälle zu durchstöbern, um hie und da etwas Essbares zu finden – konnten ihr Glück kaum fassen, als nun ein Knochen nach dem anderen zu Boden fiel. Hoch zufrieden lagen sie unter den Tischen, hielten abgenagte Hühnerbeine zwischen den Vorderpfoten fest und nagten und schmatzten um die Wette. Ich lugte ins Hinterzimmer und fand Ellen, die Hühner rupfte, als ginge es um Leben und Tod.

»Uff, alle suvil Hunga«, keuchte sie, und die weißen Daunenfedern flogen ihr um den Kopf wie Schnee.

Angeregt erzählte Warren jedem, der es hören wollte, wie er selbst für den Nachschub sorgen könnte, den Chicken Willy's sicherlich jede Woche brauchen würde. Er könnte mir auch eine günstige Gas-Kühltruhe verschaffen. Ich sollte nur abwarten und ihn machen lassen. Warren würde schon alles hinkriegen. Das sei alles kein Problem. Alles pisseinfach, Junge.

Die Kings legten in ihrem Familienkanu an, und Sam kam heraufgerannt und schüttelte mir die Hand.

»Ich kann gar nicht glauben, dass du das wirklich geschafft hast, Will!«, rief er aufgeregt und verschwand dann mit seinem jüngeren Bruder und seiner Schwester im Restaurant. Don und Alice kamen lachend herauf, begrüßten mich mit ungläubigem Kopfschütteln und schlossen sich dann der Gesellschaft an.

Wir feierten bis spät in die Nacht. Nachdem wir das Restaurant geschlossen und den letzten Gästen Gute Nacht gewünscht hatten, ließen wir uns in der Bar auf der Veranda nieder, tranken zu viel Bier und erzählten unseren Freunden die Geschichte von Chicken Willy's. Schließlich schwankten Tassels, Small Tome, Ellen, Ethel, Luta und ich zum hölzernen Anlegesteg hinunter, kletterten in das Kanu und machten uns auf den Weg in die sternenfunkelnde See. Die Nacht war warm und schön, und die phosphorisierende Gischt blitzte neongrün vor unserem Bug auf, als wir die Lagune durchquerten. An Steuerbord voraus erspähte ich die Doppelhügel von Kiri Kiri – meine Insel! Von einer spontanen Gefühlsregung überwältigt, empfand ich plötzlich eine unangebrachte Zuneigung zu meinem früheren kurzzeitigen »Zuhause«.

»Tassels, ich möchte heute Nacht dort drüben bleiben!«,

schrie ich ihm über den Motorenlärm hinweg zu. »Lässt du mich dort an Land und holst mich morgen wieder ab?«

»Warum nicht? Wenn du wollin. Kein Problimblim.«

Ich wusste, dass ich auf ihn zählen konnte. Wir fuhren durch die schwarze und weiße Brandung der Sandbankspitze, und ich kletterte hinaus. Kokosnussschalen trieben um meine Beine.

»Du sicher, du wollin hier bleibin heut Nacht?«, fragte Luta überrascht.

»Sicher.«

»Okee. Kein Problimblim. *Rodo diana.*«

Aus der Dunkelheit kam ein kleines, gelbes Päckchen geflogen und landete weich neben mir im Sand – meine Schwimmweste. Ich hob sie auf, drehte mich um, um den Strand hinaufzugehen, stolperte und fiel auf die Knie. Gute-Nacht-Rufe drangen über das Wasser, als das Kanu verschwand.

»*Rodo diana,* Chicken Willy!«

Das Gelächter ging allmählich in dem Brandungsgeräusch unter. Ich legte mich auf den Rücken, zog die Schwimmweste aus ihrer Hülle und zog, ohne weiter nachzudenken, an der Auslöseschnur. Ich brauchte sie ja nicht mehr. Mit einem starken Zischen blies sich die Weste in meinen Händen auf. Ich stopfte sie mir unter den Kopf und schloss die Augen.

Rodo diana. Gute Nacht.

Epilog

Vergangene Nacht träumte ich, dass ich wieder nach Mendali fuhr, zurück zu diesem unwahrscheinlich türkisfarbenen Meer und diesem unwahrscheinlich blauen Himmel.

Ich kehrte zurück zu einer zeitlosen Insel, zu einem Dorf, dessen Bewohner sich durch das sanfte, formlose Muster der Tage treiben ließen. Ich sah Small Tome, der neben der Pforte seiner Kirche im strahlenden Sonnenlicht stand und selbst in einer seiner farbenprächtigen Roben erstrahlte. Lächelnd beobachtete er die Kinder, die aus dem spielzeugartigen Schulhaus hervorquollen und auf das einladend warme Wasser der Lagune zurannten. Weiter draußen saß in einem kurzen Einbaumkanu eine stille Gestalt. Die wispernde Brise, die vom Pazifik hereinwehte, bewegte leicht den mächtigen Haarwust auf dem Kopf des Mannes und ließ die farbigen Bänder flattern, die ihm über den Rücken hinabhingen.

Aus einer der kleinen Küchen stieg eine gleichmäßige Rauchsäule auf und verwehte über Ellens Kopf. Sie saß im Schatten und spaltete mit einem glitzernden Buschmesser Kokosnüsse. Stanley, der mit Small Small Tome an seiner Seite auf dem Anlegesteg saß, warf eine Angelschnur mit einem Dreifachhaken aus, so weit er konnte.

Hinter ihnen gingen auf einem Pfad, der an einer Lichtung

entlang und unter die breiten Zweige eines Ngalinuss-Baums führte, zwei Jungen mit Eimern voll frischem Wasser und Futter. Hinter ihnen her wackelte ein kleiner, nackter, schwarzer Junge, ein Bild der Unschuld – bis er ein Korallenstück aufnahm und es einer ingwergelben Katze an den Kopf warf, die in einem Hibiskusstrauch lauerte. Die Katze fauchte und sauste über drei Stufen in ein Blätterwerkhaus hinein, das mit Blick über die Bucht dastand.

Die Zeit war unaufhaltsam weitergetickt, in Mendali aber war davon nichts wahrzunehmen. Das neue Jahrtausend wurde auf dem Strand des Dorfs gefeiert. Ohne Champagner, ohne Feuerwerk, ohne Versprechen, eine bessere Welt erschaffen oder auch nur eine Diät anfangen zu wollen. Stattdessen saßen wir einfach im Kreise, aßen Fisch, der im Feuer gegart worden war, tranken aus Kokosnussschalen und sangen Lieder, deren Worte ich inzwischen auswendig wusste.

»Wir sind eine große, glückliche Familie ...«

Mehr als einmal während meines Lebens auf den Salomon-Inseln hatte ich fast das Gefühl gehabt, dass wir das wirklich waren, jetzt aber war da ein Teil von mir, der eine andere Familie und andere Freunde wiedersehen wollte, und der auch herausfinden wollte, wie ich nun auf die Welt reagieren würde, aus der ich gekommen war.

Grimble hatte eines Abends nach etlichen Schlummertrünken davon gefaselt, dass er »nie mehr in die Zivilisation zurückkehren wollte ... zu all den falschen Werten ... wenn doch all diese einfachen Dinge für jedermann genug sind«.

Aber irgendwie waren sie das nicht. Ich wünschte, sie wären es, aber sie waren es nicht. Nicht für immer.

Ich stand auf dem Anlegesteg und beobachtete ein wildes, spritzendes Kanu-Wettrennen, das von allen Übrigen mit begeistertem Geschrei begleitet wurde, und ich erklärte Luta, Tassels und Small Tome, dass ich daran dachte, nach Hause zu fahren.

»Kein Problimblim«, erwiderte Luta, wandte mir sein enttäuschtes, tätowiertes Gesicht zu und lächelte. »Aba duman kommin surück michman besuchin?«

Ich versprach, dass ich das tun würde, denn andrerseits hatte Grimble vollkommen Recht gehabt, als er unmittelbar vor seiner eigenen Abreise erklärte, dass »die Inseln wie eine Droge sind: Sie verführen dich und lullen dich ein. Sie werden dich locken. Und du wirst ihnen an den Haken gehen. Du wirst immer zurückkehren wollen.«

Er hatte in allen drei Punkten Recht.

Danksagung

Ohne die großzügige und wohlwollende Unterstützung zahlloser Freunde und Bekannter wäre ich niemals in der Lage gewesen, meine Erlebnisse niederzuschreiben. Ich bin ihnen allen sehr dankbar.

Darunter sind einige, die mir besonders die Hand hielten und den Kopf tätschelten, die mich anfeuerten und mich wieder zügelten, und die dafür sorgten, dass ich heil ins Ziel kam. Es wäre unverzeihlich von mir, sie bei dieser Gelegenheit nicht mit Namen zu nennen und ihnen aus tiefstem Herzen zu danken:

Auf den Salomon-Inseln zeigten mir Dave Cooke, Marianna Cooke und Dicky Anning, wo es lang ging, und hielten mich auf der Roviana-Lagune über Wasser. Es war ein großes Glück für mich, sie kennen zu lernen und in den Genuss ihrer Erfahrung und ihres wunderbaren Sinns für Humor zu kommen. Grant Griffiths beriet mich offen und ehrlich in allen Federvieh-Fragen, und Marilyn und Richard Somerville ließen mir in Honiara ihre überwältigende Gastfreundschaft zuteil werden.

In Australien sorgten Paul Greguric, Terry Mansfield und meine Mitbewohner im Crystal Palace Hotel in Sydney dafür, dass mein Geist gut geölt blieb, während ich in Zimmer 4 die erste Fassung in die Maschine hackte. Meine guten Freunde John, Alexa, Daniel, Jack und Greta Duke boten mir sowohl Inspiration für dieses Buch wie auch ihr wunderschönes Heim, fantastische Verpflegung und einen stabilen Küchentisch, an dem ich schreiben konnte. Auch Ray Francis war mir ein enthusiastischer Gastgeber.

In Frankreich versorgten mich meine Nachbarn Michael und Jenny Boys-Greene und Jean Perrier mit feinster *gastronomie* und einem reichlichen Maß an *bonhommie*.

Daheim in England wirkten Christopher und Jennifer Palmer wie Katalysatoren für diese Erzählung, und nur ihrer Freundlichkeit und ruhigen Unterstützung habe ich es zu verdanken, dass ich überhaupt im Südpazifik landete. Mit Peter Palmer werde ich immer begeistert Salomon-Geschichten austauschen, er ist mir ein guter Freund. Wir alle werden uns stets voller Zuneigung an N.S.-E. erinnern.

Ohne Crispin Sadler hätte ich nie Kate Hordern kennen gelernt, und ohne Kate Hordern würde ich heute noch immer vor meinem Computer sitzen. Ihre Unterstützung, Aufmunterung und positive Art hat mich sehr beflügelt. Ich bin ihr zutiefst dankbar für all die Mühe, die sie sich mit mir gemacht hat. Außerdem möchte ich Richenda Todd, die mir klare Einsichten vermittelte, und Richard Beswick für sein Vertrauen danken, und natürlich Tanya für die Illustrationen, die sie mit schlichter Kreativität schuf.

Mein liebevollster Dank gilt meiner Mutter für all ihre Unterstützung – und nicht zuletzt für ihre nie erlahmende Bereitschaft, mir Geschichten vorzulesen, als ich noch ein Kind war – sowie meinen Brüdern Michael und Patrick für ihre Freundschaft und dafür, dass sie all die kleinen Macken ihres größeren Bruders mit fröhlichem Gleichmut hinnahmen. Dieses Buch ist ihnen und auch meinem Vater gewidmet, der seinen Spaß an diesem Abenteuer gehabt hätte.

Vor allem aber möchte ich meinen innigsten Dank all meinen Freunden von den Salomon-Inseln für den so freundlichen Empfang und für die glückliche Zeit auf den glücklichen Inseln aussprechen. *Tanggio tu mus.*

GOLDMANN

Das Gesamtverzeichnis aller lieferbaren Titel erhalten Sie im Buchhandel oder direkt beim Verlag.
Nähere Informationen über unser Programm erhalten Sie auch im Internet unter:
www.goldmann-verlag.de

★

Taschenbuch-Bestseller zu Taschenbuchpreisen
– Monat für Monat interessante und fesselnde Titel –

★

Literatur deutschsprachiger und internationaler Autoren

★

Unterhaltung, Kriminalromane, Thriller
und Historische Romane

★

Aktuelle Sachbücher, Ratgeber, Handbücher und Nachschlagewerke

★

Bücher zu Politik, Gesellschaft, Naturwissenschaft und Umwelt

★

Das Neueste aus den Bereichen
Esoterik, Persönliches Wachstum und Ganzheitliches Heilen

★

Klassiker mit Anmerkungen, Anthologien und Lesebücher

★

Kalender und Popbiographien

★

Die ganze Welt des Taschenbuchs

★

Goldmann Verlag • Neumarkter Str. 18 • 81673 München

Bitte senden Sie mir das neue kostenlose Gesamtverzeichnis

Name: ____________________

Straße: ____________________

PLZ / Ort: ____________________